Zu diesem Buch

Während noch die Pädagogen und mit ihnen viele Eltern an der althergebrachten Meinung festhalten, daß Kinder grundsätzlich erziehungsbedürftig sind, mehren sich die Stimmen, die davon ausgehen, daß Kinder wie Erwachsene weder Zucht noch Zwang und Gehorsam, noch Lenkung oder «Lektionen fürs Leben» benötigen.

Der Autor dieses Buches, Ekkehard von Braunmühl, ist aus diesem Streit ausgestiegen und dabei ganz woanders angekommen. Der Frage nachspürend, aus welchen Gründen das aufgeregte Für und Wider so unentschieden hin- und herwogt, machte er eine Entdeckung, die er in diesem Buch darstellt: Jenseits von Pädagogik und Antipädagogik, aber gleichwohl ständig präsent, Alltag sozusagen, alltäglich und überall vorhanden, wirkt der heimliche Generationenvertrag.

Gegenstand dieses Vertrags sind die besonderen, oft nicht durchschauten Spielregeln im Umgang zwischen den Generationen. Ekkehard von Braunmühl geht es ums Verstehen und um Verständigung. In einer Revision der gängigen Argumente in der bisherigen Konfrontation setzt er seine Diskussionserfahrungen gegen verbreitete Mißverständnisse, die sich, auf oft erstaunliche Weise, auflösen.

Überhaupt ist diese Entdeckungsreise durch das unbekannte Terrain des Generationenvertrags voller Überraschungen.

EKKEHARD VON BRAUNMÜHL, Jahrgang 1940, ist Freier Publizist. Er veröffentlichte u. a. die Bücher «Antipädagogik» (1975) und «Zeit für Kinder – Theorie und Praxis von Kinderfeindlichkeit, Kinderfreundlichkeit, Kinderschutz» (1978).

Anregungen und Kritik bitte an folgende Adresse: Büro für wissenschaftliche Publizistik Dr. Horst Speichert, Teutonenstr. 32 b, 6200 Wiesbaden

Ekkehard von Braunmühl

Der heimliche Generationenvertrag

Jenseits von Pädagogik und Antipädagogik

Rowohlt

Dies ist ein Buch aus dem
Büro für wissenschaftliche Publizistik
Dr. Horst Speichert
Teutonenstr. 32 b, 6200 Wiesbaden

Umschlag: Manfred Waller

Originalausgabe
Veröffentlicht im Rowohlt Taschenbuch Verlag GmbH,
Reinbek bei Hamburg, Juli 1986
Copyright © 1986 by Rowohlt Taschenbuch Verlag GmbH,
Reinbek bei Hamburg
Alle Rechte vorbehalten
Satz Times (Linotron 202)
Gesamtherstellung Clausen & Bosse, Leck
Printed in Germany
980-ISBN 3 499 17999 7

Inhalt

Vorwort

Dieses Buch handelt vom Verhältnis zwischen den Generationen, genauer: von den Beziehungen zwischen sogenannten Volljährigen («Erwachsenen») und sogenannten Minderjährigen («Kindern»). Es stellt, hochtrabend gesagt, eine sozialwissenschaftliche Entdeckung dar. Bescheidener ausgedrückt weist es auf einige Tatsachen hin, die für das Zusammenleben von Erwachsenen und Kindern – privat/persönlich ebenso wie gesellschaftlich/politisch – von Bedeutung sind, ohne die dieser Bedeutung angemessene Beachtung zu finden.

Um dieses Buch verstehen zu können, ist es nicht nötig, in der Auseinandersetzung zwischen «Pädagogik» und «Antipädagogik» auf dem laufenden zu sein. Vielleicht sind sogar diejenigen Leserinnen und Leser im Vorteil, die von diesem Streit noch nichts gehört haben. Denn sie können noch nicht Partei ergriffen, d. h. sich bewußt auf die eine oder die andere Meinung festgelegt haben, so daß ihnen ein möglichst unvoreingenommener Blick auf die im folgenden zu «enthüllenden» Tatsachen und Zusammenhänge erleichtert werden dürfte.

Entdeckungen oder Enthüllungen sind immer mit einem Moment der Überraschung verbunden. Und dies muß nicht unbedingt angenehm sein. Es kommt auf die Situation an: Wer in eine Gletscherspalte eingebrochen ist, wird sicherlich gerne entdeckt, anders dagegen, wer in eine Bank eingebrochen ist.

Damit alle Leser/innen beurteilen können, welche Art von Überraschung sie in diesem Buch erwartet (um sich gegebenenfalls vor Unangenehmem zu schützen, d. h. die Lektüre rechtzeitig abbrechen zu können), soll hier kurz geschildert werden, *was* der Zweck dieses Buches ist. In der Einleitung wird dann gezeigt, *wie* es zu diesem Zwecke vorgeht.

Zweck dieses Buches ist es, den Gegensatz zwischen «Pädagogik» und «Antipädagogik» überwindbar zu machen, der spätestens seit dem Publikumserfolg der «antipädagogischen» Schriften der Schweizer Psychoanalytikerin Alice Miller aufgebrochen ist (siehe vor allem Miller 1980). Wer die entsprechende Diskussion einigermaßen überblickt, muß feststellen, daß sie trotz einiger versöhnlicher Klärungsversuche (siehe z. B. Prior 1984 und v. Schoenebeck 1985 a) in eine Sackgasse geraten ist.

«Der Mensch hat heute seinen Weg in den Ideologien verloren.» Dieser Satz des Gehirnforschers John C. Eccles (Nobelpreis 1963) aus dem Buch «Das Wunder des Menschseins» (Eccles/Robinson 1985, S.

230) kennzeichnet nicht nur die allgemeine Lage; auf die Auseinandersetzungen um das *Streitobjekt Kind* trifft er augenscheinlich in besonderem Maße zu. Alle Eltern meinen es gut mit ihren Kindern, alle Lehrer/innen meinen es gut mit ihren Schülerinnen und Schülern, alle Politiker/innen meinen es gut mit der Jugend, alle Wissenschaftler/innen ebenso. Gerade deswegen wird der Streit um die *richtige* Behandlung von Kindern so heftig geführt. Es genügt nicht, daß man tut, was man jeweils selbst für angemessen hält, es soll auch objektiv «das Beste» sein, das Beste für das Kind, selbstverständlich. Das «Wohl des Kindes» ist die anerkannte Leit- und Leerformel, über deren Inhalt die Erwachsenen mit Eifer – und nicht selten eifernd – debattieren. Ohne Übertreibung läßt sich sagen, daß eine Art publizistischer Glaubenskrieg um die Beziehungen zwischen Erwachsenen und Kindern geführt wird, der hoch emotionalisiert, ideologisiert und polarisiert ist. Eine Einigung erscheint unmöglich. Oder auf welche Weise könnte wohl zwischen dem fordernden «Zum Teufel mit der Kindheit» (J. Holt) und dem bedauernden «Das Verschwinden der Kindheit» (N. Postman), zwischen «Mut zur Erziehung» (Bonner Forum 1978) und «Abschaffung der Erziehung» (z. B. A. Miller) vermittelt werden? Zwar erzwingt der konkrete Alltag auf allen Seiten die üblichen (oft «faulen») Kompromisse, doch stellen diese ein Ende des Meinungsstreites nicht in Aussicht. Viele Bemühungen um Verständnis und Verständigung ersticken in Konfrontation und Wortklauberei.

In dieser Lage bietet die Entdeckung des «Heimlichen Generationenvertrages» (HGV) die Chance, einen Ausweg aus der Sackgasse zu finden. Eine fruchtbare Diskussion ist auf der bisherigen Basis (Stichwort: Glaubenskrieg) kaum denkbar. Der Autor hat sich deshalb seit seinem letzten Buch (1978) darum bemüht, eine neue Basis zu erkunden, deren Weiterentwicklung (es handelt sich hier fraglos um langfristige Prozesse) wieder eine Verständigung zwischen Menschen unterschiedlicher Grundüberzeugungen möglich zu machen verspricht.

Dieses Buch will also der *Verständigung* dienen. Dazu war es erforderlich, eine Reihe von *Illusionen* zu überwinden, die nicht nur von den beiden genannten «Parteien» genährt werden, sondern denen sich offenbar die meisten Erwachsenen hingeben, wenn sie sich praktisch mit Kindern bzw. gedanklich oder publizistisch mit der «Kinderfrage» (analog zu: «Frauenfrage») beschäftigen.

Allerdings entstehen Illusionen – ebenso wie Ideologien, Vorurteile und dergleichen – nicht von ungefähr. Sie haben bestimmte Gründe und bestimmte Funktionen. Psychologisch gesehen haben Illusionen häufig den Sinn, Menschen vor allzu schmerzlichen Erkenntnissen zu schützen. In solchen Fällen verfehlt jede «Aufklärung» ihr Ziel, wenn sie davon ausgeht, die Menschen seien vorher «blind» gewesen und hätten nur auf sie gewartet. Gerade in der Kinderfrage – das wird im Laufe dieses Buches erkennbar und verständlich – gibt es eine Reihe vor Tatsachen, vor denen viele Menschen aus (subjektiv) guten Gründen aktiv die Augen verschließen. Ihnen, wie oft gesagt wird, die Augen «öffnen» zu wollen, würde letztlich einen Vergewaltigungsversuch bedeuten.

Andererseits gibt es aber auch Menschen, die neu-gierig genug sind, um für Erkenntnisgewinne sogar den einen oder anderen «Schock» in Kauf zu nehmen, den sie dann als «heilsamen» ansehen. Und es gibt die Erwägung, daß das Erkennen und Anerkennen von zunächst «unliebsam» erscheinenden Tatsachen über kurz oder lang oft zu besonders «liebsamen» Konsequenzen führt, nämlich in und von der Realität belohnt wird: Täuschungen hinsichtlich der Wirklichkeit haben ja besonders im zwischenmenschlichen Umgang die Neigung, Ent-täuschungen nach sich zu ziehen ...

Drei Gruppen von (erwachsenen) Menschen könnten diesem Buch begegnen. 1. solche, die – immer: privat wie gesellschaftlich – die Beziehungen zwischen den Generationen für prinzipiell optimal ansehen; 2. solche, die an grundsätzlichen Verbesserungen der intergenerationellen Beziehungen interessiert, aber im Unklaren darüber sind, wie solche Verbesserungen konkret aussehen und erreicht werden könnten; 3. solche, die das heute übliche Verhältnis zwischen Erwachsenen und Kindern für vollständig verfehlt, falsch, unakzeptabel usw. halten und deshalb für eine umfassende Neuorientierung der Erwachsenenwelt eintreten, wie sie etwa der Deutsche Kinderschutzbund (DKSB) unter dem Stichwort «Gleichberechtigung» der Generationen fordert.

Mit Hilfe dieser groben Unterteilung läßt sich der Zweck dieses Buches differenzierter beschreiben. Für die 2. Gruppe bedeutet die Entdeckung des HGV ein *Angebot*, das zu prüfen sich sicher lohnt. Für die 3. Gruppe ist der HGV eine *Antwort* auf einige bisher offengebliebene zentrale Fragen. Für die 1. Gruppe ist dieses Buch ungeeignet, weshalb in Hinblick auf sie hier eine deutliche *Warnung* ausgesprochen werden muß.

Ein Beispiel für die 1. Gruppe kann eine Bundestagsabgeordnete sein, die auf den sogenannten «Kinder-Doppelbeschluß» (s. S. 113 und S. 232) antwortete, sie sei «mit den Ergebnissen der selbst erlebten und dann weitervermittelten Erziehung ... voll zufrieden», weshalb sie dieser Initiative «nicht beitreten» könne. Als die Initiatoren dieser Politikerin ihre Glückwünsche aussprachen, jedoch darauf aufmerksam machten, daß sie als im praktischen Kinderschutz

Aktive es tagtäglich mit Opfern, also höchst Unzufriedenen zu tun hätten, in deren Interesse sie tätig geworden seien, kam keine Antwort mehr. – Eine solche Haltung «verantwortlicher» Politiker/innen wird von der 3. Gruppe sicherlich beklagt, doch gehört sie eben zu den Tatsachen, die zu ignorieren selbst wieder ein illusionärer Akt wäre.

Ein entgegengesetztes Beispiel lieferte ein Rezensent des Buches von Alice Miller «Am Anfang war Erziehung», der meinte: «Man kann sich mit theoretischen Einwänden abpanzern gegen den Schock, den Alice Miller uns zumutet. Ich finde es fruchtbarer, sich erschüttern zu lassen» (Hans Krieger in «Die Zeit», 22. 5. 1981).

Weil es kaum möglich sein dürfte, sich gegen die in dem vorliegenden Buch zur Sprache kommenden Tatsachen «mit theoretischen Einwänden ab(zu)-panzern», droht der 1. Gruppe von Leser/inne/n eine Erschütterung, die der Autor ihnen nicht zumuten möchte. Sie mögen diese Warnung nicht als Koketterie auffassen, sondern ernst nehmen – und sorgfältig prüfen, ob ihre Neugierde groß genug ist, sich auf das Abenteuer dieser Lektüre einzulassen. (Auch wer sich überlegt, dieses Buch zu verleihen oder zu verschenken, sei entsprechend gewarnt: Was ihnen selbst als hilfreiche Information erscheint, kann von anderen Menschen als brutaler Eingriff in ihre Intimsphäre aufgefaßt werden.)

Diese Warnung will selbstverständlich keinen Menschen (der bekanntlich ein lernfähiges Wesen ist) auf eine bestimmte Gruppe «festlegen». Es ging nur darum, ein Kriterium zur Selbstprüfung zur Verfügung zu stellen, damit niemand mit falschen Erwartungen an dieses Buch herangeht, sich gewissermaßen zum Lesen «verführen» läßt, obwohl er/sie es eigentlich so genau gar nicht wissen wollte (Motto etwa: «Was ich nicht weiß, macht mich nicht heiß»). Dieses Buch bricht ein Tabu, das für eine wahrscheinlich größere Anzahl von heutigen Erwachsenen eine sinnvolle Funktion besitzt. Da dieses Tabu für viele andere Menschen jedoch längst brüchig geworden ist, besteht die Schwierigkeit darin, einerseits einen in Gang befindlichen historischen Prozeß voranzubringen (d. h. ihn aus der augenblicklichen Sackgasse zu befreien), andererseits den Menschen, die an diesem Prozeß (noch) nicht teilhaben wollen, den Respekt nicht zu versagen, sie insbesondere nicht mit Informationen zu «überrumpeln», denen sie sich bei rechtzeitiger Warnung nicht ausgesetzt hätten.

Dieses Buch will die Überwindung von Illusionen (auch solchen der 3. Gruppe) möglich machen, jedoch niemandem aufdrängen. Es ergreift nicht Partei. Es achtet alle möglichen heute vorfindlichen Standpunkte, akzeptiert insbesondere jede mögliche Einstellung Erwachsener gegenüber Kindern als subjektiv wohlbegründet. Deshalb richtet es sich nicht an (und schon gar nicht gegen) Menschen direkt, die es von irgend etwas zu überzeugen gelte. Es zielt vielmehr auf publizierte Ideologien. Deren Hintergründe gilt es aufzudecken. Denn nur so wird der Ausweg aus der Sackgasse sichtbar.

Um der Versuchung zu entgehen, der Leserschaft doch nahelegen zu wollen, diesen Ausweg in bestimmter Weise zu benutzen, betrachtet der Autor sie nicht als Adressaten dieses Buches, sondern als (gerngesehene) *Zaungäste* seiner Darstellung und Diskussion verschiedener Standpunkte, Meinungen usw., die er mittels zahlreicher Zitate belegt.

Die Idee dabei ist, daß nicht nur in einseitigen (ideologischen) Veröffentlichungen unleugbare Tatsachen übersehen oder verschwiegen oder sogar verschleiert werden, sondern daß sich auch in den Köpfen «einfacher» Erwachsener (Eltern, Lehrer/innen usw.) manche in sich widersprüchliche Vorstellungen zu einem – wie der Philosoph Ludwig Wittgenstein (1981, S. 52) formuliert – «Knoten in unserem Denken» verschlungen haben. Die Sackgasse wäre dann eine Folge «unseres verknoteten Verstandes» (Wittgenstein), und der Ausweg bestünde darin, nicht an dem einen oder anderen Ende des Knotens energischer zu ziehen, sondern sich einen *Überblick* zu verschaffen (über das Woher, Wohin, Warum usw.), der realistische Entwirrungen und Entscheidungen erst möglich macht.

Der Psychotherapeut Paul Watzlawick schreibt: «Ein tiefsitzender Aberglaube kann seine eigenen ‹Wirklichkeitsbeweise› erschaffen, besonders wenn er von vielen Menschen geteilt wird.» Und er betont, «daß, sobald eine Täuschung für wahr gehalten wird, sich zugleich auch weitgehende Blindheit für die Gegenbeweise einstellt» (Watzlawick 1976, S. 87 und 138 f).

Um solcher Blindheit zu entgehen, handelt dieses Buch weder von Beweisen noch von Gegenbeweisen. Es gibt zwar eine Fülle jeweils einseitiger Aussagen wieder, doch nicht zum Zwecke der Parteinahme, sondern weil aus diesem größeren Blickwinkel die Sicht frei wird auf unbezweifelbare Tatsachen, die die Beziehungen zwischen den Generationen wirksamer prägen als offizielle Willensbekundungen, vordergründig plausible wissenschaftliche Theorien und alle noch so wohlmeinenden Gefühle.

Dieses Buch hat also mehrere Zwecke. An erster Stelle steht der praktische Nutzen für die konkrete Gestaltung persönlicher Beziehungen zwischen Erwachsenen und Kindern, der sich aus dem Überblick, den es bietet, ziehen läßt. Es will also das *Verständnis* für die tatsächlichen Vorgänge zwischen den Generationen verbessern helfen, ohne allerdings *Einverständnis* anzustreben.

Gleichzeitig will es der zwischenmenschlichen *Verständigung* dienen, und zwar sowohl der privaten wie der öffentlichen (und politischen), aber auch der wissenschaftlichen. Es ist insofern ein «Zwitterwesen». Einerseits erscheint es in einer populären Taschenbuch-reihe und setzt keine Fachkenntnisse voraus – wohl aber echtes Interesse; und das heißt auch: die Bereitschaft zu teilweise anstrengender Lese- und Denk-Arbeit. Es ist ein *Sachbuch*, kein Unterhaltungswerk für bequeme Konsument/inn/en.

Andererseits soll es die Mindestanforderungen erfüllen, die an ein wissenschaftliches *Fachbuch* gestellt werden, um sich auch für die Zwecke von Student/inn/en und Professor/inn/en der einschlägigen Wissenschaften zu eignen. Aus diesem Grunde waren z. B. exakte Quellenangaben und einige «Exkurse» erforderlich, welche die berühmte «Lesbarkeit» für «normale» Zaungäste nicht gerade erhöhen. Sie können «überlesen» werden, ohne daß der *Kern* der Aussagen verfehlt würde.

Von beiden «Seiten» verlangt dieses Buch Zugeständnisse an die jeweils andere und an den Autor: Der hat sich, in Übereinstimmung mit dem Herausgeber dieser Buchreihe, Dr. Horst Speichert – dem er an dieser Stelle für die sachlich und menschlich fruchtbare Zusammenarbeit danken will –, dazu entschieden, den «Heimlichen Generationenvertrag» in der vorliegenden Kurzform in die Weltweisheit einzuführen, obwohl das Thema und das zur Aufarbeitung anstehende Material für viele tausend Buchseiten «gut» wäre. Der Grund: Der HGV sollte so schnell wie möglich der breiten Öffentlichkeit zugänglich gemacht werden. Manche Schwächen der gewählten Form könnten sich als Stärken auswirken: die unsystematische Darstellung gibt Gelegenheit, sich das Material nach eigenen Bedürfnissen weitgehend selbst zu erarbeiten; eine «geschlossene Theorie» dient oft nur zur Begründung neuer «Schulrichtungen», die «Anhänger» und «Gegner» findet, also wiederum in Sackgassen mündet.

Wenn man den HGV überhaupt eine «Entdeckung» nennen will – viele der Tatsachen, die er «enthüllt», sind ja allgemein bekannt –, handelt es sich bei diesem Buch jedenfalls um einen provisorischen Bericht, einen ersten Erkundungsgang, einen (jeweils im doppelten Sinne des Wortes) «anstößigen», «anfängerhaften» und «vorläufigen» Überblick. Die eigentliche Arbeit, wenn sie denn in Angriff genommen werden soll, kann nur Sache der Zaungäste sein.

Aber, selbstverständlich, über den rechten Gebrauch dieses Buches kann nicht sein Autor entscheiden. Der legt nur Wert auf die Feststellung, daß jeder Leser, jede Leserin, der bzw. die sich von ihm schockieren oder gar ins Unglück stürzen läßt, sich dies (nach obiger Warnung) selbst zuzuschreiben hat.

Und wer aus diesem Buch einen Nutzen zu ziehen vermag, ist ebenfalls ausschließlich selbst daran schuld.

Einleitung

Das Thema dieses Buches betrifft jeden Menschen, weil die Biographie jedes Menschen auch das enthält, was man «Kindheit» nennt.

Der Inhalt dieses Buches betrifft jeden Menschen deshalb viel «hautnäher» als der Inhalt manch anderer Bücher. Eine völkerkundliche Studie oder ein Lehrbuch der höheren Mathematik etwa richtet sich an eine bestimmte Leserschaft und kann besondere Vorlieben und auch Vorkenntnisse voraussetzen.

Beides, die Vorlieben und die Vorkenntnisse, sind bezüglich des Generationenverhältnisses nun keineswegs zuwenig, sondern eher im Übermaß vorhanden. «Im Übermaß», insofern sie einer Zeit entstammen, in welcher viele heute schon weitverbreitete Kenntnisse noch nicht zur Verfügung standen. Je «bestimmter» sie also sind, desto schwerer wird ihre Neubestimmung im Lichte des HGV fallen. Und zusätzlich sind es jeweils so «besondere», daß es ein hoffnungsloses Unterfangen wäre, sie alle im einzelnen berücksichtigen zu wollen.

In dieser Lage greifen viele Autoren, die etwas Allgemeingültiges aussagen wollen, zu einem Kunst-Griff: zur Kunst. Sie schreiben Romane, Theaterstücke, Filme, Gedichte, in denen sie selbst oder ihre Helden das Publikum durch ihre Subjektivität (auch im Sinne von: Einmaligkeit) «gefangennehmen», «faszinieren», zur «Identifikation» verführen wollen. Sie «verpacken» die Wahrheiten, die sie für vermittelnswert halten, in künstlerisch gestaltete Texte, d. h., sie sagen nicht einfach, was sie wissen, denken und fühlen, sondern sie «bereiten» das «auf», sicherlich in der Hoffnung, ihre «Botschaft» in dieser Form wirkungsvoller «an den Mann (bzw. die Frau) zu bringen».

Kein Wort gegen diese oft sehr eindrucksvollen und auch erfolgreichen Versuche! Es gibt eine ganze Reihe von Beispielen, daß ein Roman oder sogar ein Film im Hollywoodstil politisch mehr Wirkung zeigte – bis hin zu wesentlichen Gesetzesänderungen – als viele gelehrte Abhandlungen. Trotzdem beschreitet dieses Buch den anderen Weg, Allgemeingültiges mitzuteilen. Also nicht den Weg der Kunst, sondern den der (allgemein verständlichen) Wissenschaft – mit welchem Wort hier einfach das Erforschen dessen, was ist, und das dann folgende Weitersagen dessen, was man weiß, gemeint ist.

Im Zeitalter der «Psychotrips», der «Betroffenenliteratur» und der Skepsis gegenüber den Möglichkeiten des rationalen Verstandes (Stichwort: «Kopflastigkeit») bedarf es einer – rationalen – Begründung, warum ein so hautnahes, intimes und emotionales Thema wie das des HGV auf rein intellektuelle Weise behandelt wird.

Die Begründung ist folgende: Die übliche und berechtigte Kritik am menschlichen Verstand zielt nicht eigentlich auf diesen selbst, also auf bestimmte Fähigkeiten des menschlichen Gehirns, sondern auf deren Überbewertung. Wenn man einmal die grobe Unterscheidung zwischen *Verstand* und *Gefühl* akzeptiert, gilt die heute oft geäußerte Kritik der Tatsache, daß viele Menschen dem Verstand eine dominante Rolle einräumen. Dies führt zur Unterdrückung und/oder Verdrängung der Gefühle, denen lediglich ein untergeordneter Stellenwert zugebilligt wird. Der Verstand als Herrscher und Beherrscher (Stichwort: Selbstbeherrschung – auf Kosten des Gefühls, der organismischen Weisheit und vieler anderer nichtbewußter, gleichwohl höchst vernünftiger, nämlich natürlicher und sinnvoller Vorgänge im Menschen), der Verstand als Regisseur und «Chef» ist es, der zu zahlreichen Fehlentwicklungen geführt hat, so daß manche Kritiker fordern, sich völlig von ihm zu befreien.

Immer weniger Menschen glauben heute, ihr Intellekt sei der legitime Dirigent ihrer Lebensgestaltung, und ihre Gefühle spielten nur eine Art Begleitmusik. Immer mehr Menschen akzeptieren – um ein ähnlich einfaches Bild zu gebrauchen – ihr Gefühl als den «Chef». Sie versuchen, mit den Worten von Jean Liedloff (1980, S. 60), «den Intellekt zu einem fähigen Sklaven zu machen, statt zu einem unfähigen Herrn. Richtig eingesetzt, kann der Verstand von unschätzbarem Wert sein.»

Da nur der Verstand selbst in der Lage ist, eine bewußte und begründete Neuverteilung der Rollen vorzunehmen, erscheint dem Autor die diskreditierende Bezeichnung «Sklave» unangemessen. In einer Rolle als «Diener» oder «Butler» wird dem Stolz und Selbstbewußtsein des menschlichen Verstandes wohl besser Rechnung getragen. Jedenfalls wird dem Intellekt in diesem Buch nicht die Funktion des Herrschers zugebilligt, sondern die des Dieners und Beraters. Der «Chef» ist das Gefühl.

Diese «Rangordnung» ist nicht unumstritten. Zwar «sitzen» in vielen Lebensbereichen die Gefühle unbestreitbar «am längeren Hebel», bestrafen z. B. ihre Unterdrückung bzw. Vernachlässigung durch «psychosomatische» Krankheiten usw., doch gibt es auch die Meinung, daß auch solche Erscheinungen im wesentlichen auf «falschem Denken» beruhen. Diese Frage kann hier offenbleiben: Wer dem Verstand die Hauptrolle im menschlichen Leben zuspricht, wird an der Vorgehensweise dieses Buches ohnehin keinen Anstoß nehmen. Hier war gegenüber Kritikern des rationalen Denkens auf die Möglichkeit hinzuweisen, dieses in einer dienenden Funktion zu sehen.

Unter dieser Voraussetzung darf auf die enge Verbindung zwischen «Verständnis», «Verständigung» und «Verstand» hingewiesen werden. Diese Voraussetzung erlaubt auch, den die Gedankengänge dieses Buches beobachtenden Zaungästen zu empfehlen, zunächst einmal in erster Linie mit- und weiterzudenken. Alternativen zum *Mitdenken* wären a) das *Mitfühlen*, b) das *Gegendenken*.

Zu a): Gegen das unmittelbare «Mitfühlen» spricht, daß der Verstand flexibler ist als das Gefühl. Wie im Laufe dieses Buches an vielen Beispielen gezeigt wird, ist der Verstand (z. B. das spezifisch menschliche Abstraktionsvermögen, die Fähigkeit, Begriffe zu bilden und Ideen zu formulieren) tatsächlich «von unschätzbarem Wert» (Liedloff), eben im Dienste des Gefühls und des inneren Wachstums (vgl. 11. Kap.), während das distanzlose Mitfühlen den Menschen der Chance beraubt, durch eine intelligente Beratung emotionalen «Wiederholungszwängen» und mancherlei «Teufelskreisen» zu entkommen.

Zu b): Auch das unmittelbare «Gegendenken» verbaut bestimmte Chancen. Wer immer nur darauf lauert, wann sie/er auf eine Formulierung trifft, an der sich Kritik einhaken kann, verschenkt die Möglichkeit, zunächst einmal kennenzulernen, was da eigentlich insgesamt mitgeteilt werden soll. Dann geht es leicht statt um besseres Wissen nur noch um Besserwisserei (statt um «das Richtige finden» um «Rechthaberei»). Ein/e halbwegs selbstbewußte/r Kritiker/in braucht kaum zu befürchten, nicht auch im Nachhinein noch zur Kritik fähig zu sein.

Die obigen Empfehlungen, insbesondere die, mitzudenken statt mitzufühlen, hängen einerseits mit der direkten Betroffenheit aller Menschen (insofern sie selbst Kinder waren) zusammen. Diese erschwert eine distanzierte Betrachtung der objektiven Realität. Hier kann der «Diener» Verstand seine besonderen Fähigkeiten einsetzen, kann prüfen und auswählen, was er seinem «Chef» Gefühl schließlich zumuten will.

Andererseits folgte diese Empfehlung aus der Pflicht eines Entdeckers, den Standpunkt anzugeben, von dem aus seine Entdeckung gemacht wurde und von dem aus diese Entdeckung nun also auch entweder «falsifiziert» (widerlegt) oder nachvollzogen werden kann. Im vorliegenden Fall war die Entdeckung nur möglich (und kann nur verstanden, überprüft, nutzbar werden) mit Hilfe eines rein intellektuellen Gedankenexperiments, bei welchem der gewöhnliche Standpunkt verlassen und eine «höhere Warte» eingenommen wird.

Der so gewonnene «größere Blickwinkel» verpflichtet nun seinerseits den Autor auf die Rolle des neutralen Berichterstatters. Es ist dem Menschen zwar nicht ohne weiteres möglich, von den je eigenen subjektiven Erfahrungen, Vorlieben, Denkgewohnheiten, Wertentscheidungen usw. vollständig abzusehen, aber er kann per Gedankenexperiment vorübergehend einen gewissen Abstand gewinnen, wenn er all dies in einen größeren Zusammenhang gestellt sieht. Dadurch wird entscheidend klarer, was tatsächlich (objektiv) geschieht. Und mit dieser Klarheit wird auch die intersubjektive Verständigung (das gemeinsame Interesse an ihr vorausgesetzt) wieder möglich, ohne Vorwürfe, Rechtfertigungs- und Überzeugungsversuche, Schuldgefühle, Besserwisserei und dergleichen.

Der einzige «gewöhnliche» Standpunkt, der für dieses Buch unaufgebbar ist, ist gleichzeitig seine Existenzgrundlage: die Meinung, daß es gut und richtig sei, den HGV öffentlich zur Sprache zu bringen, weil dies letztlich «über kurz oder lang» allen Menschen zum Nutzen und Vorteil gereicht.

Das ist die Meinung des Autors. Sie widerspricht nicht der Warnung aus dem Vorwort: Diese richtete sich an Menschen, die – subjektiv respektable – Gründe haben, anderer Meinung zu sein.

Die Kompliziertheit der gegenwärtigen Situation in der Kinderfrage und die Absicht, ein praxisnahes Buch von möglichst hohem Gebrauchswert nicht nur für eine bestimmte Gruppe von Leser/inne/n vorzulegen, führte zu folgender Vorgehensweise:

Das Buch besteht aus zwei Teilen, die aus unterschiedlichen Perspektiven geschrieben sind. Im ersten Teil («Zum Kennenlernen») wird zunächst der Begriff (Name) «Heimlicher Generationenvertrag» erläutert (1. und 2. Kapitel), sodann wird – beginnend von Adam und Eva – untersucht, wie die Beziehungen zwischen den Generationen in Wirklichkeit, also ohne Scheuklappen betrachtet, organisiert sind und welche Entwicklung sich andeutet bzw. in Gang ist (3. bis 8. Kapitel).

In diesem Teil stellt der Autor lediglich Tatsachen und Meinungen dar, an deren Existenz im Grunde nicht gezweifelt werden kann. Die Idee dabei ist, daß prinzipiell jeder (an der Wirklichkeit interessierte) Zaungast, unabhängig von allen persönlichen Wertungen, Wünschen, Ängsten usw., diesen Teil annehmen können sollte. Viele der heute üblichen Streitigkeiten sind schlicht gegenstandslos, wenn die Informationen dieses Teils zur Kenntnis genommen werden.

Der zweite Teil beansprucht keine Allgemeingültigkeit. In ihm wird eine bestimmte Entscheidung hinsichtlich des HGV vorausgesetzt, so daß die Berichterstattung aus einer etwas anderen Perspektive erfolgen muß. Dies begründet und erläutert eine eigene Einleitung an Ort und Stelle (S. 145). Inhaltlich geht dieser Teil («Zum Verstehen und Verständlichmachen») ausschnittweise auf die Hintergründe der heutigen Situation ein (9. und 10. Kapitel) und schildert dann, wie der im Vorwort erwähnte «Ausweg aus der Sackgasse» persönlich (11. Kapitel), argumentativ (12. Kapitel) und politisch (13. Kapitel) erfahrungsgemäß am besten gefunden werden kann.

Insgesamt geht es darum, einigen zentralen Illusionen sowohl von «pädagogischer» wie von «antipädagogischer» Seite auf die Spur zu kommen. Zugleich wird damit eine Fülle von mehr oder weniger naiven «Alltagstheorien» hinfällig, denen die meisten Erwachsenen aus verständlichen (jedoch nicht immer verstandenen) Gründen anhängen – auch wenn sie sowohl von «pädagogischen» wie von «antipädagogischen» Büchern wenig oder nichts halten bzw. wissen.

Diese Bemerkung führt noch einmal auf die Frage zurück, warum dieses Buch ein so emotionsträchtiges Thema rein intellektuell (von «Kopf» zu «Kopf» statt von «Bauch» zu «Bauch») behandelt. Der Autor glaubt die Beobachtung gemacht zu haben, daß es zur Kinderfrage bereits eine ganze Reihe von Büchern und auch Filmen gibt, die wichtige Teilbereiche des Themas in künstlerischer Form sehr eindrucksvoll darstellen (erwähnt seien nur die – auch mehrfach im Fernsehen gezeigten – Spielfilme «Die letzten Jahre der Kindheit» und «Echt tu matsch»), ohne daß die entsprechenden emotionalen Wirkungen zu nennenswerten Konsequenzen geführt hätten. Es scheint, als fehlte in der Kinderfrage noch das gedankliche Instrumentarium, das nötig ist, damit künstlerische Werke nicht nur vorübergehend gefühlsmäßig *beeindrucken*, sondern auch in voller Tragweite *verstanden* werden. Wenn dieses Buch nichts anderes wäre als eine *Vorarbeit*, die den «Boden» bereitet für emotional ansprechende Ausarbeitungen, würde es bereits eine wichtige Funktion erfüllen. Denn selbstverständlich kann ein Buch wie dieses nur relativ wenige Menschen «erreichen»: Menschen, die nicht nur überhaupt Bücher lesen, sondern die darüber hinaus bereit und in der Lage sind, sich aus den wenigen Bruchstücken, die der nun folgende Text anbietet, das Gesamtbild (wie ein lückenhaftes Mosaik) selbsttätig zu erarbeiten.

Es geht in diesem Buch lediglich um einige wenige *Grundlagen* des Generationenverhältnisses. Daß diese Grundlagen, Erscheinungen auf der Tatsachenebene, häufig nicht ausreichend beachtet werden, wenn auf der Meinungsebene über «Kindheit» und «Erwachsenheit» nachgedacht, diskutiert und publiziert wird, hat kaum überschätzbare Konsequenzen zum Nachteil letztlich aller. Dennoch gibt es für dieses Buch nur bescheidene Möglichkeiten, langfristige gesellschaftliche Entwicklungen effektiv zu beschleunigen, auch wenn einzelne Menschen noch so eindrucksvolle und nützliche «Aha-Erlebnisse» haben. Der Autor möchte deshalb diese Einleitung mit der Empfehlung abschließen, sich auf eine möglichst unaufgeregte und beschauliche Lektüre einzurichten und zunächst einmal getrost nur auf persönlichen Erkenntnisgewinn zu spekulieren. Das Thema HGV eignet sich nicht für hektische Betriebsamkeit, weder für äußere, noch für innere. Geduld und Nachsicht sind angesagt: mit der Welt, mit dem Autor und – vor allem – mit sich selbst.

Teil I: Zum Kennenlernen

Kapitel 1

HGV: die «Eltern»

Der Name (der Begriff, die «Worthülse») *Heimlicher Generationen-vertrag* ist eine sprachliche Neuschöpfung. Sie soll ihre Aussagekraft von zwei «Eltern» beziehen, die zwar selbst noch recht jung sind, sich aber bereits verhältnismäßig großer Popularität erfreuen: dem «heimlichen Lehrplan» und dem «Generationenvertrag».

Weil allerdings nicht vorausgesetzt werden kann, daß diese beiden Begriffe schon jedem Leser und jeder Leserin geläufig sind, sollen sie einer näheren Betrachtung unterzogen werden.

Der heimliche Lehrplan

«Sexismus als heimlicher Lehrplan» lautet der Untertitel eines rororo-Sachbuchs vom Mai 1983*. Außer im Untertitel taucht der Begriff «heimlicher Lehrplan» in diesem 298 Seiten umfassenden Buch jedoch nicht auf. Autorin und Verlag scheinen ihn also nicht für erklärungsbedürftig zu halten.

Diese Bemerkung ist nun keineswegs als Kritik gemeint, sondern als erster Hinweis auf die besondere Kompliziertheit unseres Themas: Wie «heimlich» ist ein «Lehrplan», wenn die Autorin ausdrücklich unterscheidet «zwischen ‹offen› frauenfeindlich und lediglich frauen‹benutzend›» (Schmerl 1983, S. 19)? Zur Erklärung (S. 18):

---

* Obertitel: «Frauenfeindliche Werbung», Autorin: Christiane Schmerl, «Copyright 1980 by Elefanten Press GmbH, Berlin»

19

«Unter ‹offen› oder besonders frauenfeindlich verstehen wir solche Anzeigen, in denen Frauen als Geschlecht herabgesetzt, lächerlich gemacht oder in einer anderen Art und Weise als eine nicht für voll zu nehmende menschliche Spezies hingestellt werden.»

Es wäre in diesem Zusammenhang sprachlich naheliegend, aus dem «offen» frauenfeindlich und dem «heimlichen» Lehrplan auf ein «offenes Geheimnis» zu schließen; doch erscheint fraglich, welchen Erklärungswert dieser innere Widerspruch haben könnte. (Dieses Problem gilt in vollem Ausmaß auch für den HGV.)

Für Zaungäste, denen der Begriff «heimlicher Lehrplan» nicht vertraut ist, ist zunächst festzuhalten: Es gibt Menschen, die ihn als normalen und ohne weiteres verständlichen Teil des deutschen Wortschatzes verwenden, nachdem er als Fachausdruck in der erziehungswissenschaftlichen, insbesondere der schulkritischen Literatur der Bundesrepublik seit 1973 mehr und mehr gebräuchlich wurde.

Wer den Begriff erfunden hat und wann er zum erstenmal verwendet wurde, ließ sich bisher nicht herausfinden. Sicher ist, daß er einer größeren Zahl deutscher Pädagoginnen und Pädagogen durch die Zeitschrift «betrifft: erziehung» (Beltz Verlag, Weinheim) bekannt wurde, die das Heft 5 ihres 6. Jahrgangs vom 2. Mai 1973 unter das Thema stellte: «Der heimliche Lehrplan – Was wirklich gelernt wird». Im Jahre 1975 erschien dann, ebenfalls bei Beltz, das Studienbuch «Der heimliche Lehrplan – Untersuchungen zum Schulunterricht», herausgegeben von Jürgen Zinnecker im Auftrag der Redaktion dieser Zeitschrift. Es enthält, ebenso wie das erwähnte Themenheft, im wesentlichen Texte aus den USA. Aber auch aus dem Buch geht nicht eindeutig hervor, daß der Ausdruck «heimlicher Lehrplan» (englisch: hidden curriculum) aus Amerika stammt. Denn der Herausgeber schreibt in einem Nachwort, «das Untersuchungsmodell des heimlichen Lehrplans» spiele «seit Beginn des Jahrhunderts» eine Rolle (Zinnecker 1975, S. 183), und zählt z. B. (S. 192) den sozialistischen Pädagogen der Weimarer Republik Siegfried Bernfeld (dessen Buch «Sisyphos oder die Grenzen der Erziehung» erstmals 1925 in Leipzig, Wien und Zürich erschienen ist) «zu den Klassikern des heimlichen Lehrplans». Wörtlich (S. 193): «Auch Bernfeld legt seiner Theorie des heimlichen Lehrplans den generellen Verdacht zugrunde, daß die bürgerliche Pädagogik die ‹wirkliche gesellschaftliche Funktion› der Erziehung ‹verschleiert›, sie aus einem bestimmten Interesse heraus als ‹unbekannt› erhalten will.»

Ohne die Kenntnis sämtlicher Schriften Bernfelds und der anderen von Zinnecker in diesem Zusammenhang erwähnten deutschprachigen Autoren läßt sich nicht beurteilen, ob sie den Begriff «heimlicher

Lehrplan» bereits benutzten. Es dürfte aber eher unwahrscheinlich sein, weil schwer einzusehen wäre, warum sonst in keinem der genannten Texte dieser Begriff als Zitat kenntlich gemacht worden sein sollte. (Nebenbei: Dem Ursprung dieses Ausdrucks würde nicht so viel Platz gewidmet, wenn dabei nicht gleichzeitig auch sein Inhalt, seine Bedeutung zum Vorschein käme.)

Möglicherweise hat der «heimliche Lehrplan» in dem Zeitschriftenartikel «The student's world» aus dem Jahre 1966 das Licht der Welt erblickt. Sein Autor ist Philip W. Jackson, «ein anerkannter Vertreter der akademischen Erziehungspsychologie in den USA» (Zinnecker 1975, S. 19). Der Abschnitt «Zweierlei Lehrplan» dieses Artikels lautet vollständig:

«Wir können das bisher Gesagte gut zusammenfassen, wenn wir unterstellen, daß es in jeder Schule und in jeder Klasse in Wirklichkeit zwei Lehrpläne gibt, nach denen die Schüler unterrichtet werden. Den einen können wir den amtlichen Lehrplan nennen. Ihm allein galt in der Vergangenheit das Interesse der Schulpädagogen. Seine goldene Mitte sind die Grundfertigkeiten des Lesens, Schreibens und Rechnens. Zu ihm gehören die Unterrichtsfächer, für die wir Lehr- und Lernmittel herstellen. Dieser Lehrplan steht auch im Mittelpunkt der ganzen ‹Curriculuminnovation› heutzutage. Den zweiten Lehrplan könnte man vielleicht als den nichtamtlichen oder sogar als den heimlichen Lehrplan bezeichnen, da er der Aufmerksamkeit der Schulpädagogen weitgehend entgangen ist. Dieser heimliche Lehrplan besitzt auch eine goldene Mitte: den Grundkurs in den sozialen Regeln, Regelungen und Routinen. Diesen Grundkurs haben sich Schüler wie Lehrer anzueignen, wenn sie, ohne großen Schaden zu nehmen, ihren Weg durch die Institution, die da Schule heißt, machen wollen» (Zinnecker 1975, S. 29; ebenso in «betrifft: erziehung» 5/73, S. 21).

Die Unterrichtsforschung, die dem «heimlichen Lehrplan» gilt, untersucht also nicht, was in den einzelnen Schulfächern planmäßig gelernt (oder nicht gelernt) wird, sondern die prägenden (z. T. in sich widersprüchlichen) Wirkungen der Institution Schule selbst: z. B. die Angst und/oder Langeweile; das sinnentleerte Üben (Päckchenrechnen); die Unterdrückung von Gefühlen, Eigeninteressen, Kreativität, Solidarität; die Aussperrung der Lebenswirklichkeit; das von Amtspersonen (Vorgesetzten) Geprüft-, Bewertet-, Sortiert-, Belohnt- und Bestraftwerden; das Arbeiten nach Zeittakt; die Abstumpfung; die Konkurrenz; der Kollektivismus; das Gehorchenmüssen; das Stillsitzen; kurz: die *Gesamtsituation*, mit der Schüler/innen sich abfinden müssen, «wenn sie, ohne großen Schaden zu nehmen, ihren

Weg … machen wollen» (Jackson); wobei Schulkritiker die Frage stellen, ob sie nicht gerade dadurch Schaden nehmen (sollen?): «Schüler werden wie Rohstücke einem Fabrikationsprozeß unterworfen, der sie über verschiedene Bearbeitungsstufen und Fertigungsstraßen zu einer Palette von Endprodukten formt» (Beck u. a. 1983, S. 140).

Einer der radikalsten Schulkritiker, Ivan Illich, widmete in seinem Buch «Fortschrittsmythen» unserem Thema zwei ausführliche Kapitel: «Der heimliche Lehrplan der Schule» (Illich 1978, S. 114) und «Die versteckten Prämissen der Erziehung» (S. 120). Diese beiden Überschriften schlagen die Brücke vom «heimlichen Lehrplan» der Schule und anderer Erziehungsinstitutionen* zu anderen Heimlichkeiten der Erziehung, zu deren «versteckten Prämissen», also heimlichen Voraussetzungen. Eine dieser heimlichen Voraussetzungen ist für Illich die Auffassung (die sich im frühen 17. Jahrhundert durchgesetzt habe), «daß der Mensch von Geburt unfähig für das Leben in der Gesellschaft sei und daß ihm erst ‹Erziehung› zuteil werden müsse. Erziehung bedeutete schließlich das Gegenteil von lebendigem Wissen» (Illich 1978, S. 121). «Eine weitere Prämisse ist, daß der Mensch unreif geboren sei und erst ‹reifen› müsse, bevor er sich in die zivilisierte Gesellschaft einfügen kann» (S. 122).

Trotz der teilweise drastischen Formulierungen bleibt bei all diesen Zitaten unklar, ob hinter dem «heimlich» und «versteckt» eine Absicht verborgen ist, ob da also jemand etwas bewußt verheimlicht oder versteckt, oder ob die Autoren meinen, es handele sich lediglich um bisher unerkannte Vorgänge, auf Seiten der «Täter» also um bloße Unachtsamkeiten. Während Bernfeld davon spricht, es würde eine tatsächliche «Funktion» willentlich «verschleiert» und «als unbekannt erhalten», meint Jackson, der «zweite» Lehrplan sei «der Aufmerksamkeit der Schulpädagogen weitgehend entgangen».

In dieser Lage kann ein Zitat von Christiane Schmerl hilfreich sein. Sie schreibt, die «frauenfeindliche» Werbung, auch wo sie sich als «Kunst» ausgebe, würde «schlicht und einfach immer wieder dieselbe Funktion erfüllen: die Fabrikation von Ideologie über Frauen. Die Ideologie, die hier übermittelt wird, liegt in den zum Ausdruck gebrachten Verwendungszwecken (Sexualität, Haushalt), der Daseinsberechtigung (Dekoration) oder der Suggestion (Frauen *sind* so, Frauen *müssen* so sein), die unabhängig vom jeweiligen Produkt als

---

* In einem neueren Erziehungslexikon werden z. B. die «Rituale im Kindergarten» als «Träger eines heimlichen Lehrplans der Kleinkindererziehung» bezeichnet (Lenzen 1984, S. 59).

Botschaft übermittelt werden. Die Effekte dieser millionenfach gleichgerichteten Botschaften sind in der Tat beachtenswert: sie verbiegen die Vorstellungen von Männern und Frauen (und Kindern) über das, wie Frauen sind, wozu sie da sind und was ihre Leistungen und Lebensbereiche sind» (Schmerl 1983, S. 146 f).

Sehen wir uns diese Sätze genauer an, bemerken wir wieder das schon gebrauchte Wort «Funktion». Es wird eine Funktion erfüllt, etwas übermittelt, es werden «Effekte» erzielt. Auch in «betrifft: erziehung» (5/73, S. 17) heißt es in einem redaktionellen Vorspann: «Der heimliche Lehrplan ist unheimlich effektiv.» Oder bei Schmerl, willkürlich herausgegriffen: «Der Effekt ist: die Gleichung Frau = Sex wird besonders gründlich gelernt» (S. 20). «Man lernt: Frauen sind Luxuswaren, die ‹Mann von Welt› sich leisten kann» (S. 21). «Die Frau wird zum Beuteobjekt» (S. 173).

Aus diesen Sätzen ist zwar noch immer nicht ersichtlich, ob die genannten Lern- und anderen Effekte als Folgen zielstrebiger Machenschaften angesehen werden, aber gerade deshalb können sie für unsere Zwecke erhellend sein. Es ist ja immer ein schwieriges Unterfangen, anderen Leuten bestimmte Absichten nachzuweisen. Doch vielleicht kommt es darauf auch gar nicht an! Wenn es gelingt, deutlich zu machen, welche Funktionen bestimmte Vorgänge «im Endeffekt» erfüllen, wenn man sich also auf die Bewußtmachung der Effekte konzentriert, braucht man keine möglicherweise ungerechten Schuldzuweisungen zu riskieren und kann doch den Effekt erzielen, daß diese Vorgänge nicht mehr heimlich bzw. versteckt ablaufen.

Damit ist nicht gesagt, daß der antibürgerliche Siegfried Bernfeld mit seiner zitierten Ansicht Unrecht hätte. Das gleiche gilt in bezug auf Ivan Illich, der ganz Ähnliches behauptet: «Der heimliche Lehrplan ist ein Ritual, das wir als offizielle – institutionell in der Schule etablierte – Initiation (Einführung) in die moderne Gesellschaft auffassen können. Der Zweck dieses Rituals ist es, den Beteiligten die Widersprüche zwischen dem Mythos einer egalitären Gesellschaft und der Klassenrealität, die sie aufweist, zu verbergen» (Illich 1978, S. 120).

Ob solche Aussagen für richtig oder falsch gehalten werden, hängt vom (z. B. politischen) Standpunkt des Urteilenden ab, ist also nicht objektiv (auf der Tatsachenebene) zu entscheiden. Wir können aber, in Beschränkung auf unser eigentliches Thema, aus dieser Not (bzgl. der Ursachen bzw. Verursacher) eine Tugend (hinsichtlich der Folgen) machen und sagen: Wer ein Geheimnis verrät, also aus der Welt schafft, macht damit zugleich die Frage, wer da warum und ob überhaupt jemand etwas Bestimmtes verheimlicht oder versteckt hatte, zu

einer rein akademischen, zu einem auf seiner Ebene vielleicht hoch-
interessanten, praktisch aber von den Ereignissen bereits überholten
Problem. (Vorausgesetzt natürlich, das «Geheimnis» spricht sich
auch wirklich herum.)

Wir kommen damit zu einer Zusammenfassung.

«Heimlicher Lehrplan» ist ein schillernder Begriff, der in verschiedenen Zusammenhängen gebraucht wird. Ob das Wort «heimlich»
auf einen Täter, einen «Heimlichtuer» verweist oder nicht, kann offenbleiben. Genaugenommen muß diese Frage sogar offenbleiben,
wenn wir Beweisschwierigkeiten, Spekulationen, Parteinahmen (mit
den dazugehörigen Schuldzuweisungen, Rechtfertigungsversuchen
usw.), generell: Auseinandersetzungen auf der Meinungsebene, vermeiden wollen.

Diese Zurückhaltung fällt schon deshalb leicht, weil der Begriff
«heimlicher Lehrplan» in bezug auf Kinder/Schüler/innen gerade
nicht das bezeichnet, was lehrende Subjekte vermitteln *wollen* und zu
vermitteln *meinen*, sondern das, was *wirklich*, tatsächlich, «objektiv»
gelernt wird (z. B. in Schulen: Stillsitzen, Gehorchen, Konkurrenz
usw.), obwohl es in keinem offiziellen Lehrplan steht. Auch in der
Werbung geht es darum, was tatsächlich gelernt wird (z. B. über die
Rolle von Frauen), obwohl offiziell nur bestimmte Waren verkauft
werden sollen.

Der «heimliche Lehrplan» bezeichnet also tatsächliche Funktionen
und Effekte im Gegensatz zu offiziell angegebenen und angestrebten.
Zugleich geht es um (versteckte) «Prämissen»: in den angeführten
Beispielen um die Rollen, die Kinder/Schüler/innen in den Augen
der Lehrplaner und die Frauen in den Augen der Werbetreibenden
spielen – wobei dahingestellt bleiben kann, ob dies den jeweiligen
«Tätern» bewußt ist. Schließlich geht es, grundsätzlich betrachtet,
auch um die *Beziehungen* zwischen verschiedenen Gruppen von Menschen: das «heimlich» im «heimlichen Lehrplan» will auf den Unterschied aufmerksam machen zwischen offiziell proklamierten und tatsächlich realisierten Vorgängen auf allen möglichen Ebenen.

Diese Zusammenfassung zeigt: Es gibt beim «heimlichen Lehrplan» noch eine Fülle von Unklarheiten. Beispielsweise handelt es
sich bei den genannten «tatsächlichen Effekten» teilweise nur um
Vermutungen bzw. Befürchtungen. Das heißt, die Theoretiker des
«heimlichen Lehrplans» vermuten/befürchten, daß die Kinder in der
Schule z. B. statt Mündigkeit tatsächlich Gehorchen lernen oder daß
die Konsumenten durch die Werbung nicht nur zum Kaufen, sondern
tatsächlich auch zur Frauenfeindlichkeit verführt werden.

Diese sicherlich unzulässig vereinfachten Annahmen über Ursache-Wirkung-Verhältnisse brauchen uns aber ebensowenig zu interessieren wie andere Spezialprobleme. Wir können deshalb den Begriff «heimlicher Lehrplan» für jetzt so unpräzise lassen, wie er sich für viele Leserinnen und Leser vermutlich darstellt. Es geht ja in diesem Buch um das Kind HGV und nicht in erster Linie um das «Elternteil» heimlicher Lehrplan. Und für das Kind HGV genügt, so darf man vermuten, die bisher vermittelte Ahnung von seiner Abstammung.

Wenden wir uns nun dem zweiten Elternteil zu.

Der Generationenvertrag

Der Begriff «Generationenvertrag» ist heute wahrscheinlich den meisten politisch einigermaßen Interessierten geläufig. Im Lexikon steht unter diesem Stichwort: «Grundlage des Systems der Altersversorgung, die dadurch gesichert wird, daß die jüngere, arbeitsfähige Generation die ältere versorgt; durch die Verschlechterung der wirtschaftlichen Lage wird der ~ besonders belastet.» Punktum.

Oder nehmen wir eine zweite Quelle. Der damalige Bundeskanzler Helmut Schmidt gab am 16. Dezember 1976 vor dem Bundestag eine Regierungserklärung ab, der er laut Deutschem Depeschendienst aus aktuellem Anlaß (der nach vielen Protesten wieder zurückgenommenen Verschiebung einer Rentenerhöhung) ein «Vorwort» voranstellte. In diesem sagte er wörtlich:

«Wir nehmen den Generationenvertrag als eine ernste Verpflichtung. Er beruht darauf, daß die arbeitende Generation solidarisch für die Rentner sorgt. Dabei weiß die Generation der Rentner, daß sie die Solidarität der Arbeitenden nicht überfordern kann. Beide Generationen leben gemeinsam von dem, was in unserer Volkswirtschaft jeweils aktuell erarbeitet wird» (Frankfurter Rundschau Nr. 285, 17. 12. 1976, Seite 2).

Es scheint, als sei das Wort «Generationenvertrag», das in diesem Buch eine große Rolle spielen wird, eine klare Angelegenheit, so alt wie die staatliche Rentenversicherung, keiner Diskussion bedürftig. Wenigstens ein Elternteil, sollte man denken, steht auf sicheren Beinen.

Wie man sich täuscht! Als der Autor in der Wiesbadener Stadtbibliothek und den dort befindlichen Lexika und Fachbüchern (Ausgaben bis 1980) sein Stichwort suchte, fand er es nicht. Er wußte, was es bedeutet, alle Menschen, die er fragte, sagten ihm dasselbe, aber er wollte etwas Schriftliches, eine richtige Quelle. Denn seit er sich entschlossen hatte, den HGV in die Weltweisheit einzuführen, war ihm bewußt, welche Schwierigkeiten ihm – als Geburtshelfer – mit dem zwielichtigen Wort «heimlich» bevorstehen würden. Und er wußte auch, daß er den ansonsten – wie er meinte – problemlosen und traditionellen Begriff «Generationenvertrag» mit einer neuen Bedeutung versehen mußte, sagen wir: mit einer psychologischen und soziologischen. Wenigstens seine bisherige, die ökonomische (wirtschaftliche, auf die Renten bezogene), sollte klar und unangefochten sein.

Nun will der Autor seine Probleme bei der Suche nach etwas Schriftlichem nicht zu ausführlich schildern; zwei Quellen wurden ja schon zitiert. Was er aber mitteilen möchte, ist, daß er mit diesen beiden Quellen erst bekannt wurde, nachdem er die «Gesellschaft für deutsche Sprache e. V.» (praktischerweise mit Sitz in Wiesbaden) um Hilfe gebeten hatte. Von dort erhielt er Kopien sowohl des Lexikon-Artikels (aus dem sechsbändigen «Brockhaus-Wahrig», Ausgabe 1981) wie des Zeitungsberichtes. Mehr konnte man auch dort nicht herausfinden. Das Wort «Generationenvertrag» taucht in einer Regierungserklärung aus 1976 auf, aber woher es stammt, weiß auch die Gesellschaft für deutsche Sprache nicht.

Dafür aber kam von dort noch ein weiterer Text zum Stichwort «Generationenvertrag», der alle Illusionen bezüglich dieses Begriffes vollends zerstörte. Wird er doch als «zweideutige Wendung» bezeichnet, vor der man «Abscheu» ausdrücken müsse!

Um dies nachvollziehbar zu machen, muß aus diesem Text ausführlich (mehr als die Hälfte) zitiert werden. Er stammt aus einem inzwischen vergriffenen Buch von Edgar Traugott (langjähriger Redakteur u. a. bei «Christ und Welt» und Chefredakteur der «Nürnberger Zeitung»), das 1980 in der Herderbücherei unter dem Titel «Schlagwörterbuch für Bürger und Zeitungsleser» erschien.

Wenn aus diesem Text so ausführlich zitiert wird, so nicht, um in irgendeine Rentendebatte einzusteigen, sondern weil sich der Autor bezüglich des HGV zu einer seinen Möglichkeiten entsprechenden möglichst umfassenden Ahnenforschung verpflichtet fühlt. Außerdem erleichtern diese Auszüge das Verständnis der dann folgenden Erklärungen von Oswald von Nell-Breuning. Und schließlich kann eine gehörige Portion Skepsis gegenüber neugeschaffenen Begriffen Leserinnen und Lesern eines Buches nur nützlich sein, das selbst einen neuen Begriff zu prägen versucht. Hier also die Meinung von Edgar Traugott zum Stichwort «Generationenvertrag»:

«Die gesetzliche Bestimmung wie das allgemeine Verständnis waren sich seit je schon darüber einig, daß eine Versicherung, wie es die

Lebens- oder Krankenversicherung sind, ein gültiger Vertrag ist, mit welchem durch vereinbarte und meist langfristige Einzahlungen an den Versicherer von diesem der Anspruch erworben wird, im definierten Falle der Not, des Schadens, der Krankheit, des Todes oder der Altersgrenze eine bestimmte Leistung als einmalige Zahlung oder lebenslange Rente zu beziehen ... Niemals jedoch bestand ein Zweifel daran, daß es sich hier um ein festes Abkommen und einklagbare Ansprüche handelte, solange Eigentum noch Eigentum und Schuld noch Schuld war ... Und darüber gab es in Deutschland auch so lange keinen Zweifel, bis die weitaus größte dieser Versicherungen, nämlich die Rentenversicherung, Sorgen um ihre eigene Liquidität bekam ... Was sprachlich mit einem Schlagwort möglich ist, zeigt aber hier nun die neu erfundene Parole vom Generationenvertrag. Sie setzt nämlich einerseits schon als selbstverständlich voraus, was der Versicherungsnehmer freiwillig nie akzeptiert hätte, daß er nämlich nicht mehr der Inhaber eines rechtlich unzweifelhaften Eigentumsanspruches ist, sondern sie tröstet ihn, ohne seine Zustimmung eingeholt zu haben, darüber mit dem Hinweis hinweg, daß er an Stelle des gültigen und verbindlichen Rentenvertrags nunmehr Inhaber eines rein erdichteten Generationenvertrags sei, mit dem der vorausgegangene echte Vertrag stillschweigend außer Kraft gesetzt scheint ... Hat man ihm (dem Bürger; EvB) etwa gesagt, daß er seine eigenen Bezüge von den Leistungen noch gar nicht geborener und jedenfalls nicht verdienender Beiträger zu erwarten habe? Hat man ihm etwa gesagt, daß diese erst später in einer heute noch unabsehbaren Situation dann doch das noch aufbringen sollen, mit dem wir heute bei den höchsten Einkommen der ganzen Welt so wenig auszukommen vermögen? ... Aber wer immer das Risiko auch noch hinnehmen mochte, solang die Geschäfte so gut gehen wie die deutschen bis heute, der mußte dennoch mißtrauisch, wenn nicht gar alarmiert werden, als die inzwischen mit 400 Milliarden DM verschuldete öffentliche Hand selbst von einem historischen Generationenvertrag zu reden begann, mit dem die jeweils jüngere arbeitende Generation später die ältere in ihrem Ruhestand zu erhalten habe; und daß dieses durch den Geburtenschwund sehr erschwert werde. Kein Wort davon, was mit dem eigenen, schon gezahlten Geld der Versicherten denn geschehen sei und wie es der Staat als Treuhänder dieses Geldes nun wohl zu halten gedenke! Der Versicherte hat doch seinen Vertrag auch mit keiner mythischen späteren Generation, sondern mit seiner Rentenversicherung abgeschlossen, für die der Staat verantwortlich zeichnet. Auch wenn kein aktueller Anlaß und noch weniger ein Interesse für Hysterie besteht, muß man doch seinen Abscheu vor einer Sprache ausdrücken, mit der ganz klare Verpflichtungen durch zweideutige Wendungen untergraben werden können» (Traugott 1980, S. 44 ff).

Mit diesem Zitat ist das Abenteuer des Autors mit der Gesellschaft für deutsche Sprache abgeschlossen. (Allerdings erhält sie ein Exemplar dieses Buches, als Dank, aber auch in der Hoffnung, daß sie eine Karteikarte zum Stichwort «Heimlicher Generationenvertrag» anlegt.) Weiteren – und hinreichenden – Aufschluß fand er dann selbst in einer Tageszeitung.

Ob der Versicherungsnehmer «Inhaber eines rechtlich unzweifelhaften Eigentumsanspruches» ist, war Gegenstand zweier Entscheidungen des Bundesverfassungsgerichtes vom 28. 2. 1980 und vom 16. 7. 1985, die im wesentlichen Edgar Traugotts Aussagen bestätigen. Es ist also kein Wunder, wenn das Stichwort «Generationenvertrag» in älteren Lexika nicht vorkommt. Nach dem letztgenannten Urteil des BVerfG veröffentlichte die Frankfurter Rundschau am 18. 7. 85 auf der Seite «Dokumentation» unter der Schlagzeile «Nell-Breuning über den Eigentumscharakter von Rentenanwartschaften» ein ausführliches Interview, das Jürgen Borchert für die «Zeitschrift für Sozialreform» Nr. 6/85 mit dem allseits hochgeachteten «Nestor der katholischen Soziallehre» Oswald von Nell-Breuning geführt hatte. Die letzte Frage lautete: «Nun stellt das Bundesverfassungsgericht den Eigentumsgedanken gerade in den Gesamtzusammenhang der ‹Solidargemeinschaft› und des ‹Generationenvertrages›.»

Von Nell-Breuning beginnt seine Antwort: «Was damit gemeint ist, sehe ich nicht klar», geht auf das Wort «Generationenvertrag» nicht ein und endet mit der Aussage, es müsse «jeder einzelne bereit sein, nicht nur Solidarität zu beanspruchen, sondern – auch unter persönlichen Opfern – Solidarität zu üben».

Wie das funktioniert, hatte von Nell-Breuning zuvor klargemacht: «Die Beiträge sind gar nicht der wesentliche Teil der Eigenleistung; die wesentliche Eigenleistung besteht vielmehr in dem, was man dazu beigetragen hat, daß eine nachwachsende Generation da ist und diese Leistungen erbringen kann. Bloß die Beiträge zu entrichten, sich aber in keiner Weise daran zu beteiligen, eine nachwachsende Generation aufzuziehen, sie instand zu setzen und ihr auch die Bereitschaft zum Opferbringen anzuerziehen, ist genau das, was Arnd Jessen schon vor Jahrzehnten so schön formuliert hat: ‹seine Zukunft auf die Kinder anderer Leute aufzubauen›. – Die eigene Zukunft auf die Kinder anderer Leute aufbauen, das ist das genaue Gegenteil einer Eigenleistung ...»

Hatte Edgar Traugott von einem «rein erdichteten Generationenvertrag» geschrieben und behauptet: «Der Versicherte hat ja doch seinen Vertrag auch mit keiner mythischen späteren Generation, sondern mit seiner Rentenversicherung abgeschlossen», so rückt Oswald von Nell-Breuning die Dinge wieder zurecht: Die «Einbeziehung der dritten Generation ist unvergleichlich wichtiger als alle vermeintlichen Ansprüche eigentumsrechtlicher Art aus eigener Leistung in barem Geld.» Die Rentenansprüche richten sich also nicht an die Rentenversicherung, sondern sie richten sich (von Nell-Breuning:) «gegen die Generation der Erben, die sie der ihnen vorausgegangenen Generation gegenüber erfüllen sollen. Und wer keinen eigenen Nachwuchs hat, dessen Ansprüche richten sich nun einmal unvermeidlich gegen die Kinder anderer Leute.»

Für unseren Zusammenhang sind diese Aussagen deshalb von Bedeutung, weil sie den Begriff «Generationenvertrag» entscheidend weiter auslegen, als es die beiden ersten Quellen (der Brockhaus-Wahrig und Helmut Schmidt) taten, in denen nur von zwei Generationen die Rede war, der arbeitenden und den Rentnern. Schien es also zunächst so, als habe der Generationenvertrag mit dem «Verhältnis zwischen den Generationen» im Sinne dieses Buches (dem Verhältnis zwischen Erwachsenen und Kindern) nichts zu tun, haben wir jetzt gesehen, daß auch die Kinder in ihn eingebunden sind. Zwar nicht die «mythischen» (Traugott), aber die real existierenden bzw. diejenigen, die zur realen Existenz gebracht werden, damit sie als «Erben» (von Nell-Breuning) der Rentenansprüche der Älteren zur Verfügung stehen. Und prompt ging am 23. 7. 1985 eine erste Meldung durch Presse, Funk und Fernsehen, nach der ein 78jähriger Unternehmer im Ruhestand aus Faulbach, Landkreis Miltenberg, jedes Baby, das bis Ende 1986 in seiner Gemeinde geboren wird, mit tausend Mark beschenken wollte, weil die Kinder die «Rentenzahler von morgen» seien. –

Welche Eigenschaften des «Elternteils» Generationenvertrag spielen nun für das «Kind» HGV eine Rolle? Sechs Punkte sind hier wichtig.

1. Der Begriff «Generationenvertrag» ist noch jung (vermutlich eine Erfindung der frühen 70er Jahre), er ist von dunkler, möglicherweise betrügerischer Herkunft, nicht unumstritten und auch nicht sonderlich klar.

2. Er bezeichnet eine besondere Art von «Vertrag», insofern er nämlich für diejenigen, die er zu Leistungen verpflichtet, ein (in der Sprache des Films «Der Pate») «Angebot» darstellt, das sie «nicht ablehnen können».

3. Damit er funktioniert, muß die «dritte Generation» (von Nell-

Breuning), müssen also die Kinder nicht nur in genügender Quantität gezeugt, sondern auch in genügender Qualität (nach von Nell-Breuning z. B. mit anerzogener Opferbereitschaft) an das Versicherungssystem abgeliefert werden.

4. Die Ansprüche des Generationenvertrages richten sich nach von Nell-Breuning «gegen die Generation der Erben», «gegen die Kinder»; «die eigene Zukunft» wird «auf die Kinder» gebaut, sei es «auf die Kinder anderer Leute», sei es auf «eigenen» Nachwuchs.

5. Im Generationenvertrag ist immer ein Wechsel auf die Zukunft enthalten: Diejenigen, die heute Opfer bringen müssen, sollen dadurch ent-schädigt werden, daß sie später selber «Opfer» finden, d. h. Menschen, die ihrerseits wieder ungefragt in den gleichen Vertrag eingebunden werden.

6. Das Wort «Generationenvertrag» hat zwar eine ökonomische Hauptbedeutung, es enthält aber auch (versteckte?) Prämissen über das, was erwachsene Menschen mit jüngeren Menschen tun dürfen oder sogar müssen, damit diese Hauptbedeutung zum Zuge kommen kann.

Kapitel 2

Der Name des «Kindes»

Nach dem im 1. Kapitel Gesagten fällt das Eingeständnis nicht schwer, daß der *Heimliche Generationenvertrag* von ziemlich schlechten Eltern ist – was seine sprachliche Gestalt, die Worthülse, angeht. Doch kann man dies für relativ belanglos halten. Der Wert einer Entdeckung bemißt sich zuallerletzt an ihrem Namen, falls dieser nur einigermaßen ihrem Inhalt gerecht wird. Für die Geschichtsschreibung sei deshalb vermerkt:

Der Begriff «Heimlicher Generationenvertrag» (und ebenso die Abkürzung «HGV», die jede Verwandtschaft mit dem viel sympathischeren «Häufigen Geschlechtsverkehr» energisch abstreitet) stammt sowohl aus dem Jahr 1984 als auch von EvB und wird, von unbedeutenden Erwähnungen abgesehen, in diesem Buch erstmals der Öffentlichkeit vorgestellt. (Also stammt er aus dem Jahr 1986.) Er ist zusammengesetzt aus dem «heimlich» des von Schulkritikern bzw. Unterrichtsforschern geprägten Begriffs «heimlicher Lehrplan» und einer erweiterten Auslegung des zur Rechtfertigung der modernen Rentenversicherungsphilosophie erfundenen Begriffs «Generationenvertrag».

Auf eine einfache und präzise Definition des Begriffs HGV muß verzichtet werden. Denn nichts kann darüber hinwegtäuschen, daß einerseits das Wort «heimlich» keinen klar umrissenen Sachverhalt bezeichnet (viele der Inhalte des HGV sind allgemein bekannte Tatbestände), daß andererseits das Wort «Generationenvertrag» zwar etwas mit Generationen zu tun hat, nicht aber wirklich einen Vertrag meint: Das Vertragsrecht setzt im allgemeinen gleichberechtigte Partner und beiderseitige Freiwilligkeit voraus, aber auch Geschäftsfähigkeit, die kleinen Kindern rechtlich ja abgeht.

Daß wir auf eine handliche (kurze und zugleich exakte) Definition des Namens HGV verzichten müssen, ist kein Nachteil oder Mangel. Das «Kind» teilt mit seinen «Eltern» das Schicksal aller abstrakten Begriffe. Laut Keysers Fremdwörterlexikon (1963) bedeutet «Abstraktion»: «Lösung v. Dinglichen u. Besonderen, um das Allgemeine, Wesentliche zu fassen.» *Eben dies ist der Sinn des Wortes HGV: das Allgemeine und Wesentliche, das die Beziehungen zwischen Erwachsenen und Kindern heute tatsächlich prägt, zu fassen, faßbar zu machen, ihm einen begrifflichen Rahmen zu geben.*

Kennzeichen: abstrakt

Zur Sicherheit vor Mißverständnissen bzw. falschen Erwartungen/ Befürchtungen: Der Umstand, daß «Heimlicher Generationenvertrag» ein hochabstrakter Begriff ist, hat nicht zur Folge, daß dieses Buch sich nun ausschließlich oder auch nur vorwiegend in abstrakten («abgehobenen») Gefilden bewegt. Wie angekündigt, soll es ja gerade darum gehen, das Augenmerk auf Tatsachen zu richten. Der Inhalt des HGV ist konkret (laut Lexikon: «gegenständlich greifbar»). Weil aber in vielen Diskussionen das Wort «abstrakt» fast wie ein Schimpfwort gebraucht wird (erinnert sei nur an den üblichen Appell von z. B. Moderatoren, «endlich konkret zu werden»), könnte es nützlich sein, dem konkreten Sinn abstrakter Überlegungen und Begriffe einmal nachzuspüren.

Das gleiche gilt für die Begriffe «Theorie/theoretisch» und «Praxis/praktisch». Hier kann schon ein Blick ins Fremdwörterlexikon manche Sprachverwirrung (er)klären. Steht doch dort unter «Theorie»: «1. reine Erkenntnis ohne Rücksicht auf Anwendbarkeit; 2. wissenschaftl. Lehre, die zu einheitl. Erklärung, Ableitung bestimmter Gegebenheiten aufgestellt wird; 3. bloß erdachte Gedankenbildung im Gegens. zur Erfahrung.» Das Wort «theoretisieren» wird nur mit «Theorie treiben» verdolmetscht. Bei «Theoretiker» steht aber außerdem «weltfremder Mensch». Zu «theoretisch» lesen wir: «In der wissenschaftl. Anschauung bestehend, erkannt; außerdem: 1. betrachtend (Gegens. zu praktisch); 2. lehrmäßig; 3. gedanklich, nur erdacht.»

Es leuchtet ein, daß ein Mensch, der aktuell dringend eine (praktische) Hilfestellung braucht, mit theoretischen Erwägungen nichts anfangen kann. In solchen Fällen wären sie wirklich «weltfremd». Aber ebenfalls weltfremd wäre es, z. B. in ein Architekturbüro hineinzuplatzen und zu fordern, die Leute dort sollten gefälligst mit ihren Berechnungen über Statik aufhören und etwas Praktisches tun, also etwa Backsteine aufeinandersetzen, «damit man endlich was sieht».

«Praktisch» bedeutet (lt. demselben Lexikon): «1. das Handeln betreffend; ausübend; im Handeln geübt, erfahren; 2. sich in die Tat umsetzend; 3. brauchbar, zweckmäßig.» Und «Praxis» heißt: «Handlung, Verrichtung; Brauch, Erfahrung (als Gegens. zur Theorie); Tätigkeit, Berufsausübung e. Arztes, Anwalts usw.»

Wenn diese Wortbedeutungen, die hier präzise unterschieden sind, durcheinandergeraten, kann plötzlich der sorgfältig Planende als «weltfremd» und die hektische Fehlreaktion als «zweckmäßig» erscheinen. «Da passiert wenigstens etwas Praktisches», heißt es dann, und wer sich vorher überlegt, welche Lösung eines Problems tatsächlich «brauchbar» und «zweckmäßig» sein könnte, gerät vielleicht in «Gegensatz zur Erfahrung».

Über dieses Thema kann man fast unbegrenzt verhandeln, doch soll hier nur dem «abstrakt» das «theoretisch» im Sinne von «betrachtend» und dem «konkret» das «praktisch» im Sinne von «das Handeln betreffend» an die Seite gestellt werden. (Die anderen Bedeutungen passen in andere Zusammenhänge.) Beim Thema HGV gibt es keinen Gegensatz zwischen «theoretisch» und «praktisch» bzw. «Theorie» und «Praxis», sondern die beiden Kategorien sind aufeinander bezogen: «Betrachtend» wird eine «Erklärung bestimmter Gegebenheiten» gesucht, die «das Handeln (die Handlung, Verrichtung) betreffen». Dies muß berücksichtigt werden. Sonst könnte es als Widerspruch erscheinen, daß in einem Buch, dessen Hauptzweck «der praktische Nutzen für die konkrete Gestaltung ...» (vgl. Vorwort) ist, auf bestimmte Vorurteile gegenüber theoretischen/abstrakten Begriffen und Erwägungen keine Rücksicht genommen wird. Schon gar nicht im Hinblick auf seinen zentralen Begriff.

Der Begriff HGV ist hochabstrakt und nur deshalb von konkretem bzw. praktischem Nutzen. Im nächsten Abschnitt («Der praktische Zweck») wird das an einigen Beispielen erläutert. Diese Sorte Abstraktheit dient nicht der Vermeidung inhaltlicher Aussagen (wie es auch vorkommt: wenn Menschen «Phrasen dreschen» oder «Geschwafel» von sich geben, um zu verdecken, daß sie nichts mitzuteilen haben), sondern sie gibt vielen Inhalten (z. B. Tatsachen) erst ihren jeweiligen (konkreten) Stellenwert. Eine Erörterung dieser Zusammenhänge erscheint vielleicht auf den ersten Blick als umständlich, doch wäre die Erwartung unrealistisch, ein so kompliziertes Phänomen wie den HGV ganz umstands- oder gar mühelos durchschauen (bzw. durchschaubar machen) zu können. (Im übrigen schreibt ein optimistischer Buchautor für mehrere Leute, die vielleicht nicht alle so «auf dem laufenden» und überhaupt so flink im Kopf sind wie diejenigen, die an solchen Stellen gerne ungeduldig werden. Pers. Anm. von EvB.)

Auf noch höherer Abstraktionsstufe hat der amerikanische Wissenschaftshistoriker und -theoretiker Thomas S. Kuhn den Zusammenhang zwischen theoretischen Hintergrundannahmen und praktischem Handeln (dem naturwissenschaftlichen Forschen) mit Hilfe des Begriffs «Paradigma» (lt. Lexikon: «Beispiel, Vorbild») gründlich analysiert. Sein Buch «Die Struktur wissenschaftlicher Revolutionen» (Kuhn 1976)* wurde unter Fachleuten (Wissenschaftstheoretikern und Wissenschaftshistorikern) so einflußreich, daß der Herausgeber eines Nachfolgebandes («Die Entstehung des Neuen») im Vorwort geradezu eine «vor-Kuhnsche und nach-Kuhnsche Wissenschaftsbetrachtung» (Kuhn 1978, S. 7) ausmacht.

Allerdings wurde der Begriff «Paradigma» nicht nur unter solchen

---

* Das Buch erschien in den USA 1962, in Deutschland 1967, als Taschenbuch 1973. Hier wird nach der 2. revidierten Tb-Auflage (1976) zitiert.

Fachleuten populär. Besonders von Autor/inn/en des sog. «New Age» (z. B. Capra und Ferguson) wurde er schnell aufgegriffen, und mittlerweile wird er nicht selten überstrapaziert, wenn nicht mißbraucht.

Zitat aus Eckhard Henscheids satirischem Wörterbuch «Dummdeutsch»: «*Paradigma* Neo-geisteswissenschaftliches Modewort, dessen Beherrschung den Beherrscher von jenen abhebt, die nur ‹Exempel› draufhaben» (Henscheid 1985, S. 53).

Ein wenig eleganter spricht der o. g. Herausgeber, Lorenz Krüger, von einer «breit gestreuten und oft nicht signifikanten Adaption der Termini wie ‹Paradigma›» (Kuhn 1978, S. 26), was ungefähr dasselbe heißt. Kuhn selbst erkannte seinen Anteil an diesem Mißbrauch: «Ein Teil seines Erfolges, so muß ich mir mit Bedauern sagen, rührt daher, daß fast jeder alles herauslesen kann, was er will» (S. 389). Dann schlägt er einige Präzisierungen vor und meint: «Wenn sie einsichtig geworden sind, so werden wir mit einer gewissen Erleichterung auf den Ausdruck ‹Paradigma› verzichten können» (S. 415).

Ob Kuhn damit bei seinen Fachkollegen Gehör fand und sie nunmehr z. B. von «disziplinärer Matrix» sprechen, ist dem Autor nicht bekannt. In der Öffentlichkeit jedenfalls wird der Begriff «Paradigma» zunehmend verstanden und verwendet, und zwar u. a. (wie in diesem Buch) in einer Bedeutung, gegen die Kuhn nichts einwenden kann. Denn weiterhin nennt er als «Hauptbedeutung des Ausdrucks ‹Paradigma›» die Begriffe «Musterbeispiele» und «Standardbeispiele einer Gemeinschaft» (S. 401). Man könnte sagen: Wenn andere Gemeinschaften sich an den von Kuhn untersuchten naturwissenschaftlichen Forschergemeinschaften «ein Beispiel nehmen» (den Begriff Paradigma «nehmen»), haben sie einfach erkannt, was Kuhn in Wirklichkeit entdeckt hatte: den Begriff «Paradigma» als Musterbeispiel (nicht einfach als beliebiges «Exempel») für einen Zusammenhang, der nicht nur für Naturwissenschaftler-Gruppen gilt, sondern für andere Gruppen auch.* Etwa für die Gruppe patriarchalischer Männer, die Frauen nicht als ihresgleichen, also Menschen, ansehen, sondern etwa entsprechend dem Standard- oder Musterbeispiel von (lt. Schmerl, vgl. 1. Kap.) Gebrauchsgegenständen in Sachen «Sexualität», «Haushalt», «Dekoration» sowie entsprechend den Musterbeispielen von «Luxuswaren» und «Beuteobjekten». Auch «die Erwachsenen» können, wie im Laufe des Buches deutlich wird, als eine solche «Gemeinschaft» verstanden werden, die Kinder nicht unbedingt nach dem Standard- oder Musterbeispiel ihresgleichen behandelt.

Auf die Naturwissenschaften bezogen hat Kuhn gezeigt, daß fast alle Versuche, neue Probleme zu lösen (oder alte Probleme neu zu lösen), auf andere, ähnliche, bereits zufriedenstellend gelöste Probleme zurückgreifen. Der Erdball war nie eine Scheibe, aber solange man ihn für eine Scheibe hielt, hat man

* So gesehen ist Kuhn mit seinem Fachgebiet tatsächlich «mit gutem Beispiel vorangegangen». Das Besondere an diesem Vorgang ist lediglich, daß sein Beispiel in einer für das Verständnis bestimmter Zusammenhänge und historischer Entwicklungen hilfreichen Interpretation des Begriffs «Beispiel» selbst besteht.

Probleme, die zu dem Musterbeispiel Scheibe nicht paßten, übersehen, bestritten oder ausgeklammert. Heute würde niemand mehr eine Weltreise planen mit dem «Vorbild» Scheibe für Erdball.

Drei möglichst anschauliche Schritte zum Verständnis: 1. Wer fremde Pflanzen, Tiere, Menschen, Gemälde, Musikstücke usw. «erkennen» will, sucht immer nach Ähnlichkeiten mit ihm bereits bekannten Pflanzen, Tieren usw., d. h. nach «Musterbeispielen». 2. Wer im Rechnen sog. Textaufgaben lösen will, sucht ebenfalls nach ähnlichen Aufgaben, die er bereits beherrscht, und wendet dann die zu diesen Musterbeispielen passenden Formeln an. 3. Durch neue Erkenntnisse oder auch Vermutungen verlieren (innerhalb von Gruppen, die sie anerkennen bzw. teilen) frühere Problemlösungswege und -versuche ihre Vorbild-Funktion: an Stelle der Ähnlichkeiten treten die Unterschiede in den Vordergrund.

«Paradigma» bezeichnet also einen Gesamtrahmen von Kenntnissen, Theorien, Vermutungen, Gewohnheiten usw., innerhalb dessen Probleme angegangen werden. Allerdings: Thomas Kuhn hätte nicht zwei umfangreiche Bücher über diesen Begriff geschrieben, wenn kurze Erklärungen erschöpfend sein könnten. Deshalb werden – bei Gelegenheit und Bedarf – noch weitere Zitate folgen, so daß sich schließlich ein «Bild» wenigstens vom hier wichtigsten Kern dieses komplexen Begriffs zusammensetzen läßt.

Um Mißverständnisse zu vermeiden, müßte man unterscheiden zwischen dem normalen Gebrauch z. B. des Wortes «paradigmatisch» als «beispielhaft» oder «exemplarisch» (s. Lexikon und «Dummdeutsch»), der nichts mit Kuhns Entdeckung zu tun hat, und etwa dem Gebrauch des Wortes «Paradigmawechsel», der für alle Gruppen und Gemeinschaften bedeutsam sein kann, wenn er korrekterweise aussagt, daß deren alte Problemlösungsmuster (und deren Voraussetzungen: Musterbeispiele) nicht mehr funktionieren (oder angezweifelt werden) und durch neue ersetzt werden (sollen).

«In seinem herkömmlichen Sinne ist ein Paradigma ein anerkanntes Schulbeispiel oder Schema, und dieser Aspekt seiner Bedeutung macht es mir möglich, hier die Bezeichnung ‹Paradigma› zu gebrauchen, da ein besseres Wort fehlt» (Kuhn 1976, S. 37).

Zu dieser korrekten Verwendung «seines» Begriffs im Sinne von Schul- oder Musterbeispiel sagt Kuhn zwar später, er «habe wenig Hoffnung, daß der Ausdruck ‹Paradigma› wieder seine ursprüngliche Bedeutung zurückgewinnen wird, die einzige, die philologisch überhaupt angemessen ist» (Kuhn 1978, S. 419 f), doch ist diese Bedeutung für unsere Zwecke nicht nur ausreichend, sondern sogar besonders aussagekräftig.

Bevor dies weiter diskutiert wird, wenden wir uns einigen konkreten Beispielen (nicht Paradigmen!) zu, um die Beziehungen zwischen abstrakten Begriffen und greifbaren Tatsachen anschaulich zu machen.

Niemand dürfte bestreiten, daß ein toter Baum ein konkreter Gegenstand ist. Niemand dürfte bestreiten, daß verhungerte Menschen in Afrika konkret sind. Niemand dürfte bestreiten, daß im Mittelalter eine gefolterte und verbrannte «Hexe» (bzw. ihre Asche) gegenständlich greifbar war. Niemand dürfte bestreiten, daß absichtlich schwer verletzte Hunde und Katzen konkrete Schmerzen empfinden.

Diesen vier Aussagen über konkrete Tatbestände lassen sich grob (der Kürze halber) vier Begründungen zuordnen: a) Luftverschmutzung (die heute als vorrangig angesehene Ursache des Waldsterbens; es könnten aber alle anderen hinzugenommen werden), b) Spätfolge der Kolonialzeit (auch hier sind andere Ursachen nicht ausgeklammert), c) Frauenfeindlichkeit (dito), d) Tierquälerei (genauer: Mangel an Achtung vor der Kreatürlichkeit der Tiere; wegen mancher Rechtfertigungen bzw. Güterabwägungen könnte man hier dem obigen «absichtlich schwer verletzte» noch ein «unnötig» beistellen, und zwar so weitgefaßt, daß jede/r zustimmen kann).

Diese vier begründenden (erklärenden) Begriffe sind mehrere Stufen abstrakter als die Hexenasche usw.; wir können diese Leiter aber noch höher klettern.* Die vier Oberbegriffe für die entsprechenden Problembereiche (noch eine Stufe höher heißt es vielleicht «aktuelle Menschheitsprobleme») stellen nicht viel mehr als Schlag- oder Stichworte dar: a) Umwelt, b) dritte Welt, c) Geschlechtsunterschied, d) Mensch-Tier-Verhältnis. Eine Abstraktionsstufe oder -ebene niedriger finden wir vier Begriffe, die nicht neutral nur einen Lebensbereich kennzeichnen, sondern zugleich ausdrücken, daß es sich um zu lösende Probleme, um erkannte Aufgaben handelt: a) Umweltschutz, b) Entwicklungshilfe, c) Frauenfrage, d) Tierschutz.

Diese heute gängigen (nicht primär erklärenden, eher fordernden) Begriffe signalisieren ein bestimmtes Problembewußtsein, von dem wir annehmen dürfen, daß es in früheren Zeiten so nicht vorhanden war. Ja, man kann geradezu sagen, daß die genannten Probleme sich überhaupt nicht in die gegenwärtige Dimension, die ihre Lösung so schwierig macht, hätten auswachsen können, wenn das entsprechende Bewußtsein (manche sagen «Sensibilität») schon früher vorhanden gewesen wäre.

Die Vermutung dürfte kaum zu widerlegen sein, daß die genannten

---

* Eine andere solche «Leiter» führt vom Apfel zum Obst, dann zum pflanzlichen Nahrungsmittel, dann zum Lebensmittel insgesamt usw.; bei dem bekannten Quizspiel «Begriffe raten» führt sie von oben – Lebewesen? Mineral? ... – nach unten zum konkreten Streuselkuchen oder Boris B.

vier abstrakten Begriffe ihrerseits nicht entstanden wären ohne das entsprechende Problembewußtsein. Und daß sie so populär geworden sind, beweist, daß auch das entsprechende Bewußtsein sich unter der Bevölkerung ausgebreitet hat. – Diese Feststellung dürfte kaum auf Widerstand stoßen; es sind ja alle Wertungen (ob man dieses Bewußtsein für ausreichend oder übertrieben hält, welche Konsequenzen zu ziehen wären usw.) beiseite gelassen.

Damit kommen wir zu der in unserem Zusammenhang entscheidenden Frage. Sind diese abstrakten Begriffe wirklich *nur* so populär geworden, weil das Bewußtsein, die Sensibilität bezüglich der entsprechenden Probleme sich ausgebreitet hat? Vielleicht durch die Zunahme der konkreten Ärgernisse? Beispielsweise a) schlechte Atemluft, b) Fernsehbilder von verhungernden Menschen in Afrika, c) «Meine Frau gehorcht mir nicht mehr aufs Wort», d) Berichte über grausame Tierversuche?

Ohne Zweifel befördern solche Ärgernisse das dazugehörige Problembewußtsein und damit die Popularität der entsprechenden Begriffe. Die Frage galt jedoch dem «nur». Und da läßt sich zeigen, daß ganz offensichtlich nicht nur konkrete Erfahrungen zur Bildung von Bewußtsein und dann von abstrakten Begriffen führen, sondern daß diese «Leiter», wenn sie einmal existiert, also Wirk-lichkeit ist, auch von oben nach unten wirkt.

Daß viele Menschen heute die Umwelt mehr als früher zu schonen versuchen (z. B. Altglas und -papier zu Containern bringen oder Automotoren beim Halten häufiger abschalten), kann noch aus den konkreten Ärgernissen herrühren. Hier gibt es keinen historischen Abstand, der einen schlüssigen Beweis zuließe, obwohl die Vermutung naheliegt, daß der Begriff «Umweltschutz» die gleiche Funktion hat wie ein Paradigma. Paradigmen «liefern Wahrnehmungskategorien» (Kuhn 1976, S. 128). Solange eine bestimmte Wahrnehmungskategorie nicht zur Verfügung steht, ist es unwahrscheinlich (vielleicht genaugenommen sogar unmöglich), daß aus dem globalen Ärgernis (Umweltverschmutzung) einzelne Menschen die persönlichen Ärgernisse (Umstände) auf sich nehmen, die für sich allein ja nicht ins Gewicht fallen. Erst die Vorstellung, daß es sich um ein allgemeines Problem handelt (auch wenn es einen selbst vielleicht nicht einmal betrifft), und daß viele das gleiche tun, hat die ausreichend motivierende Kraft. Und diese Vorstellung könnte sich kaum bilden ohne die allgemeinen Begriffe Umweltverschmutzung – Umweltschutz (Wahrnehmungskategorie – Handlungskategorie). Sind diese Kategorien aber vorhanden (und aberkannt), entwickeln sie eine eigene Kraft, helfen, konkrete Ärgernisse und Chancen in diesem größeren Zusammenhang zu sehen, sie in ihn einzuordnen und in seinem Sinn zu interpretieren. Man könnte sagen, daß dieser Zusammenhang erst durch einen begrifflichen (abstrakten) Rahmen wirklich «zur Geltung kommt».

Sobald bestimmte übergreifende Begriffe, Werte, Ideen einmal anerkannt sind («sich durchgesetzt haben»), können sich die Auswirkungen im Menschen sehr konkret bemerkbar machen. Im Falle des Umweltschutzes etwa als «Ehrfurcht vor der Natur», die heute immer mehr Menschen sogar direkt körperlich spüren können, besonders wenn diese Idee ohne nachvollziehbare Gründe mißachtet wird. «Mir wird ganz schlecht, wenn ich daran denke», erklären sie zu Baumfällaktionen, Robbenschlächtereien u. ä.; sie sind, könnte man vielleicht sagen, «beleidigt» (sie leiden mit), wenn andere Menschen die Werte nicht achten, die ihnen, den «Beleidigten», inzwischen fast wie heilig geworden sind. Obwohl sie vor nicht allzulanger Zeit für derlei Probleme noch kein «Organ» hatten. Und obwohl ihre persönlichen Erfahrungen selten hinreichen, um diese Veränderung zu erklären. Es ist offenbar eine Sache des Bewußtseins, das sich nicht ausschließlich von unten nach oben aufgebaut hat.

Doch aus historischem Abstand läßt sich der Vorgang besser überblikken.

Nehmen wir je ein Beispiel aus unseren Bereichen b) dritte Welt und c) Frauen. Wenn heute ein weißer Amerikaner einen schwarzen Amerikaner auf der Straße trifft, mag er alles mögliche fühlen, denken und tun. Die Idee, ein paar Freunde zusammenzutrommeln, um den Schwarzen einzufangen und zu verkaufen (oder gegen Belohnung seinem Besitzer zu übermitteln), kommt ihm wohl kaum. Es gibt dort den Sonderstatus Sklave nicht mehr.

Ebensowenig würde heute jemand, der z. B. ein Gespräch belauscht, bei dem eine europäische Frau einer anderen ein Empfängnisverhütungsmittel empfiehlt, auf die Idee kommen, diese oder (wenn in seiner Nachbarschaft ein Haustier erkrankt usw.) eine andere Frau als «Hexe» zu denunzieren. Er hätte damit auch kaum eine Chance. Den Sonderstatus Hexe gibt es nicht mehr.

Wie ist es zu diesen Veränderungen gekommen? Historische Analysen lassen uns zwar daran zweifeln, ob ausschließlich «idealistische» Gründe für solche Entwicklungen verantwortlich waren. Doch ebenso sicher können es nicht materielle Gründe allein gewesen sein, die z. B. dazu führten, daß Frauen schließlich auch in die Kategorie «Geschöpf Gottes» oder «Wesen mit Seele» aufgenommen wurden. Bei den amerikanischen Sklaven wird nicht bestritten, daß es neben anderen Gründen auch die Idee und der Begriff «Bürgerrechte» (oder «Menschenrechte») waren, die bei vielen Menschen, die persönlich mit der Sklaverei überhaupt nichts zu tun hatten (so daß sich da nichts Konkretes von unten nach oben aufbauen konnte), allmählich ein Bewußtsein für das Unrecht schufen, das den Sklaven geschah. Die Entstehung bestimmter revolutionärer Ideen, die schließlich zur Parole

38

der Französischen Revolution «Freiheit, Gleichheit, Brüderlichkeit» führten und höchst konkrete Folgen (wie immer man die sonst bewerten mag) zeitigten, ist zwar nicht denkbar ohne die konkrete Erfahrung der damaligen Unterdrückung, doch ist nicht zu bestreiten, daß solche Ideen und abstrakten Begriffe auch so etwas wie ein Eigenleben entwickelten und dann auch von oben nach unten wirkten (wobei keine staatlich/kirchliche, sondern immer die begriffliche Hierarchie, die o. g. «Leiter» gemeint ist) – wegen ihrer Plausibilität, ihrer eigenen Überzeugungskraft. Der radikale Materialist mag hinter dem Entstehen und Wirken von Ideen immer eine materialistische Folie ausmachen, doch ändert dieser Hintergrund nichts an der Wirklichkeit im Vordergrund, d. h. an den tatsächlichen Effekten.[*]

Daß der Bereich d) – Tierschutz – hier nicht herangezogen wurde, liegt daran, daß er, zumindest im Bewußtsein der Öffentlichkeit, noch zu jung (neu) ist. Von «historischem Abstand» kann keine Rede sein. Für unsere Zwecke festzuhalten ist aber, daß seit einigen Jahren öffentlichkeitswirksam Forderungen z. B. nach Abschaffung der Tierversuche erhoben werden, die von ähnlichen Voraussetzungen ausgehen wie die in den anderen Bereichen: etwa der ebenfalls abstrakten Idee, daß der Mensch sowenig das Recht habe, Tiere für seine Zwecke leiden zu lassen, wie er das Recht hat, den Planeten Erde auszuplündern, wie Weiße das Recht haben, Farbige auszubeuten, wie Männer das Recht haben, Frauen zu benachteiligen.

Allerdings sind die Forderungen der «radikalen Tierschützer» stark umstritten. Dies liegt sicher u. a. auch daran, daß ihre Voraussetzungen, Ideen, Wahrnehmungskategorien und Prioritäten nicht allgemein bekannt und erst recht nicht anerkannt sind. Es ist denkbar, daß aus späterer Sicht die heutigen Argumente der Verteidiger von Tierversuchen dann ganz ähnlich klingen wie die, welche früher zur Verteidigung der Sklaverei (z. B. «Wer soll denn sonst die Baumwolle pflücken?») oder der Frauenunterdrückung (z. B. «Wer soll denn sonst die Baumwollhemden bügeln?») vorgebracht wurden.

Mit dieser Spekulation ist allerdings nicht gesagt, daß es keine überspannten Forderungen und wirklichkeitsfremden Ideen gäbe. Sicher ist jedenfalls, daß konkrete Veränderungen (praktische Zwecke) auf gesellschaftlicher Ebene nicht erreicht werden können, bevor es gelungen ist, den sie begründenden abstrakten Begriffen, Gedanken, Kategorien usw. wenigstens zu mehrheitlicher Anerkennung zu verhelfen.

---

[*] Über diese Effekte läßt die moderne Gehirnforschung keinen Zweifel. Einer ihrer führenden Vertreter (Nobelpreis 1981) spricht z. B. von der «Kausalwirkung bewußter Entitäten» und «nach unten» gerichteter Verursachung (Sperry 1985, S. 17). Ausdrücklich gegen den «marxistischen Materialismus» führt er «die ursächliche Kraft kognitiver Leitbilder» (S. 158) ins Feld.

Schlußfolgerungen für den Begriff HGV

Kehren wir nun zum Namen «Heimlicher Generationenvertrag» zurück. Es handelt sich um einen abstrakten Begriff, dessen konkreter, praktischer Zweck erst nach einer Darstellung seines Inhalts erkennbar werden kann. Auch der praktische Sinn dieser vorbereitenden Bemerkungen kann erst im nachhinein zum Vorschein kommen. Ein taugliches Bild zur Begründung mag sein, daß es galt, ein Behältnis bereitzustellen, in welches das Wasser hineinfließen kann, bevor man den Hahn aufdreht. Jedenfalls erschien diese Reihenfolge dem Autor praktischer zu sein, als hinterher mit einem Topf zu winken.

Um keine Mißverständnisse aufkommen zu lassen: auf dem Topf steht «HGV». Er trägt nicht etwa die Aufschrift «Paradigmawechsel». Man könnte zwar problemlos zwei Töpfe nehmen und den einen mit «pädagogisches Paradigma», den anderen mit «antipädagogisches Paradigma» beschriften. Jedoch sagt bereits der Untertitel dieses Buches, daß aus ihm in diese Töpfe kein Wasser fließt. Es geht, in seinem ersten Teil, ausschließlich darum, dem Topf HGV ein wenig Inhalt zu geben, der konkret gekostet, geprüft und beurteilt werden kann.

Fraglos hat hinsichtlich von Sklaven und Frauen eine historische Entwicklung stattgefunden, die auch als Paradigmawechsel zu interpretieren ist: Das Musterbeispiel und Vorbild für die gesellschaftliche Stellung von Schwarzen wechselte von dem eines Arbeitstieres zu dem eines Bürgers. Das Musterbeispiel / Vorbild für den offiziellen Status der Frau wechselte von dem eines Leibeigenen (oder eines Haustiers, einer unbezahlten Dienstbotin, eines zur Befriedigung des Mannes verpflichteten Sexualobjekts und Nachwuchsproduzenten) zu dem – ja, sagen wir: zum heutigen Stand. Und ergänzen schnell, daß man an der Frauenfrage sehen kann, daß die Prägung und Anerkennung abstrakter Begriffe keine *ausreichende* Bedingung für praktische Konsequenzen ist; was jedoch nichts daran ändert, daß solche Begriffe eine *notwendige*, also unverzichtbare Bedingung darstellen.

Das Durchschauen des HGV, dies die Basis des vorliegenden Buches, ist keine ausreichende, wohl aber eine notwendige Bedingung («conditio sine qua non») dafür, daß über die tatsächlichen Beziehungen zwischen den Generationen sinnvoll diskutiert werden kann. Im zweiten Teil werden Überlegungen angestellt, inwieweit der Begriff «Paradigma» dafür hilfreich sein könnte. Nach Kuhn sind Paradigmen (in seinem ersten Buch als «Paradigmata» übersetzt) «die Quelle aller Methoden, Problemgebiete und Lösungsnormen» (Kuhn 1976, S. 116). Sie bestimmen die «Normen für zulässige Probleme, Begriffe und Erklärungen» (S. 119). «Wenn Paradigmata wechseln, gibt es deshalb normalerweise bezeichnende Verschiebungen der Kriterien, welche die Zulässigkeit von Problemen und den sich anbietenden Lösungen bestimmen» (S. 122).

Wenn wir noch einmal kurz auf unsere Beispiele b) dritte Welt und c) Frauen zurückblicken, können wir sagen: So wie es wissenschaftslogisch nicht mehr «zulässig» ist, z. B. in der experimentellen und theoretischen Chemie davon auszugehen, «die Luft sei das einzige Gas», wenn, wie 1756 durch Joseph Blake erstmals gezeigt, «eine Gasprobe von der anderen unterschieden werden konnte» (Kuhn 1976, S. 83), so ist es heute nicht mehr «zulässig», als Träger der Menschenrechte anerkannte schwarze Amerikaner oder europäische Frauen mit den Problemen von Sklaverei oder Hexerei zu konfrontieren, ganz gleichgültig, was sie tun oder getan haben mögen und was man im übrigen von ihnen hält. Auch die dringlichsten Fragen der damaligen Zeit in bezug auf Sklaven und Hexen, etwa wie man sie in dem einen oder anderen Fall «richtig» zu behandeln habe, also welche der sich anbietenden Lösungen die *beste* sei (ob für die Betroffenen, die Besitzer, die Inquisition, die Gesellschaft oder wen auch immer), sind heute keine Fragen mehr. Es gibt diese Problemgebiete nicht mehr, alle mit ihnen zusammenhängenden Methoden, Begriffe, Lösungsnormen und Erklärungen sind unzulässig, uninteressant, historisch überholt. In seinem zweiten Buch spricht Kuhn z. B. vom «Aufsetzen einer neuen Denkbrille» (Kuhn 1978, S. 35 und 39), von allgemein anerkannten und als selbstverständlich geltenden (wenn auch z. T. nicht formulierten und nicht bewußten) «Standardmethoden zur Lösung von Problemen» (S. 41); und es ist klar, daß in Hinblick auf unsere Beispiele b) dritte Welt und c) Frauen heute völlig andere «Denkbrillen» Verwendung finden, so daß auch bewährte «Standardmethoden» keine Rolle mehr spielen, z. T. einfach weil die Vorkommnisse (ein Schwarzer geht spazieren, eine Frau tuschelt), die man damals als lösungsbedürftige Probleme ansah, heute nicht mehr als solche angesehen werden.

Nunmehr läßt sich unmißverständlich klarstellen, welche Rolle der Begriff HGV *nicht* zu spielen beabsichtigt. (Er hat es, heimlich, dem Autor verraten.) Er bezeichnet keine Idee, keine Problemlösungsmethode, kein Paradigma. Er gibt jedoch, wie schon gesagt, einer bestimmten Entdeckung den sprachlichen Rahmen, damit sie «zum Begriff werden» kann. Er ist eine «Wahrnehmungskategorie» (Kuhn, s. o.).

Wie in den folgenden sechs Kapiteln zum Inhalt des HGV ausführlich dargestellt wird, gibt es eine Reihe von Gründen, die gegenwärtige Regelung der intergenerationellen Beziehungen nicht mehr unbedingt für zeitgemäß zu halten. Die Entdeckung, die in diesem Buch den Namen HGV trägt, kann und will diese Regelung nicht verändern. Es gilt jedoch, falls und insofern einige der Hintergründe und insbesondere Nebenwirkungen dieser Regelung der allgemeinen (oder auch der rein persönlichen) Aufmerksamkeit älterer wie jüngerer Menschen entgangen sind, erkennbar zu machen, daß die gegenwärtigen (privaten wie öffentlichen) Verhältnisse in diesem Bereich nicht mehr ohne weiteres als die einzig möglichen angesehen werden können. Dies läßt sich jedenfalls aus dem hier gewählten «größeren Blickwinkel» entdecken. Thomas Kuhn: «Die Entdeckung beginnt mit dem Bewußtwerden einer Anomalie («Abweichung vom Gesetz, Regellosigkeit»; EvB), das heißt mit der Erkenntnis, daß die Natur in irgendeiner Weise die von einem Paradigma erzeugten, die normale Wissenschaft beherrschenden Erwartungen nicht erfüllt hat» (Kuhn 1976, S. 65 f).

Da Kuhn ausschließlich von den Naturwissenschaften spricht, ist hier zu «übersetzen»: Die Entdeckung beginnt mit dem Bewußtwerden eines Scheiterns oder Ungenügens, mit der Erkenntnis, daß in Wirklichkeit die von einem Paradigma erzeugten, das normale Zusammenleben der Generationen prägenden Erwartungen nicht erfüllt, die angestrebten Ziele in irgendeiner Weise nicht erreicht werden.

Kuhn bezeichnet bestimmte «gemeinsame Eigenschaften» als «charakteristisch für alle Entdeckungen, aus denen neue Phänomene hervorgehen. Zu diesen Eigenschaften gehören: das vorangehende Bewußtsein einer Anomalie, das allmähliche und gleichzeitige Auftauchen einer empirischen und theoretischen Anerkennung und die darauf folgende Veränderung von Paradigmakategorien und -verfahren, die oft einem gewissen Widerstand begegnet» (Kuhn 1976, S. 75).

Es versteht sich von selbst, daß unter dem Begriff HGV nur auf die (statt «Anomalie» als «Regellosigkeit») beobachtbaren *Abweichungen* von offiziell allein geltenden Regeln aufmerksam gemacht werden kann, sowie auf gewisse Unstimmigkeiten zwischen Wunsch und Wirklichkeit, die auf Grund der «Heimlichkeit» des HGV nicht die ihrer Bedeutung angemessene Beachtung erfahren. Wie es mit der «Anerkennung», der «Veränderung» und dem möglichen «gewissen Widerstand» aussehen wird, kann nur die Zukunft zeigen.

Einige wissenschaftliche Entdeckungen führen (z. T. nach sehr langer Zeit) zu Paradigmawechseln. Die meisten tun dies nicht; sie erweisen sich als mit dem bestehenden Paradigma verträglich (in seinem jeweiligen Zuständigkeitsbereich). Wer sich mit dem HGV beschäftigt, betreibt gewissermaßen Grundlagenforschung und kann nicht erwarten, daß seine persönlichen Erkenntnisse, Meinungen, Konsequenzen usw. von allen «Andersdenkenden» ohne weiteres übernommen werden.

Ein zusätzlicher Punkt wird von Thomas Kuhn so formuliert: «Wenn eine wissenschaftliche Theorie einmal den Status eines Paradigmas erlangt hat, wird sie nur dann für ungültig erklärt, wenn ein

anderer Kandidat vorhanden ist, der ihren Platz einnehmen kann ...
Die Entscheidung, ein Paradigma abzulehnen, ist immer gleichzeitig
auch die Entscheidung, ein anderes anzunehmen, und das Urteil, das
zu dieser Entscheidung führt, beinhaltet den Vergleich beider Paradigmata mit der Natur *und* untereinander» (Kuhn 1976, S. 90).

Es scheint, als würde dieser Zusammenhang im Streit zwischen
«pädagogischen» und «antipädagogischen» Positionen nicht oder un-
zureichend berücksichtigt. Zwar gibt es Vergleiche untereinander
und mit der Natur (der Wirklichkeit), doch wird diese eben gegensätzlich «gesehen» und jeweils durch die eigene «Denkbrille» gedeutet, so
daß ein sinnvolles Urteil und eine intersubjektiv begründbare (um
nicht zu sagen: objektive) Entscheidung darüber, welche der Positionen der Wirklichkeit besser entspricht, von vornherein unmöglich ist.
Nicht einmal das jeweilige «Erfahrungswissen» kann als beweiskräftig
akzeptiert werden, weil es ebenfalls unterschiedlich bis gegensätzlich
interpretierbar ist. Ein «anderer Kandidat» (Kuhn) kann also nicht
durch Auseinandersetzungen auf dieser Ebene gekürt oder verworfen
werden. Dem «anti» der einen Seite setzt die andere ein «pro» oder
ein «anti-anti» entgegen, und die Wirklichkeit bleibt davon unberührt. Und das «Publikum», sofern es z. B. diese oder jene Bücher
liest, wundert sich.

Der Begriff HGV will statt dessen einen Ausweg aus der im Vorwort genannten Sackgasse eröffnen. Indem man die o. g. Abstraktionsleiter hinaufklettert und Abstand von den jeweiligen Vorurteilen
und Meinungen gewinnt (für eine Zeit der Überlegung), können Tatsachen und Zusammenhänge zum Vorschein kommen oder einen völlig neuen Stellenwert erhalten. So wie das konkret gleiche Gespräch
zweier Nachbarn über eine Staatsgrenze hinweg einmal (wenn weit
oben auf der Leiter «Frieden» steht) eine problem- und risikolose Angelegenheit, aber «unter anderen Umständen» (wenn oben auf der
Leiter «Krieg» steht) lebensgefährlicher Verrat sein kann, so kann
auch vieles von dem, was zwischen Erwachsenen und Kindern konkret geschieht, je nach – nur in abstrakten Begriffen formulierbaren,
nur von der Leiter aus unterscheidbaren – Umständen (Rahmenbedingungen) als harmlos/erfreulich oder als sinnlos/gefährlich zu erkennen sein.

Fazit: Ob der gegenwärtige offizielle «Generationenvertrag» (sei er
teilweise «heimlich» oder nicht) die richtige oder immerhin beste Regelung der Beziehungen zwischen Erwachsenen und Kindern darstellt
oder ob vielleicht ein anderer «Kandidat» die wirklichen Probleme
besser zu lösen in der Lage wäre, ist zur Zeit unentscheidbar. Ohne
eine weitaus bessere Kenntnis der Wirklichkeit, als die gegen-

wärtigen Streitigkeiten sie bezeugen, können sich noch nicht einmal zwei halbwegs seriöse «Kandidaten» um unsere Gunst bewerben. So wie die Begriffe Umweltschutz, Entwicklungshilfe, Frauenfrage und Tierschutz (um auf die Beispiele aus dem Abschnitt «Der praktische Zweck» zurückzugreifen) «ausdrücken, daß es sich um zu lösende Probleme, um erkannte Aufgaben handelt», will der HGV die Voraussetzungen dafür schaffen, daß die «Kinderfrage» (vgl. 13. Kap.) überhaupt erst als Problem und Aufgabe, als Thema erkannt wird – hinter manchen Schleiern, die im folgenden beiseite geschoben werden sollen. Es besteht die Vermutung, die dabei gleichzeitig plausibel werden soll, daß zahlreiche Einzelprobleme, über welche heute der o. g. «Glaubenskrieg» tobt, auf längere Sicht ebenso «unzulässig», also überholt sein können, wie wir dies an den historischen Beispielen Sklave und Hexe gesehen haben.

Kurzfristig aber hat der Name und Begriff HGV seine Schuldigkeit getan, sobald das Verständnis der intergenerationellen Verhältnisse (und die Verständigung über sie) von einigen heute erkennbaren «Heimlich-keiten» befreit ist.

Kapitel 3

Die Machtfrage

«Vertragspartner» des HGV sind sog. Erwachsene und sog. Kinder. Zwischen diesen beiden «Parteien» gibt es Gemeinsamkeiten und Unterschiede. In diesem Kapitel soll ein Unterschied zwischen ihnen im Mittelpunkt stehen, der als unabänderlich allgemein anerkannt ist.

Daß «Erwachsene» und «Kinder» so genannt werden, beruht zunächst auf einem unbestreitbaren biologisch/natürlichen Unterschied zwischen ihnen. Es gibt jedoch auch kulturell/künstliche Unterschiede. Beispielsweise ist der gesetzlich zentrale Unterschied, der des Alters, zum Teil nicht unabänderlich, sondern beruht auf politischer Übereinkunft, über deren Zweckmäßigkeit gestritten werden kann: Bis Ende 1974 trat die «Volljährigkeit» mit der Vollendung des 21. Lebensjahres ein, seit Anfang 1975 zählen schon 18jährige juristisch zu den Erwachsenen (§ 2 BGB). Mehr darüber im 10. Kapitel («Trick 18»).

Zu den wenigen unumstrittenen Tatsachen, welche die Basis des offiziellen Generationenverhältnisses sowie sämtlicher denkbarer Alternativen bilden, gehört der Umstand, daß alle Erwachsenen einmal «klein angefangen» haben, also Kinder waren – es sei denn, man würde, wie es sich für eine gründliche Analyse gehört, bis auf Adam und Eva zurückgehen: «Die beiden sind nämlich niemals Kinder gewesen. Der reine Wahnsinn – diese ersten Menschen sind gleich als fertige Erwachsene auf die Welt gekommen! Davon hat sich die Welt bis heute nicht erholt» (Schué 1985, S. 7).

So aufschlußreich dieser Hinweis sein mag, er ändert nichts an der Tatsache, daß die Menschen seitdem nicht als «fertige» Erwachsene, sondern als Kinder auf die Welt kommen. Das bedeutet: Zu Beginn ihres Lebens sind die Menschen nicht nur *jünger* als später, sondern auch *kleiner* und körperlich *schwächer*.

Fraglos gibt es zwischen Kindern und Erwachsenen noch viele andere Unterschiede, doch kann diese eine Feststellung fürs erste genügen. Sie ist zwar banal, doch eben auch unleugbar und deshalb eine sichere Grundlage für die folgenden Betrachtungen.

Die Tatsache, daß kleine Kinder körperlich schwächer sind als ihre Eltern, hat weitreichende Konsequenzen. Daß diese keineswegs eindeutig sind, wird nun mit Hilfe zweier ausführlicher Zitate gezeigt, die zwei verschiedene Sichtweisen auf die o. g. Tatsache erkennen lassen.

Die eine Perspektive wird von dem Literaturnobelpreisträger Elias

Canetti in seinem 1960 erschienenen Buch «Masse und Macht» besonders drastisch artikuliert:

«Die Macht der Mutter über das Kind, in seinen frühen Stadien, ist absolut, nicht nur weil sein Leben von ihr abhängig ist, sondern weil sie auch selber den stärksten Drang verspürt, diese Macht unaufhörlich auszuüben. Die Konzentration dieser Herrschaftsgelüste auf ein so kleines Gebilde gibt ihr ein Gefühl der Übermacht, das sich schwerlich durch ein anderes normales Verhältnis unter Menschen überbieten läßt.

Die Kontinuität dieser Herrschaft, mit der sie Tag und Nacht beschäftigt ist, die ungeheuerliche Zahl von Details, aus denen sie sich zusammensetzt, geben ihr eine Vollkommenheit und Rundheit, wie sie keiner anderen Art von Herrschaft eignet. Sie beschränkt sich nicht auf die Erteilung von Befehlen, die anfangs gar nicht verstanden werden könnten. Sie bedeutet, daß man ein Geschöpf gefangenhalten kann, wenn auch in diesem Fall wirklich zu seinem Nutzen; daß man – ohne zu begreifen, was man tut – weitergeben kann, was man vor Jahrzehnten selber unter Druck empfangen und als unzerstörbaren Stachel zurückbehalten hat; daß man *wachsen* machen kann, etwas, was einem Herrscher nur durch künstliche Rangerhöhung gelingt. Für die Mutter vereinigt das Kind die Eigenschaften von Pflanze und Tier. Es gestattet ihr den Genuß von Hoheitsrechten, die der Mensch sonst nur getrennt ausübt: über Pflanzen, indem er sie zum Wachstum veranlaßt, so wie er sie haben will; über Tiere, die er gefangenhält und deren Bewegungen er kontrolliert. Das Kind wächst wie Korn unter den Händen der Mutter heran; wie ein Haustier vollführt es die Bewegungen, die sie ihm erlaubt; es nimmt ihr etwas von den alten Befehlslasten ab, an denen jedes gesittete Geschöpf schwer trägt; und es wird außerdem ein Mensch, ein neuer und voller Mensch, für dessen Zubringung die Gruppe, in der sie lebt, ihr immer zu Dank verpflichtet bleibt. Es gibt keine intensivere Form von Macht» (Canetti 1984, S. 253).

Dieser Text fordert zu vielerlei Reaktionen heraus, von scharfer Kritik – nicht zuletzt wegen der Ausblendung des Vaters – bis zum «Schön wär's!», das manche Mutter vielleicht denkt, wenn sie angesichts ihres ungebärdigen Kindes von Canettis gehorsamem «Haustier» liest; vom Dank der «Gruppe» für diese «Zubringung» gar nicht zu reden.

Für den Zweck dieses Kapitels fruchtbarer erscheint jedoch eine unmittelbare Konfrontation von Canettis Auffassung der mütterlichen (elterlichen) Macht mit einem anderen, neueren Text zum gleichen Thema, in dem eine völlig andere Sichtweise zum Ausdruck kommt. Das folgende Zitat stammt aus einem Gespräch, das Rüdiger Runge 1985 für die Zeitschrift «psychologie heute» (PH) mit dem Zürcher Professor für psychosoziale Medizin und Erfolgsautor («Die Zweierbeziehung») Jürg Willi führte.

«PH: Zum Verhältnis zwischen *Eltern und Kindern*: Sie wenden sich dagegen, Kinder immer nur als Opfer elterlicher ‹Delegationen› oder einer ‹schwarzen Pädagogik› zu betrachten. Gleichgewichtig ist die Beziehung zwischen Eltern und Kindern aber andererseits doch nicht?

Willi: Ich finde es außerordentlich schwierig zu beurteilen, wer in der Familie eigentlich die größte Macht und den stärksten Einfluß hat. Zumindest kann jeder, der selbst Kinder hat, erleben: Schon ein Säugling verfügt über potente Mittel, seine Eltern zu dirigieren. Kinder können Eltern völlig verunsichern und ihnen das Gefühl geben, überhaupt nicht mehr gegen das Kind anzukommen. Kinder, und das ist gar keine neue Beobachtung, sind nicht einfach eine Modelliermasse, die von den Eltern beliebig geformt werden könnte. Schon während der Schwangerschaft hat das Kind, einfach durch sein biologisches Dasein, eine ungeheuer starke Position.

Deshalb neige ich, quasi didaktisch, erst einmal zu der Annahme, daß die Macht von Kindern und von Eltern etwa gleich groß ist. Kinder können brüllen, das Essen verweigern oder davonlaufen. Vielleicht haben die Eltern subtilere Machtmittel: Sie können das Kind zum Beispiel mit Liebesentzug manipulieren. Doch auch wenn die Eltern raffiniertere Techniken haben, hat das Kind dafür die direkteren und rücksichtsloseren Mittel, sich zu widersetzen. Ich kenne viele Eltern, die verzweifelt darüber sind, daß ihr Kind nicht bereit ist, sich so zu verhalten, wie sie es wünschen. Oft werden sie dann durch das Kind zur Einsicht gebracht: Vielleicht liegen wir mit unseren Ansprüchen und Erwartungen daneben. Bereits ein kleines Kind kann also einen starken erzieherischen Einfluß auf seine Eltern ausüben.

Ich halte es daher mindestens für eine gute Arbeitshypothese, in der Eltern-Kind-Beziehung ähnlich wie in der Partnerbeziehung zwei Zentren von Einfluß zu sehen und nicht ein Einfluß ausübendes und ein empfangendes Zentrum» («psychologie heute» Nr. 8, 12. Jahrgang, August 1985, S. 58).

Vergleicht man die Texte von Canetti und Willi miteinander, erkennt man sofort die unterschiedlichen Voraussetzungen, von denen sie ausgehen. Ist bei Canetti die Macht der Mutter über das kleine Kind «absolut», so hat sogar das ungeborene Kind bei Willi «eine ungeheuer starke Position». Für Canetti gibt es «keine intensivere Form der Macht» als die der Erwachsenen über das Kind, und Willi geht von der Annahme aus, die Macht beider Parteien sei «etwa gleich groß».

Was würde geschehen, wenn so unterschiedliche, ja fast gegensätzliche Meinungen in einem direkten Gespräch aufeinanderträfen? Erscheint eine Verständigung überhaupt möglich?

Der Autor hat nun seinen Einfluß und seine Macht (seine starke Position, eben als Autor) zur Geltung gebracht und dieses Gespräch inszeniert.

Damit der hier folgende fiktive Dialog nicht als «geschönt» erscheint, ist eine Vorbemerkung erforderlich. Elias Canetti hat seinen Text aus dem Jahre 1960 zwar als Tatsachenfeststellung formuliert, aber keinesfalls in rechtfertigender Absicht. Er hat dem Wesen der Macht, vor allem dem Wesen des Befehls nachgespürt, um beiden «beizukommen». Um dem Machthaber, dem Befehlsgeber «beizukommen, muß man sein Treiben dort durchschauen, wo es am natürlichsten erscheint» (S. 542). Über den Befehl sagt Canetti: «Jeder Befehl besteht aus einem Antrieb und einem Stachel ... Der Stachel bleibt in dem zurück, der den Befehl ausführt ... Aber es ist wichtig zu wissen, daß kein Befehl verlorengeht; nie ist es mit seiner Ausführung je um ihn geschehen, er wird für immer gespeichert. Die Befehlsempfänger, denen am gründlichsten mitgespielt wird, sind Kinder. Daß sie unter der Last von Befehlen nicht zusammenbrechen, daß sie das Treiben ihrer Erzieher überleben, erscheint wie ein Wunder ... Jedes, auch das gewöhnlichste Kind, verliert und vergißt keinen der Befehle, mit denen es mißhandelt wurde» (S. 350).

Das Buch «Masse und Macht» endet mit dem Satz: «Wer der Macht beikommen will, der muß den Befehl ohne Scheu ins Auge fassen und die Mittel finden, ihn seines Stachels zu berauben» (S. 543).

Auf Canettis Bild vom Befehlsstachel kommt das 11. Kapitel dieses Buches zurück. Hier war klarzustellen, warum der folgende «Dialog» von den Grundhaltungen der Partner her kein Streit wird. Trotz ihrer unterschiedlichen «Sprache» benötigen die Kontrahenten keine wirkliche «Übersetzung» – wenn man davon absieht, daß sie über eine Distanz von 25 Jahren hin-übersetzen.

<u>«Willi»</u>: Ist Ihnen bewußt, daß Ihr Text alle Mütter als herrschsüchtige Monstren darstellt, die Kinder aber als Marionetten, ausschließlich als Opfer und Objekte, ohne jegliche eigene Aktivität?
«Canetti»: Ihr Text hat mir diese Einseitigkeit schon klargemacht. Aber ist umgekehrt Ihnen bewußt, wie Sie sich über Tatsachen hinwegsetzen, wenn Sie z. B. dem ungeborenen Kind eine starke Position zuschreiben? Haben Sie die Abtreibungen vergessen? Und später die Kindesmißhandlungen und sogar -tötungen? Wie viele kleine Kinder ermorden schon ihre Eltern! Können Sie angesichts dieser

Tatsachen die Annahme, die Macht von Kindern und Eltern sei «etwa gleich groß», wirklich aufrechterhalten?

«Willi»: Sie haben recht. Ich meine mit «Macht» etwas anderes als Sie. Ich beziehe mich nicht auf die überlegene Körperkraft von Erwachsenen. Ihr Text legt ja das nackte Faustrecht zugrunde. Ich dagegen setze voraus, daß heutige Eltern von der nackten Gewalt längst Abschied genommen haben. Deshalb spreche ich in meinem Text auch nur zweimal von «Macht» und einmal von «Machtmittel», aber viermal von «Einfluß» und mindestens sechsmal von anderen beeinflussenden Aktivitäten der Kinder. Sie dagegen sprechen ausschließlich von «Macht» und «Herrschaft» der Mutter ...

«Canetti»: Geschenkt! Selbstverständlich ist auch das Kind ein Einfluß ausübendes Zentrum, wie Sie sagen. Ich würde dies sogar nicht nur als praktisch nützliche Annahme («Arbeitshypothese»), sondern als Tatsache bezeichnen. Allerdings als eine Tatsache, die von bestimmten Bedingungen abhängt. Wenn ich etwas zu trinken und zu essen habe, bin ich tatsächlich lebendig. Sonst nicht lange. Und da müssen Sie mir schon gestatten, daß ich Ihre Behauptung hinterfrage, heutige Eltern hätten von der nackten Gewalt längst Abschied genommen. Wie käme denn dann z. B. der Deutsche Kinderschutzbund dazu, von jährlich 300000 bis 400000 Kindesmißhandlungen allein in der Bundesrepublik Deutschland zu sprechen? Sie wissen ja, ich lebe in London; bei uns dürfen noch Eltern und Lehrer prügeln, bei Ihnen nur noch die Eltern. Aber die scheinen nicht faul zu sein.

«Willi»: Ich muß Ihnen schon wieder recht geben. Das, was Sie damals beschrieben haben, gibt es immer noch. Aber ich meine, daß eine deutliche Entwicklung zu bemerken ist. Ich stelle jedenfalls fest, daß immer mehr Eltern und auch Lehrer auf ihre Macht verzichten. Oder immerhin auf gewalttätige Äußerungsformen dieser Macht.

«Canetti»: Um dafür die, wie Sie sagen, subtileren Machtmittel und raffinierteren Techniken gegen ihre Kinder einzusetzen! Ich vermag nicht einzusehen, wie dadurch die Übermacht der Erwachsenen abgebaut würde. Oder daß dies ein Zeichen für weniger Herrschaftsgelüste sein sollte. Ich muß Ihnen schon sagen, daß ich es für ein bedenkliches Zeichen ansehe, wenn Sie behaupten, Kinder hätten «die direkteren und rücksichtsloseren Mittel». Gewiß, «Kinder können brüllen, das Essen verweigern oder davonlaufen». Aber im Zweifelsfall werden sie dann kaputtgeschlagen oder von der Polizei eingefangen. Außerdem sind das doch sowieso schon Verzweiflungsakte von Ohnmächtigen, gut, ich korrigiere: von Unterlegenen, jedenfalls schon Reaktionen auf Mißhandlungen, zu denen die Eltern die Macht haben, nicht aber die Kinder. Oder gibt es neuerdings Kinder, die ihre Eltern zum Aufessen zwingen oder ihnen Stubenarrest geben können?

«Willi»: Wenn Sie erlauben, will ich Ihnen etwas von meinem Hintergrund erzählen, damit wir weniger aneinander vorbeireden. Ich habe ja langjährige Erfahrungen als Paar- und Familientherapeut. Daß ich als solcher gegen alle Herrschaftsgelüste usw. bin, versteht sich von selbst. Ich bin gegen alle Gewaltakte, auch gegen die subtilen und raffinierten. Aber Gewaltakte fallen nicht vom Himmel, sondern sind das Ergebnis von Konflikten, die anders nicht gelöst werden konnten. Und solche Konflikte entstehen zwangsläufig in Beziehungen, in denen die Partner sich nicht gegenseitig respektieren, sondern den jeweils anderen als Objekt bestimmter Ansprüche und Erwartungen betrachten, die nicht nur einfach Wünsche sind, sondern die Qualität von Befehlen haben, um Ihren Ausdruck zu gebrauchen.

«Canetti»: Ich verstehe. Was Sie über die «gleich große» Macht sagten, war also nicht so sehr eine analytische Feststellung, sondern eine therapeutische Forderung. Deshalb auch Ihr «quasi didaktisch» (gewissermaßen lehrhaft).

«Willi»: Ich würde es nicht eine «Forderung» nennen. Es ist ein Vorschlag, wie man Beziehungen sehen und gestalten kann. Die Analyse, die Sie damals vorgetragen haben, schrieb ja ganz bestimmte Rollen fest. Die Mutter war die Täterin, das Kind war das Opfer. Weil wir heute nicht mehr einzelne Menschen untersuchen – schon gar nicht «Schuldige» suchen –, sondern Beziehungen analysieren, können wir mit Ihren Kategorien nichts mehr anfangen. Um Beziehungen zu ermöglichen, in denen echte Wechselseitigkeit – und auf dieser Basis auch gemeinsame Weiterentwicklung – realisiert wird, müssen wir betonen, daß jeder Partner sowohl ein Einfluß ausübendes wie ein Einfluß empfangendes Zentrum ist.

«Canetti»: Aber daß die Macht tatsächlich ungleich verteilt ist, bestreiten Sie nicht. Ich hatte ein wenig den Eindruck, als wären Sie der merkwürdig fragenden Feststellung des Herrn Runge – ob die Beziehungen zwischen Eltern und Kindern «gleichgewichtig» seien – doch eher ausgewichen.

«Willi»: Darauf könnte man antworten, daß diese Art Macht, also jetzt einfach die Körperkraft, auch unter Erwachsenen ungleich verteilt ist. Auch da sind die Beziehungen nicht von vornherein «gleichgewichtig». Aber ein kräftigerer Erwachsener, der an einer guten Beziehung mit einem schwächeren Erwachsenen interessiert ist, verzichtet vernünftigerweise auf den Einsatz seiner Übermacht. Gegenüber Kindern, da haben Sie völlig recht, ist diese Haltung noch keineswegs selbstverständlich. Eltern-Kind-Beziehungen sind noch häufig von Machtkämpfen oder gar Gewaltakten geprägt.

«Canetti»: Ich habe vorhin von «bestimmten Bedingungen» gesprochen, von denen es abhängt, ob das Kind auch tatsächlich ein gleichgewichtigen Einfluß ausübendes Zentrum sein kann. Nach dem, was Sie inzwischen erklärt haben, wollen Sie gerade diese Bedingungen herstellen helfen. Vor diesem Hintergrund würde mir Ihre Rede von den «subtileren» Mitteln der Eltern und den «rücksichtsloseren» der Kinder verständlich. Dadurch soll die natürlicherweise höchst ungleiche «Macht» von Eltern und Kindern gewissermaßen künstlich so angesehen werden, als sei sie «etwa gleich groß».

«Willi»: Ich widerspreche Ihnen da nicht. Wenn Sie sich dazu verstehen könnten, statt «künstlich» einen Begriff wie «menschlich» oder «menschenwürdig» zu verwenden, wäre obendrein der Eindruck vermieden, es handele sich bei diesem Kunstgriff um einen unseriösen Trick. Ich habe lediglich, wie schon in dem Interview, eine Parallele zwischen der Eltern-Kind-Beziehung und anderen Partnerbeziehungen gezogen. In beiden Fällen kann der körperlich Unterlegene nur unter der Bedingung in Frieden, ohne Angst usw. leben, daß der Stärkere «mitspielt». Sonst gibt es unweigerlich eine Eskalation von Machtkämpfen. Denn der Schwächere könnte sich ja bewaffnen oder andere «Waffen» einsetzen wie Krankheit, Flucht und dergleichen. Sie haben selbst geschrieben, «daß man – ohne zu begreifen, was man tut – weitergeben kann, was man vor Jahrzehnten selbst unter Druck empfangen», womit Sie ja wohl nicht ausschließen wollten, daß man doch begreifen lernen könne, was man tut, und daß diese Einsicht auch zu Konsequenzen führt.

«Canetti»: Das ist eine schwierige Frage. Vergessen Sie nicht, daß ich fortgesetzt habe mit dem Hinweis auf den *unzerstörbaren* Stachel. Was machen Eltern, die durch einen Therapeuten oder auch, wie Sie sagten, «durch das Kind zur Einsicht gebracht» wurden, mit ihren Ansprüchen falsch zu liegen, was machen die mit ihren «alten Befehlslasten», von denen ich schrieb? – – – ENDE des fiktiven Gesprächs.

Auf die letzte Frage möchte der Autor keine Antwort «im Namen» eines anderen riskieren. Seine eigene findet sich im 11. Kapitel.

Unmittelbar nach der Aufzeichnung obigen «Dialogs» erschienen erste Presseberichte über die 10. Jugendstudie der Deutschen Shell zum Thema «Jugendliche und Erwachsene '85 – Generationen im Vergleich». Zitate:

«Im Verhältnis von Jugendlichen und Erwachsenen sei 1985 eine neue ‹Machtbalance› erkennbar. So hätten die Eltern als erklärte Vorbilder ‹abgedankt›. Statt dessen räumten die Erwachsenen ein, sich unter dem ‹Eindruck ihrer eigenen Kinder› verändert zu haben, ihre Kinder als Gesprächspartner zu suchen und zu schätzen» (Frankfurter Rundschau, 27. 9. 85).

«Fast 90 Prozent der Jugendlichen und fast 80 Prozent der Erwachsenen meinen, daß ‹Erwachsene von Jugendlichen etwas lernen› können. Und zwar: ‹Aufgeschlossenheit im Umgang miteinander›, ‹Alles nicht so eng sehen/Das Leben genießen›, ‹Toleranz/Vorurteilslosigkeit›, ‹Selbständigkeit›. Die Jugendlichen haben für die Erwachsenen ein ‹vielseitiges Lernprogramm› zusammengestellt, das – wie es scheint – auch ‹gelernt› wird. Nur noch ein Viertel der Erwachsenen vertritt den ‹alten› Standpunkt, daß von oben nach unten erzogen werden muß, die Jüngeren einseitig nur von den Älteren lernen sollten. (Die Jugend '85) will mitbestimmen, wo ihre Eltern bloß mitreden wollten, will sich selbst behaupten, während ihre Eltern sich eher anpaßten» (Vorwärts, 28. 9. 85, S. 18, Überschrift: «Eltern lernen von Kindern – ‹Enormer› Wandel der älteren Generation»).

Daraufhin «rügte» Familienministerin Rita Süssmuth in einer Rede über solche Jugendstudien «verkürzende Sichtweisen», wie sie durch Schlagzeilen der Art «Eltern lernen von den Jungen» zum Ausdruck kommen. «Ziel der Jugendforschung müsse es sein, auf das zu hören, was die Jugend wirklich bewegt. Die Erkenntnis aus der Shell-Studie, ‹Nicht die Jugendlichen, die Erwachsenen sind verunsichert›, hält Rita Süssmuth für interpretationsbedürftig. Die Ministerin hält Verunsicherungen durchaus nicht für etwas Negatives, weil Unsicherheit schließlich nicht gleichzusetzen sei mit ‹Bescheidenheit bei den Erwachsenen und Überheblichkeit bei den Jugendlichen›. Verunsicherung bedeutet nach Auffassung der Bonner Jugendministerin: ‹Nachdenklich werden, fragen können›. Daraus ergebe sich vielleicht sogar eine Hilfe für die Politik. Es könne ein wechselseitiger Lernprozeß mit wechselseitigen Zugeständnissen ausgelöst werden» (Frankfurter Rundschau, 1. 10. 85).

Die von Jürg Willi behauptete Entwicklung scheint also empirisch belegbar zu sein. Viele Fragen bleiben allerdings offen. Drei seien hier gestellt:

1. Leisten die Älteren ihren Machtverzicht wirklich aus Einsicht im Sinne Jürg Willis, oder werden sie dazu gezwungen, weil die Jugendlichen sich nicht mehr so viel gefallen lassen wie früher, nachdem sie bemerkt haben, daß es sich nicht lohnt: z. B. weil die «Belohnungen» früherer Zeiten (Erbschaft, Arbeitsplatz) nicht mehr funktionieren? In diesem Falle wären es also nicht Fortschritte des Bewußtseins, sondern rein materielle Veränderungen, welche die «neue Machtbalance» verursacht hätten.

2. Daß *älteren* Kindern («Jugendlichen») – evtl. unfreiwillig (siehe 1. Frage) – mehr Mitsprache usw., also «Macht» eingeräumt wird, besagt noch nichts über das Verhalten gegenüber jüngeren Kindern. Presseberichte aus dem Zeitraum der Shell-Untersuchungen sprechen von einer bedeutenden Zunahme der Kindesmißhandlungen. Lernen also Eltern von ihren Kindern vielleicht erst dann, wenn sie ihre «Befehlsstacheln» (Canetti) schon an sie losgeworden sind?

3. Wie steht es mit folgendem Text? Seine Autoren (von denen der eine, Sir

John Eccles, Elias Canetti an weltweitem Ruhm gewiß nicht nachsteht) wenden sich zwar vehement gegen «die Dogmen derer, die an eine eigentliche Bösartigkeit der Menschheit glauben» (Eccles/Robinson 1985, S. 118), doch stellen sie fest: «Die Unterweisung der jungen Generation hinsichtlich moralischer Werte wird oft verächtlich gemacht als Indoktrination oder sogar Gehirnwäsche ... Die Unzulänglichkeit moralischer Erziehung in Elternhaus, Schule und Kirche wird tragisch sichtbar im Zerbrechen der Familien und in der allgemeinen Permissivität, die junge Leute verlangen und erhalten. Wertsysteme, die über Hunderte von Jahren in der Kultur aufgebaut wurden, verfallen, so daß die Gesellschaft von einer sich neu entwickelnden Barbarei bedroht ist. Verbrechen jeder Art – Diebstahl, Gewalttätigkeit, Mord, Entführung, Drogenhandel – nehmen bedrohlich zu. Die Zahl der Gefängnisinsassen wächst so schnell wie nie zuvor. Das sind die Übel, die auf Grund einer fehlenden Moralerziehung entstehen. Während großes öffentliches Interesse an der Verhütung eines Atomkrieges besteht, der die Gesellschaft von außen zerstören würde, findet man beklagenswert wenig Interesse, wenn es um die Zerstörung der Gesellschaft von innen, durch das Versagen unseres Wertsystems, geht» (S. 109).

Es gilt also – am Schluß dieses Kapitels – klar festzuhalten: Die Einigkeit der in ihm bevorzugten Autoren darf nicht darüber hinwegtäuschen, daß sie keineswegs alle Aspekte des Themas erörtert haben. Die Frage aus dem Buch «Das Wunder des Menschseins», ob der Machtverzicht (die «Permissivität») von Eltern und Erziehern das Wertsystem der Gesellschaft zerstört, kann kaum ernst genug genommen werden. Wer Kindern «gleichgewichtigen Einfluß» (Willi) einräumt oder darauf hört, «was die Jugend wirklich bewegt» (Süssmuth), verkennt offensichtlich, daß Erwachsene schon sind, wozu Kinder erst werden müssen: «Wir stellen daher die These auf, daß menschliche Wesen mit der Möglichkeit geboren werden, anständige Menschen zu werden, die in Harmonie mit ihren Mitmenschen leben» (Eccles/Robinson 1985, S. 119).

Demnach sind kleine Kinder noch nicht «anständige» Menschen. Mit ihnen in «Harmonie» leben zu wollen würde eine neue «Barbarei» heraufbeschwören. Jürg Willis Vergleich zwischen Eltern-Kind-Beziehungen und Partnerbeziehungen unter Erwachsenen ist unzulässig, verwechselt die o. g. «Möglichkeit» mit einer Tatsache.

Die hier angesprochenen Probleme und Widersprüche, die wichtige Bestandteile des Heimlichen Generationenvertrages nicht berücksichtigen, können im jetzigen Stadium dieses Buches nicht geklärt bzw. entwirrt werden. Im Laufe der folgenden Erörterungen und Aufschlüsse (spätestens im 7. Kap.) wird ein neues Licht auf sie fallen.

Kapitel 4

Die Antwort der Gewalt

Die Hauptzitate und der fiktive Dialog des vorigen Kapitels weisen auf zwei höchst unterschiedliche, wenn nicht gegensätzliche Möglichkeiten von Erwachsenen hin, auf die Tatsache des Machtgefälles zwischen den Generationen zu reagieren. Verkürzend zusammengefaßt sind kleine Kinder sowohl «geeignet», als Objekte oder «Opfer» der Herrschaftsgelüste übermächtiger Erwachsener zu fungieren, wie auch dazu (sofern die Erwachsenen «mitspielen»), etwa «verzweifelten» Eltern zu neuen Einsichten zu verhelfen.

Umgekehrt haben natürlich auch Kinder zwei gegensätzliche Möglichkeiten. Sie können beispielsweise Befehlen gehorchen oder nicht gehorchen. Diese Tatsache hatte Elias Canettis Text außer acht gelassen. Sie liegt jedoch völlig in seinem Interesse, weshalb es nicht zum Streit führte, als «Willi» ihn auf sie aufmerksam machte. Überhaupt konnten sich die beiden Kontrahenten trotz ihrer scheinbar unvereinbaren Aussagen so schnell einigen, weil sie sich hinsichtlich der übergeordneten, der Macht-Frage, von vornherein einig waren. Sie haben die gleichen Vorstellungen über das wünschenswerte Zusammenleben der Menschen. Beide setzen sich für «Spielregeln» ein, die nicht vom Recht des Stärkeren, nicht vom Faustrecht geprägt sind, das in der außermenschlichen Natur häufig anzutreffen ist. Ihre Spielregeln sind insofern «künstlich», nämlich von Menschen erdacht und auf deren Anerkennung angewiesen. Auf der Ebene der nackten Gewalt bestreiten beide nicht (und ist auch nicht bestreitbar), daß Erwachsene mehr Möglichkeiten haben als kleine Kinder.

Wenden wir uns nun von der Meinungsebene, also dem, was einzelne Autoren möglicherweise für wünschenswert halten, wieder der Tatsachenebene zu und hier der Frage, wie die Spielregeln tatsächlich aussehen, die für das Zusammenleben von Erwachsenen und Kindern gegenwärtig gelten.

Es wäre jetzt leicht, ein Horrorgemälde zu entwerfen und all die konkreten Gewaltakte aufzuzählen, die an Kindern auch in unserer Zeit noch begangen werden. Doch gibt es solche Darstellungen bereits in großer Zahl. In Zeitungen, Zeitschriften und Broschüren werden brutale Gewalttaten gegen ein Kind üblicherweise so dargestellt, daß der erwachsene Täter als abnorme Persönlichkeit erscheint. Oder als «hilflos».*

---

* Vgl. als bis heute typisches Beispiel: «Körperliche Züchtigung bedeutet Hilflosig-

In Buchveröffentlichungen zu diesem Thema werden seit einiger Zeit der Presse Vorwürfe gemacht, weil sie das Problem «individualisiere», anstatt «die gesellschaftlichen Verhältnisse» anzuprangern, die zu solchen Taten führten: beengte Wohnverhältnisse, Arbeitslosigkeit, Arbeitsstress, anderswo erlittene Gewalt und dergleichen. Möglicherweise wird auch die Herrschlust mancher Erwachsener als Ursache angeführt. Insgesamt gesehen werden Äußerungen brutaler Gewalt gegenüber Kindern ausnahmslos mißbilligt (was historischen Quellen zufolge keineswegs selbstverständlich ist, d. h. nicht immer so war), aber die Ursachenforschung verbleibt im wesentlichen bei den «Vertragspartnern» des HGV, seien es die brutal-hilflosen Erzieher, seien es die Kinder, die konsequenter zur Gewaltlosigkeit erzogen werden sollen, damit wenigstens sie ihre (oft als angeboren unterstellte) Gewalttätigkeit überwinden.

In diesem Buch aber stehen nicht die Vertragspartner im Vordergrund, es geht um den Vertrag an sich. Mit anderen Worten, es geht nicht primär um die Spieler/innen, sondern um die Spielregeln. Eine erste Frage könnte also lauten: Welche Rollen werden Erwachsenen und Kindern von diesen Spielregeln hinsichtlich ihrer ungleichen Kräfteverhältnisse offiziell zugewiesen?

Eine Vorbemerkung. Auf der Ebene der reinen Körperkraft ist es klar, daß man mit stabileren, robusteren Gegenständen gröber umgehen kann als mit empfindlicheren. Aus der Tatsache, daß es leichter fällt, ein dünnes Glas zu zerbrechen als einen dicken Trinkbecher, muß ein kräftiger Mensch nicht notwendigerweise den Schluß ziehen, nun alle dünnen Gläser zu zerbrechen. Man kann Gegenstände, je leichter sie verletzlich oder zerstörbar sind, als desto wertvoller ansehen und desto vorsichtiger behandeln. Ein schwächlicher Bursche kann einem Fußball die kräftigsten Fußtritte zu geben versuchen, während ein Herkules eine Seifenblase höchstens mit einem zarten Hauch anpustet. Dies alles will besagen: Es gibt im menschlichen Leben neben den physikalischen noch andere Kategorien. Die folgende Formulierung dürfte kaum auf Widerspruch stoßen: In der Regel gehen Menschen ungeachtet ihrer realen Möglichkeiten mit Gegenständen aus ihrem Privatbereich desto sorgsamer um, je mehr Wert sie ihnen beimessen. Je weniger Widerstand ein von ihnen als schützenswert erachtetes Gut ihnen von sich aus leisten kann, desto selbstverständlicher leisten die Menschen ihm gegenüber so etwas wie Gewaltverzicht. Noch anders gesagt: Die «körperliche Unterlegenheit» eines

keit des Erziehers» (aus: «Prädikat: Gewalttätig. Kindererziehung in Deutschland», Broschüre der AG Friedenspädagogik, München 1978, S. 29).

Gegenstandes von Wert vermindert nicht, sondern erhöht gemeinhin den «Respekt», den ein wohlwollender Mensch ihm bezeugt. Die «Spielregel», die im Umgang mit hochgeschätzten Gegenständen wohl allgemein akzeptiert ist, lautet: *Je mehr ich gegen ihn vermag, desto weniger tue ich gegen ihn.*

Nach dieser Vorbemerkung (die im 9. Kap. wieder aufgegriffen wird) ist ein größerer Kontrast kaum denkbar als der mit den für die Beziehungen zwischen den Generationen geltenden Spielregeln. Ein Beispiel:

Alle Statistiken besagen, daß sowohl kriminelle Mißhandlungen als auch einfache Ohrfeigen gegenüber Kindern am häufigsten vorkommen, wenn diese sich auf der Ebene der Körperkraft noch nicht angemessen wehren können. Ältere Kinder, die doch im Durchschnitt zweifelsfrei über größere «Nehmerqualitäten» verfügen als jüngere, werden entscheidend seltener geschlagen und mißhandelt. Und dies ist nicht nur statistisch klar erwiesen, es ist auch gesetzlich in Ordnung: In einem Rechtsratgeber für Jugendliche mit dem Titel «Nimm Dir Dein Recht!» heißt es:

«Auch wenn man seine Eltern manchmal zum Teufel wünschen möchte, eine Ohrfeige des Vaters eines Elfjährigen ist nicht gleich Kindesmißhandlung ... (Aber:) Schon Ohrfeigen für ein Kind, das älter ist als zwölf Jahre, können entwürdigende Erziehungsmaßnahmen sein ... Eltern haben das Recht und die Pflicht, ihre Kinder zu erziehen, aber sie haben das Alter der Kinder bei ihren Erziehungsmaßnahmen zu berücksichtigen. Ein Kind unter 12 Jahren sollten sie nicht schlagen, und wenn es älter ist, kann das eine entwürdigende Erziehungsmaßnahme sein. Dauerstubenarrest und körperliche Züchtigung für Kinder über 12 sind oft Kindesmißhandlung, und die ist strafbar» (Heckenschütz 1985, S. 22, 26, 27).

Ein weiteres Beispiel dafür, wie Kindern und Jugendlichen die für sie geltenden Spielregeln erklärt werden: In dem «Schüler-Expreß-Handbuch» des Zweiten Deutschen Fernsehens vom Oktober 1985 «Was heißt hier minderjährig?» lesen sie ohne kritische Anmerkung z. B.: «Auch leichte Ohrfeigen sind für ein fast erwachsenes Kind von 16 oder 17 Jahren unter Umständen ‹entwürdigend›» (Rathgeber/Rummel 1985, S. 16).

Auf den seit 1980 geltenden Abs. 2 des § 1631 BGB («Entwürdigende Erziehungsmaßnahmen sind unzulässig.») wird das 10. Kapitel näher eingehen. Fest steht, daß er an der Rechtslage hinsichtlich der Gewalt gegen Kinder nichts geändert hat. (Denn daß ein «fast erwachsenes» Kind auch schon fast die Würde eines Erwachsenen besitzt, versteht sich von selbst; Menschenwürde ist Erwachsenenwürde.)

Über diese Lage wird nachfolgend ein Text des Wiesbadener Kinderschutzbundes (aus seiner Jubiläumsbroschüre zum 25jährigen Bestehen) zitiert. Dieser Text ist zwar parteilich (Motto des DKSB: «Wir nehmen Partei für Kinder»), aber doch auch informativ. Er kennzeichnet ein wichtiges Element des offiziellen Generationenvertrages aus der sog. «kinderrechtlichen» Sicht, wie sie im Titel dieser Broschüre «Freiheit, Gleichheit, Brüderlichkeit * ohne Altersgrenzen» zum Ausdruck kommt.

Dieser Text ist sicher für Eltern, die es gewöhnt sind, ihre Kinder bei Gelegenheit zu schlagen, schwer erträglich; doch wird ihm ein Zitat aus entgegengesetzter Sicht folgen.

«Ohrfeiglinge – gesetzlich geschützt»

«Das ‹Wiesbadener Tagblatt› berichtete kürzlich in einer Zeitungsserie von Gerhard F. Hundertmark ‹Kinder, Eltern, Paragraphen› über die wichtigsten gesetzlichen Regelungen in diesem Bereich. Dabei kam auch das Recht der Eltern zur Sprache, ihren Kindern Körperverletzungen beizubringen, nämlich zum Zwecke der Erziehung. Allerdings, so hieß es da: ‹kann die körperliche Züchtigung eines Kindes nach der Pubertät nicht mehr als erzieherisch vertretbar angesehen werden› (Wiesb. Tagblatt, 12. 6. 1984).

Dieses ‹nicht mehr› hat es in sich!

Wenn Kinder klein sind, schwach, weitgehend wehrlos und auf liebevolle Zuwendung besonders angewiesen, dann dürfen sie von ihren Eltern gezüchtigt werden – und zwar, wie Regierung und juristische Kommentare erläutern: ‹im Rahmen des durch den Erziehungszweck gebotenen Maßes›. Wenn sie aber größer geworden sind, stärker, wenn sie sich wehren können, vielleicht sogar zurückschlagen, dann gilt die nackte Gewalt ‹nicht mehr als erzieherisch vertretbar›.

Eigentlich ist ja das Recht als Gegenspieler der Macht vorgesehen, als Errungenschaft der Menschheit gegen das in der vormenschlichen Natur geltende ‹Recht› des Stärkeren, das Faust‹recht›. Aber wir sehen: Bis zu den Kindern ist diese Errungenschaft noch nicht vorgedrungen. Zwar können Eltern, gewissermaßen aus Gnade und Barmherzigkeit, darauf verzichten, ihre körperliche (und z. T. auch geistige) Überlegenheit gegen ihre Kinder einzusetzen, aber das Gesetz schützt in diesem Falle nicht die Schwächeren, sondern die Stärkeren. Gewalt gegen Kinder wird von Gesetzgeber und Rechtsprechung sogar als ‹geboten› bezeichnet, obwohl doch sonst der Staat auf sein Gewaltmonopol so großen Wert legt.

---

* Im Inneren der Broschüre wird «Brüderlichkeit» durch «Schwesterlichkeit» ergänzt.

Der geringste Rest eines klaren Blickes für die Wirklichkeit genügt, um zu sehen, daß Gewalt gegen Kinder unfair und feige ist, was auch durch Kampagnen wie ‹Mut zur Erziehung› nicht verschleiert werden kann. Tatsache ist, daß Kinder nicht in einem Rechtsstaat leben, die freiheitlich-demokratische Grundordnung gilt für sie nicht. Kinder leben in einem Polizeistaat (wenn sie ihren Peinigern entfliehen, werden sie von der Polizei diesen wieder ausgeliefert), in einer absoluten Diktatur, wo Folter und Todesstrafe an der Tagesordnung sind: Bekanntlich werden in der Bundesrepublik täglich mehrere Kinder von ihren Eltern im Namen der Erziehung totgeschlagen. Und daß die meisten Kinder ihre Kindheit dennoch überleben, liegt ausschließlich an ihrer Klugheit und Gutmütigkeit: Sie geben nach, bevor es zum Schlimmsten kommt. Oft haben sogar schwer mißhandelte Kinder noch Mitleid mit ihren Eltern, weil sie spüren, daß diese in einem wahnhaften Zwang befangen sind: dem Zwang, notfalls mit äußerster Brutalität sich und der Welt doch noch den Beweis zu liefern, daß sie keine erzieherischen Versager sind, daß sie die Erziehung ernst nehmen, daß sie sich vor der Erziehung nicht drücken wollen.

Daß man ohne Erziehungsideen mit Kindern (eben: gleichberechtigt) zusammenleben kann, ist zwar längst bewiesen und in zahlreichen Büchern ausführlich beschrieben worden. Doch die breite Öffentlichkeit nimmt davon nur zögernd Kenntnis: Der durchschnittlich erfolgreich erzogene Deutsche glaubt an seine Obrigkeit. Und die Obrigkeit sagt ihm, Erziehung sei nötig und Gewalt gegen Kinder geboten. Ohne Übertreibung kann man sagen, daß die Repräsentanten des Staates die Eltern in einen Erziehungskrieg gegen ihre Kinder hetzen. Und noch immer lassen sich viele Eltern das gefallen. Sie schämen sich nicht. Sie machen mit, weil es so üblich ist. Oder etwa auch, weil wir Kinderschützer vor allem im Stillen wirken, statt uns so laut zu empören, wie es notwendig wäre?» (Kloos 1985, S. 31).

Nehmen wir nun, als Vorbereitung für einen weiteren fiktiven Dialog, einen Text, in dem eine Mutter erklärt, warum sie ihrem 14jährigen Sohn zum erstenmal eine Ohrfeige (als «Befreiungsschlag») gegeben hat. Der Text stammt von Dorothea Berendt und wurde unter den Schlagzeilen «Elternrechte? ‹Auch Mütter sind Menschen› – Kinder dürfen einfach alles! Wer aber schützt die geplagten Eltern vor ihren halbgaren Nörgel-Monstern?» am 20.11.1983 in «Bild am Sonntag» (S. 86f) veröffentlicht.

«Heutzutage gibt's für fast alles einen Verein: für Kegler, Handballer und Briefmarkensammler. Zum Schutz von Tieren, Bäumen und Gänseblümchen. Nur zum ‹Schutz geplagter Eltern vor ihren Kindern› nicht.

Anlaß zu diesen Gedanken ist mein Sohn Michael, der – wie wohl viele Kinder – heute Ansprüche und Freiräume hat, von denen die Erwachsenen, sprich Eltern, nur träumen können. Und man kann es den Kindern nicht mal übelnehmen, schließlich wird's ihnen ja von allen Seiten eingebleut. ‹Die andern dürfen auch›, dieser Satz stimmt leider nur zu sehr. Kinder dürfen den Eltern sagen, daß sie doof sind. Dürfen alle in schlampigen Klamotten rumlaufen und Arafat-Tücher tragen. Alle ‹Dallas› und ‹Denver-Clan› sehen. Alle wenig für die Schule tun. Alle lange aufbleiben, mindestens bis 22 Uhr. Alle entsetzlich unaufgeräumte Zimmer haben, in denen sich angefaulte Äpfel, Bananenschalen, Malzbierflaschen mit angeschimmeltem Restinhalt schön verteilt in den Ecken befinden. Kurzum, das ganze Zimmer darf ein einziger Mülleimer sein.

Auf meinen inzwischen resigniert leise vorgetragenen Vorschlag, doch mal einen Gang durch dieses Gewühl zu schaffen, folgen Sprüche wie ‹Eltern labern immer nur rum› oder ‹Du müßtest mal die Zimmer der anderen sehen›. Außerdem wird erwartet, daß ich gefälligst jederzeit im Handumdrehen ein Essen auf den Tisch zaubere. Mutter hat natürlich immer dazusein.

Ich frage mich, wo um alles in der Welt die vielen alleingelassenen Kinder sind? In meiner Umgebung gibt's, soweit ich weiß, nur alleingelassene Mütter. Und dabei hatte ich doch geglaubt, daß mir natürlich so was nicht passieren würde. Trotz der Warnungen erfahrener Eltern: ‹Wartet mal, bis der 13 ist!›

Was haben wir nun falsch gemacht? Wir haben diese einstmals so niedliche kleine Person nie allein gelassen. Haben ihn nie geschlagen, versucht, ihm alles zu erklären, wollten nie nur Eltern, sondern auch Freund und Kumpel sein. Wir haben mit ihm rumgebolzt und gestritten, aber nie aus starker Elternposition heraus. Und was ist daraus geworden? Zur Zeit ein ‹Nörgel-Monster›, das mit seinen 14 Jahren auf die 1,80-Meter-Grenze zuschießt und nicht weiß, wohin mit seiner Kraft. Ein Junge, der entsetzlich nervt, auf vieles keinen Bock hat und sich in der Schule so eben durchwurstelt. Der manchmal Antworten bereit hat, daß mir vor Wut, Zorn oder einfach Traurigkeit Tränen in die Augen schießen, weil man nicht fassen kann, was da so an Vorwürfen und Modewörtern hervorsprudelt. Glaubt man doch, mit 40 Jahren der Jugend noch nicht so fern zu sein. Aber der Herr Sohn sieht das mit Sicherheit ganz anders.

Trotzdem habe ich mit einemmal wieder Hoffnung, daß aus dem jetzigen ‹Nörgel-Monster› eines Tages noch ein netter, freundlicher junger Mann werden wird. Vielleicht deshalb, weil er vor kurzem die erste richtige Schelle seines Lebens bekam, obwohl ich mir geschworen

hatte, so etwas nie zu tun. Mir tat's wohl und weh – und ihm anschei-
nend auch. Einen Tag später hat er mich gefragt, ob ich ihn noch lieb-
hätte, mir ein hastiges Küßchen verpaßt und gesagt, daß ich vorsichtig
beim Radfahren sein soll. Und er hat, o Wunder, die Haustreppe ge-
putzt. Unter mächtigem Gejohle seiner Freunde.
  Für die Schelle – eine Art Befreiungsschlag für mich – hab ich mich
dennoch nicht entschuldigt. Denn: Auch Mütter sind Menschen.»

Vergleicht man diese beiden Texte, so sind zunächst einige Gemeinsamkeiten unverkennbar, z. B. die grundsätzliche Ablehnung von
Schlägen für kleine Kinder. Fraglich ist dabei, ob nicht etwa die Versuche, «ihm alles zu erklären», jene Redeschwälle («verbale Gewalt»,
«geistiges Faustrecht») meinen, mit denen manche Eltern ihre Kinder
traktieren, oft selbst in hohem Maße «nörgelnd».

Im folgenden «Dialog» wird gezeigt, wie ein kurzes (knapp zehnmi-
nütiges) «Beratungsgespräch» zwischen Dorothea Behrendt und
Hans A. Kloos ablaufen könnte. Vorausgesetzt ist lediglich, daß sie
gegenseitig ihre zitierten Texte gelesen haben. Allerdings wird der
«Kinderschützer» zu Beginn noch einen Satz aus seiner Broschüre
zitieren, um dem naheliegendsten Mißverständnis zuvorzukommen.
«Kloos»: Auf die Gefahr hin, Sie zu enttäuschen, sage ich Ihnen
gleich, daß ich Ihnen nicht den geringsten Vorwurf wegen dieser
«Schelle» zu machen habe. Sie haben vollkommen recht: Auch Mütter sind Menschen. In unserer Broschüre gibt es genau darüber auch
einen Text. Überschrift: «Erwachsene sind *auch* Menschen! Argumente gegen die sich ausbreitende Kindertümelei». Der läuft auf den
Satz hinaus: «Wenn Eltern nicht das Recht auf (nach ihren Vorstellungen) perfekte Kinder haben, haben Kinder auch nicht das Recht auf
(nach ihren Vorstellungen) perfekte Eltern.» *
«Behrendt»: Da haben Sie mir gerade wirklich etwas den Wind aus
den Segeln genommen. Aber zufrieden bin ich trotzdem nicht. Sie
müßten diesen Satz nicht mir, sondern meinem Michael sagen. Der
verlangt nämlich, daß ich nach seinen Vorstellungen perfekt bin.
«Kloos»: Na und? Wer sagt denn, daß Sie seinen Vorstellungen entsprechen müssen? Oder auf eine «starke Elternposition», wie Sie
schreiben, verzichten sollen? So fordert man Kinder zu Übergriffen ja
geradezu heraus. Wenn ich da an meine drei Buben denke ... Oder
haben Sie etwas gegen Autorität?
«Behrendt»: Aber in Ihrem Aufsatz heißt es doch, man solle «ohne
Erziehungsideen» mit Kindern umgehen! Übrigens eine Übertrei-

---

* Kloos 1985, S. 23

bung, die ich zwar sympathisch finde, aber keinesfalls nachvollziehen kann. Heute bereue ich, daß ich Michael nicht nachdrücklich genug zur Höflichkeit erzogen habe. Und zum Mithelfen im Haushalt, beispielsweise. Wenn Sie jetzt, genau wie ich, sagen, ich hätte auf einer starken Elternposition bestehen sollen, dann ist das doch ein absoluter Widerspruch in sich.

«Kloos»: Ein scheinbarer Widerspruch, wenn Sie erlauben. Er löst sich folgendermaßen auf: Eine starke Elternposition, sogar eine Position, die Gewalt nicht ausschließt, kann trotzdem Erziehungsideen ausschließen. Nebenbei: Ich habe nicht geschrieben, man «solle», sondern man «kann» auf sie verzichten. Der moderne Kinderschutz moralisiert nicht, macht keine Vorschriften. Er gibt nur Anregungen, wie bestimmte Probleme besser gelöst werden können.

«Behrendt»: In Ordnung. Aber Sie lenken von dem Widerspruch ab. Auf der einen Seite sehen Sie «Erziehung» und «Gewalt» in engster Verbindung – z. B. würden Kinder «im Namen der Erziehung totgeschlagen» –, also ich finde das schon pervers, mit Verlaub. Sich gegen Erziehung, aber nicht gegen Gewalt auszusprechen.

«Kloos»: Und trotzdem verstehen wir uns richtig. Bitte, erinnern Sie sich an die Klammern in dem Satz. Da steht «eben: gleichberechtigt». Gleich-Berechtigung schließt Erziehung aus. Wenn Sie mit Ihrem Mann gleichberechtigt leben, ist er nicht Ihr Erziehungsobjekt, nicht Ihr Zögling. Aber sollte er Sie angreifen – Gewalt gegen Frauen ist ja ebenfalls ein wichtiges Thema –, dann setzen Sie sich zur Wehr, notfalls auch mit Gewalt. Und aus einer möglichst starken Position heraus. Kinderrechtler sprechen da von einem «Notwehrprinzip». «Erziehungsakte» im eigentlichen Sinne werden als Angriffshandlungen verstanden, so nach dem Motto: Ich will und setze gegen deinen Willen durch, daß du etwas tust oder wirst – z. B. höflich –, was du von dir aus nicht tun oder werden willst. Auf diese Ideen kann man verzichten. Schon weil heute klar bewiesen ist, daß man da immer das Gegenteil des Beabsichtigten erreicht. Aber die Notwehrgewalt, die Abwehr von Übergriffen usw., ist etwas ganz anderes.

«Behrendt»: In einem haben Sie recht. Ich habe mir wirklich zeitweilig von meinem Sohn ziemlich auf der Nase herumtanzen lassen. Das Notwehrprinzip könnte mir gefallen. Aber was wird mein Herr Sohn dazu sagen? Er hat nun mal Ansprüche an mich, die bei mir als Übergriffe ankommen. Soll ich mich plötzlich zur Wehr setzen und ihn im Stich lassen, wenn er sein Recht auf eine perfekte Mutter reklamiert?

«Kloos»: Ich sage nicht, was Sie sollen. Aber wenn Sie wollen, können Sie es getrost tun. Sie können ihm erklären, daß Sie in Zukunft auf Gleich-Berechtigung bestehen. Wir sagen oft Eltern, die sich wie

Sie als «geplagte» bezeichnen, daß es doch ausschließlich ihre Entscheidung ist, ob sie sich plagen lassen.

«Behrendt»: Also ich weiß wirklich nicht, ob Sie mit diesem Gespräch meinem Sohn einen Gefallen tun!

«Kloos» (lacht): Eine gute Mutter denkt immer zuerst an ihr Kind! – Und dann verteilt sie Befreiungsschläge. Aber im Ernst, wenn Sie gemeinsam Ihre Beziehung auf eine neue Basis stellen, hat er genausoviel davon wie Sie. Schließlich nerven Sie ihn auch ganz schön mit Ihren Ansprüchen. Auch wenn Sie ihm, wie Sie schreiben, «Freund und Kumpel» sein wollten. Man kann ja der Meinung sein, Kinder hätten das Recht, sich ihre Freunde und Kumpel selber auszusuchen.

«Behrendt»: Also Sie meinen, ich sollte alles laufen lassen!

«Kloos»: Von mir aus können Sie den Michael so lange verfolgen, bis Sie ihn aus dem Haus getrieben haben. Ich mache Sie nur darauf aufmerksam, daß er nicht Ihr Hampelmann ist, sondern auch seinen Stolz hat, und daß man ihn ebensogut verstehen kann, wie man Sie verstehen kann.

«Behrendt»: Und was ist mit meiner Verantwortung als Mutter?

«Kloos»: Ja, was nun: Freund und Kumpel oder erzieherische Verantwortung? Aber gut. Klagen Sie als Mutter nicht darüber, Ihr Michael hätte zuwenig Verantwortungsgefühl?

«Behrendt»: Das ist wahr! Deshalb denke ich ja manchmal, ich hätte ihn fester anfassen sollen.

«Kloos»: Logisch. Aber haben Sie sich schon mal die Frage gestellt, woher Kinder so etwas wie Selbstverantwortung nehmen sollen, wenn die Eltern immer auf ihre elterliche Verantwortung pochen?

«Behrendt»: Also das ist Wortklauberei!

«Kloos»: Sie können sich das ja noch mal in Ruhe überlegen. Ich meine jedenfalls, daß Sie ein Stück Kuchen nicht aufessen und gleichzeitig behalten können. So wichtig es ist, sich für jemanden verantwortlich zu fühlen: Immer wenn Sie ihn aus diesem Gefühl heraus bevormunden, erziehen, fest anfassen oder so, nehmen Sie ihm ein Stück von seiner eigenen Verantwortlichkeit weg. Ich finde, Sie haben mit Ihrem Sohn noch großes Glück. Wie ich es sehe, ist er in Wirklichkeit sehr nett zu Ihnen. Andere Eltern könnten neidisch auf Sie werden.

«Behrendt»: Das bringt mich auf Ihre Bemerkung über die «Klugheit und Gutmütigkeit» der Kinder. Ist das nicht mindestens eine unzulässige Verallgemeinerung?

«Kloos»: Gegenfrage. Können Sie sich nicht vorstellen, daß Kinder, ganz egal, wie sie ursprünglich sein mögen, im Laufe der Zeit abstumpfen und vielleicht sogar böse werden, wenn ihre Eltern sich nach den geltenden Gesetzen, also nach dem nackten Faustrecht richten?

«Behrendt»: Also *meine* Ohrfeige war *nicht* feige. Ich wage gar nicht dran zu denken, was passiert wäre, wenn mein Sohn zurückgeschlagen hätte. Vielleicht wäre ich vor Schreck tot umgefallen.

«Kloos»: Ich denke, deshalb hat er es auch bleiben lassen. Er mag Sie doch. Problematisch finde ich nur, daß Sie geschrieben haben, er würde womöglich *wegen* Ihrer «Schelle» ein netter junger Mann werden. Wenn Sie das zu Ende denken, müßten Sie ihm bloß jede Stunde eine reinhauen, und er würde der netteste Mensch der Welt.

«Behrendt»: Ich verstehe schon. Er hat es als Notwehr aufgefaßt. Das war's ja auch! Aber ist es das nicht immer? Sie können doch nicht bestreiten, daß die Eltern es allermeistens gut meinen.

«Kloos»: Was heißt allermeistens? Immer! Nur gilt das auch für Kinder. Das müßten die Eltern mal begreifen. Und der Gesetzgeber. Der glaubt immer noch, daß Erziehungsprobleme, genauer: Beziehungsprobleme, mit Gewalt gelöst werden könnten.

«Behrendt»: Aber meinen Sie, daß mit veränderten Gesetzen die notwendigen Änderungen in den Herzen der Menschen erreicht werden können?

«Kloos»: Ich kenne jemanden, der schreibt grade ein Buch über solche Probleme. Das handelt von einem «Heimlichen Generationenvertrag». Wird Sie vielleicht interessieren.

«Behrendt»: Und wann ist er fertig?

«Kloos»: Das kommt drauf an, wie lange wir uns noch unterhalten.

«Behrendt»: ???

«Kloos»: Na, wenn wir nicht aufhören, kann der Typ nicht weiterschreiben.

EvB: Jetzt grade!

Halten wir nach diesem «Dialog»* fest, daß viele heutige Eltern keineswegs die herrschsüchtigen und gewalttätigen Monstren sind, als die sie häufig dargestellt werden, wenn einseitig aus der Perspektive der Kinder heraus argumentiert und womöglich moralisiert wird.

Trotzdem müssen wir, um dem Anliegen dieses Buches gerecht zu werden und allmählich zum Kern des HGV vorzustoßen, nun (hoffentlich wohlvorbereitet) den Schritt in eine Region tun, mit der ver-

---

* Sein harmonischer und «unausgewogener» Verlauf soll nicht als typisch ausgegeben werden. Auch kommt es hier nicht auf eine Wertung der Argumente an. Aus der Sicht des HGV sind solche Gespräche, wie immer sie «ausgehen» mögen, verhältnismäßig oberflächlich. – Nach der «Struktur-Analyse» des nächsten werden im 6. und 7. Kapitel tieferliegende Ursachen des HGV aufgedeckt.

glichen die Zitate von Elias Canetti und Hans A. Kloos über einen geradezu idyllischen Spaziergang berichteten.

Der Weg, den Zaungäste beobachten können, führt zum erstenmal in wirklich geheimes Gebiet. (Dies jedenfalls die Vermutung des Autors.) Um dem, was es dort – hinter vertrauten und oft unverdächtigen Kulissen – zu entdecken gibt, gewachsen zu sein, erscheint es dringend geboten, keinen Augenblick außer acht zu lassen, daß die Konzentration ausschließlich auf theoretische Konstrukte wie «Spielregeln», «Beziehungen», «Strukturen», einen «Vertrag» gerichtet ist, also auf abstrakte Phänomene gewissermaßen *zwischen* den Menschen, nicht auf Menschen selbst, nicht auf «Schuldige» oder «Unschuldige», nicht auf «Täter» oder «Opfer», auch nicht auf ihre Meinungen und Gefühle.

Was wir sehen werden, findet statt, ist wirklich vorhanden, ob wir es beachten oder nicht. Aber nur wenn wir es beachten, haben wir, falls es uns mißfällt, die Möglichkeit, für die Zukunft nach Abhilfe zu suchen – sei es z. B. den (konkreten) «geplagten Eltern», sei es dem (abstrakten) «Wertsystem der Gesellschaft» aus dem vorigen Kapitel zuliebe.

Kapitel 5
Stichwort: Folter

In diesem Kapitel wird der unumstößliche und für jedermann nachvollziehbare Beweis geliefert, daß Kinder in einem politisch/gesellschaftlichen Umfeld leben, welches in seinen zentralen Strukturen haargenau dem von Tyranneien gleicht. Die folgende Analyse wird den zitierten Satz bestätigen: «Kinder leben in einem Polizeistaat ... in einer absoluten Diktatur, wo Folter und Todesstrafe an der Tagesordnung sind» (Kloos 1985, S. 31). Leser/innen, denen diese Tatsache bisher entgangen war, seien darauf hingewiesen, daß der weitere Verlauf dieses Buches sich nicht auf dieses Kapitel beziehen wird. Es kann sofort wieder vergessen werden, falls der Erkenntnisgewinn die möglicherweise belastenden Gefühle einiger Zaungäste nicht zu überwiegen verspricht. (Aus diesem Grunde wurde es gesondert gestellt, obwohl es noch zum Thema «Die Antwort der Gewalt» gehört.)

Als Ausgangspunkt sollen einige Bemerkungen aus dem «Brief an meine Erzieher» von Ernst August Rauter (1979) dienen:
   «‹Folter› ist kein zu starkes Wort. Wie ich überhaupt denke, daß es falsch ist, von ‹Prügel› zu sprechen: Wenn es Folter ist, was Polizisten in verschiedenen Ländern mit Erwachsenen tun, warum sollte dieselbe Behandlung nicht ‹Folter› heißen, wenn die Opfer minderjährig und mit den Folterern verwandt sind?» (S. 16). «Ihr habt, um eure Macht gegen mich zu sichern, Ehrlichkeit zum Fetisch gemacht. Eure ganze Verehrung der Ehrlichkeit war ein Schwindel zu meinem Nachteil. Ich sollte ausgehorcht werden. Ich sollte mich euch selbst ausliefern. Meine Ehrlichkeit sollte euch helfen, von mir Gehorsam zu erzwingen ... Die meisten meiner Erzieher wollten von mir nur verstehen, was sie gegen mich verwenden konnten, um sich ihre Bequemlichkeit mit weniger Aufwand zu wahren. Sie gingen vor wie Räuber, die einen Kaufmann zur Ehrlichkeit ermahnen, um schneller an den Tresor zu kommen. Die Ehrlichkeit, die ihr von mir verlangtet, waren Geständnisse ... Zur Ehrlichkeit zwischen uns hätte gehört, daß ihr euch darüber klar werdet, warum ihr Kinder foltert. Solange ihr das nicht wißt, könnt ihr Kindern gegenüber nicht ehrlich sein» (S. 28f). «Wenn es stimmt, daß achtzig Prozent der deutschen Eltern ihre Nachkommenschaft durch Prügel foltern, dann empören sich unsere Zeitungsredakteure und ihre Leser aus Versehen, wenn sie sich über Stockschläge auf persische Erwachsene empören. Aus irgendeinem Grund scheint es schlimmer zu sein, wenn Erwachsene gefoltert werden» (S. 55).

Die Frage, *warum* Kinder gefoltert werden (und z. B. auch: aus welchem Grund dies nicht als so schlimm gilt wie das Foltern von Erwachsenen), kann erst sinnvoll sein, nachdem die Tatsache, *daß* Kinder gefoltert werden, anerkannt ist. Damit hat es jedoch erhebliche Schwierigkeiten – wie alles, was die *Ehrlichkeit* zwischen den Generationen betrifft. Das Wort «Folter», dem wir hier in bezug auf die *normale* «Behandlung» von Kindern nachspüren, wird oft als «zu stark» empfunden. Formulierungen wie die von E. A. Rauter haben es deshalb schwer, so ernst genommen zu werden, wie es für eine sorgfältige Prüfung ihres Wahrheitsgehaltes nötig wäre. Klar ist jedoch, daß nur eine solche Prüfung erweisen kann, ob das Wort «Folter» wirklich zu stark oder ob es genau das richtige ist. Die Schwierigkeit besteht darin, daß der Begriff Folter im heutigen Sprachgebrauch kaum mehr zu einer neutralen Beschreibung taugt; das Wort selbst enthält bereits eine *Anklage*.

Um zu zeigen, wie diese Analyse *nicht* verstanden werden will, hier ein Beispiel aus dem Bereich des Tierschutzes. Der Satz entstammt einem Leserbrief, den die Berliner «tageszeitung» am 23. 9. 1985 veröffentlichte: «Kurz vor der Debatte zur Novellierung des Tiernutzgesetzes ist es kein Wunder, wenn die Folterknechte ihre blutbefleckten Hände in Unschuld waschen wollen und ihr Tun mit allen Mitteln zu rechtfertigen versuchen.»

Wie immer man zu dem Wort «Folterknechte» inhaltlich stehen mag: die Erwartung, es könnte geeignet sein, allgemein akzeptiert zu werden, wäre unrealistisch. Der zitierte Satz enthält ausdrücklich einen massiven Schuldvorwurf an konkrete Menschen. Es wäre, wie der Satz selbst aussagt, ein «Wunder», wenn diese sich nicht zur Wehr setzen würden.

Im Unterschied zu den «radikalen Tierschützern», die direkten politischen Einfluß anstreben, geht es dem vorliegenden Buch lediglich um die Vermittlung von Informationen, speziell von Ergebnissen sozialwissenschaftlicher «Grundlagenforschung». Zu diesen Ergebnissen, die auch ohne ein Wunder allgemein akzeptierbar sein sollen, gehört die (vorübergehende) Verwendung des Begriffs «Folter» unabdingbar dazu. Nicht dazu gehört jedoch der Beiklang, der dem Wort «Folterknecht» anhaftet, nämlich die Unterstellung, ein Mensch, der diese Bezeichnung verdiene, handele in dem Bewußtsein, etwas Verwerfliches zu tun. Es wäre unlogisch, *neues* Wissen vermitteln zu wollen, dabei jedoch Wertungen vorzunehmen, die dieses Wissen bereits voraussetzen. Man kann sicher nicht davon ausgehen, daß sich viele Erwachsene ohne Kenntnis des HGV in Sachen «Folter» als heutige Täter und frühere Opfer fühlen.

In früheren Jahrhunderten wurde die Folter von staatlichen und kirchlichen Instanzen ganz offen eingesetzt. Es fehlte nicht an Befürwortern. Heute dagegen gilt sie überall und grundsätzlich als Verbrechen. «Kein Staat darf Folter oder andere grausame, unmenschliche oder erniedrigende Behandlung oder Strafe zulassen oder dulden» (Art. 3, Satz 1 der «Erklärung der Vereinten Nationen über den Schutz aller Personen vor Folter und anderer grausamer, unmenschlicher oder erniedrigender Behandlung oder Strafe», angenommen von der Generalversammlung am 9. 12. 1975). Bereits in der «Allgemeinen Erklärung der Menschenrechte» von 1948 hieß es (Art. 5): «Niemand darf der Folter oder grausamer, unmenschlicher oder erniedrigender Behandlung oder Strafe unterworfen werden.» Auch in den nationalen Gesetzen praktisch aller Staaten ist die Folter ausdrücklich oder sinngemäß verboten.

Daraus ergibt sich: Wo sie dennoch angewendet wird (unter Erwachsenen), geschieht dies, anders als in früheren Zeiten, geheim, und wenn es bekannt wird, streiten offizielle Stellen es ab. Dies wiederum bedeutet: Eine unparteiliche Auseinandersetzung über das Pro und Contra der Folter für Erwachsene muß daran kranken, daß offene Befürworter nicht aufzutreiben sind.

In dieser Situation bleibt nichts anderes übrig, als sich auf parteiliche Quellen zu stützen. Andere (aus der Gegenwart) stehen dem Autor einfach nicht zur Verfügung.

Als die relativ seriöseste und anerkannteste Informationsquelle zum Thema Folter darf wahrscheinlich die Gefangenenhilfsorganisation «amnesty international» (ai) gelten. Ihre Aktivitäten sind zwar eindeutig einseitig, d. h. für die Interessen der Gefolterten und gegen die Interessen der Folterer und ihrer Auftraggeber ausgerichtet und manchmal nicht frei von moralisierenden Beiklängen, wie z. B. in dem Buchtitel «Wer schweigt, wird mitschuldig»*, doch entspricht dies eben dem Bewußtseinsstand engagierter Menschenrechtler/innen (richtiger: Erwachsenenrechtler/innen) in westlichen Demokratien.

Aus den zahlreichen Veröffentlichungen von «amnesty international» werden im folgenden besonders zwei Taschenbücher herangezogen. Einmal das Buch «Psychologie der Folter» (Keller 1981, im Auftrag von ai), zum zweiten der Band «‹Wer der Folter erlag …› – Ein Bericht über die Anwendung der Folter in den 80er Jahren» (ai 1985).

Damit dieses Kapitel nicht zu umfangreich wird und um die Ähnlichkeit bzw. Gleichartigkeit der *Strukturen* unmittelbar deutlich zu machen, wird darauf verzichtet, zunächst die Institution Folter an politischen Gefangenen umfassend darzustellen, um dann die möglichen Parallelen für die normalen Vorgänge im Generationenverhältnis zu ziehen. Vielmehr soll das Thema in drei Schritten angegangen wer-

---

* hrsg. von C. Stern 1981, im Auftrag von ai

den, und das Licht, welches diese Schritte auf den Heimlichen Generationenvertrag werfen, wird jeweils bei Gelegenheit gewürdigt. Die drei «Schritte» sind: a) Was ist Folter, was geschieht mit ihren «Opfern»? b) Was wird bei den Gefolterten und mit Folter Bedrohten erreicht? c) Welche Gründe und Ziele haben die Folterer und ihre Auftraggeber, also die «Täter»? (Die Anführungszeichen um «Opfer» und «Täter» werden während des dritten Schrittes erklärt.)

Ein letztes Problem muß vorab noch angesprochen werden. Keinesfalls geht es im folgenden darum, etwa den liebevollen Klaps einer treusorgenden Mutter mit den mörderischen Torturen zu vergleichen, denen in manchen Staaten aufrechte Freiheitskämpfer von korrupten Folterknechten unterzogen werden. Bei Vergleichen besteht immer die Gefahr, daß ihr unvermeidbares «Hinken» eine bestimmte Toleranzgrenze verletzt. Als Beispiel kann der oft wenig riskante «Widerstand» heutiger Demonstranten gelten, sofern er mit dem lebensgefährlichen Widerstand etwa von Antifaschisten im Hitlerreich verglichen wird. Um also Mißverständnisse von vornherein auszuschließen, muß klargestellt werden, was hier mit was «verglichen» werden soll. Das Ziel ist, sehr präzise formulierbare Ähnlichkeiten und sogar Gleichartigkeiten herauszuarbeiten, die in zwei Feldern zwischenmenschlicher Beziehungen aufzufinden sind.

Zur Erläuterung mag folgende Geschichte nützlich sein:

Zwei parallele Schachpartien. An dem einen Brett spielen die Gegner um ein Streichholz, an dem anderen beträgt der Einsatz das gesamte Hab und Gut der Spieler. Nun sind die Partien entschieden, die beiden Verlierer unterhalten sich. Derjenige, der Haus und Hof verloren hat, ist völlig verzweifelt. Da sagt der andere Verlierer zu ihm: «Schau, mein Gutster, ich hab doch auch verloren.»

Diese Bemerkung würde, obgleich es sich um eine völlig korrekte Feststellung handelt, als wenig angemessen empfunden, weil der Gegenstand des «Vergleiches» in dieser Situation die Höhe des Verlustes war, also eine extrem unterschiedliche Größe. Würden die beiden Verlierer dann aber ihre Partien analysieren, und würde sich dabei herausstellen, daß sie beide einen sehr ähnlichen oder sogar (um des Beispiels willen) den gleichen Fehler begangen haben, wäre eine entsprechende Bemerkung nicht deplaziert. Zwar wären die Folgen des gleichen Fehlers sehr unterschiedlich, die Fehler selbst aber sind vergleichbar oder identisch. Ebenso wie die Spielregeln identisch waren, nicht aber die Einsätze.

Vielleicht werden Mißdeutungen am besten durch die Klarstellung vermieden, daß die folgenden Überlegungen sich mit dem Thema Spielregeln und mit einzelnen Spielzügen befassen, nicht mit dem jeweiligen Einsatz. Und dort, wo es tatsächlich um die Einsätze geht, wird dies ausdrücklich hervorgehoben und begründet.

a) Was ist Folter, was geschieht mit ihren «Opfern»?

Gemeinhin stellt man sich unter «Folter» brutale körperliche Quäle-
reien vor, die so starke Schmerzen bereiten, daß die Gefolterten alles
tun, damit sie nur aufhören.

«Doch dieses in den Medien vermittelte Folterbild entspricht nicht
mehr den momentan praktizierten Foltermethoden. Es hat sich in den
siebziger Jahren ein Wandel vollzogen, in dessen Verlauf körperliche
Foltertechniken immer häufiger durch psychische Foltertechniken ergänzt oder ersetzt wurden. Dieser Wandel wurde teilweise auch durch
den Druck der weltweiten Menschenrechtsbewegung bedingt. Die
psychische Tortur läßt sich viel schwerer nachweisen als die physische
Folterung, die deutlichere Spuren hinterläßt. Deshalb sind die Men-
schenrechtsverletzer dazu übergegangen, mittels klassischer Gehirnwäsche, moderner Psychotechniken, Psychiatrisierung und psycho-
pharmakologischer Behandlung Oppositionelle und Dissidenten zu
traktieren. Diese Verfeinerung der Foltermethoden bezeichnen Lauret und Lasierra* als *torture propre* (saubere Folter). Die rein körperliche Folter nimmt ab. An ihre Stelle tritt der Mißbrauch psycho-
logisch-psychiatrischer Erkenntnisse und Methoden, geplant und
teilweise auch durchgeführt von *white-collar*-Folterern. Dieser Trend
zur ‹sauberen› Folter ... » (Keller 1981, S. 7f.).

Ein entsprechender Trend, die Entwicklung zu weniger offen bru-
talen Behandlungsmethoden für Kinder, drängt sich von selbst auf.
Die «Schwarze Pädagogik» (Katharina Rutschky) gehört zwar keineswegs der Vergangenheit an, doch gilt sie in manchen Kreisen der Erwachsenen als überholt. Dafür erzielen Psychopharmaka für Kinder
Rekordumsätze, und in verschiedenen neueren Publikationen wird
eine «Weiße Pädagogik» propagiert. Die Gleichsetzung E. A. Rau-
ters von «Prügel» und «Folter» ist deshalb zu eng. Das gleiche gilt für
das Bild vom «Kinderfoltern» als «in Deutschland wahrscheinlich be-
liebtestem Volkssport» (Rexilius / Grubitzsch 1981, S. 75) oder z. B.
dem Slogan «Trimm dich fit, erzieh mal wieder – Kindervertrimmen
macht Spaß!» (Mariano 1984, S. 46), weil damit körperlich anstren-
gende Tätigkeiten beschrieben und die subtileren (feineren, saubere-
ren) Techniken der Verhaltenssteuerung außer acht gelassen werden.

Gustav Keller betont in seinem Buch, «daß mit psychischen Foltermethoden dieselben Ziele erreicht werden können: das Erzwingen von
Geständnissen und Herauspressen gewünschter Informationen»

---

* Lauret, J. C./ Lasierra, R.: La torture propre. Paris 1975

(Keller 1981, S. 31 f). Ferner heißt es da (S. 32) – nicht etwa in Publikationen der deutschen «Gewerkschaft Erziehung und Wissenschaft» (GEW) –:

«Die Franzosen Lauret und Lasierra weisen in ihrem Buch ‹La torture propre› (Die saubere Folter) noch auf weitere Gründe hin, mit denen sich der Vormarsch der Psychofolter erklären läßt. Der eine Grund besteht darin, daß durch den Einsatz psychischer Methoden das Foltern ökonomischer wird: ‹Warum seine Zeit mit dem Quälen menschlicher Leiber verlieren, wenn man Gehirne direkt beeinflussen kann?› Ein anderer Grund ist, makaber gesprochen, die Erleichterung der Arbeitsbedingungen des Folterpersonals: ‹Man muß sich die Hände nicht mehr schmutzig machen. Das Blut, der Schweiß, der Urin, die Exkremente, die Tränen, die Schreie sind in der neuen Inquisition abgeschafft.› Die Psychofolter umfaßt inzwischen ein breites Spektrum unterschiedlichster Methoden, Erkenntnisse und Institutionen der Psychowissenschaften, um entrechtete Menschen willfährig zu machen oder ganz einfach ihre systemkonträren Einstellungen zu zerstören.» (Die beiden Zitate im Zitat sind aus dem Buch von Lauret/Lasierra, S. 14 und 16.)

Es liegt in der Natur der Sache, daß Vorgänge, die mit «sauberer Folter» bezeichnet werden, umständlicher darzustellen und schwieriger nachzuvollziehen sind als die «klassischen» Foltermethoden. Daß ein Gefangener seinen Widerstand aufgibt, wenn er brutal genug körperlich gequält wird, leuchtet unmittelbar ein. Daß Psychotechniken die gleichen Wirkungen haben, kann so allgemein überhaupt nicht verstanden werden. Die meisten dieser Methoden sind in raffinierter Weise auf den Einzelfall zugeschnitten. Keller berichtet außer über die bekannte «Gehirnwäsche», die «Psychiatrisierung» und die «Psychopharmaka-Folter» über «Deprivationstechniken», «Hypnosetechniken», «Interaktionstechniken», «Interviewtechniken», «Kommunikationstechniken» und «Konditionierungstechniken».

Zu «Interaktionstechniken»: «Die Folterer verhalten sich gegenüber dem Folteropfer nicht einheitlich. Sie inszenieren ihre Sozialbeziehungen zum Folteropfer nach einem bestimmten Drehbuch. Ein Teil des Folterteams übernimmt die Rolle des aggressiven Folterers» (Keller 1981, S. 45) und versetzt den Gefangenen in starke Angst. Ist diese Angst groß genug, spielt ein anderer Folterer «die Rolle des verständnisvollen, väterlichen und freundlichen Befragers. Der Gefangene erhält seit seiner Verhaftung zum erstenmal wieder Gelegenheit, eine ‹menschliche› Sozialbeziehung eingehen zu können» (Keller 1981, S. 45 f). So kommt es zu Geständnissen (vgl. die Rauter-Zitate), die man kaum verstehen kann, wenn man sich nicht vergegenwärtigt, was es bedeutet, in großer Angst einem «freundlichen» Menschen zu begegnen. «Der ‹verständnisvolle› Befrager signalisiert dem Gefangenen allerdings auch deutlich, daß er selbst schuld sei, wenn im Falle einer Verweigerung der Kooperation das alte, aggressive Interaktionsklima wiederkehren sollte» (Keller 1981, S. 46).

Zu «Kommunikationstechniken»: «Das Folteropfer soll ähnlich wie das dem double-bind ausgelieferte Kind verwirrt und verunsichert werden. Es soll ständig im unklaren über seine Situation bleiben. Wunschziel dieser Folterung ist, daß der Gefangene allmählich in einen psychotischen Zustand gerät und das Ich gebrochen wird. Ist diese Ich-Kontrolle nicht mehr vorhanden, gelingt es den Folterern relativ leicht, gewünschte Informationen zu erhalten ... Wie schmerzvoll die double-bind-Folter ist, belegt die Aussage, daß man eine physische Folterung eher zu ertragen bereit wäre. Hier weiß das Folteropfer wenigstens, woran es ist ... Er weiß nicht, ob er den Folterer hassen soll; er weiß nicht, ob er ihn fürchten soll. Er ist gefangen in einem Netzwerk von Zweideutigkeiten und wird dabei immer ohnmächtiger» (Keller 1981, S. 48f.).

Obwohl das Buch «Psychologie der Folter» an zahlreichen Beispielen deutlich macht, wie falsch die Auffassung wäre, die Psychofolter sei weniger grausam als die physische Folter, ist es für unseren Zusammenhang nicht nötig, dies unbedingt nachvollziehbar zu machen. Interessenten können deshalb auf die Lektüre des Buches verwiesen werden. Selbstverständlich funktioniert die Psychofolter nur, weil sich der Gefangene vollständig in der Hand der Folterer weiß. Er weiß, daß sie ihn auch töten könnten: «Ein wesentlicher Bestandteil der Folter ist das Gefühl, daß der Verhörende Macht über alles hat, selbst über das Leben» (ai 1985, S. 33). Dieses Ausgeliefertsein und dieses Wissen um die eigene Rechtlosigkeit machen Verhörmethoden, die im übrigen manche Ähnlichkeiten mit «normalen» Polizeimethoden aufweisen können, zur Folter. Auch Kriminalbeamte in Rechtsstaaten kennen und verwenden mancherlei psychologische Tricks, die häufig sehr effektiv sind. Im Einzelfall mögen sie sogar gesetzwidrig sein. Sie können trotzdem nicht als Folter bezeichnet werden, wenn ihnen der *Rahmen* fehlt, in dem Folter stattfindet.

Um diesen Rahmen ganz deutlich zu machen, kann auf den ai-Bericht «Wer der Folter erlag ...» verwiesen werden. Dort werden zahlreiche Fälle aufgeführt, in denen Gefangene auf Polizeiwachen lediglich «geschlagen» (z. B. S. 232/3, 263, 269, 270, 271, 272, 281, 282, 283, 285) oder sogar nur mit «Drohungen» bedacht wurden (S. 286). Einmal genügt es, daß bei politischen Gefangenen «in mindestens zwei Fällen blaue Flecken festgestellt wurden, die ihnen nach der Festnahme zugefügt worden waren» (S. 225), um ai auf den Plan zu rufen.

Stellt man die Frage, warum niemand auf den Gedanken kommt, die normalen Prügeleien, Drohungen, Erpressungen usw., die alltäglich überall vorkommen, als «Folter» oder «Menschenrechtsverletzung» zu brandmarken, kann die Antwort nur den *Rahmen* betreffen: Bei einer Wirtshausschlägerei mag viel Blut fließen, der Hauptschläger mag an Körperkraft den anderen haushoch überlegen sein, ein «Folterer» ist er dadurch noch nicht. Traditionell gehört zur Folter die «Folterkammer», ein besonderer Raum, aus dem ein Entkommen nicht möglich ist. Die «Opfer» des Wirtshausschlägers hätten davonlaufen können; andere Gäste hätten ihnen helfen oder die Polizei rufen können; sogar wenn sie schwer verletzt oder getötet werden, ist ein wichtiges Charakteristikum der Folter nicht erfüllt.

Unter anderen Rahmenbedingungen kann dagegen bereits eine Lüge oder Drohung zur Folter werden. Wenn z. B. einem Gefangenen mitgeteilt wird, seine Kinder seien ebenfalls in der Hand der Folterer und würden freigelassen, sobald ... Dabei ist es belanglos, ob diese Information stimmt; allein entscheidend ist, daß der Gefangene keine Möglichkeit hat, sie zu überprüfen. Die Gewissenskonflikte, in die er gestürzt wird, indem er glaubt, sich zwischen der Rettung z. B. seiner Kinder oder seiner politischen Freunde entscheiden zu müssen, sind als Folter anerkannt. Die «Folterkammer» im übertragenen Sinne besteht darin, daß es für den Gefolterten keine (weltliche) Instanz mehr gibt, von der er (auch nur theoretisch) Hilfe erwarten könnte. (Dies eben macht einen wesentlichen Teil der Arbeit von amnesty international aus: den Gefangenen zu zeigen, daß es außerhalb doch noch eine Instanz gibt; vgl. z. B. Stern 1981, S. 48.) Wie «harmlos» die Ereignisse innerhalb des «Rahmens» erscheinen mögen, das Typische der Folter kommt ihnen zu durch die Isolation, die Rechtlosigkeit und das völlige Ausgeliefertsein der Gefolterten. Hinzu kommt die Systematik dieses Rahmens. Folter ist eine «Institution»; Gefolterte sind zwar der Willkür der Folterer ausgeliefert, aber hinter dieser Willkür stehen präzise Absichten: «Wie pervers die Taten einzelner Folterer auch immer sein mögen, die Folter als solche basiert auf einer rationalen Überlegung: Isolation, Demütigung, psychischer Druck und körperlicher Schmerz sind Mittel, um Informationen zu erhalten, um den Gefangenen zu zerbrechen und die ihm Nahestehenden einzuschüchtern» (ai 1985, S. 13).

Da der weltweite Trend zur «sauberen Folter» an den hier skizzierten Rahmenbedingungen nichts ändert, kann er unter keinem Gesichtspunkt (außer dem des Wohlbefindens der «Täter») als Fortschritt gewertet werden. Die Psychofolter zeugt mitnichten von Respekt vor der Menschenwürde ihrer «Opfer»; diese werden weiterhin ausschließlich als Objekte und Mittel zum Zweck gesehen. Von einer «Humanisierung» der Folter zu sprechen wäre verfehlt. Es geht im Gegenteil um ihre Effektivierung und um bessere Geheimhaltung.

Daß die Verfeinerung der Behandlungsmethoden, deren Objekte Kinder sind, an dem Rahmen, in dem diese Behandlung erfolgt, nichts ändert, braucht nicht eigens hervorgehoben zu werden. Wenn das Ziel ist, Kinder zum Gehorsam zu veranlassen, sie insgesamt einzuschüchtern, sind die Methoden, mit denen dies erreicht wird, sekundär. Da es auf Grund der faktischen Übermacht von Erwachsenen leicht ist, kleine Kinder in große Angst zu versetzen, bedarf es häufig nur eines drohenden Blickes oder der erhobenen Stimme (um von der erhobenen Hand gar nicht zu sprechen), damit ein Kind seine eigenen Wünsche, Meinungen, Vorhaben und sogar Gefühle hintanstellt, um sich wieder des Wohlwollens des Erwachsenen zu versichern.

Im jetzigen Stadium der Diskussion ist noch nicht voll ersichtlich, daß die Gleichsetzung von «Weißer Pädagogik» und «Sauberer Folter» ebenso berechtigt ist wie die von Prügeln und «klassischer» Folter. Dennoch sei hier eine Überlegung angeführt, die die unterschiedliche Bewertung von traditionellen Reaktionsgewohnheiten auf «oppositionelle» Erwachsene und auf «ungezogene» Kinder verständlicher machen kann.

Sehen wir uns noch einmal einige Sätze von E. A. Rauter an:

«Es gibt mehr vernünftige Gründe für Ungehorsam als für Gehorsam ... Jeder Gehorsam wurde hinterher entlarvt als eine Gefahr für uns alle. Der Satz: ‹Wer nicht hören will, muß fühlen›, ist die Forderung nach der größtmöglichen erzieherischen Dummheit ... Was mich von den Schäden, die ihr mir mit eurem Gehorsamszwang zugefügt habt, am meisten ärgert, ist die Beeinträchtigung meiner Intelligenz; die Verzögerung durch Scheu beim Finden einer Lösung. Gehorsam verdummt. Mit Gehorsamshaltung wäre die Relativitätstheorie nicht entstanden. Albert Einstein machte seine Entdeckungen durch Naivität, das ist Nichteingeschüchtertsein» (Rauter 1979, S. 25).

Solche Sätze machen klar, daß Rauter bei seiner Gleichsetzung von «Prügel» und «Folter» die Bedeutung der Rahmenbedingungen für diese Vorgänge nicht ausreichend berücksichtigt. Sie attestieren den Folterern einfach «Dummheit». So als hätten seine Erzieher, obwohl er andererseits ihre «Diktatur» (S. 104) durchschaut («Ihr wolltet mein absolutes Untertanensein», S. 59), seine Intelligenz eigentlich fördern wollen und dies auch gekonnt, wenn sie sich nur anderer Methoden bedient hätten. Rauter meint, es gäbe «mehr vernünftige Gründe für Ungehorsam als für Gehorsam». Diese Meinung mag manches für sich haben, sie kann aber innerhalb eines Gehorsamsrahmens nicht in Erwägung gezogen werden. Wenn Untertanen nicht mehr eingeschüchtert werden und gehorsam sind, sind sie keine Untertanen mehr. Wenn Diktatoren Ungehorsam zulassen, sind sie keine Diktatoren mehr. Wenn Erzieher der Meinung sind, Kinder müßten ihnen gehorchen (gleichgültig, wie diese Meinung begründet wird), müssen sie ihre Übermacht einsetzen, um Kinder am Ungehorsam zu hindern. Wenn Erwachsene umgekehrt der Meinung sind, Kinder brauchten oder sollten nicht innerhalb eines Gehorsamsrahmens leben, müssen sie darauf verzichten, Kinder in diesen Rahmen zu zwingen, mit dem Ergebnis, daß die Kategorien Gehorsam/Ungehorsam ihren Sinn verlieren. Wenn in einem demokratischen Staatswesen von «bürgerlichem Ungehorsam» gesprochen wird, richtet sich dieser logisch notwendig gegen möglicherweise vorhandene Reste obrigkeitsstaatlicher Traditionen. Erzieher und Regierende, die sich als Obrigkeit verstehen, sprechen mit dem Satz «Wer nicht hören will, muß fühlen» keine erzieherische oder politische «Dummheit» aus (das «fühlen» hier auf erwachsene Folteropfer bezogen), sondern handeln konsequent innerhalb des von ihnen gesetzten Rahmens.

Falls es zutrifft, daß die soeben eingeführte Analogie zwischen «politischer» und «erzieherischer» Folter schon jetzt nicht völlig von der Hand zu weisen ist, können nun vielleicht auch einige Bemerkungen über die jeweiligen «Opfer», also diejenigen, die da «fühlen» müssen, weil sie nicht «hören» wollen, angeschlossen werden. Und zwar geht es tatsächlich um einen Vergleich der Leiden und der Zahl von Folteropfern, also um die «Einsätze» (vgl. das Schach-Bei-Spiel).

Nicht vergleichbar sind, selbstverständlich, der o. g. Klaps und die o. g. Tortur. Es dürfte aber schwerfallen, Kriterien zu finden, nach denen die absolute Todesangst eines Kindes von der absoluten Todesangst eines Erwachsenen unterschieden werden könnte, ja dürfte. Wenn wir nicht den Klaps mit der Tortur vergleichen, sondern die Drohung mit der Drohung und die psychische Verwirrung mit der psychischen Verwirrung und die Schläge mit den Schlägen und die Tötungen mit den Tötungen, die alle innerhalb des strukturell gleichen Rahmens stattfinden (und, nebenbei gesagt, dazu dienen, diesen Rahmen zu festigen bzw. zu verteidigen), dann tritt in den Blick, daß in diesem Kapitel keineswegs (wie es anfangs vielleicht erschienen sein mag) die relativ harmlosen Probleme von Kindern «auf Kosten» der dramatischen Schicksale von politischen Gefangenen in Diktaturen «hochgespielt» werden. Man braucht sich nur die amtlichen Zahlen über Kindesmißhandlungen (also nicht bloße Prügel, sondern *Überschreitungen* des elterlichen Züchtigungsrechts), über sexuellen «Miß»brauch (z. B. die konkrete Vergewaltigung kleiner Kinder) und über die Tötung von Kindern in der Bundesrepublik Deutschland anzusehen (ohne sich auf Dunkelzifferspekulationen einzulassen), und ihnen Zahlen von ai gegenüberzustellen, um die unterschiedlichen Maßstäbe zu bemerken, mit denen das Leiden und Sterben von Kindern und Erwachsenen gemessen wird.

Man denke (um nur ein einziges Beispiel zu nennen) etwa an die langandauernden und heftigen öffentlichen Auseinandersetzungen über Asylbewerber, die aus der Bundesrepublik abgeschoben werden bzw. werden sollen, obwohl ihnen in ihren Heimatländern Folter droht.

Falls man ein Gegner der Folter ist, wird man sich vermutlich für den Verbleib dieser Menschen hier einsetzen. Die jährlich etwa 40000 bundesdeutschen Kinder aber, die ihren «Folterkammern» entfliehen können (weil die «Aufsichtspflicht» nicht gründlich genug erfüllt wird), werden offiziell «Ausreißer» genannt, die «entlaufen» seien, von amtlichen Stellen gejagt, eingefangen und ausgeliefert, ohne daß sich darüber je nennenswerte Aufregung bemerkbar machen würde.

Alle Welt protestiert gegen Menschenrechtsverletzungen, wenn sie an Erwachsenen begangen werden, und, wie gesagt, dazu geben schon blaue Flecke im Polizeigewahrsam Anlaß, aber was im Familiengewahrsam geschieht, ist kein öffentliches, schon gar kein politisches Thema.

Dieses Ungleichgewicht hat natürlich Ursachen. Die Frage ist, warum die gleichen Taten an hiesigen Kindern nicht so wahrgenommen, nicht für so schwerwiegend gehalten werden wie die an weitentfernten Erwachsenen. Nach den beiden nächsten «Schritten» wird u. a. auch auf diese Frage eine Antwort gegeben.

b) Was wird bei den Gefolterten und Bedrohten erreicht?

Die Wirkungen der Folter gehen weit über das einzelne erpreßte Geständnis, den einzelnen psychisch oder physisch vernichteten Gefangenen hinaus. Dieser Aspekt ist von besonderer Wichtigkeit in Hinblick auf die Entsprechungen zwischen dem Gebrauch eindeutiger Übermacht gegenüber Erwachsenen und gegenüber Kindern. Es folgt deshalb ein längeres Zitat.

«Die Folter hinterläßt nicht nur Spuren in der Psyche der Gefolterten und ihrer Kinder (dies wird unten erläutert; EvB), sondern sie kerbt sich auch ein im Bewußtsein der Menschen, die zwar nicht gefoltert wurden, aber in Folterstaaten leben. Vor allem wirkt sie ein auf das politische Bewußtsein und die politische Motivation. Dieser politisch-psychologische Ausstrahlungseffekt der Folter wird in den meisten Studien über Folterwirkungen außer acht gelassen. Man lenkt den Blick zu sehr auf das Folteropfer und vergißt dabei, daß viele Menschen psychisch mitbetroffen werden.

Silvia Amati hat * auf den politisch-psychologischen Effekt der Tortur in ihren ‹Reflexionen über die Folter› besonders deutlich hinge-

* in der Zeitschrift ‹Psyche› 3/1977, S. 228–245; EvB

wiesen: ‹Ich möchte betonen, daß die Folter ebenso wie die Konzentrationslager nicht nur gegen die jeweiligen Opfer gerichtet sind, sondern gegen die gesamte Bevölkerung des betreffenden Landes. Man hört häufig, das Ziel der Folter bestehe darin, Geständnisse oder Informationen zu erpressen, aber das ist nur eine ‹Rechtfertigung›. Das eigentliche Ziel ist die Manipulation, die Einschüchterung eines ganzen Volkes durch Terror und präventive Bestrafung jeglicher Kritik und jeglichen politischen Handelns.›

Wenn ein Staat die Menschenrechte systematisch und in größerem Ausmaß verletzt, indem zum Beispiel politisch Andersdenkende gefoltert oder gar eliminiert werden, so bleibt dies der Mehrheit der Staatsbürger nicht verborgen. Sie wird zwar manches, was hinter den Mauern der Folterinstitutionen geschieht, nicht wahrnehmen oder vielleicht sogar nicht wahrhaben wollen. Aber sie sieht und hört in der unmittelbaren Umwelt, daß Menschen verschwinden. Sie weiß selbst, daß man von den elementaren Menschenrechten öffentlich keinen Gebrauch machen darf. Da und dort wird beobachtet und berichtet, wie aus der Folterhaft Entlassene aussehen: lebende Leichname, die physisch und psychisch kaputt sind ... Daß ... Informationen über Geschehnisse in den Folterinstitutionen im Volk kursieren, dürfte den Machthabenden aus massenpsychologischen Gründen nicht ungelegen kommen. Denn das Wissen um die Konsequenzen des Andersseins und Andersdenkens beschleunigt die Produktion von Untertanen. Das Risiko, elementare Menschenrechte wahrzunehmen und zu artikulieren, wird von immer mehr Menschen als zu gefährlich erkannt. Es wird eine Spirale in Bewegung gesetzt, die dazu führt, daß die einen immer apathischer, indifferenter und resignativer werden und die anderen gar so viel Angst entwickeln, daß sie sich mit den Repräsentanten des Unrechts identifizieren. In der Psychoanalyse heißt dieser Abwehrmechanismus Identifikation mit dem Aggressor.

Die körperlichen und geistig-seelischen Leiden der Folteropfer werden zum Aversionssymbol, das politische Motivation, politisches Denken und erst recht politisches Handeln hemmt und unmöglich macht. Dadurch erreicht der Folterstaat zwar keine Massenloyalität, aber er bewirkt eine sich massenhaft verbreitende Lähmung des Menschenrechtsbewußtseins. Diese massenpsychologische Strategie kann den Menschenrechtsverletzern einen langen Machterhalt sichern. Denn eine systematische Ausübung des Folterterrors zeitigt nicht nur aktuelle politische Konsequenzen, sondern beeinflußt auch die politische Sozialisation. Das heißt, daß die einmal bewirkten Veränderungen des politischen Denkens und der politischen Motivation den Heranwachsenden in formellen und informellen Lernprozessen weitervermittelt werden. Hat ein Folterstaat diesen Wirkungsradius erreicht, so ist eine lange Gewaltherrschaft sehr wahrscheinlich» (Keller 1981, S. 70 f).

Die fast vollständige Wiedergabe des Abschnitts «Politisch-psycho-logische Folterwirkungen» aus dem ai-Buch «Die Psychologie der Folter» erschien gerechtfertigt, denn er liefert wesentliche Auf-schlüsse für unser Thema, wenn man ihn aus der «Schatten»perspek-tive dieses zweiten Schrittes liest. Mancher Leser, manche Leserin wird sich dann vielleicht an die drohende oder auch traurig-bittende Bemerkung von Eltern erinnern: «Also wenn du so weitermachst, bleibt uns nichts anderes übrig, als dich in ein Heim zu stecken.» (Rauter schreibt, S. 15, zu «Erziehungsheim»: «Ich nenne es lieber Kinder-KZ».) Wer nicht in das Teilzeitgefängnis Schule will, wird ganz wirklichkeitsgerecht mit der Polizei bedroht. Auch gibt es noch das Jugendamt mit der «Erziehungshilfe», falls Eltern sich (!) nicht mehr anders zu helfen wissen. «Dir werde ich helfen» ist dann oft die Ankündigung konkret-handfester Aufopferungsbereitschaft pflicht-bewußter Erzieher, und alle diese Lektionen lernen Kinder sehr schnell, zu Hause oder von anderen Kindern. Die «Einschüchterung eines ganzen Volkes» bzw. einer ganzen Volksgruppe, nämlich der Gruppe der sogenannten «Minderjährigen», ist die unausweichliche Folge. Das «Wissen um die Konsequenzen des Andersseins und An-dersdenkens beschleunigt die Produktion von Untertanen». Diese halten das alles für selbstverständlich, identifizieren sich mit ihren Angreifern: «Lähmung des Menschenrechtsbewußtseins».

Aus Platzgründen ist es nicht möglich, alle die einzelnen Parallelen aufzuzeigen, die sich beim Studium der «offiziellen» Folterproblema-tik für die Lebensbedingungen unserer Kinder ergeben. Nur noch ein Beispiel sei angeführt.

«Artikel 7 des Internationalen Pakts über bürgerliche und politi-sche Rechte bestimmt, daß ‹niemand ohne seine freiwillige Zustim-mung medizinischen oder wissenschaftlichen Versuchen unterworfen werden› darf, und verbietet damit, daß Gefangenen experimentelle Techniken zur Verhaltensveränderung aufgezwungen werden» (ai 1985, S. 30). So weit geht die «Identifikation mit dem Aggressor», daß nicht wenige Gefolterte, kaum sind sie erwachsen geworden, z. B. das wissenschaftliche Experimentieren mit Kindern studieren, um unter verschleiernden Bezeichnungen (Lehrer, Erzieher usw.) gegen gutes Geld genau das zu tun, was mit ihnen selbst getan wurde, obgleich es nach internationalem Recht verboten ist: mit möglichst «sauberer» Folter (schon der eigenen Bequemlichkeit zuliebe) «entrechtete Men-schen willfährig zu machen» (Keller 1981, S. 32).

Dies die parteiliche Perspektive von amnesty international, ergänzt um den Schatten, der von den großen Erwachsenen auf die kleinen Kinder fällt.

Vergessen wir nun diese Einseitigkeit, und wenden wir uns kurz den Gründen und Zielen derjenigen zu, die glauben, andere Menschen, über die sie Macht haben, in der dargestellten Weise behandeln zu dürfen oder zu sollen.

c) Welche Gründe und Ziele haben die Folterer?

«Jedwede Folterung oder jedwede andere grausame, unmenschliche oder erniedrigende Behandlung oder Strafe ist ein Verstoß gegen die Menschenwürde und als Verleugnung der Ziele der Charta der Vereinten Nationen sowie als Verletzung der in der Allgemeinen Erklärung der Menschenrechte verkündeten Menschenrechte und Grundfreiheiten zu verurteilen» (Artikel 2 der bereits erwähnten Erklärung der Vereinten Nationen zum Schutz aller (!) Personen ...; ai 1985, S. 320). Der Schutz vor Folter oder anderer «erniedrigender Behandlung», der hier allen «Personen» zugesagt wird, «schöpft seine moralische Stärke aus der in der Allgemeinen Erklärung der Menschenrechte (1948) ausgedrückten ‹Anerkennung der allen Mitgliedern der menschlichen Familie innewohnenden Würde und ihrer gleichen und unveräußerlichen Rechte›» (ai 1985, S. 44).

Wenn dieser Schutz bestimmten «Personen» bzw. bestimmten «Mitgliedern der menschlichen Familie» dennoch vorenthalten wird, muß es dafür bedeutende Gründe geben. Aus der Sicht der Folterer bzw. ihrer Auftraggeber gibt es solche in der Tat. Die frühere kirchliche Inquisition beispielsweise erkannte in einigen Millionen Frauen hexenhafte Eigenschaften und folterte und tötete sie keineswegs aus Bosheit, sondern im Auftrag und zur Ehre Gottes, und im übrigen auch, um die Seelen dieser Frauen zu retten. Auch die politische Folter dient nicht einfach dem Machterhalt um seiner selbst willen; vielmehr sehen die Mächtigen ihre Macht als eine außerordentlich gute Sache an. Wenn jemand ihnen diese Macht streitig machen will, können sie ihn nicht als «Person» oder «Mitglied der menschlichen Familie» anerkennen. Er ist «Unperson», «Feind der menschlichen Familie» oder dergleichen.

Der Kürze halber sei hier nur ein einziges Argument angeführt, das sich durch Unwiderlegbarkeit auszeichnet. Gegen die Vorwürfe und Anklagen, mit denen die Folterer von ihren «Opfern» und deren Fürsprechern bedacht werden, können die Mächtigen stets darauf hinweisen, daß in Wirklichkeit nicht sie die Andersdenkenden als solche definiert hätten, daß sie in Wirklichkeit absolut niemanden foltern *wollen*. Schließlich ist es die freiwillige Entscheidung ihrer Gegner, ihre Gegner geworden zu sein. Unbestreitbar läßt es sich in Diktaturen sicher und in Freuden leben, wenn man es nur versteht, das Wohlgefallen des Diktators zu erringen. Aus seiner Sicht haben Untertanen untertänig zu sein. Ist es nicht ihre eigene Schuld, wenn sie ihn angreifen oder sonstwie ungehorsam und «trotzig» sind?

In dem ai-Bericht «Wer der Folter erlag...» gibt es einen Abschnitt «Rechtfertigung der Folter». Dort heißt es: «Verteidiger der Folter konzentrieren sich gewöhnlich auf das klassische Argument der Zweckmäßigkeit: Die Behörden seien verpflichtet, Terroristen oder Rebellen auszuschalten, die das Leben Unschuldiger aufs Spiel setzten und sowohl die Bürger als auch den Staat selbst gefährdeten.» In Wirklichkeit verfügten aber die meisten Folteropfer gar nicht über geheime Informationen, außerdem könnten Folterungen auch Fehlinformationen zeitigen. Aber: «Selbst wenn nachgewiesen werden könnte, daß Folter in einigen Fällen ihr Ziel erreicht hat, darf sie doch niemals zulässig sein. Vom Standpunkt des Gefolterten aus ist Folter, zu welchem Zweck auch immer, ein vorsätzlicher Angriff auf seine Menschenwürde, und allein aus diesem Grunde ist sie absolut zu verdammen. Nichts leugnet unser gemeinsames Menschsein mehr, als wenn einem wehrlosen Gefangenen absichtlich ungerechtfertigter und durch nichts zu rechtfertigender Schmerz zugefügt wird» (ai 1985, S. 17f.).

Solche Rigorosität des moralischen Urteils, das in einem Satz (logisch unzulässig) «vom Standpunkt des Gefolterten aus» sich erheischt, die Folter «absolut» zu verdammen, ohne jede Rücksicht darauf, wie die Folterer und ihre Auftraggeber empfinden, muß strenggenommen selbst als Leugnung «unseres gemeinsamen Menschseins» qualifiziert werden. Aber wahrscheinlich sind amnesty international die Gefühle und Sorgen von Diktatoren nicht vertraut, da sich diese Organisation stets nur um weitentfernte Personen kümmert. («Die Mitglieder bearbeiten keine Fälle aus ihrem eigenen Land»; ai 1985, S. 334.)

Vom Standpunkt der Obrigkeiten und ihrer Gründe und Ziele aus sind jedenfalls «Rebellen», «Dissidenten» usw. durch selbständigen Entschluß in ihre Lage gekommen. *Sie* sind es, die den Status quo angreifen, statt zu tun und zu lassen, was von ihnen verlangt wird. Dieses unwiderlegbare Argument zwingt zu den Anführungszeichen, wenn man überhaupt von «Opfern» sprechen will. Denn ebensogut könnten sich die «Täter» selbst als «Opfer» definieren, denen aufgezwungen wird, sich ihrer Haut zu wehren. Schließlich bringt es ihre Stellung mit sich, daß sie das Gesamtwohl im Auge haben, während Terroristen (die sich selbst stets als «Freiheitskämpfer» ausgeben) aus Eigennutz handeln.

Innerhalb des Rahmens eines Obrigkeitsstaates ist die Folter und sind andere Unterdrückungsmethoden notwendige Symptome. Wer seine Übermacht behalten will, findet immer Rechtfertigungen für den Einsatz der dafür erforderlichen Mittel. Nicht umsonst tauchen in dem ai-Bericht «Umerziehungszentren» (S. 133), «Sonder-Umerziehungsanstalten» (S. 149), «Umerziehungs-Lager» (S. 260) und «Besserungskolonien» (S. 281) auf, in denen es vereinzelt zu «Mißhandlungen» und «Menschenrechtsverletzungen» kommt. In Wirklichkeit ist dort nur die Folter noch nicht sauber genug. Jeder vernünftige Diktator wird bestrebt sein, daß weitere «Säuberungen» durchgeführt werden, ohne die Gesamtsituation der Bevölkerung und der politischen Gefangenen ändern zu müssen.

Die Gründe und Ziele von Erwachsenen, die Kinder foltern, sind ebensoleicht einzusehen. Dabei muß es nicht unbedingt, wie Elias Canetti (und mit ihm viele andere Kritiker/innen des normalen Generationenverhältnisses) unterstellt, um den nackten Machterhalt gehen. Erwachsene haben einfach bestimmte Vorstellungen davon, was Kinder *brauchen* (objektiv), deshalb erscheint es ihnen nebensächlich, was Kinder (subjektiv) *wollen*. Erwachsene wissen, wie Kinder sein und sich verhalten sollen. Wenn diese das dann nicht freiwillig realisieren, «hilft» nur noch die mehr oder weniger saubere Folter. (Ob man diese «Erziehung» nennt oder «Gehirnwäsche» oder «wissenschaftliche Verhaltensänderung», ist für die Sache belanglos.) Es wäre ungerecht und unfreundlich, solche Erwachsenen als Täter ohne Anführungszeichen und ihre Kinder als Opfer ohne Anführungszeichen zu bezeichnen. Es ist ja wirklich nicht die Schuld der Erwachsenen, wenn die Kinder sich dazu entscheiden, anders zu sein und anderes zu tun als von den Erwachsenen vorgesehen und vorgeschrieben. Die Rede von der «Erziehungs*pflicht*» beweist, daß es keineswegs ein Vergnügen sein muß, Kinder in dem Rahmen zu halten, in den sie nach Meinung der meisten Erwachsenen nun einmal gehören. Daß diese Erwachsenen es dabei *gut meinen* (mit wem oder was auch immer), kann nicht sinnvoll bestritten werden. Daß «Täter» und «Opfer» die gleichen Taten einmal als gute Werke, das andere Mal als Verbrechen ansehen können, entspricht ihren verschiedenen Rollen. Man kann deshalb das Foltern von Kindern durchaus als nützlich und notwendig ansehen, z. B. wenn man, als hartgesottener Erwachsener, an die Devise glaubt:

«Gelobt sei, was hart macht». Hier ging es nur darum, ein bestimmtes Geschehen (die Folter) mit dem richtigen Namen zu versehen, unabhängig davon, wie man dieses Geschehen beurteilt.

Zwischenbilanz: Wenn wir nun auf die einleitenden Zitate von E. A. Rauter zurückkommen, lassen sich die dort aufgeworfenen sechs Fragen beantworten.

1. Warum heißen Prügel für Kinder nicht Folter? – Weil diese Bezeichnung innerhalb des Rahmens, in dem Erwachsene und Kinder zusammenleben, nicht als treffend erkannt werden kann. Solange dieser Rahmen insgesamt als richtig angesehen wird, würde dieser Ausdruck die «Täter» beleidigen.

2. Warum erzwingen (manche) Erzieher von Kindern Gehorsam? – Weil dies innerhalb dieses Rahmens mit zahlreichen wohlklingenden Argumenten gerechtfertigt werden kann, häufig sogar den «Tätern» als (für die «Opfer») gutes Werk erscheint.

3. Warum werden Kinder von ihnen ausgehorcht, werden von ihnen Geständnisse verlangt? – Weil es innerhalb des Rahmens legitim, zur Durchsetzung der erwachsenen Vorstellungen sogar notwendig ist.

4. Warum sollen Zöglinge sich den Erziehern selbst ausliefern? – Weil dies der sicherste Beweis dafür ist, daß sie nicht mit der Möglichkeit spielen, den Rahmen in Frage zu stellen.

5. Warum werden sich (manche) Erzieher nicht darüber klar, aus welchem Grunde sie Kinder foltern? – Weil es innerhalb des Rahmens als Unfug erscheinen muß, sich überhaupt derlei Fragen zu stellen.

6. Warum gilt es als schlimmer, wenn Erwachsene gefoltert werden? – Weil das Foltern von Erwachsenen den Heimlichen Generationenvertrag bricht, dessen Versprechen es war, daß nach dem Gehorchen das Befehlen kommt, nicht das Gefoltertwerden: Erwachsene Menschen sind richtige Menschen, mit denen darf man so etwas nicht tun.

Diese «Zwischenbilanz» enthält, ebenso wie dieses ganze Kapitel und dieses ganze Buch, keine auch nur annähernd vollständige Auswertung des dargebotenen Materials, das selbst nur eine kleine Auswahl aus dem vorhandenen ist. Die Idee dabei ist, daß das *entscheidende* Material sich in den Köpfen der Zaungäste befindet, wo sich auch die entscheidende Auswertung abspielt. Es geht hier lediglich um die Andeutung von Denkmöglichkeiten. Selbst die schlüssigsten «Beweise» haben für sich genommen keinerlei Kraft: Z. B. waren Frauen sicher auch schon Menschen, als sie noch als Hexen verbrannt wurden. Und wer weiß, wie das, was wir heute glauben und tun, aus der Zukunft beurteilt werden wird?

Bisher haben wir uns mit den Ähnlichkeiten oder Gleichartigkeiten des Rahmens beschäftigt, in dem politische Gefangene bzw. unterdrückte Bevölkerungen in Diktaturen einerseits und andererseits Kinder innerhalb des bei uns üblichen Generationenverhältnisses leben. Außer acht gelassen wurden dabei die Unterschiede zwischen erwachsenen Gefangenen und kleinen Kindern. Erwachsene «Dissidenten» z. B. können in der Regel voraussehen, mit welchen Risiken ihre Aktivitäten behaftet sind. Sie sind, wenn sie gefoltert werden, nicht in jedem Sinne des Wortes unschuldig. Zahlreiche Berichte zeigen, daß sie aus dieser Tatsache viel Kraft schöpfen können: Sie können ihrem Leiden einen Sinn geben, sich z. B. als Märtyrer oder sogar Helden fühlen, deren Opfer von der Geschichte belohnt wird.

Kinder verfügen über keine dieser Trostmöglichkeiten. Nach Ansicht der meisten heutigen Anthropologen kommen sie mit der genetisch festgelegten Erwartung zur Welt, daß ihre Bedürfnisse von ihrer Umgebung erfüllt werden, insofern und solange sie noch nicht für sich selbst sorgen können. Sie erwarten ein «Kontinuum» (ausführlich dazu: Jean Liedloff 1980, S. 33 ff.), sie erwarten, daß ihnen durch positive «Widerspiegelung» grundsätzlich und zuverlässig, d. h. bedingungslos «das Gefühl eigener Richtigkeit» (S. 48) vermittelt wird. «Diese Erwartung entspringt aus der Erfahrung der Kette der Generationen» (Rupert Riedl 1979, S. 114), d. h. aus der biologischen Evolution, durch die sie auf eine zwar abenteuerliche, menschlich aber sichere, schützende, liebevolle und unterstützende Umgebung vorbereitet sind. Ihnen fehlt das individuelle Wissen, in einem «Polizeistaat» zu leben. Sie sind darauf vorbereitet, daß ihre nahen Menschen sich in der ersten Zeit, so gut es geht, nach ihnen richten, ihre Freiheit schützend und unterstützend begleiten. Darauf, daß diese Erwachsenen die Kinder einsperren und alles versuchen, sie, so gut es geht, für die Interessen der Erwachsenenwelt abzurichten, sind sie nicht gefaßt.

Sogar die gewiß nicht erwachsenenfeindliche Zeitschrift «Eltern» kann nicht mehr umhin, allzu offensichtliche Tatsachen anzuerkennen. Sie spricht zwar nicht von «Folterkammern», aber immerhin von «Käfigsituationen» (was inhaltlich keinerlei Differenz macht): «Kindern, die ihrer Umwelt noch viel mehr ausgeliefert sind als Erwachsene, drohen *überall* Käfigsituationen: im Gitterbett, im Laufstall, im Kinderzimmer, in der Schule, im Auto, sogar auf dem Spielplatz» (Hans Grothe in «Eltern» 11/1985, S. 52).

Zwar ist die Folter nach der Definition der Vereinten Nationen «eine verschärfte Form absichtlicher grausamer, unmenschlicher oder erniedrigender Behandlung oder Strafe» (Art. 1, Abs. 2; s. Keller 1981,

S. 88, und ai 1985, S. 320), und diese Charakterisierung («verschärfte Form») könnte das Wort Folter doch wieder als «zu stark» erscheinen lassen. Doch wenn man sich die angeborene Arglosigkeit von Kindern, ihre ursprünglichen Erwartungen, ihre mangelhaften Trostmöglichkeiten und schließlich noch den Umstand vor Augen führt, daß die Mißhandlung eines Kindes ja in der Regel von Menschen vollzogen wird, denen es vertraut, die es vielleicht sogar liebt, dann kann es kaum als unbillig erscheinen, wenn man diese subjektiven Faktoren in die Vergleichsrechnung mit einsetzt (wir vergleichen ja hier wieder die «Einsätze»).

Die gleiche physische oder psychische Mißhandlung, die gegenüber z. B. politischen Aktivisten in Polizeistaaten als Folter bezeichnet wird, obwohl deren Opfer genau wußten, worauf sie sich einließen, und von ihren erklärten Feinden sicher keine Wohltaten erwarteten, dürfte dann eigentlich gegenüber Kindern keine mildere Beurteilung finden. Ein erpreßtes oder erlistetes Geständnis ist ein erpreßtes oder erlistetes Geständnis. Zu welchem Zeitpunkt ein politischer Gefangener oder ein normaler Untertan seinem Folterer nachgibt, hängt von seiner subjektiven Schmerz- bzw. Angstgrenze ab, hinsichtlich der List vielleicht noch von seinem subjektiven «Durchblick». Alles dies gilt gleichermaßen für Kinder. Daß es Menschen gibt, die einen standhaften Freiheitskämpfer als Helden bewundern, in der exakt gleichen Situation, nur weil das Opfer ein Kind ist, aber schmunzelnd von einem «Böckchen» reden, das ihm schon noch ausgetrieben werde, ändert daran nichts. Nimmt man alles in allem, kann der Unterschied zwischen den jüngeren und den älteren Folteropfern kaum so interpretiert werden, daß für die jüngeren dabei ein «Vorteil» herausspringt. Daß er trotzdem weithin so interpretiert *wird,* ist zugleich Ursache und Folge des HGV und Gegenstand dieses Buches.

Wir können nun sagen: Angreifende Gewalt von Erwachsenen gegen Kinder, sei sie körperlicher oder seelischer Art, ist unabhängig von allen Rechtfertigungsversuchen (an denen es auch Erwachsenenfolterern nicht fehlt; Gründe, Ziele, Motive hat jeder Mensch für alles, was er tut) vollständig identisch mit Handlungen, die man sonst «Folter» nennt.

(Dieses «man» schließt natürlich die Folterer, ihre Auftraggeber und wissenschaftlichen Zuarbeiter aus; die Veröffentlichungen von amnesty international belegen, daß, wenn es nach diesen ginge, die Folter schon längst nicht mehr, oder nur noch von einigen irregeleiteten Unterbeamten, praktiziert würde: Wenn man es den Verbrechern überließe, «Verbrechen» zu definieren, gäbe es keine mehr, zumindest keine je eigenen.)

Vergleichen wir die «Atmosphäre» in absoluten Diktaturen bzw. Polizeistaaten und in Kinderstuben, wird klar, daß es sich in beiden Fällen um (notwendige und sinnvolle?) Gewaltherrschaften handelt. Kinder sind ohne Übertreibung als durch Folter in Schach gehaltene «politische Gefangene» der Erwachsenen zu bezeichnen. Hier ist der Abschnitt b) von zentraler Bedeutung, insbesondere das ausführliche Zitat aus dem Buch «Die Psychologie der Folter». Denn die meisten Erwachsenen, zumindest diejenigen, die ein Buch wie dieses lesen, haben keine oder wenige persönliche Erinnerungen an so brutale Mißhandlungen, daß sie sich ohne weiteres als «Folteropfer» bezeichnen würden. Erst recht halten sie es für unangemessen, etwa ihre Eltern und Lehrer als «Folterer» anzusehen.

Es gibt zwar – mit der Schweizer Psychoanalytikerin Alice Miller – eine viel gehörte Stimme, die das individuelle Gebot «Du sollst nicht merken» (Miller 1981) für das Phänomen der «Elternschonung» verantwortlich macht. Doch dieser Aspekt kann die überindividuellen Auswirkungen des oben gezeichneten «Rahmens» nicht vollständig erfassen: Auch Kindern, deren Eltern und «Erzieher/innen» unter keinen Umständen «Täter» genannt werden können, die sie zu «Opfern» machen, bleibt nicht lange verborgen, daß sie prinzipiell Menschen zweiter Klasse sind. Sie «merken» sehr wohl, daß sie einer entmündigten, entrechteten und von spezifischen Gefahren bedrohten «Altersklasse» angehören. Als «Minderjährige» haben sie unausweichlich einen minderwertigen Status, mögen ihre eigenen Beziehungspersonen sie für noch so wertvoll erachten und ihnen die größte Liebe und Toleranz entgegenbringen. Solange sie nicht «auffällig» werden, können in der Regel auch erwachsene Bürger/innen in Folterstaaten ihr privates Leben führen, ohne mit konkreten Folterern in Berührung zu kommen. Der «politisch-psychologische Ausstrahlungseffekt der Folter» (Keller, s. o.) entfaltet seine abschreckende und einschüchternde Wirkung trotzdem.

Immer wieder führen Erwachsene Befragungen durch, bei denen Kinder und Jugendliche ein hohes Ausmaß an Zufriedenheit zum Ausdruck bringen. Solche Unternehmungen ähneln den Versuchen kriegführender Parteien, der Weltöffentlichkeit ihre Humanität zu demonstrieren, indem sie ihre jeweiligen Gefangenen vorführen, die einmütig zu bestätigen pflegen, wie gut sie behandelt werden. Um solche Aussagen zu relativieren, muß man nicht einmal annehmen, diese Gefangenen hätten eine erfolgreiche Gehirnwäsche hinter sich. Es genügt, sich die konkrete Situation dieser Menschen vor Augen zu führen, um zu verstehen, daß freimütige Kritik von ihnen nicht zu erwarten ist. Aber auch nach ihrer Entlassung aus der Gefangenschaft, d. h., wenn sie keinerlei Sanktionen mehr zu befürchten hätten, erheben sie selten allzu dramatische Anklagen gegen ihre Bewacher. Zum einen haben sie «es» hinter sich, wollen möglichst schnell vergessen und die neue Freiheit genießen, zum zweiten würden ihre Klagen von den Mitmenschen leicht als unangemessen empfunden: Kriegsgefangene (oder politische Häftlinge) sind nun einmal keine Hotelgäste; bei ihnen selbst würde «etwas nicht stimmen», wenn sie «normale» Ansprüche an ihre Lebensbedingungen stellen würden; akzeptiert man den «Rahmen», so prägt dieser auch die Maßstäbe zur Beurteilung realer Erfahrungen; übertragen auf die Kinderfrage lautet die Formel z. B.: Lehrjahre sind keine Herrenjahre. Das ist nun einmal so. Was hast du denn erwartet?! Kinderjahre sind Sklavenjahre ...

Die Gleichsetzung von «Kind» und «Sklave» läßt sich, wie im 12. Kapitel gezeigt wird, nicht aufrechterhalten. Auch die «Intergenerationswirkungen» der Folter (Gustav Keller: «Die Folter hinterläßt nicht nur Spuren in der Psyche der Gefolterten und ihrer Kinder»; s. o.) können mit den entsprechenden Wirkungen der normalen Erziehung nicht gleichgesetzt werden.

Keller: «Nicht nur das Folteropfer allein ist von den Wirkungen der Tortur betroffen. Der Wirkungsradius der Folter erstreckt sich auch auf seine Kinder. Denn die durch die Folter bedingten Beschwerden und Erlebnisreaktionen können vom Folteropfer nur schwer verdeckt werden. Die Wahrscheinlichkeit ist sehr groß, daß die Familiendynamik davon beeinflußt wird und daraus resultierende Störungen der zwischenmenschlichen Beziehungen sich in der Psyche der jüngeren Familienmitglieder niederschlagen. Das leidvolle Erleben und Nacherleben der Folter überträgt sich somit von einer Generation auf die andere» (Keller 1981, S. 68; vgl. auch Stern 1981, S. 87). Im «Handbuch psychologischer Grundbegriffe» schreibt Keller (Stichwort: «Folterpsychologie») über die «psychischen Intergenerationseffekte»: «Dies bedeutet, daß die Kinder von Folteropfern ebenfalls am leidvollen Nacherleben der Foltererlebnisse teilnehmen müssen. Sie reproduzieren nahezu dieselben Beschwerdebilder wie ihre Eltern: Depressionen, Ängste, schwer kontrollierbare Aggressionen, soziale Kontaktstörungen» (Rexilius/Grubitzsch 1981, S. 347).

Nun belegen zahlreiche Untersuchungen, daß Eltern, die ihre Kinder besonders streng erziehen, also etwa häufig schlagen, in der Regel selbst als Kinder ganz ähnlichen Behandlungen unterzogen worden sind. In Regierungsbroschüren zum Thema Kindesmißhandlung heißt es beispielsweise: «Der Schatten der Vergangenheit fällt auf das aktuelle Familienleben»; deshalb «wiederholen die Eltern beziehungsmäßig Erfahrungen, die sie selbst in ihrer Herkunftsfamilie gemacht haben» (Bundesministerium für Jugend, Familie und Gesundheit – BMJFG – 1979, S. 39). Oder: «Eingeschlossen in das Gefängnis der eigenen Erfahrungen ... finden Eltern, die ihre Kinder mißhandeln, keinen anderen Ausweg ... als den der Gewalt ... Zusammenfassend können wir sagen: ... Das Risiko, mißhandelt zu werden, ist darum bei Kindern größer, deren Eltern als Kinder selbst mißhandelt wurden ...» (BMJFG 1980, S. 15).

So wichtig diese Zusammenhänge sind, es wäre fraglos unzulässig, den Intergenerationseffekt der Folter derart zu interpretieren, daß Eltern, die der politischen Folter unterzogen wurden, nun ihre Kinder entsprechend behandeln würden. Der politischen Folter fehlt in der Regel ein für die erzieherische Folter entscheidendes Element, nämlich der nachvollziehbare und lange Zeit akzeptierte Glaube, die konkrete (klassische wie «saubere») Folterung geschehe aus Wohlwollen mit oder sogar Liebe zum Kind («Wer sein Kind liebt, der züchtigt es»). Zwar belegen historische Erfahrungen, daß nicht nur mißhandelte Eltern ihre Kinder (wenn nicht eine bedeutende Umstellung «dazwischenkommt») oft ebenso mißhandeln, sondern daß auch politische Untertanen, die an die Macht gelangt waren, ihre früheren Unterdrücker oft nach der Maxime «Auge um Auge, Zahn um Zahn» behandelten, doch erlaubt diese direkte Rache keine direkte Querverbindung zwischen politischer und erzieherischer Folter. Offen als «Rache» deklarierte Handlungen sind schon deshalb nicht mit erzieherischen Aktivitäten zu vergleichen, weil diese sich nicht wie jene gegen die tatsächlichen Verursacher früheren Leidens richten.

Betrachten wir den Unterschied zwischen Erwachsenen und Kindern, fällt es dennoch auch unter dem jetzigen Aspekt schwer, Kriterien zu finden, die uns in die Lage setzen würden, die Leiden gefolterter Kinder leichter zu nehmen als die gefolterter Erwachsener. Trotzdem ist dies üblich. Alice Miller beschreibt in ihrem Buch «Am Anfang war Erziehung» den wahrscheinlich entscheidenden Grund:

«Niemand wird ernsthaft daran zweifeln können, daß die Häftlinge eines Konzentrationslagers Schreckliches gelitten haben. Wenn aber von körperlichen Mißhandlungen der Kinder berichtet wird, reagieren wir erstaunlich gelassen; wir sagen, je nach Ideologie: ‹das ist ja ganz normal›, oder ‹Kinder muß man schließlich erziehen›, oder ‹das war damals Sitte›, oder ‹wer nicht hören will, muß fühlen› usw. Ein älterer Herr erzählte einmal vergnügt in einer Gesellschaft, daß seine Mutter ihn als kleines Kind über einem eigens dazu entfachten Strohfeuer geschaukelt hatte, um seine Hose zu trocknen und ihm das Einnässen abzugewöhnen. ‹Meine Mutter war der beste Mensch, den man sich denken kann, aber das war damals Brauch bei uns›, sagte er. Dieser Mangel an Einfühlung in die eigenen Kindheitsleiden führt dazu, daß man auch dem Leiden anderer Kinder gegenüber erstaunlich stumpf bleiben kann. Wenn das, was mir geschah, zu meinem Wohl geschehen mußte, so ist diese Behandlung als notwendiger Teil des Lebens zu akzeptieren und nicht zu hinterfragen.

Diese Abstumpfung hat also ihre Vorgeschichte im eigenen Miß-

handeltwerden, dessen Erinnerung zwar erhalten geblieben sein
kann, dessen emotionaler Gehalt aber, das ganze Erlebnis des Ge-
schlagen- und Gedemütigtwerdens, in den meisten Fällen vollständig
verdrängt werden mußte. Da liegt der Unterschied zwischen der Folterung eines Erwachsenen und der eines Kindes» (Miller 1980,
S. 138f.).

Und wenig später folgert die Autorin:

«Deshalb ist die Situation eines kleinen mißhandelten Kindes u. U.
noch schlimmer und in den Folgen für die Gesellschaft eher gravieren-
der als die Situation eines Erwachsenen im KZ-Lager. Zwar wird auch
der ehemalige Lagerhäftling zuweilen vor Situationen stehen, in denen er spürt, daß er den ganzen Abgrund seines damaligen Leidens
niemals wird adäquat vermitteln können, daß man ihm verständnislos, kalt, stumpf, gleichgültig, ja sogar ungläubig gegenübersteht,[*]
aber *er selber* wird, von wenigen Ausnahmen abgesehen, *nicht an der
Tragik seiner Erlebnisse zweifeln.* Er wird niemals versuchen, *sich die
ihm zugefügten Grausamkeiten als Wohltaten einzureden,* die Absurdität des Lagers als eine für ihn notwendige Erziehungsmaßnahme zu
verstehen, wird meistens nicht versuchen, *sich in die Beweggründe
seiner Henker einzufühlen.* Er wird Menschen finden, die ähnliche
Erlebnisse hatten, und seine Gefühle von Empörung, Haß und Verzweiflung über die erlittene Grausamkeit mit ihnen teilen. All diese
Möglichkeiten fehlen dem mißhandelten Kind» (S. 140).

Der Mechanismus der «Abstumpfung» funktioniert natürlich nicht
nur in bezug auf klassische Mißhandlungen. Zum einen umfassen die
offiziellen Definitionen von «Kindesmißhandlung» auch die «gewalt-
same seelische Schädigung» (z. B. BMJFG 1980, S. 7), beziehen also
nicht nur körperliche Verletzungen ein und erinnern insofern an die
«saubere» Folter, zum anderen werden ja auch seelische Verletzungen an Kindern nicht aus Grausamkeit oder zum puren Machterhalt
verübt, sondern zu ihrem Wohl. Und schließlich wird auch der «politisch-psychologische Ausstrahlungseffekt der Folter» bzw. der normalen Behandlung von Kindern aus der Sicht der «Täter» niemals
anders interpretiert als so, daß er den «Opfern» nützlich oder jedenfalls für sie unumgänglich nötig sei. Noch jeder Diktator hatte eine
Legitimation für seine Gewaltherrschaft parat und vollstreckte entweder den Willen Gottes, oder er berief sich auf anthropologische
Gegebenheiten (z. B. die «Natur» des Menschen, die einen Diktator

---

[*] «William G. Niederlands Buch ‹Folgen der Verfolgung›, 1980, vermittelt dem Leser
sehr eindringlich die verständnislose Umwelt des ehemaligen Häftlings im Spiegel der
psychiatrischen Gutachterpraxis» (Original-Fußnote).

erforderlich mache, um Mord, Totschlag und Chaos zu verhüten), so daß er sich meistens sogar als selbstloser Retter der Menschheit ansehen konnte.

Für einen aufgeklärten Demokraten der Gegenwart ist es schwer zu verstehen, daß frühere – und heutige? – Diktatoren diesen Glauben tatsächlich besaßen. Noch schwerer kann er nachvollziehen, daß Untertanen diesen Glauben während langer Geschichtsperioden teil(t)en und nicht primär aus Angst, sondern aus Überzeugung – aber wie ist diese entstanden? – auf die heute in westlichen Demokratien selbstverständlichen Freiheitsrechte verzicht(et)en. Leichter zu verstehen ist vermutlich sowohl die «Täter»- wie die «Opfer»seite in der Kinderfrage; jedoch nicht prinzipiell, sondern infolge des fehlenden historischen Abstands: Wer sogar stolz ist auf die «gute Erziehung», die er «genossen» hat, dessen Selbst-Bewußtsein ist offenbar so nachhaltig geschädigt, daß er wirklich nicht ohne weiteres bemerken kann, wie demütigend es für ein vertrauensvolles Kind sein muß, nicht nur dressiert/ gefoltert zu werden, sondern dazu noch eingeredet zu bekommen, es habe diese Verfahrensweise nötig.

Da diese Probleme noch mehrfach aufgegriffen werden, können wir das Thema Folter mit einem weiteren Vergleich auf der Ebene der «Einsätze» abschließen. Die Behauptung, daß Kinder «ohne Übertreibung als durch Folter in Schach gehaltene ‹politische Gefangene› der Erwachsenen» zu bezeichnen sind (s. o.), muß am Schluß dieses Kapitels eher als Untertreibung erscheinen. Denn nicht nur, wie Miller schrieb, «dem mißhandelten Kind», sondern allen Kindern fehlen die Möglichkeiten, «Gefühle von Empörung, Haß und Verzweiflung» anderen mitzuteilen, mit anderen zu teilen; häufig können sie sie nicht einmal empfinden, weil ihnen die Vergleichsmaßstäbe fehlen. Sie leiden zwar, insofern ihre angeborenen Erwartungen enttäuscht werden, doch stehen ihnen zunächst keine realistischen Alternativen zur Verfügung. Sie können nur das Älter-, Größer-, Stärker-, das Erwachsenwerden anstreben – ein «Neben»effekt ihrer gegenwärtigen Rolle, der vieles von dem erklärt, was an Machtstreben, Realitätsflucht, blindem Fortschrittsglauben und «Machbarkeitswahn» festgestellt und beklagt wird. Die Attraktivität des «Ganz entspannt im Hier und Jetzt» wird aus diesem Zusammenhang ebenso verständlich wie die Abwertung von «Kindlichkeit» und Kindheit generell. Wir dürfen annehmen, daß der hier vorgetragene Gesichtspunkt sich für weitere Forschungen als ausgesprochen fruchtbar erweisen wird.

In der Frauenfrage wächst seit einigen Jahren die Sensibilität hinsichtlich des sexistischen Sprachgebrauchs. Beispielsweise ordnen Kultusminister an, die Schulbücher nach frauenfeindlichen Formulierungen und frauendiskriminierenden Rollenklischees zu durchforsten. Hinsichtlich der Kinderfrage werden die entsprechenden Sprachgewohnheiten dagegen praktisch noch überhaupt nicht wahrgenommen. Dies geht vom Gebrauch des Wortes «kindisch» bis zu wissenschaftlichen und politischen Äußerungen (z. B. erklärte ein amtierender Ministerpräsident 1984, mit einer bestimmten Partei sei es wie mit Kindern: wenn sie brav geworden seien, könne man die Rute weglegen), die der üblichen Feindbild-Propaganda von Gewaltherrschern in nichts nachstehen. Die sprachliche Abwertung bestimmter Menschengruppen ist sowohl Ausdruck, aber immer wieder auch Ursache für ihre konkrete Benachteiligung, Ausbeutung, Mißachtung und Mißhandlung. Insofern ist die Funktion der Sprache für die Geltung des HGV kaum zu überschätzen.

Der vermutlich (auf der Ebene der «Einsätze») größte Unterschied zwischen unseren Kindern und Erwachsenen in Folterstaaten besteht zweifellos darin, daß Kinder, schlicht auf Grund ihrer körperlichen Unterlegenheit, im Gegensatz zu erwachsenen Untertanen nicht die Möglichkeit haben, sich ihre Freiheit selbst zu erkämpfen. In bezug auf Kinder wäre die Bemerkung, daß jedes Volk die Regierung hat, die es verdient, in erster Linie zynisch. Erwachsene «Rebellen», «Dissidenten», «Freiheitskämpfer» haben theoretisch immer die Möglichkeit, den Rahmen zu sprengen, den absolutistische Herrscher gesetzt haben. Diese theoretische Möglichkeit ist in der Geschichte oft praktisch geworden und hat zu den heutigen Demokratien geführt, indem die «freiheitlichen Kräfte» einen neuen Rahmen etablierten, in welchem u. a. den Menschenrechten eine Priorität gegenüber der nackten Gewalt eingeräumt wurde. (Das Problem der wirtschaftlichen Macht steht einer entsprechenden Lösung noch fern – Stichworte: Kapitalismus und Sozialismus.) Kinder haben diese Möglichkeit (zur politischen «Revolution») nicht. Zwar gibt es Kinder, denen es entweder mit Charme und Intelligenz oder mit «List und Tücke» gelingt, viele ihrer eigenen Interessen in der Erwachsenenwelt durchzusetzen. Doch gelingt dies eben nur gegenüber Erwachsenen, denen es an «erzieherischer Konsequenz» mangelt. Die Kinder insgesamt, die Kinder als «Altersklasse», bleiben davon unberührt. Für sie gibt es kein Asylrecht, bei ihnen heißt die Isolationshaft «Stubenarrest», die Kontaktsperre «Umgangsverbot», der Widerstand «Trotz» usw., dem «Kriegsrecht» entspricht die Erziehungspflicht, dem altersspezifischen Rassismus die «pädagogische Verantwortung» usw. Das eigentliche Ziel der Folter, «entrechtete Menschen willfährig zu machen» (Keller 1981, S. 32) und eine «Lähmung des Menschenrechtsbewußtseins» (s. o.) herbeizuführen, wird gegenüber dem «Stand» der Kinder erreicht, und zwar auf politisch-gesellschaftlicher Ebene so vollständig, daß der «Rahmen», in dem all dies geschieht, noch immer weithin als der für die Gestaltung des Verhältnisses zwischen den Generationen einzig mögliche gilt.

Dieser Rahmen ist zwar traditionell überliefert, doch wird er fraglos gegenüber jedem neuen Kind von Erwachsenen gesetzt. Seine Sprengung von den Kindern zu verlangen oder zu erwarten würde die realen Macht- und Verantwortungsbedingungen leugnen. Das «Selbst-dran-schuld» sonstiger Gewaltherrscher kann den Status von Kindern als Folterobjekte nicht beschönigen.

Eine Einschränkung muß allerdings gemacht werden. Der HGV besagt, daß jedes Kind, sofern es seine Kindheit überlebt, formal befreit wird: An seinem 18. Geburtstag wechselt es die «Front», braucht sich keine Folterungen mehr gefallen zu lassen, darf vielmehr selbst legal zum «Täter» werden.

Eine abschließende Bemerkung zum Thema und Begriff «Folter»: Die vorstehende Analyse ist als Instrument der Erkenntnis gedacht, um den realen Lebensbedingungen unserer Kinder auf die Spur zu kommen, die Rahmenbedingungen zu durchschauen, innerhalb derer die Beziehungen zwischen Erwachsenen und Kindern tatsächlich definiert und organisiert sind. Die Herstellung dieses Instruments oder Werkzeugs war ein Selbstzweck: Das Instrument bzw. Werkzeug hat nicht den Sinn, gegen andere Menschen benutzt zu werden, schon gar nicht als «Waffe». Es wäre nicht «im Sinne des Erfinders», nun unvermittelt die herkömmlichen Methoden der Kindererziehung «mit dem ‹besonderen Stigma› der Folter zu versehen» (ai 1985, S. 29). Man entwertet gerade plausible Einsichten durch nichts so nachhaltig wie dadurch, daß man sie anderen Menschen aufzudrängen versucht. Mit anderen Worten: Je «schlagender» ein Beweis ist, desto weniger darf man ihn gebrauchen, wenn man nicht die zwischenmenschliche Verständigungsbasis zerschlagen will.

Auf den folgenden Seiten werden alternative Sichtweisen in einer Form dargestellt, die diese Erkenntnis berücksichtigt.

Kapitel 6
Die «Entwicklungstatsache»

Im letzten Kapitel war es, allein auf Grund des «Stigmas», das dem «Stichwort Folter» anhaftet, unvermeidlich, insgesamt doch den Eindruck einer gewissen «Parteilichkeit» zu erwecken. Diese Einseitigkeit bedarf eines ausgleichenden Gegengewichtes, wenn der Anspruch dieses Buches eingelöst werden soll, der «Verständigung zwischen Menschen unterschiedlicher Grundüberzeugungen» dienen zu wollen und «jede mögliche Einstellung Erwachsener gegenüber Kindern» zu achten und zu akzeptieren (vgl. Vorwort).

Da das Wort «Folter» im Bewußtsein heutiger Menschen überwiegend oder ausschließlich negative Assoziationen weckt, darf es im weiteren Verlauf keine Verwendung mehr finden. Als «Gegenleistung» darf von den Befürwortern des bestehenden («üblichen») Generationenvertrages erwartet werden, daß sie die Aufdeckung von dessen heimlichen Komponenten nicht als gegen sie gerichtete Parteinahme interpretieren. (Andernfalls hätten sie die anfängliche «Warnung» beherzigen und die Lektüre dieses Textes vermeiden müssen.) Wer der Meinung ist, daß der gegenwärtige Status von Kindern, der Rahmen, innerhalb dessen über das Generationenverhältnis diskutiert wird, die Atmosphäre, in der Kinder zu leben gezwungen werden, richtig ist, könnte vielleicht Argumente finden, all dies vor Kindern zu verheimlichen. Unter Erwachsenen aber kann ein diesbezügliches Tabu spätestens seit dem Zeitpunkt nicht mehr akzeptiert werden, zu dem die Richtigkeit der üblichen Regelungen mit ernsthaften Begründungen angezweifelt wurde. Dieser Zeitpunkt ist allerdings nicht exakt anzugeben. Von Jesus Christus – «Werdet wie die Kinder», vgl. nächstes Kapitel – bis zu dem Buch «Menschenrechte für Kinder – Die letzte Minderheit» (Farson 1975) wurden immer wieder Versuche unternommen, den üblichen Generationenvertrag aufzukündigen.

Vorauszuschicken ist noch, daß die folgende Darstellung (auch der weiteren Kapitel) mit einem unvermeidlichen *Handicap* belastet ist. Niemand vermag vorauszusagen, wie die bisherigen Verfechter/innen des üblichen Generationenvertrages nach den «Enthüllungen», die dieses Buch anbietet und die sicherlich von anderen Autor/inn/en fortgesetzt und weitergeführt werden, reagieren. Es ist also durchaus denkbar, daß ein Mensch, der sich im folgenden zitiert findet oder zitierte Meinungen geteilt hat, im Augenblick der Lektüre bereits zu einer neuen Meinung gekommen ist. Jedenfalls besteht keine Möglichkeit, die jeweiligen Reaktionen im voraus einzukalkulieren und sie argumentativ zu berücksichtigen. Um so wichtiger war es, die Darstellung von Wertungen freizuhalten, die sich als Vor-Urteile etablieren und die Neu-Gierde behindern könnten.

Zu den von Sozialwissenschaftler/inne/n aller Schulrichtungen in grundsätzlichen Werken meistzitierten Begriffen gehört das Wort

«Entwicklungstatsache» aus dem 1925 erschienenen Buch «Sisyphos oder die Grenzen der Erziehung» von Siegfried Bernfeld. Diese Tatsache geht über das hinaus, was wir zu Beginn des 3. Kapitels als «Tatsache» anerkannten, nämlich daß Menschen «klein anfangen», d. h., daß Erwachsene größer und stärker sind als kleine Kinder.

Sehen wir uns an, was Bernfeld mit diesem Wort meint. Unter der Kapitelüberschrift «Voraussetzung und Funktion der Erziehung» schreibt er beispielsweise:

«Die erste Voraussetzung der Erziehung ist in einer Naturtatsache gegeben, der ontogenetischen Entwicklung ... Kämen die Kinder als körperlich, geistig und sozial reife Individuen zur Welt, so gäbe es keine Erziehung, denn all das, was die Erziehung leisten soll und zu leisten scheint: die Sicherung, Beeinflussung und Veränderung einer bestimmten körperlichen, geistigen und sozialen Entwicklung des Kindes, wäre durch die Mechanismen der Vererbung erreicht oder durch jene Vorgänge ersetzt, die vor der Geburt die Struktur des Neugeborenen determiniert hatten. Da es nun aber Kindheit – ontogenetische postnatale Entwicklung – gibt, ist Erziehung als unvermeidliche soziale Tatsache gegeben» (Bernfeld 1967, S. 49).

Zusammenfassend: «Die Kindheit ist irgendwie im Aufbau der Gesellschaft berücksichtigt. Die Gesellschaft hat irgendwie auf die Entwicklungstatsache reagiert. Ich schlage vor, diese Reaktionen in ihrer Gänze Erziehung zu nennen. Die Erziehung ist danach die Summe der Reaktionen einer Gesellschaft auf die Entwicklungstatsache» (S. 51). Nochmals: «Meine allgemeinste Formel der Erziehung: Reaktion der Gesellschaft auf die Entwicklungstatsache» (S. 119). Eine ähnlich allgemeine Formel aus neuerer Zeit stammt von dem wohl bekanntesten deutschen Pädagogen der Gegenwart, dem Bielefelder Professor Hartmut von Hentig, der anläßlich seines 60. Geburtstages in einem Gespräch mit der Wochenzeitung «Die Zeit» (Nr. 39, 20.9.1985, S. 50) zu Protokoll gab: «Wir müssen einen Preis für die Kultur bezahlen. Der Preis heißt Erziehung.»

Eingedenk des Untertitels dieses Buches kann es nun nicht darum gehen, in den Streit um die Höhe dieses Preises oder die Münze, in der er bezahlt wird, einzusteigen. Ebenso unwesentlich ist zunächst, wer ihn bezahlt. Vielmehr bleiben wir bei der «Voraussetzung der Erziehung» (Ivan Illich sprach von deren «versteckten Prämissen», s. o.), bei Bernfelds «Entwicklungstatsache» und bei der «Reaktion» der Gesellschaft, also der Erwachsenen, auf diese «Naturtatsache».

Die «Entwicklungstatsache» als solche ist natürlich nicht zu bestreiten. Die «Reaktion» der Erwachsenenwelt auf sie ist jedoch keine direkte, sondern wird vermittelt über ganz bestimmte *Interpreta-*

tionen. Auch Schimpansen, Ratten und Elefanten (z. B.) kommen nicht «als körperlich, geistig und sozial reife Individuen zur Welt». Dennoch reagieren deren Eltern (und meist auch menschliche Erwachsene) nicht mit einem systematischen Kultivierungsprogramm. Nur in Sonderfällen, etwa gegenüber Zirkuselefanten und Reitpferden, reagieren Menschen auf die «Entwicklungstatsache» dieser Tiere durch eine besondere Unternehmung, die wahlweise «Erziehung» oder «Dressur» genannt wird. Diese Reaktion folgt auf die Erfahrung, daß Tiere von sich aus offenbar kein Interesse daran haben, die Menschen mit allerlei Kunststücken zu erfreuen. Sie müssen «mit Zuckerbrot und Peitsche» dazu gebracht werden. Die Lernfähigkeit dieser Tiere wird also, ohne daß man sie zur Dressurbedürftigkeit umdeutet, im Interesse der Menschen ausgenutzt. Der Rest eines schlechten Gewissens über solche Praktiken – in China z. B. gilt die Pferdeerziehung als Tierquälerei, weshalb es auch keine chinesischen Springreiter gibt – verrät sich in einer beschönigenden Sprache: z. B. nennen die Reiter ihre Befehle an das Pferd «Hilfen».

Behauptet nun niemand, es sei um des Tieres willen unbedingt erforderlich, etwa einen Bären aus seinem angestammten Lebensraum herauszufangen, ihm das Tanzen beizubringen und ihn Zeit seines Lebens an einer Kette herumzuführen, so steht die Sache bei einem Haushund anders. Hier kommt das ins Spiel, was zivilisierte Menschen Zivilisation nennen, und kultivierte Kultur. Wenn es nun einmal so ist, daß es für einen in einer Großstadt geborenen Hund keine «freie Wildbahn» gibt, so erscheint es auch in seinem Interesse als notwendig, ihn so zu erziehen / dressieren, daß er sich den Menschen, die ihn versorgen, unterordnet. Worauf es dabei ankommt, beschreibt ein kurzer Artikel «So erziehen Sie Ihren Hund zum Freund» aus «Das Beste» vom Oktober 1984 (S. 22 ff):

Der «größte Wunsch» des Hundes, so heißt es dort, «ist ein Herrchen oder Frauchen, das er lieben und respektieren und dem er gehorchen kann ... Ein Hundehalter, der für seinen Hund zum ein und alles geworden ist, hat sich diese Hingabe dadurch erworben, daß er in einem Willenskampf Sieger geblieben ist ... Im Grunde sollten Sie Ihr Tier nie schlagen, denn das ist ein Zeichen der Niederlage. Festigkeit ist zielbewußte Entschlossenheit, die keine Niederlage hinnimmt. Sie muß freundlich, aber auch entschieden sein, weil Sie bei einem ungehorsamen Hund noch mehr Geduld und Ausdauer aufwenden müssen, um am Ende Sieger zu bleiben ... Manche Hunde werden wegen eines Verhaltens eingeschläfert, das leicht abgestellt werden könnte, wenn ihre Besitzer die Tiere nur verstünden und ihnen Zeit ließen ... Sie dürfen nicht erwarten, daß jeder Hund sich perfekt erziehen läßt. Eines aber weiß ich gewiß: Mit einiger Disziplin und gesundem Menschenverstand kann jeder Hundehalter in seinem vierbeinigen Hausgenossen einen wahrhaft guten Freund und Gefährten gewinnen.» (Aus dem Buch «No bad dogs» von Barbara Woodhouse, New York 1978 und 1982.)

Die Hundeerziehung basiert also auf einem Machtkampf, der vom Herrchen oder Frauchen unbedingt gewonnen werden muß. Die genetische Ausstattung des Hundes würde ihn, sagen Fachleute, andernfalls zu der Annahme verführen, er sei das «rechtmäßige» Leittier und die Menschen hätten ihm zu gehorchen.

Wieder anders sind Hauskatzen veranlagt. Sie sind nur in engen Grenzen dressierbar. Die «Freundschaft» einer Katze läßt sich nicht durch einen siegreich bestandenen «Willenskampf» erzwingen; sie wird freiwillig gewährt (oder auch nicht). Katzen sind eher stolze, keine «hündischen» Tiere.

Was für ein Tier ist nun der Mensch? An dieser Frage scheiden sich die Geister. Wobei es sich von selbst versteht, daß Menschen je nach ihrer Selbsteinschätzung dazu neigen, sich – und damit das «Wesen» des Menschen – eher in näherer Verwandtschaft zu Hunden oder zu Katzen zu sehen.

Stellt man Kindern diese Frage, so scheint die Antwort noch eindeutig zu sein, wenn dem folgenden Zeitungsartikel Glauben geschenkt werden darf:

«Montreal. (ppl) – Kleinkinder möchten am liebsten eine Katze sein, Neun- bis Zehnjährige wären gern ein Vogel, ein Löwe, ein Bär, ein Adler oder ein anderes wildes Tier. Aber ein Hund will niemand sein, obwohl die Hunde nach den Katzen die bevorzugten Tiere von Schulkindern sind. An dritter Stelle steht das Pferd. Wellensittiche und andere Vögel, Goldfische und Hamster nehmen in der Skala der Lieblingstiere die nächstfolgenden Plätze ein. Das hat eine französisch-kanadische Studie über das Verhalten der Kinder im Alter von sechs bis vierzehn Jahren gegenüber Tieren ergeben. Nach den Gründen befragt, warum die Kinder gern eine Katze, keinesfalls aber ein Hund sein würden, erklärten sie durchweg, eine Katze könne immer spielen, ein Hund aber müsse gehorchen» (Wiesbadener Tageblatt, 12.10.1983).

Vergleicht man die Aussagen dieser Kinder mit der Erziehungsanleitung für Hunde, fällt ein Unterschied unmittelbar auf: Die Kinder sagen, ein Hund «müsse» gehorchen (und deshalb wollen sie kein Hund, sondern zunächst am liebsten eine spielende Katze, später, vielleicht als Reaktion auf die sie zunehmend bedrängenden Sozialisierungsversuche, ein wildes Tier sein). Demgegenüber erklärte die

Hundeerzieherrin, das Gehorchendürfen sei der «größte Wunsch» eines Hundes. Und wer sowohl Hunde wie Kinder kennt, wird diesen Unterschied sicherlich bestätigen: Hunde, die im «Willenskampf» mit rücksichtsvollen, aber konsequenten Mitteln bezwungen wurden, können für den Rest ihres Lebens durchaus einen zufriedenen Eindruck machen, während Kinder ihrer Dressur zumindest phasenweise entscheidend mehr Widerstand entgegensetzen, bevor auch ihr größter Wunsch das Gehorchen ist, wie es die Welt besonders aus Deutschland z. B. durch das «Führer befiehl, wir folgen!» zu hören bekam.

Gehört dieser Widerstand gegen Dressur zum «Wesen» des Menschen? Ist der Mensch «von Natur aus» ein freiheitsliebendes und zugleich soziales Wesen? Ist er eher «katzig»? (Oder eher hündisch?)

Die Antworten, die von Erwachsenen kommen, sind widersprüchlich. Doch läßt sich insgesamt eine Tendenz beobachten, die man als «Demokratisierung des Menschenbildes» bezeichnen könnte.

Ein historischer Rückblick. Der englische Philosoph Thomas Hobbes (1588 bis 1679) plädierte für eine absolutistische Staatsgewalt infolge seiner Überzeugung «homo homini lupus»; er sah den Menschen also eher als Hund bzw. Wolf an. Zitat aus dem von amnesty international herausgegebenen Buch «Der internationale Menschenrechtsschutz»:

«Hobbes legitimiert den absolut herrschenden Souverän, als Alternative sieht er nur das Chaos. Die menschliche Natur soll nach Hobbes die völlige Unterwerfung des Menschen unter einen Herrscher erfordern: ein Mensch sei des anderen Menschen Wolf. Er könne über den anderen Menschen grausame Macht ausüben und werde dies aus Selbsterhaltungsgründen auch tun müssen. Durch einen *Unterwerfungsvertrag* (Hervorhebung durch EvB) zugunsten eines Herrschers erhält dieser die Aufgabe der innerstaatlichen Friedenssicherung. Die Folge ist: ‹Seine Autorität – nicht die Wahrheit – macht das Gesetz› – so Hobbes» (ai 1981, S. 17f.).

Zwischenbemerkung: Es nützte also den damaligen Erwachsenen nichts, keine «körperlich, geistig und sozial» (Bernfeld) unreifen Individuen mehr zu sein: mündig im heutigen Sinne waren sie deshalb noch lange nicht. Oder vielleicht richtiger: Sie wurden von den Machthabern und ihren Philosophen nicht als solche anerkannt und notfalls mit Gewalt daran gehindert, den Beweis zu erbringen, daß unter anderen Bedingungen alles auch ganz anders sein könnte.

Ein anderer englischer Philosoph, John Locke (1632–1704), entwickelte eine liberale Staatslehre, «in der die Wurzel eines modernen Menschenrechtsverständnisses gefunden werden kann»: «Als Grundlage sah er einen zwischen den Bürgern geschlossenen *Gesellschaftsvertrag* (Hervorhebung von EvB), der den Zweck erfüllt, die natürlichen Rechte des Menschen – wie Gleichheit, Freiheit und Eigentum – zu schützen» (ai 1981, S. 18). Im Vorwort zu Jean-Jacques Rousseaus berühmtem Werk «Der Gesellschaftsvertrag» (erschienen

1762) schreibt Heinrich Weinstock mit Bezug auf Thomas Hobbes, dieser
führe die «absolute Macht der Territorialfürsten» bereits «ausdrücklich auf
einen Vertrag zurück, in dem die einzelnen aus Vernunft ihre angeborene
Souveränität an eine übergeordnete Stelle abtreten, weil nur so Ruhe und
Ordnung zu wahren sind. Diesen *Unterwerfungsvertrag* (Hervorh. v. EvB)
bildet dann John Locke zum *Gesellschaftsvertrag* (dito) um, durch den der
einzelne seinen Machtwillen an den vom Parlament vertretenen Gesamtwil-
len aufgibt, aber doch nur, damit diese Obermacht Arbeit, Besitz, Freiheit
aller sichere» (Rousseau 1968, S. 13). Dazu amnesty international: «Der Gesellschaftsvertrag freier und gleicher Individuen wird zum Zwecke der Erhaltung der Freiheit geschlossen und ist deshalb zum Zwecke der Erhaltung realer (!) Freiheit auch wieder kündbar» (ai 1981, S. 19).

Die hier kurz angedeutete historische Entwicklung vom «Unterwerfungsvertrag» zum «Gesellschaftsvertrag» betrifft zwar «nur» Ideen, Werte, Theorien, Produkte des menschlichen Geistes, doch sind diese keineswegs als
machtlose Hirngespinste anzusehen. Ob es einem gefällt oder nicht, diese
Ideen haben einen höchst realen Demokratisierungsprozeß bewirkt, ohne den
eine ganze Reihe von Menschen, die heute mancherlei Zustände der Gesellschaft beklagen, noch froh sein müßten, wenn sie lediglich wie ungehorsame
Hunde «eingeschläfert» würden ...

Was die Erwachsenen betrifft, sind wir heute in der (verglichen mit
den Zeiten von Hobbes und Locke) glücklichen Lage, von den Opfern zahlloser Freiheitskämpfer/innen und einer langen Menschen-
rechtstradition profitieren zu können (die freilich den Deutschen
nach dem Zweiten Weltkrieg letztlich aufgezwungen werden mußte).
Jedenfalls hat die Bundesrepublik eine Verfassung bzw. ein Grundgesetz, das eindeutig nicht als «Unterwerfungsvertrag» angesehen werden kann. Das Menschenbild des Grundgesetzes zeigt zwar nicht
einen naturnotwendig «guten» Menschen, der seine eventuelle Macht
über andere Menschen von sich aus nicht mißbrauchen «könne», es
verlangt deshalb jedoch nicht seine Unterwerfung unter die «Obermacht» einer Obrigkeit, sondern lediglich seine «Unterwerfung»
unter das Recht, das in demokratisch gestalteten Gesetzen seinen
Ausdruck findet. Die «freiheitlich demokratische Rechtsordnung»
unterstellt gewissermaßen einen «Vertrag» der Bürgerinnen und Bürger untereinander, in dessen Rahmen bestimmte «Spielregeln» (des
Zusammenlebens) ausgehandelt werden, die dann als allgemein ver-
bindlich gelten.

An diesem Vertrag sind allerdings nur die sogenannten volljährigen
Menschen beteiligt. Für die sogenannt minderjährigen Menschen gilt
ein Sondervertrag, der eben mit der «Entwicklungstatsache» zusammenhängt. Und diese Tatsache wird traditionell so interpretiert, daß
sie faktisch und rechtlich einen Unterwerfungsvertrag begründet.

Das heißt, der übliche Generationenvertrag ist offensichtlich nicht ein Vertrag (mit den zitierten Worten von ai:) «freier und gleicher Individuen ... zum Zwecke der Erhaltung der Freiheit geschlossen und ... deshalb zum Zwecke der Erhaltung realer (!) Freiheit auch wieder kündbar». Vielmehr wird durch den traditionellen Generationenvertrag jüngeren Menschen von älteren, nicht nur stärkeren, sondern auch *privilegierten* d. h. rechtlich im Vorteil befindlichen Menschen eine Rolle zugewiesen, der sie sich nicht entziehen können, ohne erhebliche Nachteile, unter Umständen sogar den Tod, in Kauf zu nehmen. (Die von ihren Eltern getöteten Kinder werden in der Regel nicht ohne Grund derartig bestraft. Meist ist ein Ungehorsam der Auslöser: das Kind gab z. B. Widerworte, wollte z. B. seine Suppe nicht auslöffeln oder hatte z. B. Kekse auf den frischgesaugten Teppich gekrümelt.) Minderjährige Menschen sind also nicht dem Recht unterworfen, sondern fast jedem beliebigen Unrecht ausgeliefert. Ihnen gegenüber gilt nicht einmal das Gewaltmonopol des Staates, das unter Volljährigen Selbstjustiz verbietet.

An dieser Stelle unserer Überlegungen besteht wie wohl an keiner sonst die Versuchung und Gefahr, um der versprochenen Überparteilichkeit willen tief in die verschiedenen Sichtweisen und Rechtfertigungen einzudringen und schier endlose Argumentationen durchexerzieren zu müssen. Beispielsweise wäre es bei der Erörterung der beiden Unterwerfungsverträge (Herrscher/Untertanen – Erwachsene/Kinder) nötig, die jeweils mit ihnen verbundenen Versorgungs- und Schutzgarantien einzubeziehen. Die damit zusammenhängenden Abwägungen und Folgeprobleme – darf/soll/muß man gegen seinen Willen vor angeblichen Gefahren geschützt werden, darf/soll/muß/ kann man zu seinem Glück oder sogar, wie Rousseau (1968, S. 48) fordert, zur «Freiheit» gezwungen werden usw. – würden den Rahmen dieses Buches bei weitem sprengen. Wir werden deshalb an dieser Stelle mit vollem Bewußtsein einige Schritte zurücktreten, um Abstand und einen größeren Blickwinkel zu gewinnen. Dies ist um so eher vertretbar, als im weiteren Verlauf viele Detailfragen noch näher untersucht werden.

Betrachten wir nun erneut die «Entwicklungstatsache», so erkennen wir die entscheidende Gemeinsamkeit zwischen Hobbes und Bernfeld (deren politische Gegnerschaft auf der Erwachsenenebene kaum größer gedacht werden kann). Bezüglich der Kinderfrage setzen beide die «natürliche» Macht (Herrschergewalt) mit dem «künstlichen» (menschlichen) Recht nicht in ein Konkurrenz-, sondern in ein Parallelverhältnis. Beide argumentieren «von oben».

Bei Hobbes ist dies offensichtlich: Seine Staatslehre liefert den Diktatoren eine Rechtfertigung für ihre absolute Machtausübung. Was «Ruhe und Ordnung» (und Recht) ist, bestimmt der Herrscher bzw. sein Philosoph. Würden sie die Macht verlieren, nennen sie die Folge «Chaos». Die Untertanen sind Objekte, die ihnen zu gehorchen haben und deren Meinungen und Wünsche nicht gefragt sind.

Bei Bernfeld ist die gleiche Denkfigur anzutreffen. Die «Entwicklungstatsache» wird ausschließlich als Problem und Aufgabe der Erwachsenen interpretiert. Daß die Kinder (wie man aus heutiger Sicht und im Vorgriff auf das nächste Kapitel spekulieren könnte) möglicherweise auch von sich aus «irgendwie» (Bernfeld) auf diese Tatsache «reagieren», vielleicht «durch die Mechanismen der Vererbung» neugierig sind und aktiv lernen *wollen,* was in ihrer Gesellschaft so vorgeht, daß sie – um zu dem Hentig-Zitat zu springen – nicht «einen Preis für die Kultur bezahlen» müssen («Der Preis heißt Erziehung»), sondern diese sich einfach *aneignen* würden, wenn die Erwachsenen diese Kultur wirklich weitergeben wollten (statt, wie manche meinen, Wucherpreise für sie zu erpressen), diese Möglichkeiten bleiben vollkommen außer Betracht. Die Erwachsenen sind «reif» und damit die richtigen Menschen, zu denen die Kinder erst noch werden müssen; genauer gesagt: zu denen die Kinder *gemacht* werden müssen. Sie müssen einer «Veränderung» unterzogen werden, sie gelten als *Objekte* wie die Untertanen dem Herrscher: «die Erwachsenen, die Subjekte der Erziehung ...» (Bernfeld 1967, S. 132). Demgegenüber ist von «der Pädagogik» die Rede, «deren Objekt ein bestimmtes Kind» ist (Bernfeld 1967, S. 147). Die letztlich nicht ganz zu leugnenden Eigenaktivitäten der Kinder erscheinen diesem Blick «von oben» lediglich als Störungen und «Grenzen» der Erziehung: «Ich weiß niemals genau, wie sich das Kind in der geplanten Erziehungssituation benehmen wird, ich weiß nicht, wie sie auf es wirken, wie lange die Wirkung dauern, was ihr schließlicher Erfolg in dreißig Jahren sein wird» (Bernfeld 1967, S. 146). Und über «die Möglichkeiten und Grenzen der Beeinflußbarkeit des Kindes» sagt Bernfeld: «Man darf sich hier fast optimistisch äußern, ist das Kind auch nicht beeindruckbar wie Wachs, so ist es dies noch eher als starr und spröde wie Metall» (Bernfeld 1967, S. 145). Mit anderen Worten: Aus dieser Sicht erscheinen Kinder nicht als Lebewesen mit eigener Würde und eigenen Rechten, sondern als Objekte, Werkstoffe, Menschenmaterial.

Ziehen wir eine Schlußfolgerung, die wahrscheinlich noch mit allgemeiner Zustimmung rechnen kann: Nicht die – unbestrittene – «Entwicklungstatsache» erzwingt, wie Bernfeld (und auch mancher heutige Autor, s. u.) annimmt, eine «Reaktion der Gesellschaft», die «Erziehung als unvermeidliche soziale Tatsache» erscheinen läßt,

d. h. Erwachsene als «Erziehungssubjekte» und Kinder als «Erziehungsobjekte» definiert, sondern es ist eine bestimmte *Interpretation* der «Entwicklungstatsache», man könnte auch sagen: eine Sichtweise, ein Denksystem, ein «Rahmen» oder ein Paradigma, welches die Voraussetzung für die jeweilige «Reaktion der Gesellschaft» bildet.

Daß das «Menschenbild» unseres Grundgesetzes allgemein anerkannt ist (wenn auch keineswegs in allen Bereichen realisiert; man denke nur an die Probleme der Gleichberechtigung von Frau und Mann), darf vorausgesetzt werden. Auf der Erwachsenenebene ist ein historischer Demokratisierungsprozeß im Gange, der zwar nicht ohne Rückschläge verläuft, aber wohl kaum grundsätzlich in Frage gestellt werden dürfte.

Das «Bild» dagegen, das die Erwachsenen sich von Kindern machen, ist von solcher Einheitlichkeit weit entfernt. Wir können also von einem bei uns offiziell gültigen «Menschenbild» sprechen, in bezug auf Kinder aber gibt es einerseits «offiziell» erhebliche Unklarheiten und Widersprüche, andererseits häufen sich wissenschaftliche Erkenntnisse und persönliche Erfahrungen, die es gerechtfertigt erscheinen lassen, den gegenwärtigen Generationenvertrag (sprich: Unterwerfungsvertrag) nicht unbedingt als letztes Wort der Geschichte anzusehen, zumindest nicht als *einzig* mögliches.

Hier muß sich nun die Argumentation teilen. Im folgenden Kapitel sollen zwei grundverschiedene Kinder-«Bilder»* einander gegenübergestellt werden, ohne daß der Versuch gemacht würde, das eine oder das andere für «richtig» oder «besser» zu erweisen. Es geht lediglich darum, den Unterschied, ja Gegensatz zwischen ihnen herauszuarbeiten.

Es wird sich zeigen, daß nicht nur aus der rein körperlichen «Kleinheitstatsache» (1. Kap.) zwei unterschiedliche (im 2. Kap. angedeuteten) Konsequenzen gezogen werden können, sondern daß auch die zusätzlich geistig-seelisch-sozial-kulturell verstandene «Entwicklungstatsache» zwei unterschiedliche Interpretationen und Reaktionen erlaubt.

---

* Die Anführungszeichen sollen das Mißverständnis ausschließen, es handele sich um Bilder im Sinne von konkreten Vorbildern oder gar Wunschbildern. Die Begriffe «Menschenbild» und «Weltbild» lassen offen, ob sie bestimmte Tätigkeiten rechtfertigen, durch welche die Menschen und die Welt diesen Bildern angeglichen werden sollen, oder ob sie nur darstellen, welches Verständnis vom «Wesen» des Menschen/der Welt (vgl. «Weltanschauung») man hat, d. h. von welchen Voraussetzungen man ausgeht. Kinder-«Bild» ist ausschließlich eine Wahrnehmungskategorie, keine (zielgerichtete) Handlungskategorie.

Kapitel 7

Zwei Kinder-«Bilder»

Zu Beginn dieses Kapitels eine Erinnerung.

Welches Bild ein Erwachsener von «dem» Kind (um nicht zu sagen: dem «Kind an sich») hat, was er vom «Wesen» der Kindheit (und der Erwachsenheit) denkt, wie er das Verhältnis zwischen den Generationen verstandes- und gefühlsmäßig einschätzt usw., hängt zunächst wesentlich von seinen persönlichen Erfahrungen – als Kind und mit Kindern – ab. Daß diese Erfahrungen nicht «richtig» oder «falsch» sein können, ist ohne weiteres klar. Sie sind, wie sie sind. Es wäre unsinnig, einem Menschen seine Erfahrungen ausreden zu wollen.

Nicht so klar ist, daß auch die den Erfahrungen vorausgehenden Erwartungen und die ihnen folgenden bzw. sie begleitenden Interpretationen von außen nicht verändert werden können. Zwar kommt es vor, daß Menschen bestimmte Erfahrungen im Lichte neuer Erkenntnisse anders interpretieren als ursprünglich, doch hängt ein solcher Vorgang wiederum von vielen anderen Erwartungen, Erfahrungen und Interpretationen ab. Diese Bedingungen sind dem einzelnen wahrscheinlich zum überwiegenden Teil völlig unbewußt. Jedenfalls sind es ausgesprochen subjektive Größen, die einem Menschen ebensowenig wie seine bewußten Erfahrungen ausgeredet werden können. Es hat manchmal den Anschein, als seien Überredungsversuche auf der Interpretationsebene erfolgreich – z. B. wenn ein Mensch, angeregt oder «überzeugt» durch einen anderen Menschen, so etwas wie einen «Paradigmawechsel» vollzieht –, doch wäre es sicher falsch, diesen Vorgang als Leistung des Anregers aufzufassen. In der Umgangssprache heißt es wohl: «Sie hat mich von ihrer Meinung überzeugt» oder: «Ich habe mich davon überzeugen lassen ...», aber der wirkliche Vorgang war ohne Zweifel der, daß der bzw. die so Sprechende nicht nur passiv etwas auf sich wirken ließ, sondern sich aktiv selbst entschlossen hat, eine bestimmte Meinung für richtig zu halten. Die Leistung des Anregers ist dadurch nicht herabgewürdigt; es ist allerdings klargestellt, wer die Entscheidungen über seine eigenen Meinungen unausweichlich fällt. Und umgekehrt verhindern die genannten Tatsachen, sofern man sie im Bewußtsein behält, daß ein Anreger in die Versuchung gerät, sein Gegenüber als Objekt anzusehen, dem es etwas ein- oder auszureden gelte.

Die hier angedeutete Problematik wird im zweiten Teil ausführlicher behandelt. Der jetzige Vorgriff hat den Sinn, einem Mißverständnis vorzubeugen, das darin bestünde, in der nun folgenden Gegenüberstellung der beiden Kinder-«Bilder» mehr zu sehen als die Offenlegung alternativer Ansichten. Es geht nicht darum, die eine oder andere als die richtige zu beweisen. Würde man in diesem Zusammenhang den Begriff «Paradigma» (unter o. g. Vorbehalt: Vorbild – Menschenbild – Kinder-«Bild») benutzen, könnte man Thomas Kuhn zitieren:

«Die Befürworter konkurrierender Paradigmata bewegen sich immer in gewissem Grade auf verschiedenen Ebenen. Keine Seite will alle die nichtempirischen Voraussetzungen, welche die andere für die Vertretung ihres Standpunktes braucht, zubilligen ... Der Wettstreit zwischen Paradigmata kann nicht durch Beweise entschieden werden» (Kuhn 1976, S. 159). Und weiter: «Die Verständigung über eine revolutionäre Trennungslinie hinweg ist zwangsläufig nur teilweise möglich» (S. 160). «Ich würde eher behaupten, daß es bei diesen Dingen weder um Beweise noch um Irrtum geht. Die Übertragung der Bindung von einem Paradigma auf ein anderes ist eine Konversion, die nicht erzwungen werden kann» (S. 162).

Wie Kuhn schrieb: Die Verständigung über solche Fragen ist schwer genug. Sie würde unnötig zusätzlich belastet, wenn die folgende Darstellung von der einen oder anderen Seite als Versuch angesehen würde, sie unter Druck zu setzen und zu einer bestimmten Entscheidung bringen zu wollen. Es *gibt* zwei alternative Sichtweisen. Das ist eine Tatsache. Beide Ansichten/Sichtweisen lassen sich plausibel begründen.* Wer sich zwischen ihnen entschieden hat, steht vor der Aufgabe, Menschen, die sich anders entschieden haben, nicht als Ignoranten oder Böswillige einzustufen. Aus deren Sicht würde nämlich sonst das gleiche Verdikt sie treffen müssen, und eine Verständigung wäre fast unmöglich. Deshalb die Erinnerung: Je bessere Gründe ein Mensch für seine Überzeugung zu haben meint, desto toleranter muß er logischerweise mit Andersdenkenden sein können, denn desto mehr kann er darauf vertrauen, daß «seine» Gründe ihre eigene Überzeugungskraft besitzen. Die Alternative wäre Fanatismus und Gesinnungsterror – und dann pflegt der Widerstand gegen personalen Druck sogar die besten Argumente außer «Kraft» zu setzen.

Im Jahre 1965 erschien ein m. W. kaum beachtetes Buch von Wilfried Hartmann mit dem Titel: «Der Mensch in unseren Bildungsplänen – Versuch einer Analyse ihres anthropologischen Gehalts». Der Autor prüfte die damals gültigen Bildungspläne sämtlicher Bundesländer, politischen Parteien und der wichtigsten anderen Gruppen (z. B. Kirchen und Gewerkschaften) auf ihre «anthropologischen Voraussetzungen» (Hartmann 1965, S. 7). Da ist viel die Rede vom «obersten Bildungsziel ‹Ehrfurcht vor Gott›» (S. 19), auch von «Ehrfurcht vor dem Personwert des Kindes» (S. 35), von «objektiven sittlichen Normen» (S. 51), vom Kind als «Objekt der Erziehung» und «sittliches Wesen», das sich «in die Ordnung des Ganzen einzufügen (hat) durch die freie Unterordnung seiner Person unter den erkannten Willen Gottes, der das Seinsollende darstellt» (S. 61), vom «animal educandum» (S. 83). Hartmann kommt zu einer recht kritischen Bilanz:

«Es ist nun auffällig, daß nur wenige Bildungspläne Selbsttätigkeit und Selbständigkeit im Kinde wesenhaft grundgelegt sehen. Meist er-

---

* Vgl. dazu im 11. Kapitel: «Die ‹Perspektive› hängt von der jeweiligen ‹Position› ab ...» (S. 194).

scheinen beide Bestimmungen als Erziehungsziele, zu denen das Kind erst geführt werden muß. Darin spiegelt sich die psychologische Betrachtungsweise, die zwar mit Recht eine ‹wachsende› Selbständigkeit und Selbsttätigkeit annimmt, zugleich aber die Frage nach den Seinsgrundlagen verdeckt. Kind und Jugendlicher werden auf diese Weise vorwiegend vom Ziel her gesehen, vom im eigentlichen Sinne selbständigen Erwachsenen, der aus eigener Einsicht und in eigener Verantwortung selbständig denkt und wertet, lebt und handelt. In Wirklichkeit bedarf die *wachsende* Selbständigkeit, bedürfen die zu entfaltenden Kräfte, Anlagen und Fähigkeiten der Seinsgrundlage, des ‹Selbstandes›; erscheinen *alle* Aussagen, die von Entfaltung, Selbsttätigkeit und Selbständigkeit sprechen, erst sinnvoll, wenn schon das Kind als *Selbstandsein* verstanden ist» (S. 85f.). «Obschon es fast Mode geworden ist, von personaler Erziehung und personaler Bildung zu sprechen, scheut sich fast die Hälfte der behandelten Pläne, im Kind eine Person zu sehen» (S. 87).

Schon an diesem Beispiel lassen sich die Alternativen erkennen. Auf der einen Seite erinnern die meisten Bildungspläne an die Aussagen von Siegfried Bernfeld aus dem Jahre 1925: Das Kind wird «vom Ziel her gesehen», vom reifen Erwachsenen aus, als «Objekt» und letztlich als passives Gefäß, dem, wie es z. B. das bekannte Bild vom «Nürnberger Trichter» kennzeichnet, Bildungsgüter, Sittlichkeit und dergleichen eingeflößt, «eingetrichtert» werden müsse.

Auf der anderen Seite behauptet und fordert Wilfried Hartmann schon für das Kind den Personstatus und ein Verständnis des Kindes als «Selbstandsein».

Wenden wir uns nun der Gegenwart zu. Das Beispiel, das hier zunächst (für das traditionelle Kinder-«Bild») gewählt und ausführlich vorgestellt wird, ist ein typisches und besonderes zugleich. Typisch ist es hinsichtlich des «Bildes» selbst, besonders ist es wegen der Darstellungsform. Der Autor hat, wegen seines berechtigten Engagements (erkennbar z. B. an vielen Ausrufungszeichen), auf manche sonst übliche Floskeln verzichtet, die das «Bild» häufig schwer erkennbar machen. Hinsichtlich unseres Themas läßt sein Text an Klarheit nichts zu wünschen übrig.

«Kinder sind ganz auf Erwachsene angewiesen, die sie versorgen und betreuen. Je fürsorglicher ihre Erziehung ist, um so selbständiger werden sie später, also um so sicherer können sie später ihre eigene Identität entwickeln ... An solche psychologischen Binsenweisheiten ... muß erinnert werden. Kinder unter zehn Jahren, das kann man ohne weiteres daraus schließen, sind noch nicht fähig, selbständig zu urteilen und zu handeln.»

Dies schreibt der Frankfurter Germanist und Pädagoge Hans Dieter Zimmermann in einem Artikel gegen den Fernsehkonsum von Kindern, veröffentlicht im «Börsenblatt für den Deutschen Buchhandel» Nr. 77, 27.9.1985, S. 2488–2492.* Und zwar schreibt Zimmermann dies gegen «sogenannte progressive Köpfe», die «meinen, die Kinder wären in der Lage, selbständig zu entscheiden, ob sie fernsehen wollen und vor allem was».

Zimmermann verneint also entschieden den «Selbstand», die Selbständigkeit des Kindes. Dies ist, ebenso wie die «eigene Identität», erst für «später» vorgesehen. Nicht mit gleicher Energie, aber in einem Teilbereich doch mit großer Sicherheit verneint er eigene Aktivitäten, z. B. Gedanken und Gefühle, von Kindern, wenn er schreibt, daß ein Kind «vollkommen passiv auf den Bildschirm glotzt». Noch kategorischer: «Beim Fernsehen handelt das Kind nicht, es ist vollkommen passiv. Es tut nichts.»

Für unseren Zusammenhang interessant ist noch ein offener Brief Zimmermanns (innerhalb des Artikels) an den Fernsehmann Siegfried Mohrhof. Dieser hatte es ein Jahr zuvor einmal einen «Kardinalfehler» genannt, «Kinder nur als Objekte unserer pädagogischen Bemühungen zu sehen, alles an der pädagogischen Elle zu messen». Zimmermann über Mohrhof: «Wenn er so spricht, meint er es auch so. Er weiß es nicht besser. Ich bin Pädagoge und erlaube mir deshalb, mich direkt an ihn zu wenden.» Dann folgt der offene Brief, in dem Zimmermann auf einen «Denkfehler» Mohrhofs hinweist. Die zentralen Sätze:

«Kinder sind immer Objekte pädagogischer Bemühungen. Auch wenn wir uns nicht um sie kümmern, ist das eine ‹pädagogische Bemühung›. Kindern gegenüber können wir uns nicht ‹nicht-pädagogisch› verhalten, da jedes Verhalten auf sie wirkt.»

Schließlich noch der Satz, mit dem der Pädagoge begründet, warum er sich nur um den Fernsehkonsum der Kinder sorgt: «Die Erwachsenen interessieren mich hier nicht; sie haben ihre Lernzeit gewöhnlich hinter sich; sie sind einigermaßen gefestigt oder sollten es doch sein.»

Wenn wir den Standpunkt bzw. die Sichtweise von Hans Dieter Zimmermann zusammenfassen, erscheint in allen Einzelheiten das gleiche «Bild» des Kindes, das schon Siegfried Bernfeld gezeichnet hatte. Das Kind ist Objekt, passiv, unselbständig, unfähig, unter verschiedenem Verhalten, das auf es wirken will, auszuwählen. Es ist der Welt und den Erwachsenen hilflos ausgeliefert, und zwar grundsätz-

---

* Die vielgelesene «Frankfurter Rundschau» hielt diesen Artikel für so wichtig, daß sie am 15.8.1985, S. 10, «Dokumentation», einen ganzseitigen Vorabdruck brachte.

lich, nicht nur, wenn etwa gewalttätige Verhaltensweisen seine Gegenkräfte überwinden. Genau besehen verfügt das Kind über solche (oder andere) Kräfte überhaupt nicht. Das Kind ist eine Marionette, an deren Fäden die Erwachsenen ziehen, ob sie wollen oder nicht. Subjektivität, gar so etwas wie eigene Rechte des Kindes sind in diesem «Bild» nicht aufzufinden.

Diese Sichtweise ist für Pädagogen nicht ungewöhnlich, auch wenn Zimmermann einige Formulierungen gewählt hat, die in den Ohren mancher seiner Kolleg/inn/en vielleicht etwas direkt klingen. Festzuhalten ist, daß dieses Kinder-«Bild» weit verbreitet ist, in letzter Konsequenz ebenso weit wie die Redeweise, daß Kinder «gestillt» und «großgezogen» werden: Solcher Sprachgebrauch verneint einen aktiven Eigenbeitrag des Kindes (hier das Saugen und das Wachsen), definiert das Kind ausschließlich als Objekt und interpretiert alles, was das Kind tut, als Leistung der Erwachsenen, der Erziehungssubjekte. Das gleiche gilt von unter Pädagogen, Entwicklungspsychologen, Kindertherapeuten u. ä. weithin üblichen Formulierungen wie: man müsse Kinder zu diesem oder jenem «befähigen» oder «instandsetzen»; vor einigen Jahren wurde von zahlreichen Expert/inn/en geradezu eine Kampagne geführt des Inhalts, daß es an den Erwachsenen sei, die Kinder zu «begaben».

Unter exakt umgekehrten Vorzeichen stehen die Ansichten z. B. von Heinrich Jacoby, wie sie in dem Buch «Jenseits von ‹Begabt› und ‹Unbegabt›» dargestellt sind. Dabei handelt es sich um Protokolle eines 24tägigen «Einführungskurses», den der Autor im Jahre 1945 über den «Schlüssel für die Entfaltung des Menschen» abhielt. Zitat aus dem 1. Kurs:

«Erst wenn die Erwachsenen auf die Kleinen einreden, ihnen bei allem helfen, ihnen zeigen, wie sie etwas machen müssen, sie ängstlich machen und bedrohen, wenn sie etwas ‹falsch› – d. h. anders, als man es ihnen vorgemacht hatte – machen, hört ein Kind auf zu sein, was ausnahmsweise etwa ein Newton oder ein Robert Meyer, ein Leibniz oder ein Helmholtz als Erwachsener noch gewesen ist, nämlich ein unbestechlicher und unermüdlicher Forscher. Jedes kleine Kind, das wir Erwachsene noch nicht verstört haben, ist ein unermüdlich und unbestechlich forschender Forscher. Wir haben uns aber daran gewöhnt, es als seltene ‹Begabung› anzusehen, wenn ein Erwachsener sich noch so verhält. Jedes noch unverstörte kleine Kind beweist durch sein Verhalten, daß die Natur den Menschen dafür ausgestattet hat, sich auf die Weise und mit den Qualitäten zu verhalten, die wir an den großen Forschern als typische Forschertätigkeit bewundern: Versunkensein, Hingegebensein und Realitätssinn – und nicht mit Schlagworten, Wissensfertigware und Redensarten! Solange ein kleines Kind noch es selber ist, läßt es sich nicht mit Redensarten abfinden. Aber je besser die Erziehung ‹geglückt› ist, um so mehr ist das Kind bereit, sich mit Redensarten zu begnügen, bis es schließlich gar nicht mehr merkt, daß es nur noch mit Redensarten gefüttert wird» (Jacoby 1983, S. 32f.).

Hier noch zwei kurze Bemerkungen aus diesem 500-Seiten-Buch, das sich nicht speziell mit Kinderproblemen beschäftigt, sondern damit, wie sich (lt. Zimmermann: «gefestigte») Erwachsene wieder lockern können:

«Jedes halbwegs unverstörte Kind funktioniert offenbar noch so, daß wir als Erwachsene jedermann als ‹hochbegabt› erscheinen würden, wenn wir noch so funktionierten» (2. Kurs, S. 58). «Ich bin überzeugt, daß in der Zukunft ein höheres Niveau der Entfaltung für jedermann als selbstverständlich gelten wird als heute. Die Voraussetzung dafür ist aber nicht, daß die Menschen in Zukunft noch mehr lernen müßten und daß die Erzieher noch mehr über Psychologie und Pädagogik wissen müßten. Im Gegenteil! Sie müßten nur endlich das Bild des Menschen und seiner biologisch gegebenen Möglichkeiten unbefangener sehen! Vor lauter Bildern von ‹Persönlichkeiten›, von Einzelmenschen und Typen sehen wir nicht die allgemein-menschliche Situation und nicht die Struktur der biologischen Ausrüstung des Menschen» (11. Kurs, S. 230f.).

Diese «biologische Ausrüstung», zu der Heinrich Jacoby ausdrücklich mit Bezug auf kleine Kinder eine «unbewußte Klugheit des Organismus» (S. 296) zählt, hat Jahrzehnte später der amerikanische Anthropologe Ashley Montagu unter einem noch ungewöhnlicheren Aspekt untersucht. Sein Buch «Zum Kind reifen» beginnt mit einer «Botschaft von einer fliegenden Untertasse»:

«Das Schlimme an den Erdbewohnern ist, daß sie so zeitig erwachsen werden. Solange sie jung sind, solange sind sie auch liebenswert, aufrichtig, tolerant, lernbegierig und zur Zusammenarbeit bereit … Die meisten Erwachsenen aber sind einander spinnefeind … Für das Leben, für die Entwicklung, für den Fortschritt und für die Anpassung an neue Situationen sind sie nur so lange zu gebrauchen, wie sie sich ihre jugendlichen Eigenschaften bewahren … Das Ideal sollte also lauten, die Kindheit bis zum Alter von sechzig Jahren zu verlängern. Dann wäret ihr imstande, eine wirkliche Kultur auf eurem Planeten zu erschaffen …» (Montagu 1984, S. 11).

Es ist hier weder möglich noch nötig, all die «harten» biologischen Fakten anzuführen, die Montagu veranlassen, als die wichtigste Tatsache der Evolution zum Menschen nicht die «Stabilisierung», sondern die «Flexibilität» (S. 105) seiner Eigenschaften anzusehen: «Die These dieses Buches ist, daß wir auf Grund der einmaligen evolutionären Geschichte unserer Spezies aufgerufen sind, die reiche Verheißung der Kindheit zu erfüllen: als Kinder zu wachsen und uns zu entwickeln, nicht aber zu der Art von Erwachsenen zu werden, die wir angeblich werden sollen. Damit soll nicht gesagt sein, daß wir auf einer kindlichen Stufe der Entwicklung stehenbleiben müßten. Wir sind aber, welchen Maßstab wir auch anlegen, dazu bestimmt, jene Merkmale, die das Kind so sichtbar zur Schau stellt, unser ganzes Leben lang zu Wachstum und Entfaltung zu bringen» (S. 162).

Die genannten Werke von Heinrich Jacoby und Ashley Montagu sind zu umfang-, fakten- und gedankenreich, um hier auch nur annähernd einen Eindruck von ihrem Inhalt vermitteln zu können. Es erscheint aber vertretbar, wenigstens noch einige Passagen von Montagu zu zitieren; das Kinder-«Bild», dessen Vorbild der reife, gefestigte Erwachsene ist, darf als vertraut genug vermutet werden. Das Kind als Vorbild des Erwachsenen ist dagegen wahrscheinlich eine ungewohnte Vorstellung, die näherer Beschreibung bedarf. Ausgangspunkt ist die unter Biologen seit etwa hundert Jahren bekannte Erscheinung der «Neotenie» oder «Pädomorphose»: «Die Beibehaltung fetaler oder jugendlicher Merkmale durch Retardation (Verzögerung, Hemmung; EvB) der Entwicklungsprozesse» (S. 368). Das bedeutet, vereinfacht gesagt, daß der Mensch biologisch nicht eine Weiterentwicklung ausgewachsener, sondern kindlich/jugendlicher Vorfahren war. Deren Unfertigkeit wurde beim Menschen zur gesteigerten Lern- und Anpassungsfähigkeit, die für das Überleben seiner Gattung in der Evolution den höchsten Wert darstellte.

Montagus Verdienst ist es nun, diese bekannte Tatsache konsequent von der Ebene biologischer auf die Ebene psychologischer Merkmale übertragen zu haben und damit «das Kind als das eigentliche Muster menschlicher Reife wieder in seine Rechte einzusetzen» (Klappentext). Hier noch fünf Zitate aus Ashley Montagus Buch «Zum Kind reifen», die für unseren Zusammenhang (die Herausarbeitung der bestehenden gegensätzlichen Kinder-«Bilder») von besonderer Bedeutung sind. (Wer «recht» hat – Bernfeld/Bildungspläne/ Zimmermann oder Hartmann/Jacoby/Montagu –, ist hier völlig unwichtig. Es könnte auch sein, daß eine Entscheidung gar nicht möglich ist. Hier geht es nur um den versprochenen Beweis, daß es ein zweites Kinder-«Bild» tatsächlich gibt.)

«Niemand sollte jemals glauben, das Kind sei lediglich ein passiver Empfänger der Botschaften, die es erreichen. Die Kreativität, mit der dieses wunderbare Geschöpf begabt ist, ist eines der vielen neotenen Verhaltensmerkmale, von denen wir bisher nie geglaubt hatten, daß sie einen konstituierenden Bestandteil der Mitgift jedes kleinen Kindes bilden» (Montagu 1984, S. 217f.).

«Welches sind aber nun diejenigen kindlichen Verhaltensmerkmale, die so wertvoll sind und die der Mensch allmählich verliert, wenn er älter wird? Wir brauchen nur die Kinder zu beobachten, um diese Merkmale deutlich vor uns zu sehen: Wißbegierde, Freude am Spiel, Aufgeschlossenheit, Experimentierbereitschaft, Flexibilität, Humor, Energie, Empfänglichkeit für neue Ideen, Ehrlichkeit, Lernwilligkeit und schließlich die vielleicht verbreitetste und wertvollste Eigenschaft, die Liebebedürftigkeit und Liebebereitschaft» (S. 15).

Montagu zitiert die These des englischen Psychoanalytikers Edgar Glover aus dem Jahre 1922: «Ja, gemessen an den sozialen Maßstäben des Erwachsenen ist das normale kleine Kind geradezu der geborene Verbrecher.» Montagus Kommentar: «Ich weiß nicht, ob es heute noch Psychoanalytiker gibt, die einer so extremen Sicht zustimmen würden, aber bis zu einem gewissen Grade haben die meisten Menschen auch heute noch ganz falsche Ansichten über die Natur des neugeborenen Kindes. Die Wahrheit ist, daß der bei weitem überwiegende Teil aller Erkenntnisse, die in langjähriger Forschungstätigkeit von buchstäblich Tausenden von Forschern zusammengetragen worden sind, darauf deutet, daß alle Triebe des neugeborenen Kindes auf eine gesunde und harmonische Entfaltung und Erfüllung hin orientiert sind. Ich wiederhole hier noch einmal, daß ich unter Gesundheit die Fähigkeit verstehe, zu lieben, zu arbeiten, zu spielen und vernünftig zu denken. Gerade darin, daß die Bedürfnisse des Kindes von unfähigen Sozialisationsagenten eben nicht erfüllt werden, liegt die wichtigste Ursache für jenes Verhalten, das wir so gerne mit einer ‹angeborenen Bosheit› in Verbindung bringen» (S. 165).

«Die Bewohner der westlichen Welt übernehmen zunächst einmal die überkommenen Vorstellungen davon, was ein Kind ist und was es sein sollte. Schon in dem Ausdruck ‹ein Kind aufziehen› deutet sich an, daß es von einer ‹niedrigeren› auf eine ‹höhere› Ebene befördert werden soll, und so disziplinieren wir das, was wir für Eigensinn und Widerspenstigkeit halten, indem wir dem Kind unsere vorgefaßten Absichten darüber aufzwingen, was und wie es sein sollte. Mit Scheuklappen dieser Art versehen, können wir gar nicht wahrnehmen, wonach das Kind strebt ... Es wäre ein großer Fortschritt, wenn wir aufhören würden, die Kindheit als eine Entwicklungsphase zu betrachten, die in irgendeinem willkürlich festgelegten Lebensalter endet, und sie statt dessen als das wahrnehmen würden, was sie ist, nämlich Teil einer langen Periode des Wachstums, das sich, wenn überhaupt, erst nach vielen Jahren verlangsamt» (S. 168).

«Jedes Kind verlangt schon frühzeitig danach, es selbst zu sein, und die unentbehrlichste unter allen Wohltaten, die wir ihm angedeihen lassen können, ist die Freiheit, selbständig zu wachsen ... Das Kind, dessen reiche Entwicklungsmöglichkeiten ja schon zutage liegen, ist bestrebt, diesen Möglichkeiten nach seinem eigenen Schrittmaß gerecht zu werden. Aber die Welt, in der das Kind schon so lange lebt, will von diesem Schrittmaß nichts wissen. Die meisten Eltern möchten ihre Kinder so rasch wie möglich aus der Kindheit hinausnötigen. Was immer die Gründe für ihr Verhalten sind, sie haben nicht das geringste Verständnis dafür, daß man Kindern unbedingt gestatten muß, ihr eigenes Entwicklungstempo zu wahren, und daß man sie weder zurückhalten noch zur Eile antreiben darf» (S. 298).

Eine treffende Zusammenfassung einer Teilproblematik dieses Kapitels hat der Soziologe Martin Doehlemann in der Einführung zu seinem im September 1985 erschienenen Taschenbuch «Die Phantasie der Kinder und was Erwachsene daraus lernen können» gegeben. Weil er im Prinzip die gleichen zwei «Bilder» gefunden hat, obwohl er an anderen Stellen suchte als der Autor des vorliegenden Buches, hier noch ein längeres Zitat. Überschrift: «Das Bild vom Kind: Mängelwesen oder Wunderwesen».

«Seit Jahrhunderten gibt es gegensätzliche Ansichten über die Natur des Kindes und seinen Werdegang. Um nur zwei Extreme zu nennen: Auf der einen Seite heißt es, daß Kinder ziemlich rohe, gottferne Barbaren seien, deren eigentliche Vermenschlichung noch bevorstehe und durch konsequente Erziehung vorangetrieben werden müsse. Auf der anderen Seite gibt es die Vorstellung, daß das Kind ein wundersames, fast göttliches Wesen sei, dessen Hineinwachsen in die Erwachsenenwelt mit einer Verarmung und einem Verlust von reiner Menschlichkeit einhergehe.

Der Streit der Theologen, ob Kinder kleine, nur durch strenge Zucht bekehrbare Teufel seien oder aber kleine, unschuldige Engel, die beim Heranwachsen meist verdorben werden, scheint heute abgeklungen zu sein. Die Fragestellung ist heute weltlicher: Sind Kinder noch ‹halbe›, zweitrangige Wesen oder in ihrer Art schon ‹ganze›, vollwertige Menschen?

Ein entschiedener Vertreter der ersten Ansicht ist zum Beispiel der belgische Zeitkritiker Robert Poulet ‹Wider die Jugend›, 1982): ‹Geben wir zu, daß sich das Geschlecht der Kinder genauso vom Menschengeschlecht unterscheidet wie Larven von ausgewachsenen Insekten. Wenig Bewußtsein und wenig Kraft› (S. 11). Es ist ‹aus sogenannten originellen Kindern und Halbwüchsigen nichts herauszuholen, von ihnen ist nichts zu erhoffen, weil sie ja noch kaum Lebewesen sind› (S. 16). Kinder, heißt es an anderer Stelle, sind ‹unbehauene Marmorblöcke› (S. 93). Das ist überspitzt ausgedrückt, aber sicherlich von vielen, insbesondere von Lehrern, nachzuempfinden. Der Schriftsteller Karl Heinz Kramberg meint (‹Kindersachen›, 1981, S. 12): ‹Wir kommen als kleine Ungetüme zur Welt, dafür können wir nichts, werden gräßlicher von Stunde zu Stunde, dafür können wir auch nichts. Aber wir sind belehrbar.›

Belehrung und Erziehung: All diejenigen, für die Kinder die Prinzipien der Unordnung und Mangelhaftigkeit verkörpern, werden mit ihnen wohl nur eine pädagogisch zielgerichtete Beziehung aus Betreuung und Anleitung pflegen wollen. Ein nichterzieherischer, unmittelbarer Umgang ist in dieser Sichtweise nicht nur unverantwortlich, sondern auch verlorene Zeit für beide Seiten.

Anders ist es, wenn man in Kindern grundsätzlich erst einmal interessante Menschen, eigensinnige Gesprächspartner, anregende Lebensgefährten oder, philosophisch betrachtet, die Vergegenwärtigung eines unerfüllbaren und dennoch gültigen Ideals menschlicher Bestimmung sieht. Für Friedrich Schiller ist das Kind die Vergegenwärtigung der ‹Natur›, die ‹wir waren› und die wir, auf dem Wege der Vernunft und der Freiheit, ‹wieder werden sollen› ... Johann Wolfgang von Goethe, der als 30jähriger in einem Brief erwähnt, daß der Umgang mit Kindern ihn ‹froh und jung› mache, schreibt in ‹Dichtung und Wahrheit› (1811): ‹Wüchsen die Kinder in der Art fort, wie sie sich andeuten, so hätten wir lauter Genies›» (Doehlemann 1985, S. 7f.).

Demnach ist das «alternative» Kinder-«Bild» und sind die Ansichten von Jacoby und Montagu gar nicht so neu. Doch wie gesagt kommt es für die Zwecke dieses Buches nicht darauf an, die beiden Möglichkeiten («Teufel» oder «Engel», «Marmorblock» oder «Genie») gegeneinander auszuspielen oder eine von ihnen als «richtig» oder «besser» zu erklären. Zwar ist sicher wahr, wenn Doehlemann schreibt, wir sollten «uns Klarheit verschaffen über das Bild, das wir uns mehr oder minder deutlich vom Kinde und seiner Natur machen. Dieses Bild beeinflußt unsere Grundhaltung gegenüber Kindern» (S. 7).

Aber das Umgekehrte ist eben auch wahr: Unsere Grundhaltung gegenüber Kindern beeinflußt dieses Bild. Genaugenommen müßte man sogar sagen, daß «Grundhaltung» und «Bild» nur zwei Bezeichnungen für das gleiche Phänomen sind.

Klarheit aber, dies ist ja die Existenzgrundlage dieses Buches, ist hilfreich, gewissermaßen «immer gut». Sie ist jedoch nicht leicht zu haben. Wie schwer einem Menschen die Entscheidung zwischen den beiden Kinder-«Bildern» fallen kann, zeigt der bekannte Fernsehjournalist Franz Alt in seinem Buch «Liebe ist möglich» (Alt 1985).

Dort finden sich zahlreiche Aussagen, die von Heinrich Jacoby oder Ashley Montagu stammen könnten. Beispiele:

«Kinder sind Erwachsenen insofern voraus, als sie im Vertrauen noch natürlich leben» (S. 58). «Man kann von niemandem *mehr* als vom Kind lernen: lieben lernen, leben lernen, vertrauen lernen» (S. 79). «Neben unserem eigenen inneren Meister haben wir im Leben keinen besseren Lehrmeister als unsere eigenen Kinder. Ihre

Quelle ist noch nicht verschüttet; sie sprudelt noch ursprünglich» (S. 170). – Was Franz Alt mit «inneren Meistern» meint, zeigt folgendes Zitat: «Den weitverbreiteten Ruf: Wo sind die inneren Meister, die uns helfen? beantwortet Jesus wiederum ganz eindeutig: ‹Das Reich Gottes ist *in* euch.› Der einzig wahre innere Meister ist schon immer da – von Anfang an. Wir müssen ‹nur› auf ihn hören lernen. ‹Ihr *seid* das Salz für die Welt.› ‹Ihr *seid* das Licht für die Welt.› Ihr seid euch dessen nur nicht bewußt. Wacht doch endlich auf! ruft uns Jesus zu. Die Wahrheit des inneren Meisters ist der Erkenntnisschatz jeder echten Religion. Alle äußeren Meister, jeder Personenkult in einer Religion sind Zeichen für Falschheit» (S. 95). In einem prägnanten Satz: «Kleine Kinder sind ganz große innere Meister» (S. 168).

Wenige Seiten bzw. Zeilen vor diesem Satz findet sich bei Alt eine dazu bruchlos passende Aussage und dann ein Bild, das eher an Bernfeld erinnert. Zunächst: «Eltern verhindern oft das natürliche Wachstum ihrer Kinder. Sie biegen und ‹erziehen› ihr Kind so lange, bis es gehorcht wie ein Zirkuspferd und jedesmal seine Mutter anschaut, wenn es etwas gefragt wird. Auf gehorsame Kinder sind deutsche Eltern besonders stolz, nicht auf freiheitsliebende Kinder» (S. 167). Und dann, gewissermaßen «in einem Atemzug» (und in vollem Ernst): «Wir stehen unseren kleinen Kindern gegenüber wie ein Bildhauer dem rohen Stein. Natürliche Erziehung ist Kunst wie ein gelungenes Bildhauerwerk. In der liebevollen Erziehung unserer Kinder erfüllen wir einen Auftrag Gottes» (S. 168f.).

Nach dem Katholiken Franz Alt hier noch eine evangelische Stimme zu unserem Thema. Hans-Ruedi Weber, Direktor für biblische Studien beim Ökumenischen Rat der Kirchen in Genf, legte 1980 unter dem Titel «Jesus und die Kinder» eine gründliche Untersuchung über das Kinder-«Bild» der Griechen, Römer und Juden und – im Gegensatz dazu – von Jesus Christus vor. Kurze Schlaglichter: «In der griechisch-römischen Welt waren Kinder in erster Linie dazu da, erzogen zu werden ... Hauptziel war es, das Rohmaterial (Kinder) so zu formen, daß nützliche Erwachsene und Bürger daraus würden» (S. 110). «Das Erziehungsziel jüdischer Eltern und Weisen war es, die ihnen anvertrauten Kinder zum Gehorsam zu bringen (*jasar*), damit sie gottesfürchtige Glieder des Bundesvolkes würden» (S. 66). Dagegen Jesus: «Für ihn war das Kind kein Rohmaterial für Erziehung, sondern das Symbol wahrer Jüngerschaft. Darüber hinaus war für Jesus das Kind *der* Repräsentant für ihn und für Gott» (S. 61). «Als Antwort auf die Frage ‹Wer ist der Größte?› stellt Jesus ein Kind in die Mitte der Jünger; ein Kind, nicht als Objekt für Belehrung, sondern als ein Modell für die Belehrung der Jünger. Ein Kind, nicht als ‹Rohmaterial für Erziehung› ...» (S. 146).

Daß «christliche» Erziehung später oft besonders unnachsichtig wurde (vgl. z. B. das Buch «Der liebe Gott sieht alles – Erfahrungen mit religiöser Erziehung», Scherf 1984), hängt sicher damit zusammen, daß der «Auftrag Gottes» (Alt) wichtiger genommen wurde als der «innere Meister», also Gott im Kind selbst. Andernfalls würden Erwachsene «sich nicht das Recht nehmen, dem Schöpfer mit wahrhaft lästerlicher Menschenveredelei ins Handwerk zu pfuschen» (Bartmann 1983, S. 15), sondern es als «Sünde wider die *Schöpfungsordnung* (betrachten), die innere Geordnetheit der Lebewesen zugunsten äußerer Ordentlichkeiten zu vergewaltigen» (Kloos 1984, S. 8). Es scheint, als würden in dieser Frage – nicht nur unter religiösem Aspekt – Vorstellungen nebeneinander existieren, die «eigentlich» unverträglich sein müßten. Aber (z. B.) die Bibel ist eben nur *eine* Quelle; eine andere sind (z. B.) eigene Erfahrungen als Kind ...

Im übrigen könnte am Beispiel von «Liebe ist möglich» zu lernen sein, daß widersprüchliche Formulierungen* nicht unbedingt auf widersprüchliche Gefühle und Verhaltensweisen schließen lassen. Dem Autor Franz Alt ist als Vater kaum zuzutrauen, daß er seine Kinder wirklich so behandelt wie ein Bildhauer den rohen Stein. Überhaupt bedeutet eine bestimmte theoretische Überzeugung noch lange nicht, daß man sich auch entsprechend benimmt. Wer an die Erbsünde glaubt, kann trotzdem sehr nett (z. B. tolerant) zu Kindern sein, und umgekehrt gibt es keine Garantie dafür, daß Menschen, die Kinder für unschuldige Engel oder Genies halten, sie auch immer wie solche behandeln. «Klarheit» bedeutet in unserem Fall, sich auch über die vielen möglichen Widersprüchlichkeiten «klar zu werden», die bei intergenerationellen Beziehungen eine Rolle spielen können.

Im 12. Kapitel (Abschnitt «Die ‹Natur› des Menschen») wird ein

---

* Nicht alle Formulierungen, die auf den ersten Blick als «unverträglich» bzw. «widersprüchlich» erscheinen, müssen dies auch wirklich sein. Es kann sich statt um ein Entweder-oder um ein Sowohl-als-auch handeln. Beispiel: «Jedes Kind blickt uns an und fragt: Was werdet Ihr aus mir machen? ... Nehmt Ihr mich, wie ich bin, oder wollt Ihr mich umformen nach Euren Vorstellungen?» (Bundespräsident Richard von Weizsäcker in seiner Weihnachtsansprache am 24. 12. 1985).

In der ersten Frage sieht sich das Kind als Objekt, in der zweiten als Subjekt. Nimmt man beide Fragen zusammen (und bedenkt man, daß sie von einem Erwachsenen formuliert wurden), kommen in ihnen nur zwei Seiten einer Medaille zum Ausdruck: die objektive (die Sicht von außen, aus der «Beobachterposition», vgl. S. 199) und die subjektive (der Wunsch des Kindes selbst). Diese zweite Seite der Medaille ist natürlich, falls man nur die erste gelten läßt, als «Denkfehler» (Zimmermann) zu qualifizieren. – Ob dies dem Bundespräsidenten in der nötigen Deutlichkeit mitgeteilt wurde, ist dem Autor nicht bekannt. Immerhin fällt die zweite Frage, wenn man so will, ganzen Wissenschaftszweigen und Berufsgruppen in den Rücken.

«anthropologisches Gesetz» formuliert, das eine Entscheidung darüber, welches der beiden Kinder-«Bilder» das richtige sei, überflüssig macht. Für jetzt genügt die Feststellung, daß es tatsächlich die beiden genannten Alternativen gibt. Weitere Beispiele würden nichts Wesentliches mehr hinzufügen können, zumal Äußerungen darüber, ob Kinder von «Natur» aus gut oder böse, egozentrisch oder sozial, fleißig oder faul usw. sind, mehr über die jeweiligen Erwachsenen aussagen, von denen sie stammen, als über das «Wesen» von Kindern.

Kapitel 8

Im Schatten der Macht

Auch zu Beginn dieses letzten Kapitels des ersten Teils eine Erinnerung und einige Vorüberlegungen.

Erfahrungsgemäß fällt es bei dem Thema dieses Buches vielen Leserinnen und Lesern («Zaungästen»), die es «hautnah» betrifft, schwer, *Kurzschlüsse* zu vermeiden, d. h., bei einer neuen Erkenntnis bzw. «einleuchtenden» Idee nicht sofort zu fragen, welche Konsequenzen aus ihr persönlich und/oder gesellschaftlich gezogen werden «müßten».

Ein Beispiel. Wir haben soeben gesehen, daß die «Entwicklungstatsache» (Bernfeld) ebenso wie die «Kleinheitstatsache» verschieden interpretiert werden kann und auch tatsächlich verschieden interpretiert wird. Vielen heutigen Erwachsenen ist nun die «neue»[*], die zweite Interpretation bereits vertraut – wie es z. B. der amerikanische Psychotherapeut Carl R. Rogers in seinem Buch «Die Kraft des Guten», Kapitel «Die neue – und die alte Familie» (Rogers 1978, S. 42–55) beschreibt.

Aber: «Die neue Eltern-Kind-Beziehung» – so der Untertitel des Buches «Unterstützen statt erziehen» (v. Schoenebeck 1982) – steht zu der «alten» Eltern-Kind-Beziehung/Familie in einem offensichtlich unüberbrückbaren Gegensatz. Die «neuen» Erwachsenen betrachten den «alten» Generationenvertrag als überholt und menschenunwürdig. Sie können ihn jedoch nur privat und persönlich aufkündigen; seine gesellschaftlich-politische Wirksamkeit können sie nicht außer Kraft setzen.

In dieser Lage versuchen manche «neue» Erwachsene, die anderen unter moralischen oder sogar politischen Druck zu setzen. Ein extremes Beispiel war der sog. «Kinder-Doppelbeschluß» (Kloos 1984), der das deutsche Parlament aufforderte, die «rechtliche Vorherrschaft» bzw. «Vorrüstung» der «Mehrjährigen» gegenüber den «Minderjährigen» abzubauen. Für den Fall, daß die Erwachsenen binnen neun Monaten nicht zur «Abrüstung» im «Altersklassenkampf» bzw. «Erziehungskrieg» bereit wären, wurde (folgenlos) eine «Nachrüstung» von Kindern und «objektiv kinderfreundlichen» Erwachsenen angedroht. Kritiker der sog. «Kinderrechtsbewegung» machen insofern zu Recht auf einen Widerspruch aufmerksam (z. B. durch Artikel wie «Die Abschaffung der Erziehung durch Erziehung»), der darin besteht, daß

---

[*] Die Kennzeichnungen «neu» und «alt» in diesem Kapitel beinhalten keine Wertung, sondern tragen lediglich einer zeitlichen Reihenfolge Rechnung. «Alt» kann überliefert, gewohnt, bewährt bedeuten, während «neu» nur ausdrückt, daß die Dinge auch anders gesehen werden können, und zwar auf eine Weise, die, realistisch betrachtet, ungeachtet ihres historischen Alters manchen «neu»gierigen Zaungästen eben doch neu sein dürfte.

die gleichen Menschen, die gegenüber Kindern Toleranz und Verständnis fordern, anderen Erwachsenen z. T. höchst intolerant und verständnislos gegenübertreten.

Eine Lösung, die diesen Widerspruch vermeiden würde, könnte darin bestehen, zwei unterschiedliche «Generationenverträge» zuzulassen. Wenn die «Kleinheits-» und die «Entwicklungstatsache» verschieden interpretiert werden können, müßte auch die «Reaktion der Gesellschaft» (Bernfeld) entsprechend verschieden ausfallen. Dies würde bedeuten, daß die Menschen, die das für richtig halten, beim «alten» Generationenvertrag bleiben könnten, der dann offen als Unterwerfungsvertrag erkennbar wäre: Die Erwachsenen haben das Sagen, sie verfügen über die erziehungs/führungs/dressurbedürftigen Kinder, und zwar mit so viel Macht und Gewalt, wie eben nötig ist, damit die Kinder tun, was die Erwachsenen, die reif, vernünftig und verantwortungsvoll sind, bestimmen.

Der «neue», alternative «Generationenvertrag» würde den Erwachsenen, die das wollen, erlauben, eine andere Rolle zu spielen: nicht die der Erzieher, Verbieter/Erlauber, Besserwisser, Machthaber, Gewalttäter usw., sondern z. B. die von gleichberechtigten Mitbürgern, evtl. Freunden, jedenfalls Unterstützern, die den Kindern, so gut es geht und so lange es gewünscht wird, zur Verfügung stehen (statt über sie zu verfügen). So wie Christen seit der Reformation zwischen zwei Hauptkirchen wählen können, müßten – nach diesem kurzschlüssigen Lösungsvorschlag – auch Eltern wählen können, ob sie Kinder in eine Welt der körperlichen, seelischen und geistigen Gewalt bzw. Bevormundung oder in eine Welt der Solidarität, Toleranz und Gerechtigkeit setzen wollen.

Daß weder dieser Gedanke noch der «Kinder-Doppelbeschluß» diskussionsfähig sind, liegt auf der Hand. Das Beispiel sollte zeigen, daß es Probleme gibt, bei denen die Suche nach schnellen praktischen Konsequenzen unausweichlich in die Irre führt.

Das bisherige Entweder-Oder bietet keine realistische Perspektive. Zu Recht schreibt deshalb der Pädagoge Hermann Giesecke in seinem Buch «Das Ende der Erziehung», nachdem er die gegensätzlichen Positionen von Pädagogen und Antipädagogen erwähnt: «In dieser Situation sich auf die eine oder andere Seite zu schlagen führt nicht weiter. Vielmehr muß die Diskussion grundsätzlicher ansetzen, bei der Frage nämlich, ob die Idee der ‹Kindlichkeit des Kindes› – die Voraussetzung für unseren traditionellen Begriff von Erziehung – nicht überhaupt aufgegeben werden muß» (Giesecke 1985, S. 8).

Die Fragestellung des vorliegenden Buches ist allerdings eine andere als bei Giesecke, der nicht nur das «alte» Kinder-«Bild», sondern die ganze Idee der Kindlichkeit des Kindes aufgeben will. Es muß jedoch zunächst sichtbar werden, welche Tatsachen (Voraussetzungen, Absichten, Ziele, Bedürfnisse usw.) sich hinter bestimmten von

Erwachsenen formulierten «Ideen» – hier: dem «alten» Kinder-«Bild» und dem ihm entsprechenden offiziellen Generationenvertrag – verbergen, bevor man ihren Wert oder Unwert beurteilen kann.

Da in diesem Kapitel solche Tatsachen, insbesondere bestimmte *Interessen* nicht weniger Erwachsener, recht ungeschminkt sichtbar werden, erscheint die Erinnerung ratsam, daß damit niemand angeklagt oder eines Besseren belehrt werden soll. Bücherlesende Menschen sind es wohl gewöhnt, daß auf analytische Passagen solche folgen, in denen Schlüsse gezogen werden, die bestimmte Konsequenzen nahelegen. Das ist bei dem vorliegenden Buch nicht der Fall. Die Analysen sind Selbstzweck. Es geht nicht um gut oder schlecht, richtig oder falsch und andere Wertungen, sondern lediglich darum, aufzuzeigen, was ist.

Dabei empfiehlt es sich, nicht die Erwartung zu hegen, den Heimlichen Generationenvertrag nach Abschluß des ersten Teils bereits kennengelernt zu haben. Der zweite Teil gehört unabdingbar hinzu, ist nur aus einer etwas anderen Perspektive geschrieben, für die jetzt durch eine eher «schonungslose» Darstellung des Kerns des HGV die Basis geschaffen werden soll. Und zwar soll dies mittels eines Beispiels geschehen, das einen wohl ausreichend wichtigen Teilbereich betrifft und sich vor anderen dadurch auszeichnet, daß ihm gegenüber auch innerhalb der Gruppe der «alten» Erwachsenen sich eine wachsende Unzufriedenheit (man könnte auch von «Problembewußtsein» sprechen) zeigt, die inzwischen bereits zu einer Reaktion von dieser Seite geführt hat, welche fast vollständig mit den Vorstellungen der «neuen» Erwachsenen übereinstimmt.

In Diskussionen heißt es häufig, es herrsche gewiß Einigkeit über das Ziel, nur die Wege zu diesem Ziel seien umstritten. Dabei sind allerdings zwei (nicht Kurzschlüsse, aber:) Trugschlüsse möglich. 1. Wenn Einigkeit über ein Ziel besteht, ist ein Streit über den «richtigen Weg» sinnlos, falls die Streitenden verschiedene Standorte (Ausgangspunkte) einnehmen. In diesem Fall führen nur verschiedene Wege zum gleichen Ziel. 2. Offiziell angegebene Ziele sind nicht immer die wirklich angestrebten. Zumindest gibt es Fälle, in denen es von vornherein unmöglich ist, daß sie auf den offiziell empfohlenen Wegen auch wirklich erreicht werden. Um also nicht bloßen Illusionen anheimzufallen, ist es erforderlich, sich zunächst einmal über den eigenen Standort klarzuwerden, «Stellung» zu «nehmen» zu bestimmten Tatbeständen, vor denen man zwar auch die Augen verschließen kann; doch streitet man dann eben blind über Ziele und Wege.

Wenn man dies bedenkt und davon ausgeht, daß die in diesem Kapitel unter der Zwischenüberschrift «Ein ‹diskretes› Problem» zur Sprache kommenden Tatsachen und Zusammenhänge mit dem «Wertsystem der Gesellschaft» (Eccles/Robinson) nicht in Einklang stehen, könnte das hier gewählte Beispiel, insbesondere der (Zwischenüberschrift:) «‹indiskrete› Lösungsvorschlag», die Hoffnung begründen, daß eines Tages in Diskussionen über die Kinderfrage der ebenfalls häufig gebrauchte Satz fällt, daß man *so* weit voneinander entfernt, wie es am Anfang den Anschein hatte, doch gar nicht sei.

Erwachsene sind nicht nur mächtiger als Kinder, weil sie über mehr Körperkräfte, Erfahrungen und z. B. Geldmittel verfügen, sie sind auch rechtlich privilegiert. Der Gesetzgeber, der ansonsten bemüht ist, die Beziehungen zwischen den Staatsbürgern so zu regeln, daß wenigstens nicht die bloße Körperkraft einem Menschen rechtmäßige Gewalt über einen anderen gibt, der also versucht, die «Spielregeln» des zwischenmenschlichen Umgangs so zu formulieren, daß das Recht als Gegenspieler der Macht wirkt und gewalttätige Auseinandersetzungen möglichst vermieden werden, dieser Gesetzgeber räumt sog. «erziehungsberechtigten» Erwachsenen Sonderrechte ein, die das Kind außerhalb des Schutzes der Menschenrechte, des Grundgesetzes, des staatlichen Gewaltmonopols und des Wertsystems der Gesellschaft stellen. Eltern sind berechtigt, ihre Kinder zu bestehlen, zu belügen, zu betrügen, zu berauben, zu beleidigen, zu bedrohen, zu erpressen, zu nötigen, einzusperren, zu schlagen, ihnen die Haare abzuschneiden, ihnen Körperverletzungen beizubringen, sie auszuziehen, zu betasten, zu streicheln, zu küssen, ihre Freundschaften zu unterbinden und vielerlei mehr, wozu Menschen sonst nicht berechtigt sind, weil es die Würde und Freiheit der «Opfer» verletzt, die der Staat zu schützen sich sonst für berufen erklärt.

Dies ist kein Vorwurf, sondern die Feststellung einer unleugbaren und hochoffiziellen Tatsache. Das «elterliche Züchtigungsrecht», also die rechtliche Sonderregelung, daß Körperverletzungen an Kindern dann gerechtfertigt sind, wenn sie «der erzieherischen Einwirkung» dienen (vgl. 10. Kap.), ist nur der sichtbarste Ausdruck für die schwache Rechtsposition der Kinder. Eltern können ihre Kinder von Staats und Rechts wegen vollkommen willkürlich schikanieren, solange sie geschickt genug sind, diese Schikanen als «Erziehungsmaßnahmen» auszugeben (die Begründungen können so absurd sein, wie sie wollen) und darauf zu achten, daß sie keine zu deutlichen Spuren hinterlassen. Mit anderen Worten: Die Macht der Eltern ist de jure und de facto unbegrenzt, solange sie nicht von außen erkennbaren Mißbrauch mit ihr treiben. Wenn man von einem «Vertrag» zwischen Eltern und Kindern sprechen will (dem Neugeborene, wie es im Vertragsrecht heißt, «stillschweigend» ihr Einverständnis geben könnten), würde es sich eindeutig um einen «Unterwerfungsvertrag» (Thomas Hobbes) handeln (vgl. das Protestgeschrei der meisten kleinen «Partner»).

Dieser Unterwerfungsvertrag hat weitreichende Folgen, die auf der Hand liegen und meist auch beabsichtigt sind. (Eltern sollen ja ihre Kinder erziehen/dressieren.) Diese Folgen betreffen jedoch nicht nur die Beziehungen zwischen Eltern und Kindern, sondern bestimmen den Status, der Kindern insgesamt in der Erwachsenengesellschaft eingeräumt wird. Sie prägen die *Objektrolle* der Kinder, ihre Funktion als *Nutzungsobjekte*. (Vgl. «Sexismus als heimlicher Lehrplan», den Unterschied «zwischen ‹offen› frauenfeindlich und lediglich frauen‹benutzend›».) Kinder sind deshalb nicht nur von der Willkür ihrer Eltern abhängig, sondern auch zahllosen Schikanen durch andere Erwachsene (nicht nur, aber auch: Amtspersonen) ausgesetzt: wenn nämlich ihre Eltern als ihre sog. «gesetzlichen Vertreter» sich weigern oder außerstande sind, gegen Übergriffe anderer Erwachsener anzugehen.

Es muß Spekulation bleiben, ob auch dies beabsichtigt ist. Möglicherweise damit Kinder den rechtlich nur ihren Erziehungsberechtigten geschuldeten Gehorsam auf alle Erwachsenen ausdehnen, um deren (altem) Kinder-«Bild» zu entsprechen. Es wäre denkbar, daß wohldressierte Erwachsene, sogar wenn ihnen das neue Kinder-«Bild», z. B. aus religiösen Gründen, nicht völlig verborgen geblieben ist, einige Probleme damit hätten, relativ selbstbewußteren Kindern zu begegnen, die sie, die «fertigen» (fertiggemachten) Erwachsenen dann (psycho-)logischerweise daran erinnern müßten, wie sie sich ihrerzeit (aus dieser Sicht müßte man sagen:) «korrumpieren» (s. u.) ließen und vielleicht noch «stolz» darauf sind, zu einem «Erwachsenengebrauchsleben heruntergeschrumpelt» (Rauter 1979, S. 30) zu sein.

Von «der Verkleinerung des Menschen zum Schrumpfmenschen» (Rauter) als direkter Folge der Kinderdressur kann selbstverständlich nur aus «neuer» Sicht gesprochen werden. Da kann die Konfrontation mit realen Kindern, der beispielsweise Lehrer/innen beruflich ausgesetzt sind, zu erheblicher Angst führen, wie dies Horst Brück in seinem Buch «Die Angst des Lehrers vor seinem Schüler» beschreibt. Brück zeigt, «daß Erwachsenheit durch die bloße Berührung und erst recht den eruptiven Ausbruch von Kindlichkeit tendenziell immer gefährdet ist, in einer solchen Weise, daß Angst entstehen muß. Angst entsteht hier also im Hinblick auf Gefährdung und mögliche Zerstörung – wenn auch bloß vorübergehender – von mühsam gewonnener Erwachsenheit» (Brück 1978, S. 39).

Aus «alter» Sicht dient die Kinderdressur der Verinnerlichung von Normen und der Einpflanzung von Fähigkeiten, die von außen kommen müssen, um in den Kindern kein «Vakuum» (häufiger Ausdruck von Erziehungswissenschaftlern) *ent*- oder *be*stehen zu lassen (darüber sind sich Erziehungswissenschaftler nicht einig): Die Kindererziehung nach dem alten «Bild» ist im ersteren Fall als Programmierung einer Maschine, im zweiten als Korrumpierung ursprünglicher Strebungen eines Lebewesens zu verstehen. Beide Vorgänge der Produktion richtiger und reifer Menschen machten die Begegnung von solchen Produkten mit «eigen*sinnigen*», «eigen*willigen*», «eigen*mächtigen*», «*eigen*artigen» (nicht «artigen») Kindern zu einem Problem: entweder zu einer unbewältigbaren Irritation bzw. Provokation (wenn sie als Kinder Marionetten «waren», ganz Eigentum der Eltern, ohne *Eigen*tümlichkeiten, die sie an anderen Kindern dann nicht begreifen können) oder zu einer schmerzlichen Erinnerung (wenn sie als Kinder bereits über *Eigen*schaften verfügten, die ihnen «ausgetrieben» wurden – allerdings nicht immer vollständig. Dies meint jedenfalls Horst Brück, der in seiner tiefenpsychologischen Analyse von der «verbliebenen Kindlichkeit der Lehrer» spricht, die sie nicht akzeptieren könnten, weshalb sie die reale Kindlichkeit ihrer Schüler mit allen Mitteln bekämpfen müßten).

Wie dem sei, der übliche Generationenvertrag hat, über solche direkten und bekannten (je nach Interpretation anders bewerteten) Folgen hinaus, noch andere Konsequenzen, die in jedem Fall auftreten können. Er hat nämlich, und hier gewinnt das Wort «heimlich» im HGV seinen Sinn, einige unbeabsichtigte (?) Nebenfolgen bzw. unerwünschte (?) Nebenwirkungen, die sich im Schatten der durch das Recht nicht – wie unter Erwachsenen – neutralisierten, sondern legitimierten und gesteigerten Übermacht der Eltern und Erzieher entfalten.

Ein «diskretes» Problem

Eine dieser «Nebenwirkungen» ist in den letzten Jahren* ins Bewußtsein der Öffentlichkeit gedrungen, nachdem es zuvor «Das bestgehütete Geheimnis» (Rush 1982) war. Nicht wegen dieses Buchtitels (Untertitel: «Sexueller Kindesmißbrauch»), sondern wegen des verdeckten, aber aufweisbar direkten Zusammenhangs zwischen diesem nach offizieller Wertung besonders schrecklichen Verbrechen und der aus alter Sicht normalen «Vertrags»position der Kinder eignet sich der sexuelle «Miß»brauch als Beispiel zur Darstellung einer solchen Nebenwirkung, zumal auch mit Vertretern des alten «Bildes» kein Streit darüber geführt werden muß, ob es sich dabei um eine beabsichtigte oder eine unerwünschte Nebenwirkung handelt. (Auf die beiden Fragezeichen im vorigen Absatz ist allerdings zurückzukommen.)

Nach Angaben des Deutschen Kinderschutzbundes (DKSB) wur-

* In einer editorischen Notiz am Ende des 1978 in Frankreich und 1980 in Deutschland erschienenen Buches «Gewalt an kleinen Mädchen» heißt es: «Dieses Buch ist das erste zu diesem Thema in Frankreich und anderswo, auch bei uns» (Sebbar 1980, S. 351).

den 1983 in der Bundesrepublik «ca. 130000 bis 200000 Kinder Opfer sexueller Gewalt. Untersuchungen aus den USA kommen zu dem Ergebnis, daß eines von fünf Mädchen und einer von elf Jungen unter 18 Jahren sexuell mißbraucht werden.»*

Diese Zahlenschätzung soll einen Eindruck davon vermitteln, mit welcher «Dunkelziffer» Fachleute bei diesem Delikt rechnen. Die «amtlichen» Zahlen sind natürlich niedriger; 1983 wurden 10 939 Fälle von sexuellem «Mißbrauch» von Kindern bekannt. (Übrigens ein bemerkenswerter Ausdruck: statt «Vergewaltigung», «Verführung», «Belästigung», «Benutzung» oder «Gebrauch» heißt es, wohl zur Unterscheidung von ihrer legalen Verwendung, «Mißbrauch».)

Im Jahre 1984 waren es nach Auskunft der Bundesregierung 10 589 Fälle. Bei der Bekanntgabe der letzteren Zahl teilte der damalige Bundesfamilienminister Heiner Geißler am 18. 9. 1985 mit: «Sexueller Mißbrauch von Kindern ist ein Verhalten, bei dem der Stärkere sich in besonders verwerflicher Weise über den Schwächeren, dessen Rechte und Würde hinwegsetzt. Es ist Aufgabe des Staates und der Gesellschaft, den Schwächeren, das Kind, vor Übergriffen dieser Art möglichst zu schützen.»

Wenn wir nun die Argumentation wieder teilen (und das «dieser Art» nur stillschweigend zur Kenntnis nehmen), können wir sagen, daß im Rahmen des HGV das «möglichst» glaubwürdig ist. Der Gesetzgeber bedroht die Täter – fast ausschließlich Männer – mit Strafe, in den Medien werden Warnungen verbreitet usw. (Daß männliche Richter oft dazu neigen, wie schon Sigmund Freud nicht den Kindern zu glauben, sondern ihnen die Schuld zu geben, wird in dem Buch von Florence Rush nachgewiesen und verständlich gemacht.) Im Rahmen des HGV sind die dennoch zu beklagenden Opfer der Preis, der für eine liberale – bzw. nach Rush von einer männlich dominierten – Gesellschaft zu zahlen ist, die ihren Vorschlag nicht aufgreifen will, «ein totales Umerziehungsprogramm» durchzuführen, «eine Entprogrammierung von dem jahrhundertealten, weltweiten Glauben, ein Mann habe einen Anspruch auf die Ausübung sexueller Macht und Vorrechte» (Rush 1982, S. 292).

Hält man dagegen den üblichen Generationenvertrag für eine Verheimlichung der wirklichen Rolle und Funktion von Kindern, ist das ministerielle «möglichst» nicht glaubwürdig. Aus dieser Sicht ist es gerade nicht «Aufgabe des Staates und der Gesellschaft, den Schwächeren, das Kind, vor Übergriffen ... zu schützen». Vielmehr sehen

---

* «Kinderschutz aktuell – Zeitschrift des DKSB e. V.», 3. Quartal 1985, Themenheft «Spannungsfeld Sexualität», S. 14

der Erwachsenenstaat und die Erwachsenengesellschaft ihre Aufgabe darin, alles zu tun, damit Kinder den Übergriffen der Erwachsenen weiterhin zur Verfügung stehen. Florence Rush formuliert dies so:

«Als Mr. Bumble in Dickens' *Oliver Twist* gesagt bekam, er sei für das Benehmen seiner Frau verantwortlich, weil ‹das Gesetz annimmt, daß Ihre Gattin nach Ihren Weisungen handelt›, stotterte Mr. Bumble, der fest davon überzeugt war, daß seine Frau ihn in der Hand hatte und nicht umgekehrt, empört: ‹Wenn das Gesetz das annimmt, dann ist das Gesetz ein Esel – ein Idiot!› Aber Mr. Bumble irrte. Das Gesetz ist weder ein Esel noch ein Idiot. Wenn das Gesetz davon ausgeht, daß Frauen und Kinder unter männlicher Kontrolle stehen müssen, wie seltsam oder abwegig diese auch sein mag, dann vollbringt das Gesetz – weit davon entfernt, ein Esel oder Idiot zu sein – genau das, was es auszog zu vollbringen» (S. 239).

In bezug auf Frauen gibt es in den heute geltenden Gesetzen noch immer Reste (Vergewaltigung ist strafbar, jedoch nicht in der Ehe) der «Konzeption der Frau als sexuelles Eigentum»: «Wir gehen immer noch davon aus, daß ein Mann seine Frau nicht vergewaltigen kann, weil er unserer Ansicht nach nicht für den sexuellen Mißbrauch dessen, was ihm gehört, zur Verantwortung gezogen werden kann» (S. 66).

In bezug auf Kinder ist die Situation nicht anders: «Susan Brownmiller liefert in *Gegen unseren Willen* eine historische Analyse: ‹Das heillose Schweigen, das über familiärem Mißbrauch von Kindern liegt und eine realistische Einschätzung der Häufigkeit solcher Vergehen verhindert, ist in der gleichen patriarchalischen Philosophie sexuellen Privateigentums begründet, welche die historische Einstellung der Männer gegenüber Vergewaltigung geprägt und bestimmt hat. Wie die Frau als persönliches Eigentum des Mannes betrachtet wurde und wird, so waren und werden Kinder als ganz und gar eigene Nutzungsobjekte angesehen›» (S. 44).

Rush zitiert auch Louise Armstrong («Kiss Daddy Goodnight»), die über die Beweggründe von blutschänderischen Vätern schreibt: «Der Vater, der sexuellen Mißbrauch treibt, muß von einem väterlichen Vorrecht überzeugt sein, um das, was er tut, rationalisieren zu können: Doktorspiele mit seinem eigenen Kind. Egal, ob schwacher oder autoritärer Natur, er muß seine Kinder als Besitz betrachten, als Objekte. Er muß davon ausgehen, daß seine Kinder da sind, um seinen Bedürfnissen gerecht zu werden anstatt umgekehrt» (S. 45).

In der inzwischen in deutscher Sprache – allerdings unter dem Originaltitel («Kiss Daddy Goodnight»; ‹Gib Vati ein Gutenachtküßchen›) – erschienenen

Ausgabe lautet die Übersetzung dieser Passage: «Ein Vater, der seine Kinder mißbraucht, muß sich mit einem elterlichen Hoheitsrecht ausgestattet fühlen. Wäre das nicht der Fall, könnte er keine Rationalisierungen finden für das, was er tut, nämlich mit seinem eigenen Kind Doktor spielen. Schwach oder autoritär – er muß seine Kinder als Besitz, als Objekte, wahrnehmen. Er muß denken, seine Kinder seien dazu da, seine Bedürfnisse zu befriedigen – nicht umgekehrt» (Armstrong 1985, S. 260).

Hier sind wir nun bereits im innersten Kern des Heimlichen Generationenvertrags angelangt. Kinder werden vom Gesetz und von der Gesellschaft (Gesetze entstehen ja nach demokratischen Spielregeln aus dem Mehrheitswillen der Erwachsenen) zwar offiziell nicht mehr als legitime Sexualobjekte gesehen. (Obgleich es in den USA, wie Rush ausführlich darstellt, lautstarke Bestrebungen von bestimmten Erwachsenen – «chicken-hawks»: Hühnergeiern – gibt, die das «Bürgerrecht» fordern, Kinder als Sexualobjekte zu benutzen.) Doch der allgemeine Objektstatus, der «Opferstatus von Kindern» (Rush 1982, S. 253) ist gesetzlich festgeschrieben und wird von der Gesellschaft gebilligt.

Kinder sind, was die «alten» Erwachsenen freilich nicht bemerken können, weil es nur von außerhalb des traditionellen Denkrahmens erkennbar wird, «Nutzungsobjekte» (Brownmiller, s. o.) der Erwachsenen.

Rush hatte von der «Ausübung sexueller Macht und Vorrechte» der Männer gesprochen. Es liegt auf der Hand, daß der sexuelle Aspekt nur einer von vielen ist. Wenn wir also allgemein die *Macht und Vorrechte* in den Blick nehmen, werden in bezug auf Kinder auch Frauen einbezogen. Und es wird klar, daß die konkrete Macht als biologische Tatsache nicht aus der Welt geschafft werden kann.

Diese konkrete Macht aber besitzt jede/r körperlich Stärkere (oder: besser Bewaffnete) über ihr/ihm faktisch unterlegene Menschen (auch Tiere, Pflanzen, Dinge). Gerade deswegen haben die Menschen die Kategorie Recht geschaffen und versuchen normalerweise, sie auch auf staatlicher Ebene, in Form von Gesetzen, zur Wirkung zu bringen. («Recht» und «Gesetz» sind bekanntlich zweierlei; aber wenn in einem Bereich beide in Gegensatz geraten, sind Gesetzesreformen möglich.)

Die Kombination «Macht und Vorrechte» kennzeichnet den Unterwerfungsvertrag. Macht und Vorrechte waren früher den Herrschern eigen (vgl. das elterliche «Hoheitsrecht» bei Armstrong, s. o.) und sind es heute z. B. allen Eigentümern (bezüglich ihres gesetzlich geschützten Eigentums) – und Kinder sind nur insofern nicht mehr, wie früher z. B. im alten Rom, Eigentum ihrer Eltern (zuvor allein des

Vaters), als es gesetzlich nicht mehr erlaubt ist, völlig nach Belieben mit ihnen zu verfahren – sprich: sie zu verkaufen, zu töten oder zu offensichtlich zu mißhandeln. «Wer in blinder Wut Erziehungsmaterial zerstört, findet sich vor dem Richter wieder, zu arg inhuman darf der Umgang mit den Kindersklaven nun doch nicht sein» (Heppner 1985, S. 5). Sie werden ja auch für den ökonomischen Generationenvertrag noch gebraucht,* weshalb sie nicht so *abgenutzt* werden dürfen, daß sie die Alten dann nicht mehr ernähren können.

Mit dieser Einschränkung gelten Kinder vor dem Erwachsenengesetz und in der Erwachsenengesellschaft als «Privateigentum» und «Nutzungsobjekte» (Brownmiller), als «Besitz» und «Objekte» (Armstrong) der Erwachsenen. So wie der blutschänderische Vater nach Armstrong seine Kinder als Besitz oder Objekte betrachten bzw. wahrnehmen «muß», wie er denken bzw. davon ausgehen «muß», daß seine Kinder (dazu) da sind, um seinen Bedürfnissen gerecht zu werden bzw. seine Bedürfnisse zu befriedigen und nicht umgekehrt, so *müssen* der Gesetzgeber und die Erwachsenengesellschaft den Kindern diese Rolle zugewiesen haben: Andernfalls würden Erwachsene nicht Macht *und* Vorrechte (Hoheitsrechte) über Kinder beanspruchen und mit jeder nötigen Gewalt (auch Polizeigewalt) durchsetzen.

Kinder haben – nicht offiziell, aber allzu «heimlich» wohl auch nicht immer – die Funktion, Bedürfnisse der Erwachsenen zu befriedigen. Sie verdanken dieser Funktion bereits ihre Entstehung. Auch bei künstlicher Befruchtung (oder Adoption) ist die Begründung regelmäßig ein starkes Bedürfnis der Erwachsenen. Der Kinderwunsch kann so drängend sein, daß Heilkundige ihm Krankheitswert zusprechen. Die Therapie ist das Kind. Und in dieser Funktion bleibt es, bis es alt und stark genug ist, sich wirksam zu wehren, falls es mit dieser Funktion nicht zufrieden ist – z. B. auf Grund der Verheißung des HGV, sich später für alles ent-schädigen lassen zu dürfen ...

Weil nun Kinder sich dem HGV zwar nicht grundsätzlich entziehen können, aber doch über Möglichkeiten verfügen, ihren Eltern den Spaß recht gründlich zu verderben, versuchen die meisten Eltern – ganz wie die absolutistischen Herrscher –, sich so zu verhalten, daß ihre Untertanen/Nutzungsobjekte sich mit ihrem Schicksal letztendlich doch zufriedengeben. Sie können dies durch nackte Gewalt tun, also per Einschüchterung, ebenso durch List und Bestechung, schlimmstenfalls durch einige mehr oder weniger echte Zugeständ-

---

* Vgl. Oswald von Nell-Breuning in seinem Buch «Gerechtigkeit und Freiheit» (1985, S. 66): «Will die heute erwerbsfähige Generation in ihren alten Tagen versorgt sein, dann muß eine neue Generation nachgewachsen sein, die diese Last auf sich nimmt.»

nisse (Stichwort z. B.: Familienkonferenzen). Offiziell heißt diese Strategie: Das Wohl des Kindes muß stets im Vordergrund stehen. In Wirklichkeit ist das Ziel (nichtsadistischer) Eltern leicht erkennbar: Sie müssen den Kindern allzu großes Unwohlsein ersparen (und dürfen sie, wie meist ja verräterisch betont wird, nicht allzu sehr *schädigen*), damit sie die ihnen zugedachte (sprich: aufgezwungene) Funktion weiter erfüllen (wollen und *können*). Sei es als spätere Rentenzahler – nicht umsonst heißt es offiziell immer: «Kinder sind *unsere* Zukunft» –, sei es als Blitzableiter für allen möglichen Ärger, sei es als abhängige Wesen, die einem so etwas wie Wichtigkeit und Bedeutung verleihen, sei es, etwa als Musterschüler/innen, zur Befriedigung persönlichen Ehrgeizes, sei es ganz allgemein als Prestigeobjekte (nicht wenige Eltern prahlen damit öffentlich, wenn sie eine größere Zahl von Kindern in die Welt gesetzt haben) usw. usw., sei es als «Wärmflasche» und «Schmusetier» zur Befriedigung erwachsener Wünsche nach Zärtlichkeit und «menschlicher Nähe», sei es schließlich als konkrete Sexualobjekte, auf deren Verschwiegenheit Mann sich verlassen kann.

An diesem Punkt hat das – hier nur kurz angedeutete (wer es nicht erkennen kann, wird auch durch größere Ausführlichkeit nicht hellsichtiger) – System neuerdings einen Bruch erfahren. Im Zuge der Frauenbewegung haben seit einigen Jahren immer mehr Opfer männlicher sexueller Gewalt die Verschwiegenheit zumindest nachträglich aufgegeben.

Daß Männer dies bisher noch nicht taten, könnte daran liegen, daß sie, wenn sie die «Front» gewechselt haben, also den Erwachsenenstatus erlangt haben, für ihre Vorleistung tatsächlich belohnt werden. Sie können dann – dies ist ja die Versprechung des HGV – mit Kindern tun, was mit ihnen als Kindern getan worden ist, im guten Glauben, daß Kinder eben für so etwas da sind.

Vielleicht ist die Vermutung nicht abwegig, daß Frauen ihr Schweigen deshalb früher brachen, weil sie zumindest hinsichtlich des sexuellen Aspekts betrogen wurden. Sie haben ihre Opferfunktion erfüllt, und nun, da sie selbst Kinder haben, bietet ihnen die Täterrolle nicht die entsprechende Befriedigung. – Diese Vermutung kommt nicht von ungefähr und entspringt auch nicht (nur?) männlichem Zynismus. Feministinnen prangern sehr häufig – und selbstverständlich mit vollem Recht – die Gewalt der Männer und Väter an, die Gewalt der Mütter wird jedoch häufig nicht thematisiert. Florence Rush z. B., die in ihrem erschütternden und jedermann dringend empfohlenen Buch ein außerordentliches Einfühlungsvermögen in Machtstrukturen zwischen den Geschlechtern und zwischen den Generationen an den Tag legt, schreibt doch am Schluß, Frauen müßten sich «weigern, unsere Kinder aus … der Disziplinierung … der Erwachsenen zu ‹befreien›. Wir müssen anfangen zu begreifen, daß Mütter, wenn sie Kinder aufziehen und für ihr späteres Benehmen als Erwachsene verantwortlich sein sollen, zumindest den nötigen wirtschaftlichen und gesellschaftlichen Rückhalt haben müssen, um sie vor der Lawine von schädlichen Außenwelteinflüssen und vor direkten sexuellen Angriffen schützen zu können» (Rush 1982, S. 291).

Dieser Appell legt nahe, daß Rush die Kinder unverändert als Privateigentum der Mütter reklamiert, sie als Disziplinierungsobjekte (also, wenn man an das Phänomen Machtlust/Machtrausch denkt, auch als Lustobjekte) ansieht und nicht Machtabbau, sondern -zugewinn («gesellschaftlichen Rückhalt») fordert, um den Kindern «ihr späteres Benehmen als Erwachsene» wirkungsvoller andressieren zu können – eine Position, die stark an Elias Canettis einseitige «Mütterbeschimpfung» erinnert, hier aber offensiv von einer Frau vorgetragen wird. – Allerdings soll nicht unterschlagen werden, daß es auch Gegenbeispiele gibt. So stammen die folgenden zwei Sätze über «die Mutter» ebenfalls von einer Frau: «Wenn die Kinder geboren sind, so ist sie es, die sie aufzieht, ernährt, kleidet, schlägt und tötet. Viel öfter als der Vater» (Sebbar 1980, S. 81).

Hier ist Gelegenheit, auf die beiden Fragezeichen von Seite 118 zurückzukommen. Handelt es sich wirklich um «unbeabsichtigte Nebenfolgen bzw. unerwünschte Nebenwirkungen», wenn der offizielle Status von Kindern sie für alle möglichen – z. B. auch zärtlichen, erotischen und sexuellen – Belästigungen durch Erwachsene prädestiniert? Immerhin schrieb Florence Rush bereits 1971: «Sexueller Mißbrauch von Kindern wird geduldet, weil er stillschweigend, aber wirksam dazu beiträgt, Frauen für ihre untergeordnete gesellschaftliche Rolle zu sozialisieren und vorzubereiten ... Kurz, sexueller Mißbrauch erzieht und konditioniert die Mädchen für ihre Rolle als amerikanische Frau und Mutter» (zitiert in Armstrong 1985, S. 133).

Und wie steht es mit Kindern allgemein? Also wenn man die Altersproblematik diesseits der Geschlechterproblematik betrachtet? Erinnern wir uns, daß Ashley Montagu «die Liebebedürftigkeit und Liebebereitschaft» von Kindern als deren «vielleicht verbreitetste und wertvollste Eigenschaft» bezeichnete. Es ist ja sicher nicht nur die Schwäche von Kindern, die machtlüsterne Erwachsene zu Übergriffen herausfordert. Es gibt verschiedene Lüsternheiten. Aus zahllosen Berichten von engagierten Pädagoginnen und Pädagogen (die nicht selten sogar vom «pädagogischen Eros» sprechen) wissen wir, daß ursprünglich nicht nur die Lernfähigkeit, sondern der Lernwille von Kindern, ihre Lernbereitschaft, ja Lernbegierde Erwachsene dazu inspiriert, als Lehrende tätig zu werden, tätig werden zu wollen. Auch Pädophile und Päderasten haben schon häufig öffentlich erklärt, daß die Kinder sie «anmachen», daß die Kinder etwas von ihnen wollen; daß sie die «Begabung» hätten, auf deren Bedürfnisse einzugehen. Und wenn es ihnen, den Erwachsenen, auch noch Spaß macht, um so besser.

Daß ein professioneller Kinderschänder, hier ein «Gruppenleiter in einem Jugendfreizeitheim», eine «Beziehung zwischen der Pädophilie und der Pädagogik» erkennt und sich zu dem Versuch bekennt, «seine Neigung zur Pädophilie mit der Pädagogik in Einklang zu bringen» (Sebbar 1980, S. 333), dürfte eher selten sein. Häufiger dient der «pädagogische Eros» lediglich als

Vorwand für sexuelle Ausbeutung: «Oft sprechen die Väter, die mit ihren Töchtern Geschlechtsverkehr haben, von Aufklärung und sexueller Erziehung» (S. 259). «Vater, Stiefvater oder Liebhaber der Mutter behaupten alle, sie wollten dem Mädchen bei diesen Spielen, wo es selten ohne Gewalt abgeht, etwas beibringen» (S. 260). «Ein Stiefvater sprach beim Untersuchungsrichter auch von sexueller Aufklärung und Befreiung ...» (S. 266). Und es fehlt auch nicht die alte pädagogische Maxime: «Er wird nur gewalttätig, wenn es nicht anders geht. Sonst wendet er keine Gewalt an» (S. 311).

Dabei soll nicht verkannt werden, daß das Gesetz die «sexuelle Selbstbestimmung» von Kindern als schützenswertes Gut ansieht, das selbstbestimmte Lernen dagegen nicht. Hier, bezüglich des Lernens, wurde mit der Zwangsschule eine unbeschönigte Gewaltinstitution geschaffen, in der Kinder dazu benutzt werden, Bedürfnisse von Pädagoginnen und Pädagogen zu befriedigen. Alle Aufklärung – am gründlichsten das Buch «Die Schule – Ein Frevel an der Jugend» von Walther Borgius (1981) – kann daran nichts ändern.* Die Lernbedürftigkeit und Lernbereitschaft von Kindern wird also von Träger/inne/n des «Lehrtriebes» (Erik H. Erikson) legal ausgebeutet.

Die Liebebedürftigkeit und Liebebereitschaft (Montagu) von Kindern hat aber offensichtlich für viele Erwachsene den gleichen Aufforderungscharakter. Verschiedene Frauenkampagnen der letzten Zeit (z. B. gegen «sexuelle Belästigung am Arbeitsplatz») haben gezeigt, daß Frauen es leid sind, nur wegen irgendwelcher von Männern empfundener «Reize» auch gleich tätlich angegriffen zu werden. Als gleichberechtigte Bürgerinnen haben sie die Möglichkeit, sich zur Wehr zu setzen, obwohl Männer dafür oft wenig Verständnis zeigen, da sie der festen Überzeugung sind, die Frauen würden «es» im Grunde doch als Kompliment auffassen. Sogar bei erwiesenen Vergewaltigungen glauben männliche Richter häufig, eine «Mitschuld» der Frauen erkennen zu sollen. Bei Männern dagegen gilt gelegentlich ein sog. «Triebstau» als Schuldminderungsgrund. Ist der von vielen Frauen geäußerte Verdacht, es handele sich hier um eine bestimmte Form der «männlichen Solidarität», ganz abwegig? Zu beweisen ist er allerdings kaum.

Vollends nicht zu beweisen, und deshalb vernünftigerweise auch nicht zu erheben, ist der Verdacht, hinsichtlich der Rechtsstellung der Kinder sei ebenfalls eine Art «männliche Solidarität» am Werk, nämlich die von und mit Männern, deren Sexualleben direkt von dem üblichen Generationenvertrag profitiert. Der Verdacht, daß etwa «der Gesetzgeber» in ausreichender Zahl aus Männern bestünde, die aus entsprechendem Eigeninteresse zwar sexuellen «Mißbrauch» unter Strafe stellen, andererseits aber dafür sorgen, daß die Opfer nicht wagen, überhaupt Klage zu erheben, um dadurch ganze Generationen von Mädchen und Knaben dem eigenen Zugriff und dem ihrer Geschlechtsgenossen verfügbar zu halten, dieser Verdacht würde eine Unterstellung bedeuten, die, selbst wenn sie richtig wäre, erst dann bewiesen werden könnte, wenn weit mehr Frauen als bisher ihre Erinnerung wiedererlangen,

---

* Vgl. neuerdings die – von Pädagogikprofessoren verfaßten – Studien: «Schulszenen» (Thiemann 1985) und «Schule, Erziehung und Gewalt» (Beck/Preuß 1985).

ihr Schweigen brechen und ihre Rücksichtnahme auf die Täter hintanstellen würden. Damit ist aber, solange Kinder insgesamt so massiv eingeschüchtert und in künstlicher Abhängigkeit gehalten werden, so daß ihnen, wollen sie überleben, nichts anderes übrigbleibt, als sich seelisch zu korrumpieren und bei Bedarf auch körperlich – als Gewalt- und Lustobjekte – zur Verfügung zu stellen, kaum zu rechnen.

Der hier an-, nicht ausgesprochene Verdacht könnte also nicht bewiesen werden, schon gar nicht bzgl. bestimmter Menschen, etwa Bundestagsabgeordneten. Aber andererseits, wer ihn von vornherein für absurd hält, müßte zunächst einmal zur Kenntnis nehmen, was die Betroffenen zu berichten haben. Die Bücher von Leïla Sebbar (1980), Florence Rush (1982) und Louise Armstrong (1985), ebenso das Buch «Rot vor Scham» von Deborah Moggach (1985), machen sehr deutlich, wozu die sog. «anständigen» Männer auf diesem Felde fähig sind, und zwar gerade die, welche auf eine untadelige Fassade so großen Wert legen. – Aber wie gesagt, solange Kinder ganz offiziell dafür da sind, die Bedürfnisse der Erwachsenen zu befriedigen, fühlen diese sich im Recht, wenn sie sie auch entsprechend benutzen, und insofern ist ein Schuldvorwurf selbst dann nicht angebracht, wenn er «an sich» zuträfe.

Durch zahlreiche Veröffentlichungen und Aktionen der letzten Jahre wurde das wirkliche Ausmaß der sexuellen Ausbeutung der Kinder – unabhängig von diesem oder jenem Kinder-«Bild» – bekannt, die zwar im Rahmen ihrer allgemeinen Funktion als Ausbeutungsobjekte nicht verwunderlich, aber andererseits schon allein wegen der speziellen gesetzlichen Bestimmungen doch nicht akzeptabel ist. Auch nicht akzeptabel für die «alten» Erwachsenen. Falls Florence Rush zu diesen zu zählen ist – oder war –, hat sie in einem (nach der Abfassung ihres Buches geführten) Interview mit Alice Miller (das in der deutschen Ausgabe als «Vorspann» wiedergegeben ist) bewiesen, daß ein Mensch, dem es mit dem Schutz von Kindern vor sexueller Belästigung und Benutzung ernst ist, bereit sein kann, auf «neue» Gedanken zu kommen. Sie sagte, und damit wurde das Gespräch beendet, ohne daß auf «Disziplinierung» oder «späteres Benehmen» zurückgekommen wurde:

«Wir müßten anfangen, unseren Kindern zuzuhören, ihnen zu glauben, sie zu beschützen, ihnen Respekt zu geben und anzuerkennen, daß ihre Körper ihnen gehören, daß sie das Recht haben zu wissen, von wem sie berührt werden möchten und von wem nicht. Daß sie die Macht haben sollten, ihr eigenes Leben zu kontrollieren, anstatt von uns versklavt zu werden und mit diesen Gefühlen von Verwirrung und Hoffnungslosigkeit leben zu müssen» (Rush 1982, S. 17).

Ein «indiskreter» Lösungsvorschlag

Vielleicht auf Grund dieser Anregung brachte als m. W. erstes Publikationsorgan mit Massenauflage die Zeitschrift «Eltern»* einen Artikel zum Thema «Kinderfreund – oder Verführer? Was Eltern tun können, damit ihre Kinder weniger gefährdet sind, Opfer von sexuellem Mißbrauch zu werden», der sich vom im «alten» Rahmen Üblichen grundlegend unterscheidet und hier ausführlich vorgestellt werden soll.

Die Zeitschrift «Eltern» bewegt sich grundsätzlich innerhalb des traditionellen Rahmens der Eltern-Kind-Beziehung, wie auch dieser Artikel erweisen wird. Vielleicht kann man sagen, daß sie hier erstmals ein «Fenster» in diesem «Rahmen» aufstieß. Nicht neu ist jedoch, daß diese Zeitschrift, wie mittlerweile die gesamte (?) moderne Pädagogik, die Subjekthaftigkeit des Kindes anerkennt. Dies führte schon früher zu Artikeln wie «Erzieht nicht immer – macht mal Pause!» (Heft 1/1984) und mancherlei Empfehlungen, die in den Augen anderer Pädagogen (es gibt ja nicht nur «moderne»), die den Erziehungsverzicht grundsätzlich für unmöglich erklären,** als völlig weltfremd und unverantwortlich gelten müssen.

Der Artikel beginnt mit einem fettgedruckten Vorspann.

«Liebe ELTERN-Leser, hier erwartet Sie ein Bericht, der nicht angenehm zu lesen ist. Es geht um ein schmutziges Verbrechen, den sexuellen Mißbrauch von Kindern. Ein Verbrechen, vor dem alle Eltern Angst haben, von dem viel die Rede ist und über das doch viel zuwenig wirklich gesagt wird, aus Scheu, die Dinge beim Namen zu nennen. Jugendämter und Polizei belassen es bei oberflächlichen Warnungen wie ‹Nicht mit Fremden gehen›, ‹Keine aufreizende Kleidung› und ‹Bei Dunkelheit zu Hause bleiben›. ELTERN-Redakteur Hermann Holl stand beim Schreiben immer wieder vor der Frage: Kann man das in ELTERN drucken? Darf man unangenehme Tatsachen so deutlich aussprechen, an die Leser so anspruchsvolle Forderungen stellen? Wir bringen diesen Bericht, weil wir ihn für notwendig halten – zur Sicherheit unserer Kinder. Bitte schreiben Sie uns Ihre Meinung. Ihre ELTERN-Redaktion»

Da es nicht möglich ist, hier den ganzen Artikel wiederzugeben, ist an dieser Stelle anzumerken, daß die Bedenken, die dieser Vorspann artikuliert («nicht angenehm zu lesen», «unangenehme Tatsachen», «so anspruchsvolle Forderungen», «kann man das in ELTERN drucken?»), sich nicht auf die Darstel-

* Heft 6/85 vom 30. 5. 1985, S. 91–97
** Vgl. oben H. D. Zimmermann sowie im 12. Kapitel den Abschnitt «Man kann nicht nicht erziehen».

der Vorgänge beim sexuellen «Miß»brauch beziehen können: in dieser Hinsicht enthält der Artikel nichts Spektakuläres. Im Gegenteil lesen wir etwa: «Die von Fremden begangenen Delikte sind meist harmlos, oberflächlich, kurzzeitig (hauptsächlich Exhibitionismus).» – «In 72,5 Prozent kommt es zum Mißbrauch des Kindes, ohne daß der Täter droht oder Gewalt anwendet.» Der «härteste» Satz lautet: «Es ist bitter, was die Kriminalpolizei dazu ermittelt hat: Je enger die Bekanntschaft zwischen Kind und Täter, desto eher ist das Delikt mit Geschlechtsverkehr und Gewaltanwendung, mit Verletzungen, Drohungen, langwährendem Mißbrauch verbunden.»

Hier die Sätze des Artikels, die vor und nach dem eben Zitierten stehen: «Gerade die schwerwiegenden Sexualdelikte, von denen Dauerschäden zu befürchten sind, beginnen mit kleinen Liebesspielen, bei denen das Vertrauen des Kindes ausgenutzt wird. Bei denen ausgenutzt wird, daß sich das Kind gegenüber dieser Person zum Liebsein verpflichtet fühlt. Und weil es sich um Personen handelt, die mit dem Kind immer wieder zusammenkommen, steigern sich die Liebesspielchen zu handfesten Taten ... (s. o.) ... Dieser Täterkreis läßt sich aber auf der anderen Seite auch am ehesten gleich beim ersten Versuch abwehren. Wenn die Tastversuche auf das deutliche Nein des Kindes stoßen: ‹Ich mag das nicht. Ich will nicht, daß du mich dort anlangst.›»

Da, so Holl, «dreiviertel der Täter» (99,6 Prozent Männer) «aus der Verwandtschaft, der Familie, dem Bekanntenkreis, der Nachbarschaft» stammen und 73,1 Prozent der Sexualdelikte «in einer dem Kind vertrauten Umgebung» stattfinden, müßte ein Großteil der jährlich «rund 18000 Sexualdelikte an Kindern», die angezeigt werden, bzw. der nach Schätzungen «jährlich 150000 Kinder», die tatsächlich «Opfer von Sexualdelikten werden», allein durch die Weigerung der Kinder zu verhüten sein. Und hier, so scheint es, beginnt das Problem, das die Zeitschrift zu ihrem Vorspann veranlaßte. Zitat aus dem Buch «Menschenrechte für Kinder – Die letzte Minderheit» aus dem Jahr 1975 (dessen Gedanken den «Eltern»-Leser/inne/n zehn Jahre lang vorenthalten wurden):

«Kinder sollen auch etwas ablehnen können. Die Möglichkeit, sich nicht auf sexuelle Betätigungen einzulassen, ist als Ausdruck sexueller Freiheit ebenso wichtig wie alles andere. Doch Kinder werden in dem Sinn erzogen, daß sie Erwachsenen nichts abschlagen dürfen. Die Eltern bestehen darauf, daß Kinder die Zuneigung von Verwandten und Freunden über sich ergehen lassen. Sie werden emporgehoben, liebkost, umarmt, geküßt, gekniffen, gekitzelt und geherzt. Kinder haben nicht gelernt, daß sie sich dagegen sträuben können» (Farson 1975, S. 104).

Der «Eltern»-Artikel beginnt wie folgt:

«Der Gedanke ist furchtbar: Unser Kind könnte sexuell mißbraucht werden. Kann man sich mit einer Bedrohung, die einen zutiefst aufwühlt, überhaupt sachlich befassen? Es bleibt uns nichts anderes übrig, wir müssen. Denn sonst kommt es dazu, was (leider) die Regel ist: daß wir das Problem verdrängen, gar nichts tun, gar nicht davon reden. Oder daß wir unsere Kinder unablässig warnen: Geh

nicht mit Fremden! Steig in kein Auto! Daß wir Angst erzeugen, Mißtrauen schaffen. So oder so machen wir das Problem eher schlimmer,
die Gefahr sogar noch größer.»

Die alten Lösungen helfen nicht, schützen nicht. Die nüchternen Tatsachen
(vor allem: die meisten Täter sind keine Fremden) beweisen es. Holl: «Tatsachen, die vor allem eine bittere Erkenntnis vermitteln: Es ist zuwenig, das
Kind immer nur vor dem ‹Mitgehen mit fremden Leuten› zu warnen ... Müssen wir also dem Kind auch noch Angst vor den Verwandten, der eigenen
Familie machen? Müssen wir ihm Angst und Mißtrauen gegenüber allen Menschen einimpfen? Nein, das ganz bestimmt nicht. Angst macht unsicher,
schüchtert ein, führt oft genau zu dem Verhalten, das die Gefahr sogar noch
steigert, weil sie das Denken lähmt und eine rettende Reaktion verhindert.»
Die neue Lösung aber (das Kind braucht «statt Verzagtheit – Selbstbewußtsein, statt Schüchternheit – Mut») ist zwar effektiv, öffnet jedoch, wie gesagt,
ein Fenster, durch das die «Eltern»-Redaktion nicht ganz ohne Skrupel blickt.
Von einer anderen Position aus könnte die Strategie, die Hermann Holl nun
vorschlägt, mit Freude und Erleichterung vorgetragen werden. Ist die Vermutung zu weit hergeholt, daß sich die «Eltern»-Redaktion für das folgende
«seltsamerweise» mitverantwortlich fühlen muß?
  Hier der erste zentrale Abschnitt des Artikels, unter der Zwischenüberschrift «Das Kind muß seine Rechte kennen»:

«Für uns Erwachsene ist ganz selbstverständlich, daß *wir* bestimmen
dürfen, zu wem wir nett sind, wen wir küssen, von wem wir uns küssen
lassen, vor wem wir uns nackt zeigen. Gegenüber Kindern ist diese
Haltung seltsamerweise nicht so selbstverständlich. Da tun viele Erwachsene so, als wäre das Kind nur ein Objekt, das Zärtlichkeit nehmen und geben muß, wann immer es einem Erwachsenen einfällt.
Dabei hat doch gerade das Kind, weil es klein ist, schwach, unterlegen,
ein besonderes Recht, daß seine Empfindungen respektiert werden.
  Es ist wichtig, daß wir Eltern unseren Kindern von Anfang an
Recht auf Eigenschutz zugestehen und sie in diesem Sinne erziehen.
Es ist ein zehnfaches Recht: 1. Du hast ein Recht auf deine Intimsphäre, dein Körper gehört dir, du darfst deinen Empfindungen und
Gefühlen vertrauen. 2. Du darfst unerwünschte Zärtlichkeiten und
Berührungen ablehnen. 3. Du darfst die Autorität von Erwachsenen
auch in Frage stellen, Gehorsam verweigern. 4. Du hast das Recht,
Notlügen und Ausreden zu gebrauchen, um einer Gefahr zu entge-
hen. 5. Du darfst Geschenke ablehnen. 6. Du hast das Recht, auch
unfreundlich und abweisend zu sein. 7. Du darfst Hilfsdienste, Aus-
künfte und Antworten auch verweigern, wenn du Gefahr witterst. 8.
Du hast das Recht, nach Hilfe zu rufen, davonzulaufen. 9. Du hast das
Recht, deinem Gefühl mehr zu vertrauen als den Behauptungen und

Versprechungen von Erwachsenen. 10. Du hast das Recht, nein zu sagen.

Wenn wir diese zehn Punkte durchgehen, dann fällt auf, daß die alte autoritäre Erziehung direkt darauf abzielte, solche Rechte zu beschneiden. Viele Kinder werden ja auch heute noch – vor allem wenn es Mädchen sind – dazu erzogen, in erster Linie lieb, gehorsam, anschmiegsam, kuschelig zu sein, im Respekt vor allen Erwachsenen, folgsam und fügsam. Zu Eigenschaften also, die ihnen genau dann gefährlich werden, wenn sich ein echter Onkel als guter Onkel zu sehr um sie bemüht.»

(Randbemerkung: Ohne Adolf Hitler einen «guten Onkel» nennen zu wollen, soll doch nicht ganz außer Betracht bleiben, daß Folgsamkeit usw. nicht nur für Kinder und nicht nur in Hinblick auf sexuelle Benutzung gefährlich ist ...)

Im nächsten Abschnitt («Für einen Kuß gibt's niemals ein Muß!») wird auf die positive Bedeutung von «Körperkontakt und Zärtlichkeit» hingewiesen, mit der auch Sexualdelikte zu tun haben.

«Aber eben auf einer Basis, die alles anders macht. Hier bedient sich ein Erwachsener des Kindes, um seine Lust zu befriedigen. Das Kind wird erniedrigt zum Instrument, wird ausgenutzt als Sexualobjekt, seine Gefühle werden mißachtet.»

Gerade weil Zärtlichkeit so wichtig sei, dürften sie Eltern nicht «zur Pflichtübung» machen. «Sie ist nur dann gut, wenn die gegenseitigen Empfindungen übereinstimmen.» Hier wird also den «Empfindungen» von Kindern (schon von Dreijährigen, s. u.) Bedeutung beigemessen. Sogar eine größere Bedeutung als denen der beteiligten Erwachsenen:

«Kein Kind ist verpflichtet, irgend jemandem einen Kuß zu geben, sich von irgend jemandem streicheln, tätscheln, berühren zu lassen. Das gilt nicht bloß für Fremde, das gilt für alle, auch für Oma und Opa, sogar für Mama und Papa. Wenn einem Kind nicht danach ist, einen Kuß zu geben, dann hat es – ob es drei oder dreizehn Jahre alt ist – das Recht, nein zu sagen. Gewiß, das mag zu unangenehmen Momenten führen. Wenn die Oma feststellt: ... – Natürlich sind Omas keine ‹Verdachtspersonen›. Aber nur wenn das Kind weiß, es darf auch gegenüber geliebten, geachteten Personen seinem eigenen Gefühl folgen, es darf auch bei der Oma ‹stur› sein – nur dann wird es dort, wo Zärtlichkeit der Anfang von sexueller Belästigung ist, ebenfalls nein sagen können. Grundsatz unserer Erziehung: Schon das kleine Kind von drei Jahren hat ein Recht auf Selbstbestimmung, wenn es um Liebe, Zärtlichkeit, Sexualität geht – und niemals eine Gehorsamspflicht.»

Das «Recht auf Selbstbestimmung», aus «alter» Sicht eine offenkundige Absurdität, wird hier zwar auf den Bereich «Liebe, Zärtlichkeit, Sexualität» eingeschränkt, aber nun werden wohl die Skrupel der Redaktion verständlich. Die Frage, ob man «an die Leser so anspruchsvolle Forderungen stellen» darf, erscheint vollends berechtigt, wenn man den nächsten zentralen Abschnitt («Das Nein ist die wichtigste Waffe») liest, der hier vollständig wiedergegeben wird.

«Bei den Untersuchungen von Sexualdelikten stellt sich immer wieder heraus, daß vor allem solche Kinder zu Opfern werden, die nie gelernt haben, ihren eigenen Willen gegenüber fragwürdigen Forderungen von Erwachsenen zu behaupten. Sie werden zu Opfern, weil sie dem Täter nicht von Anfang an ein Nein entgegensetzen. Weil sie aus anerzogenem Respekt vor den ‹Großen› folgsam und willfährig sind. Und das gilt gerade für die Mädchen, die zum Lieb- und Bravsein noch mehr getrimmt werden als die Jungen. Jungen dürfen auch mal unwirsch sein, sich wehren, strampeln, beißen, davonlaufen. Und weil sie das dürfen, weil man ihnen das eher nachsieht, können sie sich auch besser entziehen, wenn sich ein Erwachsener auf unerwünschte Weise an sie heranmacht. Heute ist Erziehung glücklicherweise darauf abgestellt, dem Kind die Entwicklung zur eigenständigen Persönlichkeit zu ermöglichen. Es nicht zum Duckmäuser, Befehlsempfänger, Jasager werden zu lassen. Und doch schwebt über allem die Tendenz: Die Großen haben recht. Die Großen verdienen Respekt. Die Großen sind klug, gut, verantwortungsvoll. Woraus ganz automatisch hervorgeht: sei nett und folgsam zu den Großen ... (orig.) Zum Schutz des Kindes ist es notwendig, den obligatorischen Heiligenschein des Erwachsenen wegzunehmen.»

Die mögliche Frage langjähriger «Eltern»-Leser/innen, warum der «Heiligenschein des Erwachsenen» bis zum 30. Mai 1985 «obligatorisch» war, wäre eine Frage von der Art, die Redaktionen (und z. B. Politikern) den Spaß verdirbt, neue Erkenntnisse öffentlich aufzugreifen, was meistens ja das Eingeständnis früherer Versäumnisse einschließt. Dieser Aspekt verhindert oft, daß insbesondere «gefestigte» Erwachsene, die nach pädagogischer Meinung ihre «Lernzeit» hinter sich haben (vgl. 7. Kapitel), eventuell ihren Stolz darein setzen, doch noch klüger werden zu können. Die Frage wurde auch nur als Beispiel dafür erwähnt, wie man nicht reagieren sollte, wenn man an der Verbreitung neuer Erkenntnisse (auch wenn man meint, dies hätte schon viel früher geschehen können und müssen) interessiert ist.

Zum Schluß der Zitate aus dem «Eltern»-Artikel noch einige Sätze, die als direkte und sehr konkrete Antwort auf Farsons Klage («Kinder haben nicht gelernt, daß sie sich dagegen sträuben können») zu lesen sind – wobei man allerdings vermuten darf, daß solche Veranstaltungen innerhalb des üblichen

Generationenvertrages in erster Linie Verwirrung stiften, wenn nicht zu einem großen Krampf ausarten würden. (Dies der Grund für die in der Ankündigung dieser Reaktion der «alten» Seite gemachten Einschränkung, sie stimme nur «fast» vollständig mit den Vorstellungen der «neuen» Erwachsenen überein.)

«Hier sind Rollenspiele eine gute Hilfe. Wenn die Mutter den Verführer markiert und die Spielregel fürs Kind einfach heißt: nein sagen. ‹Kannst du mich zum Postamt führen?› ‹Nein!›» – Es folgen weitere Beispiele dieser Art. – «Das liest sich banal. Aber tatsächlich lernt das Kind auf diese Weise Situationen kennen, in die es geraten kann. Und es übt, das Wörtchen nein zu einem Erwachsenen zu sagen. Das Kind soll dieses Nein mit lauter, fester Stimme sagen, dem anderen dabei forsch in die Augen sehen – und sich auf kein Wenn und Aber, kein Argumentieren und Diskutieren einlassen. Das Kind braucht nicht zu begründen, warum es mit jemandem nicht zum Postamt fährt. Sowenig wie es im Ernstfall begründen muß, warum es nicht am Geschlechtsteil berührt werden, keinen Zungenkuß haben will. Dieses Nein-sagen-Können ist nicht nur gegenüber dem (seltenen) Fremden wichtig, sondern ganz besonders gegenüber dem, der dem Kind vertraut ist. Gegenüber dem Onkel, dem Hausmeister, dem Nachbarn, dem großen Bruder, dem eigenen Vater.»

So weit dieser Artikel aus der Zeitschrift «Eltern». Er blieb nicht unbeachtet. In einer 45minütigen Fernsehreportage von Helga Dierichs zum Thema Inzest («Über sexuelle Gewalt an Töchtern», ZDF, 2. 10. 1985) berichtete am Ende eine betroffene Frau, inzwischen Mutter zweier kleiner Kinder, wie sie versucht, diesen das gleiche Schicksal zu ersparen. Das Schlußwort der Sendung (die von der Presse als «Pionierarbeit» gefeiert wurde) sprach diese Frau, indem sie erklärte, daß sie ihren Kindern den eigenen Willen läßt und sie zum Neinsagen ermutigt.

Es kann hier offenbleiben, ob es überhaupt möglich ist, Kindern in der von Holl vorgeschlagenen isolierten Weise, also bei sonstiger Fortgeltung des HGV, solches Neinsagen anzudressieren. Nicht offenbleiben darf das Problem, ob durch solche Rollenspiele nicht die Verantwortung der Erwachsenen den Kindern aufgebürdet wird, die, wenn ihnen doch etwas passiert, dann ähnlich wie Frauen mit dem Vorwurf konfrontiert werden könnten, sie hätten nicht klar genug nein gesagt.

Daß es mit dem bloßen Neinsagen nicht immer getan ist, zeigt der Fall jenes «Tischtennislehrers», der am 6. 1. 1986 wegen Mordes an einem 13jährigen Mädchen verurteilt wurde. Das Kind hatte sich seiner Liebe verweigert, hatte nein gesagt. In dem dpa-Bericht hieß es: «Ein als Sachverständiger gehörter Psychiater aus Göttingen bescheinigte Kittler ausgeprägte Ichbezogenheit.

Mit dem Entschluß, das für ihn ohnehin verlorene Liebesobjekt zu töten, habe er seine Seelenruhe zurückgewonnen und den Konflikt für sich gelöst» (Wiesbadener Kurier, 7.1.1986).

Das Urteil unterstellte dem Mann «niedrige Beweggründe», obwohl die gleichen Beweggründe (wenn auch nicht in gleicher Konsequenz) auch viele andere «liebende» Erwachsene bewegen, die im Rahmen des HGV aufgewachsen sind und den Wert von gleichberechtigten (auch: Liebes-)Beziehungen nie erfahren haben. Das «Wer nicht hören will, muß fühlen» unterscheidet sich, ganz nüchtern betrachtet, von dem «Wer (mich) nicht lieben will, muß sterben» nur graduell, nicht grundsätzlich. Solange *Liebe* und *Gewalt* nicht als sich ausschließende Qualitäten erkannt, sondern in der Kindheit als eng verbundene erfahren werden, ist es nicht verwunderlich, daß Erwachsene eine unerwiderte Liebe als «Konflikt» interpretieren und sich ihre «Seelenruhe» auf solche Weise verschaffen. Gegen diese Mentalität (vgl. auch den im 13. Kap. erwähnten Fall) hilft kein Nein der «Liebesobjekte». Sie zahlen den Preis für diese unsere «Kultur».

Eine Lösung ist im Rahmen des HGV nicht denkbar: Er verhindert nicht nur, daß die Opfer das Neinsagen lernen, sondern vor allem, daß die Täter lernen, dieses Nein zu respektieren, auch wenn sie es nicht verstehen, nicht für richtig halten, auch wenn sie darunter leiden.

Die Macht der Erwachsenen – bei Lichte besehen

Der «Eltern»-Artikel von Hermann Holl kann, wenn man ihn genügend auf sich wirken läßt, sicher viele Auseinandersetzungen zwischen «alten» und «neuen» Erwachsenen ersparen. Er soll deshalb auch nicht weiter diskutiert werden. Das Beispiel des sexuellen Kindesgebrauchs diente dazu, aufzuzeigen, welche Rolle dem Kind im «Schatten» der Macht der Erwachsenen aufgezwungen wird und wie das daraus entstehende Leiden der Kinder, wenn man es mildern und «möglichst» (H. Geißler) verhindern will, gemildert bzw. auf längere Sicht verhindert werden kann. Kindern das «Recht auf Selbstbestimmung» (H. Holl) zuzugestehen, hebt ihre körperliche Unterlegenheit nicht auf. Es *verleiht* ihnen Macht nur unter der Bedingung, daß die körperlich Überlegenen diese Macht respektieren. Obwohl das gleiche gilt, wenn man statt von «Macht» von «Recht» spricht, ist der zweite Ausdruck sicher weniger mißverständlich. Florence Rush hatte gesagt (s. o.), daß Kinder «die Macht haben sollten, ihr eigenes Leben zu kontrollieren», und von Jürg Willi hatten wir im Kapitel «Die Machtfrage» die «Annahme» empfohlen bekommen, «daß die Macht von Kindern und von Eltern etwa gleich groß ist». Zur Vermeidung schwieriger sprachlicher Definitionskunststücke zum Begriff «Macht» bietet sich hier an, den Begriff «Recht» zu verwenden. Kinder sollten das Recht haben, ihr eigenes Leben zu kontrollieren (Rush), Kinder und Eltern sollten in etwa gleichberechtigt sein (Willi). Dies, die «Gleichberechtigung» der Generationen, fordert der Deutsche Kinderschutzbund seit vielen Jahren aus der gleichen Erfahrung heraus, welche die Zeitschrift «Eltern» bewog, den vorgestellten Artikel zu publizieren:

Wenn «Macht und Vorrechte» (Rush) in der Hand der Erwachsenen liegen, bleibt für die Kinder nur die Rolle der Objekte (einschließlich «Liebes»objekte), in der sie schnell zu Opfern werden. Auf der einen Seite, weil sie sich nicht zu wehren wagen, auf der anderen Seite, weil die Täter glauben, im Recht zu sein. Eltern, Erwachsene können, sofern sie das wollen, im Umgang mit Kindern offen (d. h. auch den Kindern verständlich) die Kategorie Recht über die Kategorie Macht stellen. (Dies liefert die Erwachsenen nicht der Willkür der Kinder aus, selbst wenn die Kinder situativ in einer starken Machtposition sind, denn es gilt ja gleiches Recht für alle – und Recht vor Macht. Doch solche praktischen Konsequenzen kann sich ein/e Jegliche/r selbst erarbeiten.)

«Erwachsene können, sofern sie das wollen ...» – in dieser Bedingung ist eine Frage enthalten, die gegenwärtig (gemeint ist die Niederschrift dieses Buches) nicht beantwortet werden kann. (Vgl. das zu Beginn des 6. Kapitels erwähnte «Handicap».) Deshalb soll, um niemandem in der einen oder anderen Weise vorzugreifen, auf eine ansonsten hier fällige «Zusammenfassung» des Inhalts des HGV verzichtet werden. Das meiste versteht sich von selbst; so auch die Tatsache, daß, je nachdem, wie neu und eventuell schockierend manches von dem ist, was der einzelne Zaungast bis hierher «mitbekommen» hat, er/sie sich auf den HGV seinen/ihren eigenen Vers machen wird.

Eine Frage ist jedoch noch anzusprechen, nämlich die nach der «Existenzgrundlage» dieses Buches. In der Einleitung war sie bezeichnet worden als «die Meinung, daß es gut und richtig sei, den HGV öffentlich zur Sprache zu bringen». Ist diese Meinung nach den bisherigen Kapiteln wohlbegründet?

Die Situation ist widersprüchlich. Wir haben gesehen, daß es zahlreiche Nutznießer des HGV gibt – sonst gäbe es ja den HGV nicht. Oder ist dies eine bösartige Unterstellung? Wissen «die» Erwachsenen vielleicht wirklich nur nicht, was sie tun? Wird sofort alles anders, wenn sie es sich bewußt machen?

Sobald man diese Frage verneint, erscheint man als Pessimist. Bejaht man sie aber, wird man schnell als naiv, als «blauäugig» bezeichnet.

Ein Ausweg aus diesem Dilemma könnte darin bestehen, die Menschen wieder grob in zwei Gruppen zu teilen. Die einen wären dann vielleicht als «Überzeugungs-» oder «Pflichttäter» anzusehen – sie wären ernstlich und seriös der Meinung, der bestehende Generationenvertrag sei für Kinder gut und förderlich –, die anderen müßte man «Macht-» oder «Lusttäter» nennen – sie würden primär aus rücksichtslosem Eigeninteresse handeln. Bei den ersteren wäre damit zu rechnen, daß sie nichts gegen eine «Enttarnung» der heimlichen Komponenten des HGV einzuwenden hätten. Den anderen würde sie allerdings einen Strich durch die Rechnung machen. (Und dann könnte man, von einer bestimmten moralischen Position aus, in Hinblick auf sie argumentieren, daß eben dies – ihnen ihr Spiel «möglichst» [H. Geißler] zu verderben – eine Not-Wendigkeit sei.)

Tatsache ist, daß neue Erkenntnisse und Ideen, auch wenn sie sich später als unschädlich oder sogar nützlich erweisen, zunächst häufig nicht mit Begeisterung aufgenommen werden. Viele Beobachter sprechen von «Herrschaftswissen», wenn sie Kenntnisse meinen, die vor «Untertanen» tunlichst geheimgehalten werden, um sie nicht «auf dumme Gedanken» zu bringen. Im 10. Kapitel wird u. a. die Frage überprüft, ob diese «Strategie» in Sachen HGV erfolgreich sein kann und was gegebenenfalls der Preis für diesen Erfolg wäre. Für jetzt gestattet sich der Autor einen (bewußt recht hochgegriffenen) historischen Vergleich, der einen Teil der Antwort vorwegnimmt.

In der besonders von Kindern und Jugendlichen viel gelesenen Zeitschrift «P.M.»* erschien am 15.2.1985 ein Artikel von Josef Scheppach über «Die besondere Evolution, die den Verstand schuf»: «Wie das Tierreich den Menschen hervorbrachte». – «Dieser Bericht stellt die neuesten Erkenntnisse der Paläoanthropologie vor.» Hier der Anfang und das Ende dieses Artikels.

Anfang: «Die Frau des Bischofs von Worcester schrie auf: ‹Meine Güte! Abkömmlinge von Affen!› Das war im Juni 1860, als sie zum erstenmal von der Theorie hörte, der Mensch stamme vom Affen ab. ‹Laß uns hoffen, daß es nicht wahr ist! Aber wenn es so ist, dann laß uns beten, daß es nicht allgemein bekannt wird!› – Uns fällt es heute leicht, darüber zu schmunzeln, daß dieses Gebet nicht erhört wurde.»

Ende: «Wenn wir nun das Neotenie-Prinzip auf unsere verhaltensmäßige Ausstattung ausdehnen, dann erkennt man die besondere

* «Peter Moosleitners interessantes Magazin», Verlag Gruner & Jahr, Heft 3/85, S. 12–20

Botschaft, die unsere Entwicklungsgeschichte für uns heutige Menschen bereithält. ‹Was wir gemeinhin als ‹Erwachsenwerden› bezeichnen, ist unter dem Aspekt der Neotenie und der Nichtspezialisierung nichts weiter als eine fortschreitende Spezialisierung; eine Einengung aller unserer Fähigkeiten und Interessen; ein Verlust der kindlichen Universalität›, erklärt der Forscher Ashley Montagu. Unsere Vorfahren haben nur überlebt, weil sie sich nie darauf eingelassen haben, wirklich ‹erwachsen› zu werden – erwachsen im Sinn von ‹erstarrter› Reife, die zu Inflexibilität führt. Eine solche Art von Reife wäre nach Ansicht Montagus unseren Vorfahren im Lauf der Evolution zum Verhängnis geworden. Die Menschen sind also nach Meinung der neuen Forscher in ihrer ganzen Entwicklungsgeschichte ‹Kinder› geblieben und konnten bereits in der Urfamilie all die evolutionär förderlichen kindlichen Merkmale wie Wißbegierde, Offenheit, Experimentierlust und Flexibilität entwickeln und bis ins Alter bewahren. Nur diese ‹kindliche› Universalität hätte das Überleben und den Siegeszug unserer Art ermöglicht.

Natürlich soll daraus nicht gefolgert werden, daß wir auf einer kindlichen Stufe stehenbleiben müßten. Im Gegenteil. ‹Aber wir sind von unserer gesamten Evolution her ganz eindeutig dazu bestimmt, jene Merkmale zu entfalten, die das Kind so offen zur Schau trägt, wie etwa Wißbegierde, Flexibilität und Spontaneität›, erklärt Montagu in seinem Buch ‹Zum Kind reifen›. So schreibt uns also unsere Stammesgeschichte eine ganz einmalige Botschaft ins Stammbuch: Das Ziel des menschlichen Lebens kann nur darin bestehen, möglichst ‹jung› zu sterben – und zwar so spät wie möglich.»

Frage: Kann man die heutige Lage, in der viele reife Erwachsene in Ost und West das Überleben der Menschheit aufs Spiel setzen, nicht auch als Verrat an dieser «Botschaft» interpretieren? Können wir heute über die Reaktion der Bischofsfrau – bezogen auf das Thema HGV – auch leichthin «schmunzeln»?

Gewiß, es mag Menschen geben, die sich durch nichts «anfechten» lassen: Sie sind so erwachsen, reif und starr, daß sie nicht einmal durch die Vorstellung angerührt werden, welche Dramen sich in Familien (oder in den Köpfen junger Menschen) abspielen, wenn sowohl die biologische wie die psychologische und auch die kulturelle Überlegenheit der Erwachsenen (vgl. das Montagu-Zitat über die «wirkliche Kultur» aus dem 7. Kapitel) mit plausiblen Argumenten angezweifelt wird, wenn also ihr «Herrschaftswissen» schwindet, aber die nackte Gewalt (das körperliche, seelische und geistige Faust«recht») schließlich doch ihr Machtwort spricht.

Wir kommen darauf zurück, allerdings nicht ohne ein Wort über die «Macht-» und «Lusttäter» (ob hier Feministinnen auch Wert legen auf die weibliche Form?). Auch ihr Standpunkt sollte ja in diesem Buch respektiert werden, auch ihnen war versprochen worden, das Durchschauen des HGV würde für sie nützlich sein. Ist dieses Versprechen einzuhalten?

Es gibt eine Überlegung, die in den Ohren der Überzeugungs- oder Pflichttäter/innen zynisch klingen mag, die für die «heimlichen» Nutznießer des HGV jedoch eine gute Nachricht enthält. Wer Kinder unbedingt benötigt, um sich an ihnen als Objekten seiner sexuellen, erzieherisch/bildhauerischen oder auch karitativen (mehr dazu im zweiten Teil) Lüste zu ergötzen, wird sich kaum dazu verstehen, auf einer neuen Basis über die «Spielregeln» zwischen den Generationen nachzudenken. Er wird z. B. das alte, das mechanistische Kinder-«Bild» für richtig halten «müssen» und nicht sehen «können», daß dann (also wenn man sich für dieses «Bild» entschieden hat) die vielfältigen Formen der Kindesmißhandlung sogar noch grausamer sein können: Das Kind als reines Objekt und Produkt könnte ja über keinerlei Bewältigungsstrategien verfügen, es wäre lebenslanges Opfer. Aber: Wer nach dem Motto «Wo gehobelt wird, fallen Späne» lebt und ausgerechnet Kinder als Material für sein Hobelhobby braucht, wer könnte ihn hindern? Wenn er «eigene» Kinder hat oder sich als Lehrer sein Geld «verdient», hat er, auch bei Lichte besehen, die Macht, seinem Laster ziemlich unbegrenzt zu frönen.

Wenn er dies aber tut und es nicht lassen will, dann gibt ihm die Kenntnis des HGV die Chance, es wenigstens mit dem vollen Genuß zu tun. In vielen Fällen ist es ja so, daß solche Menschen sich einreden, sie würden «sich aufopfern». Sie laufen den ganzen Tag mit einer Leidensmiene umher und investieren ungeheure Energien in die Bemühung, sich, der Welt und den Kindern zu beweisen, daß es ihnen *keinen* Spaß macht, die jungen Menschen körperlich, seelisch und/oder geistig auszubeuten. Dies kann man (wenn man will) als echt tragische Konstellation bezeichnen: Hinsichtlich der allgemeinen «Lustbilanz» sind nämlich die Opfer der Kinder umsonst. Die Heimlichkeit des HGV verhindert, daß die Täter, wenn sie schon die Opfer zu solchen machen, sie (wenigstens für sich privat) dadurch ehren, daß sie ihr Tun in vollen Zügen genießen. Ist es nur zynisch, den folgenden Satz zu formulieren: Wenn schon Erwachsene Kinder zu ihrer persönlichen Bedürfnisbefriedigung in die Welt setzen und sonstwie benutzen, dann wäre es doch relativ erfreulich, wenn sie auch wirklich zur Befriedigung gelangen würden.

Bei Lichte besehen, dies würde eine Zwischenbilanz unseres Erkundungsganges wohl schon ergeben, sind keine seriösen Gründe ersichtlich, warum die unter Erwachsenen bewährten Spielregeln des zwischenmenschlichen Umgangs nicht auch für Kinder Gültigkeit haben sollten. Insbesondere nachdem heute junge Menschen weit mehr Wissen besitzen als früher, so daß sie unter dem Ungleichgewicht zwischen Wissen und Macht viel bewußter leiden als frühere Generationen.

Gewiß würde dadurch nicht das Glück sämtlicher Kinder gesichert und jede Ungerechtigkeit verhindert. Auch unter Erwachsenen gibt es Ausbeutung, Schmarotzertum und Machtmißbrauch. Doch dort wird dies nicht mit einem «obligatorischen Heiligenschein» (Holl) versehen, der zum einen die Opfer zu sinnlosen Opfern macht (den meisten Tätern den ehrlichen Genuß verwehrt), zum anderen ihnen keine echte Chance läßt, sich Unterstützung zu suchen, auch wo es sie gäbe. In Hinblick auf junge Menschen waren die Freiheitskämpfe unserer Vorfahren bisher umsonst. Dies ist eine (aus der privaten Sicht des Autors: unerfreuliche, aber) Tatsache.

Eine andere Tatsache (und die darf man wohl sympathischer finden) ist z. B. der referierte Artikel der Zeitschrift «Eltern». Er beweist, daß es Menschen gibt, die zwar an «alte» Denkbahnen gewöhnt sind (und in ihnen, z. B. was die Auflage angeht, ganz gut fahren), aber doch dazu in der Lage sind, über den Schatten der Macht zu springen, wenn allzu leidvolle Wirkungen bekanntwerden und ins Bewußtsein dringen.

Das «bestgehütete Geheimnis» (Rush) steht hier nur als Beispiel für alle Wirkungen (einschl. Nebenwirkungen) des HGV. Zwar ist nicht zu erwarten, daß sich die Macht- und Lusttäter an seiner öffentlichen Aufdeckung beteiligen werden; aber alle anderen Menschen, die bisher noch glaubten, «Kinderschutz» könnte erfolgreich sein, ohne den Objekt- und Opferstatus von Kindern insgesamt aufzuheben, sind nun – spätestens durch die Zeitschrift «Eltern» – mit der Frage konfrontiert, ob sie nicht selbst den Verdacht des Ausbeuter- und Schmarotzertums auf sich ziehen würden, wenn sie die neuen Chancen nicht ergreifen, das bessere Wissen nicht nutzen würden.

Das ständige Abheben nicht weniger heutiger Kinderschutz-Experten auf «gesellschaftliche Ursachen» materieller Art mag zwar für antikapitalistische Propaganda taugen, verkennt jedoch, daß es Erwachsene gibt, die unter den gleichen gesellschaftlichen Bedingungen leben, *ohne* ihre Kinder für ihre Zwecke auszubeuten. Der Unterschied kann sich nur in den Köpfen dieser Menschen befinden. Diesem Unterschied nachzuspüren und ihn bekanntzumachen hätte insbesondere den Vorteil, daß das Schicksal von Kindern nicht, wie manche «Kinderschützer» unterstellen, nur nach einem politischen Umsturz erleichtert werden könnte.

Das von Hermann Holl proklamierte «Recht auf Eigenschutz» für Kinder (ausdrücklich «von Anfang an») ist offensichtlich der richtige Weg, Kinderschutz «möglichst» erfolgreich zu machen – auf seiten der Kinder. Von seiten der Erwachsenen verlangt dieses Recht, daß sie es respektieren. Der erste Schritt dazu – als Conditio sine qua non –

besteht in dem Wissen, daß sie es respektieren dürfen/können, ohne eine «neue Barbarei» (Eccles/Robinson) heraufzubeschwören. Im Gegenteil: Das «Wertsystem der Gesellschaft» (dito) würde erst dadurch auch für Kinder fruchtbar.

Ein Streit, ob dieses Wissen im Zuge «pädagogischer» oder «antipädagogischer» Aufklärung verbreitet werden soll, ist im Lichte des HGV müßig. Die Erwachsenen haben die Macht. Sie können ihre Macht gegen die Kinder einsetzen, sie können sie für die Kinder einsetzen. Es ist ihre Entscheidung und Verantwortung. Es ist an ihnen, in den alten Denkbahnen zu bleiben oder neue Denkmöglichkeiten ins Auge zu fassen und zu diskutieren, durch die weniger vermeidbares Unglück und mehr allgemeine Gerechtigkeit in Aussicht stehen.

Zwischenbemerkung

Kapitel 8
Eine Unterlassungserklärung

Ursprünglich sollte dieses Buch aus drei Teilen bestehen. Der Mittelteil sollte in vielen Einzelheiten darstellen, welche allgemein beklagten Auswirkungen der traditionelle Generationenvertrag in verschiedenen Lebensbereichen hat, d. h., welche (nach übereinstimmender Meinung renommierter Beobachter/innen: unerwünschte) Folgen bei genauerer Analyse direkt oder indirekt auf das Konto des HGV kommen. Mit anderen Worten: Es sollte der *Schaden* dargestellt werden, den der HGV anrichtet.

Dieses Vorhaben wurde aufgegeben, obwohl es eine Reihe faszinierender Aufschlüsse erbracht und bei bestimmten Zeitgenossen möglicherweise einige «Betroffenheit» ausgelöst hätte.

Diese Entscheidung ist zu erläutern. Der Kürze halber beginnt diese «Unterlassungserklärung» mit einigen thesenhaften Überlegungen.

1. Daß viele Menschen aus ihrer Kindheit Schäden davontragen, wird wohl von niemandem bestritten.

2. Diese Schäden ins Zentrum der Aufmerksamkeit zu rücken würde zwar den Nutzen des vorliegenden Buches hervorheben, gleichzeitig aber auch als Klage oder gar Anklage verstanden werden müssen.

3. Eine solche «Strategie» würde zudem einem mechanistischen Menschenbild Vorschub leisten, das einfache («lineare») Beziehungen zwischen Ursachen und Folgen annimmt und die tatsächlich stattfindenden komplizierten Wechselwirkungen und «Rückkopplungseffekte» außer acht lassen.

4. Insbesondere würde sie die Fähigkeit aller lebenden Organis-

men zur «Schadensbegrenzung» und oft auch «Selbstheilung» ignorieren. Häufig können von einem Unglück Betroffene aus dem, was ihnen widerfahren ist, sogar noch etwas für sie Gutes machen.

5. Trotzdem war vieles von dem, was Menschen später noch zu ihren Gunsten zu wenden verstanden, ursprünglich doch großes und unnötiges Leid. Die Kategorie «Schaden» (gar: langfristiger) kann diesem Leid nicht gerecht werden.

6. Nach Thomas Kuhn «muß» die Entscheidung zwischen verschiedenen Paradigma-Kandidaten «weniger auf vergangene Leistungen als auf zukünftige Aussichten gegründet werden» (Kuhn 1976, S. 168). Das Thema «Folgen» bzw. «Schaden» ist dagegen (paradox) vergangenheitsorientiert.

7. Carl Friedrich von Weizsäcker (1985, S. 381) schreibt: «Der Mensch kann den Zusammenhang von Wahrnehmen und Bewegen durch ein handlungsentlastetes Urteil unterbrechen und damit das bloße Reagieren durch ein von der Vorstellung geleitetes Agieren ersetzen.» Die Kategorie «Schaden» würde diese Unterbrechung wieder überbrücken und bloßes Reagieren herausfordern.

8. Die Konzentration auf die Folgen bestimmten Handelns verkennt, daß (besonders in der Kinderfrage) ein Großteil der üblichen Bemühungen weniger «richtig» oder «falsch» als vielmehr folgenlos, also überflüssig ist. (Z. B. die meisten Sorgen, die Eltern sich – sich selbst – gewöhnlich machen, aber auch all die sog. «Erziehungsmaßnahmen», die von klugen Kindern schlicht ignoriert werden.)

Nach diesen «Thesen» nun zu dem Hauptgrund. Er liegt in der Beobachtung, daß die Kinderfrage mit einigen Problemen belastet ist, die in anderen Lebensbereichen keine Rolle spielen. Beispielsweise sind im Tierschutz weit mehr als zehnmal soviel Menschen engagiert wie im Kinderschutz. Wenn Tiere leiden, kann man sich leichter mit ihnen identifizieren, da man nicht selbst einmal ein Tier war, sich nicht mit dieser Situation selbst schon abfinden mußte (bzw. sogar: anfreunden konnte). Man hat in dieser Hinsicht keine «Wunden», die, wie der Volksmund sagt, durch «die Zeit» geheilt wurden. Man ist (so merkwürdig das auf den ersten Blick klingt) durch das Leiden von Tieren «direkter» betroffen.

Ein anderes Problem ist die Beziehung zwischen Vergangenheit und Zukunft ganz allgemein (vgl. These 6). Obwohl kein Zweifel darüber bestehen kann, daß ein Buch, gleich welchen Inhalts, immer auf die Zukunft zielt, um zukünftiger Chancen willen geschrieben und gelesen wird, wäre es doch eine Illusion zu glauben, es wäre möglich, sich von der Vergangenheit abzukoppeln. Hinsichtlich der Kinderfrage gilt das in besonderem Maße. Erwachsene beurteilen ihre eigene Kindheit zwar höchst unterschiedlich: Die einen sagen, sie hätten sie (einschließlich der Erziehung/Dressur) «genossen» und fühlten sich heute völlig «in Ordnung»; andere – um über alle möglichen Zwischenstufen zum anderen Extrem zu kommen – denken an ihre Kindheit hauptsächlich mit Schrecken zurück und fühlen sich heute, zumindest seelisch, «kaputt». Was jenseits all dieser Unterschiede gleich bleibt, ist der emotionale Einfluß dieser Selbsteinschätzungen auf die Haltung gegenüber dem Phänomen Kindheit im allgemeinen und konkreten Kindern im besonderen.

Angesichts dieser Zusammenhänge erscheint es ausgeschlossen, daß bei der Prüfung grundsätzlicher Verbesserungsvorschläge die Gedanken/Gefühle nicht zumindest zeitweise auch in die Vergangenheit gerichtet werden, obwohl «objektiv» klar ist, daß die damalige Situation (wie immer man sie beurteilt) sich aus damaliger Sicht anders darstellt als aus heutiger. «Subjektiv» hat diese Rückwendung zur Vergangenheit die Folge, daß es leicht entweder zu Rechtfertigungsversuchen («Gegendenken») oder zu unproduktiven, weil unrealistisch assoziierten, emotionalen Reaktionen («Mitfühlen»*) kommt.

Auch die auf den ersten Blick «freundlichere» Möglichkeit, die Folgen des HGV nicht für die Kinder, sondern für die Erwachsenen aufzuzeigen, also etwa ihre vielen unnötigen Sorgen, vergeblichen Bemühungen (vgl. These 8) hervorzuheben, auch ihre mehr oder weniger «frommen» Selbsttäuschungen, die traurige Enge ihres Lebens als gefestigte, fixierte «Erwachsene», als die sie sich von der Kindlichkeit der Kinder abzusetzen suchten, um Autorität, Würde und Reife zu demonstrieren, Vorbild zu sein, verantwortlich und besserwissend und charakterfest und konsequent und möglichst auch noch (wie es ja lange die Regel war) unfehlbar, also unmenschlich – auch diese Möglichkeit mußte ausscheiden, weil sie ebenso vergangenheitsorientiert wäre; zwar weniger als Anklage wirken, also Schuldgefühle provozieren würde, aber eben doch als Klage, die Trauer und Ärger (vielleicht auch Neid) erzeugt.

Und selbstverständlich gilt das gleiche für die gesellschaftlich/politisch/kulturelle Ebene. Auch in bezug auf sie wäre es kaum möglich,

* Dieses subjektive Mitfühlen ist nicht nur aus den in der Einleitung genannten Gründen problematisch, sondern insbesondere deshalb, weil es eben subjektive Gefühle der Erwachsenen, also früherer Kinder, aktiviert, wodurch leicht in den Hintergrund tritt, wie unwahrscheinlich es ist, daß die heutigen Kinder, also andere Subjekte mit anderen Anlagen, Erfahrungen usw., die gleichen Gefühle haben. Man darf wohl vermuten, daß zahlreiche – nicht nur emotionale – Mißverständnisse zwischen Erwachsenen und Kindern letztlich auf diese «Distanzlosigkeit» zurückgeführt werden können.

die ungeheuren entsprechenden Verluste detailliert nachzuweisen, die der HGV verursacht, ohne daß die für sie «Verantwortlichen» dies als Klage und/oder Anklage auffassen müßten.

Das besondere Problem dieses Buches (die «Hautnähe» der Kinderfrage) bringt es mit sich, daß ein neuer «Kandidat» (s. These 6) seine Chance selbst beeinträchtigen würde, der sich vergangenheitsorientiert präsentierte, so daß er von Erfahrungen (und Handlungen/Unterlassungen) aus beurteilt werden müßte, die unter ganz anderen Umständen zustande kamen. Er würde die Trennungslinie zwischen Vergangenheit und Zukunft verwischen. Deshalb werden im zweiten Teil nur einige «Folgen» des HGV erwähnt (ohne daß sie als «Schäden» charakterisiert würden), sofern dies unbedingt erforderlich ist, insbesondere um den Unterschied zwischen der Wirklichkeit und einer bestimmten gesetzlichen Konstruktion (siehe 10. Kapitel) deutlich zu machen.

Ein zusätzlicher Gesichtspunkt war noch der, daß es bekanntlich eher «konservative» und eher «fortschrittliche» Menschen gibt. Eine ins einzelne gehende Kritik der Vergangenheit hätte die Gefahr heraufbeschwören können, daß der konservative Grundgehalt des vorliegenden Buches möglicherweise verkannt worden wäre. (Damit ist die Tendenz gemeint, das Bewährte zu bewahren. Und nichts hat sich so extrem bewährt, d. h. alle Angriffe – wenn nicht schadlos, so doch: – überlebt, wie die besonderen Fähigkeiten von Kindern, die im Rahmen des HGV geleugnet, bekämpft oder ausgebeutet, jedenfalls nicht anerkannt und respektiert werden.) Wenn man die in der Öffentlichkeit noch übliche Unterscheidung zwischen politisch «rechts» und «links» anwendet, muß man sagen, daß sich die Kinderfrage genau in der Mitte befindet; dort allerdings ganz «unten». Kritik an der Vergangenheit hätte bedeutet, daß vor allem diejenigen angesprochen worden wären, die in der Vergangenheit «Verantwortung trugen», also diejenigen, die von «links» die «Herrschenden» genannt werden. Bzgl. der Kinderfrage sind aber «rechte» wie «linke» Erwachsene gleichermaßen Herrschende. Zwar kam die Aktion «Mut zur Erziehung» von «rechts», aber der Erziehungsoptimismus (um nicht zu sagen -fanatismus) im «linken» Spektrum wiegt dies vollkommen auf. Es galt also, alles zu tun – bzw. Entgegenstehendes zu unterlassen –, um die Chance zu erhöhen, daß die Kinderfrage aus dem Parteienstreit herausgehalten werden kann.

Zusammenfassend: Bei unserem Thema ist es schwierig genug, das Atemholen, den Überblick, die Pause, den Abstand nicht zu verlieren oder zu gefährden, welche nötig sind, um zu sehen, was zu sehen ist. Die Zukunft beginnt immer heute. Aber damit sie eine bessere Chance hat, darf man nicht glauben, an der Vergangenheit etwas «bewältigen» oder gar korrigieren zu müssen/können. Die Vergangenheit ist, wie sie war. Die Zukunft wird, wie die (lernfähigen) Menschen – und einige andere, jedoch weit weniger gefährliche Naturgewalten – sie machen. Ein von besseren Vorstellungen geleitetes Agieren (s. These 7) muß sein Material nicht aus problematischen persönlichen Vergangenheiten nehmen. Es gibt, wie im zweiten Teil gezeigt wird, bessere Traditionen und Orientierungen.

Um deren Chancen nicht zu verringern, wurde dieser Teil des Buches gestrichen. Zu seinem Inhalt kann sich jede Leserin und jeder Leser ihr Teil dabei denken und sein Teil auch.

Außerdem wäre das Buch sonst erheblich dicker und mehrere Mark teurer geworden ...

«Die Zukunft …

… beginnt immer heute. Aber damit sie eine bessere Chance hat, darf man nicht glauben, an der Vergangenheit etwas korrigieren zu müssen.»

Es gibt vieles, was man heute machen sollte, damit die eigene und die Zukunft unserer Kinder eine Chance hat.

Teil II: Zum Verstehen und Verständlichmachen

Einleitung

Die folgenden Kapitel gehen von einer etwas anderen Voraussetzung aus als die bisherigen. Die Haltung des Autors gegenüber der Leserschaft ist nicht mehr zu beschreiben mit einem Satz wie: Ich seh etwas, was du (vielleicht) so noch nicht gesehen hast. Auch das Bild von den nicht direkt angesprochenen Zaungästen mit allen möglichen Meinungen paßt nicht mehr ganz. Vielmehr wird angenommen, daß entweder die bisherigen Kapitel oder sonstige Erfahrungen und Informationen über ein anderes als das «übliche» und «normale» Generationenverhältnis bei einer Leserin, einem Leser zur prinzipiellen Übereinstimmung mit der Zielsetzung dieses Buches (Bekanntmachung des HGV) geführt haben. (Wobei «prinzipiell» nicht bedeutet, daß jedes Wort für wahr gehalten wird, sondern nur meint, daß «im Prinzip» eine auf Gerechtigkeit statt auf Gewalt gegründete Beziehung zu Kindern als möglich und deshalb diskussionswürdig erscheint.)

Der Grund für diese veränderte Perspektive ist folgender: Der Autor führt seit mehr als zwanzig Jahren (seit er nicht nur mit dem «üblichen», sondern, als Vater, auch mit dem «anderen», dem «unnormalen» Generationenvertrag praktische Erfahrungen hat) mit zahlreichen Menschen Gespräche und Korrespondenzen. Seit fünfzehn Jahren (seit er sich hauptberuflich, als Publizist, mit den beiden Generationenverträgen beschäftigt) verfolgt er außerdem die öffentlichen wie die (in den letzten Jahren stark zunehmenden) wissenschaftlichen und (spärlichen) politischen Auseinandersetzungen, die in Rundfunk und Fernsehen ebenso wie in Zeitungen, Zeitschriften und Büchern über dieses Thema stattfinden. Und natürlich hat er auch alle ihm bekanntgewordenen Reaktionen auf seine eigenen Veröffentlichungen sorgfältig studiert.

Aus diesen Erfahrungen ergab sich die Notwendigkeit für das vorliegende Buch, für ein «Jenseits» von «Pädagogik» und «Antipädagogik». Und es ergab sich zweitens, daß ein großer Bedarf an etwas besteht, das man «Argumentationshilfen» nennen könnte.

In vielen Familien vollzog und vollzieht sich ein Übergang, mit Lloyd deMause (1977, S. 84) zu sprechen: von der «Beziehungsform Sozialisation» zur «Beziehungsform Unterstützung». Dieser Übergang ist grundsätzlicherer Art als die «offizielle», allgemein beobachtbare Entwicklung zu mehr Verständnis und Toleranz für Kinder. Er basiert nicht auf *mehr* Wissen, sondern auf *neuem* Wissen. Dadurch gibt es noch keine Tradition, auf die sich Erwachsene berufen könnten, wenn sie in die Situation kommen, ihre «andere» Einstellung rechtfertigen zu müssen bzw. zu wollen. Mit den Kindern gibt es erfahrungsgemäß die wenigsten Probleme – und die sind in der entsprechenden Literatur bereits berücksichtigt.* Hier sind die Erfahrungen auch durchweg positiv: Erwachsene und Kinder sind im ständigen offenen (symmetrischen, gleichberechtigten) Dialog, der für eine gemeinsame Entwicklung sorgt, auch für die Korrektur möglicher Übertreibungen, Irrtümer und Mißverständnisse auf beiden Seiten.

Fast völlig gegenteilig sind die Erfahrungen, wenn solche «unnormalen» Erwachsenen versuchen, ihr Verhalten «normalen» Erwachsenen in Partnerschaft, Freundeskreis, gegenüber Verwandt- und Nachbarschaft, aber auch z. B. in der Schule und gegenüber Fremden, evtl. sogar in der Öffentlichkeit plausibel zu machen. Verschiedene Gründe dafür werden noch zur Sprache kommen; jedenfalls ist zu beobachten, daß es vielen Erwachsenen zwar gelingt, mit ihren Kindern eine neue Beziehungsbasis zu finden, daß sie dafür aber häufig in Kauf nehmen, von ihrer Umgebung, gelinde gesagt, scheel angesehen zu werden. Die daraus entstehenden Belastungen für die Eltern (auch z. B. Kindergartenerzieher/innen und Lehrer/innen) können unter Umständen sehr schwerwiegend sein und durchaus auch die Kinder betreffen.

Noch negativer sind die Erfahrungen «anderer» Erwachsener, wenn sie nicht nur ihr eigenes Verhalten erklären wollen (also gewissermaßen defensiv argumentieren), sondern von traditionellen Erwachsenen um Rat gefragt werden (also gewissermaßen offensiv argumentieren müssen). Es kommt häufig vor, daß z. B. Eltern, die ihre Kinder nicht erziehen/dressieren, darauf angesprochen werden,

* Siehe z. B. Kraußlach (1981), v. Braunmühl (1978), Dessai (1981), Mariano (1984), Brenner (1981), v. Schoenebeck (1982), Schué (1984), Sichtermann (1981).

«wie sie das denn machen», so «aufgeweckte» Kinder zu haben, in so entspannter Atmosphäre mit ihnen zu leben, so wenig «Erziehungsprobleme» zu kennen usw. Häufig wird dann ein Beispiel erzählt, etwa was das eigene Kind gerade wieder «angestellt» hat, und gefragt, was man denn da nun konkret tun würde/solle. Wenn derartige Gespräche nicht im Streit enden, handelt es sich fast um Ausnahmen.

Daß unerbetene Ratschläge, also Einmischungs- oder gar «Bekehrungs»versuche grundsätzlich keinen Erfolg haben, versteht sich von selbst und wird hier nur der Vollständigkeit halber angeführt. Ebenso versteht sich von selbst, daß Menschen, die zwar genau wissen, was sie tun, aber mit dem Versuch, dieses Wissen weiterzuvermitteln, mehrere Male gescheitert sind, solche Versuche aufgeben. Und dies, obwohl sie sehen, daß viele Menschen unsicher und unzufrieden sind, im Prinzip aufgeschlossen, der «üblichen» Wege überdrüssig, aber doch kritisch genug, um sich nicht mit unausgereiften Argumentationen zufriedenzugeben.

Dies ist die eine Seite. Die andere Seite ist, daß sich im Laufe der Jahre bestimmte Vorgehensweisen und Argumente als untauglich, andere dagegen als aussichtsreich herausgestellt haben. Und was noch weitaus wichtiger ist: Zu einigen Problemen, die sich zunächst als besonders hartnäckig erwiesen hatten, entwickelten sich neue Lösungsideen; nicht nur durch einige wesentliche Präzisierungen und Differenzierungen, sondern auch durch die Berücksichtigung von teils bekannten, teils neuen Erkenntnissen aus Wissenschaftsbereichen, die auf den ersten Blick mit der Kinderfrage nichts zu tun haben. Jedenfalls gibt es inzwischen einen großen Erfahrungsschatz, dessen wichtigste und bewährteste Bestandteile nach Meinung des Autors nicht einigen wenigen «Diskussionsprofis» vorbehalten bleiben sollten. Auch wieder im Interesse der Verständigung unter den Menschen und um des Zieles willen, den Heimlichen Generationenvertrag aus seinem Hintergrunddasein zu befreien und möglichst effektiv der privaten wie öffentlichen Diskussion zugänglich zu machen.

Der zweite Teil ist also nicht in der eingangs skizzierten Haltung geschrieben, sondern etwa in der: Ich verfüge über bestimmte Erfahrungen mit Auseinandersetzungen über die beiden Generationenverträge, und diese will ich zur Verfügung stellen. Das entsprechende Interesse ist vorausgesetzt – wobei selbstverständlich ist, daß die folgenden Beobachtungen, Analysen, Empfehlungen usw. auch dann ihren Sinn haben, wenn die Leser/innen sich nicht in der Rolle der Gefragten, sondern in der Rolle der Fragenden sehen. Die Darstellung soll lediglich einen Aspekt hinzugewinnen, der bisher fast vollständig außer acht gelassen wurde, mit den geschilderten Folgen.

Die Bezeichnung «Argumentationshilfen» oder (siehe 12. Kapitel) «Argumentationsbeispiele» ist vielleicht auch deshalb treffend, weil sie klarstellt, daß die eigentliche Aufgabe und Arbeit, wenn sie denn in Angriff genommen werden soll, nach der Lektüre dieses Buches erst beginnt und von der Leserschaft selbst zu leisten ist. Wobei allerdings der Schluß des Buches an die erste Einleitung erinnern soll, an die «Geduld und Nachsicht», ohne die in diesem Felde niemandem irgend etwas gelingt.

Vorab, in Erinnerung an das Vorwort, aber schon aus der neuen Perspektive, wieder eine *Warnung*. Häufig fragen Menschen um Rat (auch bei offiziellen Beratungsstellen und hochbezahlten «Experten»), mit bewundernswerter Beharrlichkeit tun sie aber nichts von dem, was ihnen dort empfohlen wurde. Meist sind die Berater dann beleidigt; oft sagen sie, die «Klienten» hätten sie «scheitern lassen wollen». Dies trifft auch zu, aber aus einem oft unverstandenen Grund: In Wirklichkeit war den «Ratsuchenden» zuvor schon von anderen «Experten» (z. B. Lehrern, Amtspersonen usw.) erklärt worden, sie würden alles falsch machen und sollten sich beraten lassen. Wenn sie dann kommen, lassen sie die Berater «scheitern», nicht weil sie unfähig wären, die Ratschläge (angenommen, es wären gute gewesen) «umzusetzen», sondern weil sie beweisen wollen (sich und «der Welt»), daß sie so dumm nicht sind, wie ihnen ihre Kritiker anfangs vorhielten. Wenn auch die Experten scheitern, bestätigen sie die Unlösbarkeit des Problems, das sie meist selbst erst entdeckt/erzeugt hatten. Die Neigung insbesondere von Amtspersonen, sich besserwisserisch in Beziehungen einzumischen, die in ihrer Art oft optimal funktionieren und lediglich nicht den gerade modernen Vorstellungen irgendwelcher Fachleute entsprechen, ist sicherlich von einer noch lange nicht genügend durchschauten Zerstörungskraft. Die «Helfer» produzieren sich ihre Kundschaft selbst, und wenn die nicht mitspielt, wird sie als unbelehrbar eingestuft, mit Amtsgewalt werden Bindungen zerrissen und «asoziale» Karrieren begründet, deren «Betreuung» dann zahlreiche weitere «Sozialexperten» ernährt.

Als Privatmensch ist man zwar selten in der Gefahr, einen solchen Teufelskreis in Gang zu setzen, doch kann es hilfreich sein, ihn zu durchschauen: Man wird dann stets sehr genau prüfen, ob «Ratsuchende» tatsächlich eigene Probleme präsentieren (sei es aus purer Neugierde, sei es aus dem sog. «Leidensdruck») oder ob es ihnen in Wirklichkeit hauptsächlich darum geht, Selbstbestätigung zu erhalten.

Dieser zweite Fall kommt in der Praxis sehr häufig vor. Würde man dann aus der Sicht des HGV (bzw. aus seiner Kenntnis) argumentieren, würde man unausweichlich Fragen beantworten, die überhaupt nicht gestellt wurden. Man würde keinen Dialog führen, sondern «aneinander vorbeireden».

Um sich davor zu schützen, braucht man die eigene Meinung nicht zu verheimlichen. Aber wenn man es unterläßt, von vornherein in aller Deutlichkeit auf den Unterschied der Ausgangspositionen (etwa der «Beziehungsform Sozialisation» und der «Beziehungsform Unterstützung») hinzuweisen, verhindert man eine wirkliche Verständigung. «Konkrete» Fragen wie die, ob man mehr oder weniger «streng» sein solle, ob mehr Strafen oder mehr Belohnungen «etwas nützen» und dergleichen zeigen, daß die Fragenden nicht an einer neuen *Basis* für ihr Leben mit Kindern interessiert sind. Ohne einen «Umweg» über die im 2. Kapitel vorgestellte «Abstraktionsleiter» ist der «Übergang» zwischen den o. g. «Beziehungsformen» nicht möglich.

Gewiß, wer nur den «Trick 17» kennenlernen will, wie man «es» mit Kindern besser schafft, dieses «es» aber als feststehende Größe betrachtet (bestünde «es» in der Erzeugung von Gehorsam, fleißigen Schülern, Nichtrauchern oder was auch immer), ist keineswegs ein schlechterer Mensch und verdient Respekt wie jeder andere auch. Wenn man jedoch nicht bemerkt, daß er nur nach neuen Wegen zur Durchsetzung alter Ziele sucht, produziert man jede Menge Mißverständnisse und manövriert sich selbst in eine Sackgasse, in der es nur noch Energieverschwendung gibt. Diese Warnung gilt also im Grunde auch wieder der Gefahr, falsche Erwartungen zu wecken, bei anderen und bei sich selbst.

Die fünf Kapitel dieses zweiten Teils behandeln einige Fragenkomplexe, die sich immer wieder als besonders schwierig erwiesen haben. Gleichzeitig wurden sie in der Annahme ausgewählt, sie würden besonders ergiebig sein und dazu geeignet, daß sich die verschiedenen Gedankenlinien schließlich, in einer Zusammenschau, zu einem Ganzen verbinden lassen.

Inhaltlich geht es dabei um teilweise recht intime Probleme, die das Selbstverständnis der Erwachsenen betreffen. Für das Verständnis des HGV (und ebenso das «Weitersagen») ist es keineswegs unbedingt erforderlich, daß sich alle Leser/innen für jeden kleinen «Abstecher» (z. B. in die Philosophie) interessieren. Manche von ihnen sind einfach Konzessionen an die ungeheure Unterschiedlichkeit im «Informationsstand» der möglichen Leserschaft und an den im Vorwort erwähnten Charakter dieses Buches als «Zwitterwesen». Damit kein Übergewicht in Richtung Fachbuch entsteht, wurde das sprödeste theoretische Problem (Stichworte: Selbstbestimmung, Willensfreiheit), das von ganzen Generationen von Philosophen besonders sorgfältig verknotet wurde, auf mehrere Kapitel «verteilt»; es kann also nicht erwartet werden, daß sich dieser Knoten bereits im ersten «Anlauf» (im 9. Kapitel) löst: Im Idealfall lockert er sich nach und nach «von selbst».

Daß manche Probleme (auch: Scheinprobleme), die von bestimmten denkerischen Traditionen und Moden belastet sind, in einem Taschenbuch dieses Umfangs nicht erschöpfend behandelt werden können, dürfte niemanden verwundern. Die Erfahrung (immer: die Erfahrung des Autors, einschließlich der aus vielen Berichten anderer Beobachter/innen) zeigt, daß für die Praxis häufig wenige Andeutungen genügen, damit Lesende bestimmte *Weichen* so stellen, daß persönliche Entwicklungen in selbstgewählte Richtungen möglich werden, die vorher (die Weichen/Richtungen) lediglich aus verschiedenen Gründen *blockiert* waren. Insbesondere aus dieser Erfahrung heraus erschien es unnötig, das ohnehin Unmögliche zu versuchen, nämlich in einem so schlanken Buch über ein so umfassendes Thema jede Formulierung gegen alle möglichen Einwände abzusichern. (Dies ein weiterer Grund gegen vorschnelles «Gegendenken»; aber wem es Spaß macht ...)

Zur «Einstimmung» sei hier noch eine merkwürdige Gedankenlinie nachgezeichnet, die vielleicht geeignet ist, Illusionen hinsichtlich der Schwierigkeit unseres Themas zu vermeiden. Gleichzeitig kann sie die für diesen zweiten Teil gewählte Perspektive unterstützen.

In dem wohl originellsten und gedankenreichsten «kinderrechtlichen» Buch der letzten Jahre, «Kindesmord» von Douglas Milburn (1982), heißt es in der Einleitung: «Wenn meine Formulierungen über den Frevel an Kindern den Frevlern nicht frevelhaft klingen, dann habe ich die Sache der Kinder schlecht vertreten» (S. 12). Dann entfaltet Milburn seine «Theorie des Filizid»; er beginnt: «Der *Filizid* oder Kindesmord ist ein universelles Verbrechen in dieser Zivilisation. Als Kinder sind wir alle Opfer des Kindesmordes. Als Erwachsene begehen wir alle das Verbrechen des Kindesmordes ... Das Aufzwingen der Sohnesrolle ist darum Sohnesmord: Filizid. Das Aufzwingen der Tochterrolle ist darum Tochtermord: Filizid» (S. 27).

Gegen Ende aber schreibt Milburn: «Es wäre nicht schwer, sich eine *anti*filizidale Ideologie auszudenken, ein Programm von notwendigen und wünschenswerten Gesellschafts- und Familienreformen, um Brutalität, der vor allem die Kinder ausgesetzt sind, abzuschaffen ... Schon heute Veränderungen dieser Art zu fordern wäre aber wiederum eine Vergewaltigung primitivster Art – eine Vergewaltigung des Bewußtseins von Millionen besorgter, wohlmeinender, liebender Eltern, die selbst so sehr an Furcht und Verwirrung leiden, daß sie klassisch furchtsame, verwirrte filizidale Kinder großziehen» (S. 240f).

Obwohl Douglas Milburn sein Buch ohne Kenntnis anderer, zu ähnlichen Ergebnissen kommender Analysen geschrieben hat, zeigt die Erfahrung, daß seine hier zitierte Warnung vollauf berechtigt ist. Die Konsequenz kann nur sein, daß man alles unterläßt, was als «Forderung» interpretiert werden könnte. Gerade wenn man die Kinderfrage als ein sehr dringliches Problem ansieht, muß man zur Kenntnis nehmen, daß es sich mit dieser Dringlichkeit nicht verträgt, sich in allenfalls selbst-befriedigenden Aktionismus zu stürzen. Gerade wegen dieser Dringlichkeit können sich die Besseres Wissenden keine Besserwisserei mehr leisten, sondern müssen äußerste Geduld und Behutsamkeit an den Tag legen. Milburns Buch endet – ebenso wie das vorliegende, mit einem Hinweis auf das *Tao Te King* so:

«Handeln ohne zu handeln. Einwirken ohne einzuwirken. Hier endet die Analyse, denn die paradoxe Möglichkeit, zu kontrollieren ohne zu kontrollieren, vermag sie nicht zu erfassen. Und uns bleibt nicht Schweigen – sondern Lachen. Aus der Ferne vernimmt das lauschende Ohr das ach-so-freundlich spottende, stets ermutigende Lachen des ewigen Mysteriums der Vergebung» (S. 244).

Kapitel 9
Achtung für den Schwächeren?

Kinder sind schwächer als Erwachsene. Daß es trotzdem Erwachsene gibt, die Kinder achten, läßt sich nicht bestreiten. Die Frage ist, warum sie das tun, wie es ihnen gelingt, und ob man, wenn man will, von ihnen lernen kann.

Es gibt im Leben, wie in der «Vorbemerkung» des 4. Kapitels dargestellt, «neben den physikalischen noch andere Kategorien». Schon allein Gründe der Fairneß hindern manche Menschen daran, nach Lust und Laune über Schwächere herfallen zu wollen. Und dies nicht nur auf der Ebene der Körperkraft, sondern auch hinsichtlich des «geistig-seelischen Faustrechts»: Man kann es, zusätzlich zu den z. B. von Heinrich Jacoby (vgl. 7. Kapitel) benannten schädlichen Folgen, schlicht als unfair ansehen, als Erwachsener durch alle möglichen Belehrungen Kindern den Spaß am Selberentdecken und Selbererarbeiten zu verderben.

Wenn man gefragt wird, wie man «es» denn mit seinen Kindern «macht», sind solche Hinweise oft erfolgreicher als manche übliche Klage und Anklage. Was in diesem Bereich üblich (oder immerhin möglich) ist, kann ein Ausschnitt aus dem im vorigen Kapitel erwähnten Gespräch zwischen Florence Rush und Alice Miller zeigen.

Rush sagte, Kinder «verkörpern keine Macht und sie repräsentieren die Hilflosigkeit. – *Alice Miller:* Aber auch das Leben! – *Florence Rush:* Ja, sie sind unsere Zukunft, und wir dürfen nicht vergessen, daß das, was ihnen heute zustößt, die Welt von morgen formen wird. – *Alice Miller:* Ja, nur glaube ich, daß wir nicht den Kindern Respekt geben können, wenn wir ihn selber nicht erfahren haben, wenn wir nie erfahren haben, was es heißt, einen Schwächeren zu achten. In unserer Erziehung lernen wir nur den Respekt für den Stärkeren. Die Achtung für den Schwächeren, für die Kinder und die Patient/inn/en müssen wir erst lernen, und darin ist unsere Generation eigentlich ohne Vorbilder» (Rush 1982, S. 17).

Auf diese Argumentationsfigur stößt man sehr häufig. Von vielen Seiten wird den Menschen eingeredet, sie seien durch die Vergangenheit nicht nur bis zur Gegenwart bestimmt (determiniert), sondern auch in alle Zukunft. Wer solches an-nimmt, gibt sich logisch zwingend einem Fatalismus hin, der für Freiheit und Selbstbestimmung keinen Raum läßt. Wer annimmt, daß nur solche Erwachsene «Kindern Respekt geben können», die als Kinder selbst Respekt erfahren haben, und nicht zu diesen gehört, muß sich zur «Achtung für den Schwächeren» unfähig halten. Er ist ja «ohne Vorbilder» (Miller).

Es wäre nun ungerecht, dies als bequeme oder gar faule «Ausrede» zu bezeichnen. Richtiger nennt man den Vorgang eine sich-selbst-erfüllende Prophezeiung oder Selbstsuggestion: Nicht die vergangene Kindheit bindet einem die Hände, in die man sein Schicksal nehmen könnte, sondern der gegenwärtige Glaube, daß sie es täte, ist die wirk-liche Ursache. Obwohl es oftmals nicht leichtfällt, diesen Glauben abzulegen (z. B. weil mit der Selbstbestimmung die Selbstverantwortung verbunden ist, weshalb es sich verbietet, jemanden dazu drängen zu wollen), ist doch das Argument stichhaltig, daß das jeweils gegenwärtige *Selbstbild* eines Menschen für die Zukunft nicht unwichtiger sein kann als andere, konkurrierende Faktoren; sei es das eines bloßen Produkts der Vergangenheit, also das einer Marionette, sei es das eines aktiven Gestalters seines Schicksals. Menschen, die sich ausschließlich als «Opfer» der Vergangenheit sehen, müßten erst einmal erklären, wie sie denn in Gegenwart und Zukunft zu «Tätern» werden wollen, bevor man sich mit ihnen auf ins einzelne gehende Gespräche einlassen kann.

Die genannte Rückfrage hat sich häufig besser bewährt als der Versuch, einem Unwilligen die Freiheit des Menschen positiv zu «beweisen» *. Seit einigen Jahren wird zwar auch von «linken» Publizist/inn/en der Subjektstatus des Menschen nur noch selten bestritten, doch hat sich das noch nicht überall herumgesprochen. Man trifft also noch immer auf Gesprächspartner, die mit Sätzen wie «Das Sein bestimmt das Bewußtsein» argumentieren. Oder mit Schulweisheiten wie dem Streit von Philosophen über «Determinismus» und «Indeterminismus», also einem angeblich (nicht) vorhandenen «freien Willen».

Zu diesem Problem soll zunächst der Hinweis genügen, daß es seine Existenz im wesentlichen einer traditionellen Sprachverwirrung verdankt. Ein Beispiel. In dem Buch «Das Wunder des Menschseins» wird immer wieder versucht, die sog. «Willensfreiheit» (Eccles/Robinson 1985, z. B. S. 137) zu beweisen, als könnte es einen grundlosen Willen geben. Dann heißt es zwar, «daß wir dadurch, daß wir uns Gedanken machen, das Wirken der neuralen Mechanismen im Gehirn beeinflussen können. Auf diese Weise können wir in der Welt Veränderungen zum Guten und zum Bösen bewirken. In einer einfachen Metapher ausgedrückt, unser bewußtes Selbst befindet sich auf dem Fahrersitz.» Doch wird aus dieser Tatsachenfeststellung wenige Zeilen später

* Einen solchen «Beweis» enthält, verpackt in eine spannende Familiengeschichte, der als «Kinderbuch» deklarierte «rotfuchs»-Band «Musterkind – Tagebuch eines minderjährigen Menschen» von Hans-Joachim Mariano (1984). Dieses Buch eignet sich besonders als Gesprächsgrundlage für Eltern und Kinder, die einen Übergang vom üblichen zu einem gleichberechtigten «Generationenvertrag» erwägen oder planen.

wieder etwas anderes: «Das Ideal besteht für jeden Menschen darin, ein Maximum an Freiheit zu haben und diese Möglichkeiten zu realisieren» (S. 216).

Ein «Ideal» und «Möglichkeiten» sind offensichtlich etwas anderes als Tatsachen. Der (freie?) «Wille» ist auch etwas anderes als das «bewußte Selbst». Wer also befindet sich «auf dem Fahrersitz»? Und wie «frei» wäre dieser Fahrer, wenn es sich um ein Schienenfahrzeug handelte? Oder um ein Automobil im Stau?

Wir werden diese Fragen noch verschiedentlich streifen. Für jetzt genügt es, sich klarzumachen, daß man Menschen, die auf die genannte Rückfrage keine Antwort wissen, getrost «stehenlassen» kann. Wer sich nicht insgesamt – als Subjekt oder «Organismus» * oder «Steuermann» ** – auf dem «Fahrersitz» sieht, dem kann man mit den besten Ortskenntnissen nicht nützlich sein.

Wer in seiner Kindheit nicht als Subjekt anerkannt wurde, hat es sicherlich schwer, sein Selbstbild später (d. h. jeweils: heute) revidieren zu wollen. Wer es jedoch nicht revidiert, beschneidet sich erst dadurch um die Möglichkeit, auch andere, auch schwächere Menschen als Subjekte anzuerkennen. Dieser Zusammenhang, nicht der von Alice Miller angeführte, erweist sich bei allen möglichen Nachprüfungen (die hier nicht durchexerziert werden können) als zwingend.

Ist der umgekehrte Zusammenhang ebenso zwingend? Sind Erwachsene, die sich als selbstbestimmte und selbstverantwortliche Subjekte wahrnehmen, ebenso «automatisch» in der Lage und willens, andere, z. B. Kinder, als insofern ihnen gleiche Wesen anzuerkennen?

Einen solchen Automatismus gibt es offensichtlich nicht. Im nächsten Kapitel wird den Gründen hierfür nachgespürt. Für jetzt sei der Fall gesetzt, daß ein Mensch, der Achtung vor dem Schwächeren, die er als Kind selbst möglicherweise «nie erfahren» (Miller) hat, lernen will, nach Orientierungen fragt. Ist er zwangsläufig «ohne Vorbilder»?

Tatsächlich wird in vielen politischen und «wissenschaftlichen» Verlautbarungen den Erwachsenen, besonders den Eltern, eingeredet, sie selbst hätten als Vorbilder für ihre Kinder zu funktionieren. Für Erwachsene, die sich auf diese Rolle fixieren (lassen), liegt es nahe, unreflektiert von sich auf andere zu schließen und in bezug auf Kinder ihre eigenen Kindheitserfahrungen zum (guten oder schlechten) Vorbild zu nehmen. Psychologen sprechen dann vom Wiederholungs«zwang», wobei es die gleiche zwanghafte Fixierung auf das je eigene Kindheitsschicksal darstellt, ob Eltern mit ihren Kindern in der gleichen oder aber in genau der umgekehrten Weise verfahren wollen, wie es

* Mariano 1984, S. 106 ff.
** «Jeder ist sein eigener Steuermann, ganz gleichgültig, wie hoch die Wellen und wie nah die Klippen sein mögen» (Wyss/Schaad 1983, S. 37). Vgl. dazu den Abschnitt «Sind Kinder unfehlbar?» im 12. Kapitel.

ihnen selbst widerfahren war. Von einer vernünftigen Wahl – z. B. unter Berücksichtigung neuer Erkenntnisse und von Erfahrungen, die andere Menschen gemacht haben – kann dann keine Rede sein. Die Eltern stecken in einem (gleich- oder gegengerichteten) «Teufelskreis».

In Wirklichkeit erhält aber auch hier der sog. «Zwang» seine zwingende Kraft nicht aus der Vergangenheit, sondern aus der gegenwärtigen Überzeugung, daß es sich um einen Zwang handele: Diese Überzeugung erst verhindert, daß andere Möglichkeiten in den Blick treten, einfach weil sie solche von vornherein für unmöglich erklärt. Sobald man aber erkannt hat, daß sie es erst dadurch werden, ist der Bann (der «Teufelskreis») gebrochen. Und dann kann man, um nur ein Beispiel zu nennen: «Respekt haben vor dem Interesse des Kindes ... Was aber können Eltern für die Begabungen ihres Kindes noch tun ...? Sie können sich von ihren Kindern einfach führen lassen auf dem Weg, die Welt zu entdecken ... Wenn Eltern die Interessen ihrer Kinder teilen lernen und versuchen, Antworten auf die vielen Fragen zu finden, dann werden sie eines Tages stolz und dankbar feststellen: ‹Mein Kind hat mir beigebracht, die Welt mit anderen Augen zu sehen.›» Christine Brasch, «Eltern», Heft 12/ 1985, S. 50.*

Aus dem zitierten Gesprächsausschnitt zwischen Miller und Rush wird eine einseitige Orientierung an den Kategorien *Zukunft* und *Schaden* deutlich. Rush erklärt, Kinder «sind unsere Zukunft» (nicht ihre eigene?) und «das, was ihnen heute zustößt, (wird) die Welt von morgen formen» (die deterministische Sichtweise). Außer Betracht bleiben dabei die Kategorien *Gegenwart* und *Leiden*. Einige Sätze aus dem Text «Kinderschutz contra Tierschutz?» (aus der mehrfach genannten Broschüre «Freiheit, Gleichheit, Brüderlichkeit ohne Altersgrenzen») können zeigen, daß es auch andere Orientierungsmöglichkeiten gibt:

«Allzuoft begründen Kinderschützer ihren Einsatz damit, daß durch Kindesmißhandlung und -vernachlässigung, also durch Grausamkeit gegen Kinder deren Entwicklung geschädigt wird. Das konkrete gegenwärtige Leiden der Kinder bleibt häufig völlig außer Betracht ... Bekanntlich versichern die Verteidiger von Grausamkeiten gegenüber Kindern stets, sie hätten das ja selbst auch durchgemacht und seien heute dankbar dafür. Jedenfalls habe ‹es› ihnen nicht geschadet. Ihnen den Nachweis aufzudrängen, daß ‹es› ihnen doch geschadet hat, ist wenig aussichtsreich – und wäre oft selbst grausam.

* Ausführliche Informationen dieser Art enthalten u. a. die Bücher «Die Kraft geht von den Kindern aus – Die stufenweise Befreiung von der Lehrerrolle» (Mann 1978), «Von Kindern lernen – Zur Position des Kindes in der Welt der Erwachsenen» (Doehlemann 1979) und «Das Land der Kinder mit der Seele suchen – Beziehung statt Erziehung» (Kohlhammer/Mai 1984). Auch auf die Bücher von Heinrich Jacoby (1983) und Ashley Montagu (1984) ist hier nochmals hinzuweisen.

Würde man dagegen z. B. einem Politiker, der das elterliche Züchtigungsrecht verteidigt, weil ihm als Kind die Ohrfeigen nicht geschadet hätten, nun eine weitere Ohrfeige geben, weil die ihm als Erwachsenem ja noch viel weniger schaden könne (welchen Vor-Schlag wir hier nur als Gedankenexperiment meinen), würde er auf das jenseits der Schaden/Nutzen-Diskussion liegende Problem hingewiesen. Schlagartig würde ihm klar (und das würde solche Ohrfeigen ausgesprochen nützlich machen), daß Be-leid-igungen schon deshalb verwerflich sind, weil sie Leid zufügen – und daß ein Kind nicht leidensfähig sei, wird selbst ein Politiker schwerlich behaupten» (Kloos 1985, S. 17f).

Mit diesem Gedankenexperiment kommen wir zu einem Gesichtspunkt, der im ersten Teil dieses Buches vernachlässigt wurde. Ging es dort hauptsächlich um die Unterschiede zwischen Erwachsenen und Kindern (an Kraft, Erfahrung, Erwachsenenwissen, Fähigkeiten usw.), gilt es nun, jene Eigenschaften der Menschen zu würdigen, die nicht von ihrem Alter abhängig sind. Es ist ein Verdienst der Tierschutzbewegung, auf diese Argumentations- und Orientierungsmöglichkeit aufmerksam gemacht zu haben.

Erstmals aufgegriffen wurde sie in dem eben herangezogenen Broschürentext, in dem z. B. Klaus-Michael Meyer-Abich (Physiker und Professor für Naturphilosophie; seit 1984 Wissenschaftssenator in Hamburg) aus dem Buch «Tierschutz» zitiert wird: «Die hier angestrebte Befreiung der Tiere kann in einer historischen Kontinuität mit dem Fortgang der bürgerlichen Emanzipation von weißen Männern auf Juden, Neger, Frauen und Zigeuner gesehen werden, die ja nach der Französischen Revolution auch noch eine Weile gedauert hat bzw. noch andauert» (Händel 1984, S. 26f).

Weiter heißt es in der Kinderschutz-Broschüre: «Dafür, daß in dieser Aufzählung die Kinder fehlen, sind zum großen Teil die Kinderschützer selbst verantwortlich, insofern sie sich für den pädagogischen, nicht aber für den ethischen Kinderschutz einsetz(t)en. Während der pädagogische (oder ‹adultistische› = erwachsenenzentrierte) Kinderschutz am Status von Kindern als Objekten von Erziehung/Dressur nichts ändern will, geht es dem ethischen Kinderschutz darum, daß die Menschenrechte der Kinder durch noch so gutgemeinte Nützlichkeitserwägungen Erwachsener nicht mehr außer Kraft gesetzt werden. Und zwar in erster Linie deshalb, weil Kinder (wie Erwachsene und Tiere) leidensfähig sind und je eigene Interessen besitzen; nur in zweiter Linie z. B. aus der Einsicht, daß man Kindern, denen man um eines Erziehungszieles willen Leiden zufügt, zeigt, daß man das Erziehungsziel mehr liebt als das Kind, was selbstverständlich nicht nur dem Kind, sondern auch der Beziehung zu ihm schadet.

Geht es Tierschützern darum, ‹im Denken des Normalbürgers ein neues Verhältnis zwischen Mensch und Tier zu begründen› (U. M. Händel, S. 12), und erklärt der Moraltheologe Franz Böckle: ‹Die in der Schöpfung grundgelegte Lebensgemeinschaft verlangt als oberstes Gebot der Solidarität immer die Parteinahme für den Schwächeren, das heißt hier für das dem Menschen und seinen Mitteln ausgelieferte Tier› (S. 57), so wollen Kinderschützer eben ein neues Verhältnis zwischen Erwachsenen und Kindern erreichen, in dem auch junge Menschen Parteinahme und Solidarität erfahren.

Das Buch ‹Tierschutz› kann viel dazu beitragen, diesem Ziel näherzukommen, weil es mit einer Reihe von übertragbaren Argumenten den Weg vom unergiebigen ‹pädagogischen› zum sinnvolleren ‹ethischen› Kinderschutz aufzeigt – und im übrigen verständlich macht (weil sich sogar Tierschützer auf die Französische Revolution berufen), warum der Wiesbadener Kinderschutzbund sein 25jähriges Jubiläum unter das Motto ‹Freiheit, Gleichheit, Brüderlichkeit ohne Altersgrenzen› gestellt hat» (Kloos 1985, S. 19).

Das entscheidende Argument von Tierschützern beruft sich auf den «Gleichheitssatz» bzw. das Gleichheitsprinzip, das Meyer-Abich in seinem einleitenden Beitrag «Frieden mit den Tieren» zu dem Buch «Mehr Recht für Tiere» so beschreibt:

«Das Gleichheitsprinzip, daß zweierlei insoweit gleich behandelt werden soll, wie die Gleichheit reicht, und insoweit verschieden, wie die Verschiedenheit reicht, ist wohl der elementarste Grundsatz der Gerechtigkeit ... Das Bundesverfassungsgericht deutet den Gleichheitssatz in ständiger Rechtsprechung als das Willkürverbot, ‹weder wesentlich Gleiches willkürlich ungleich noch wesentlich Ungleiches willkürlich gleich› zu behandeln» (Franke 1985, S. 9).

Die Konsequenz ist eindeutig und läßt sich argumentativ gut vertreten: Sobald man anerkennt (und dies wird ja hier vorausgesetzt), daß Kinder nicht passive Objekte, sondern aktive Subjekte sind, gibt es insofern keinen Unterschied zwischen ihnen und Erwachsenen. In dem Kinder-«Bild», das dem Heimlichen Generationenvertrag zugrunde liegt und die Kindheitserfahrungen vieler heutiger Erwachsener prägte, sind Kinder und Erwachsene nicht nur als an Stärke, Bildung, Leistungsfähigkeit usw., sondern auch als an Eigenwert und Eigenrecht ungleich anzusehen und entsprechend ungleich zu behandeln. Wenn dieser Irrtum jedoch aufgeklärt ist, stellt sich die Lage anders dar. Dann wird klar, daß Menschen unabhängig von ihrem Alter Subjekte sind, die eigene Gefühle, Bedürfnisse, Wünsche usw. haben, die eigene Entscheidungen treffen, die leidens- und glücksfähig sind, d. h. in allen diesen Belangen sind Kinder und Erwachsene wesentlich gleich und können deshalb auch den gleichen Respekt beanspruchen.

So gesehen erweist sich die Formel «Achtung für die Schwächeren», die ja auf eine Ungleichheit abhebt, als unnötig erschwerend und moralisierend. Zwar gibt es, wie wir schon im 4. Kapitel gesehen haben, genügend Vorbilder für einen achtungsvollen Umgang mit Schwächeren: neben dem Umgang mit schwächeren Erwachsenen auch einfach den mit wertvollen (wertgeschätzten, geliebten) zerbrechlichen Gegenständen oder besonders empfindlichen Pflanzen und Tieren. Es ist jedoch ebensogut möglich, von sich auf andere zu schließen, sofern man Kategorien wählt, die nicht Ungleiches (zwischen Erwachsenen und Kindern), sondern Gleiches beschreiben: Wenn ich selbst nicht gerne beleidigt, geschlagen, bevormundet usw. werde (auch nicht zu meinem von jemand anderem bestimmten «Besten» und auch nicht «aus Liebe»),weil all dies meine Freiheit und Würde, mein Gerechtigkeitsgefühl usw. verletzt, dann wird mir der Gedanke schnell fremd, in allen diesen Hinsichten, in denen ich mich von meinen Kindern nicht unterscheide, eine unterschiedliche Behandlung für richtig zu halten. Zumindest lasse ich mir nicht mehr einreden, ich «müsse» meine Kinder grundsätzlich als minderwertig, dressurbedürftig usw. ansehen.

Ich lasse es mir nicht einmal durch den Hinweis auf Extremsituationen einreden, in denen Kinder besonders gefährdet sein könnten. Denn Notfallhilfe leiste ich auch gegenüber Erwachsenen, ohne damit deren Freiheit und Würde grundsätzlich in Frage zu stellen. (Weiterführend dazu: der Abschnitt «Handlungsfreiheit und Lebensgefahr» im 12. Kapitel.)

Gegen Ende des Buches «Musterkind» schreibt die 12jährige Heldin über ein Neugeborenes, das «Mulle» genannt wird: «Sie sagen, Mulle ist ein richtiger Mensch. Kein Mindermensch, sondern ein *Kindermensch*» (Mariano 1984, S. 126).

Vielleicht ist es sinnvoll und anschaulich, das Kinder-«Bild» von Siegfried Bernfeld und anderen, das dazu führt, daß Kinder nach dem Muster von formbarem Lehm oder zu behauendem Marmor behandelt werden, als «Mindermensch-Paradigma» zu bezeichnen und das «neue» Bild als «Kindermensch-Paradigma». Diese Gegenüberstellung drückt aus, daß der Wortteil «Kinder» nichts «Minder»wertiges an sich hat, andererseits aber den Eigenwert der Kindheit anerkennt – im Gegensatz etwa zu dem Pädagogen Hermann Giesecke, der ausdrücklich fordert, «die Kinder als kleine Erwachsene zu behandeln» (Giesecke 1985, S. 82). Das Wort «Kindermensch» sollte zugleich den Anteil an mitleidiger Herablassung ausschließen, der in dem bekannten Spruch «Kinder sind auch Menschen» mitschwingt (vergleichbar dem «Neger sind auch Menschen»). Andererseits vermeidet es den kitschig-glorifizierenden Ton, in dem manche Erwachsene vom «Kinde» sprechen. Aus dem Wort «Kindermensch», besonders wenn man es von einem selbstbewußten Kind hört, klingt realistischer Stolz (vergleichbar dem «black» oder «small is beautiful»). «Realistisch» selbstverständlich heutzutage nur im privaten Bereich und sofern man dem Kind nicht vorgaukelt, die Erwachsenen seien über ihre größere Stärke usw. hinaus auch die besseren und glücklicheren Menschen. Was seinerseits voraussetzt, daß man als Erwachsener nichts dagegen hat, daß ein Kind seine Kindheit *genießt,* statt immerzu auf später «vertröstet» bzw. ver-/getrimmt zu werden, bis der Tod diese Vertreibung aus der Gegenwart stoppt. Die Gegenposition zu diesen sonst vielleicht «kindertümelnd» klingenden Formulierungen enthält z. B. der Ausspruch eines berühmten Pädagogen: «Das Gehirntier Mensch ist nicht geeignet für Kindheit. Kindheit ist für uns ein Wahnsinn, durch den wir alle hindurch müssen ... Kindheit ist ein Unglück» (zit. n. v. Braunmühl 1975, S. 90).

Ein Hilfsmittel und ein Hindernis

Um das *Kindermensch-Paradigma* als «neuen Kandidaten» im Sinne Thomas Kuhns plausibel zu machen, also dem *Mindermensch-Paradigma* eine Konkurrenz an die Seite zu stellen, bietet sich ein anschauliches Hilfsmittel an. Wenn Lloyd deMause, wie zitiert, einen Übergang von der «Beziehungsform Sozialisation» zur «Beziehungsform Unterstützung» feststellt, meint er damit eine «kontinuierliche» Entwicklung (deMause 1977, S. 82), die in historischen Dimensionen abläuft und aus der Perspektive des distanzierten Beobachters erkennbar wird. Hat man es aber mit konkreten Einzelmenschen zu tun, erlebt man oft, daß ihnen nicht ein behutsamer (gemütlicher) «Übergang» vorgeschlagen, sondern ein plötzlicher (ungemütlicher) «Wechsel» abgefordert wird. Gerade im Zusammenhang mit dem Begriff «Paradigmawechsel» wird regelmäßig betont, daß es lediglich ein hartes Entweder-Oder gäbe.

Thomas Kuhn schreibt: «Paradigmawechsel veranlassen die Wissenschaftler tatsächlich, die Welt ihres Forschungsbereichs anders zu sehen. Soweit ihre einzige Beziehung zu dieser Welt in dem besteht, was sie sehen und tun, können wir wohl sagen, daß die Wissenschaftler nach einer Revolution mit einer anderen Welt zu tun haben. Als einfachste Modelle für solche Veränderungen der Welt des Wissenschaftlers erweisen sich die bekannten Darstellungen eines visuellen Gestaltwandels als sehr lehrreich. Was in der Welt des Wissenschaftlers vor der Revolution Enten waren, sind nachher Kaninchen. Ein Mensch, der zuerst die Außenseite eines Kartons von oben sah, sieht später die Innenseite von unten» (Kuhn 1976, S. 123).

Am bekanntesten sind wahrscheinlich die beiden Gestaltwandel-Bilder, die man entweder als mondäne Dame oder als Hexe bzw. entweder als Vase oder als zwei sich anblickende Gesichter sehen kann. Diese Bilder beweisen, «daß zwei Menschen mit den gleichen Netzhauteindrücken ganz verschiedene Dinge sehen können» (Kuhn 1976, S. 138), woraus verständlich wird, daß in solchen Fällen ein Streit über die «richtige» Sehweise (z. B.: Das Kind *ist* so oder so ...) kaum fruchtbar sein kann.

Als weiteres Modell zur Erläuterung des Begriffs «Paradigmawechsel» nennt Kuhn (in seinem zweiten Buch) das «Vexierbild für Kinder, in dem man die Tiergestalten oder Gesichter finden soll, die in der Zeichnung von Busch-werk oder Wolken verborgen sind. Das Kind sucht Gestalten, die den ihm bekannten Tieren oder Gesichtern ähneln. Sind sie einmal gefunden, so lösen sie sich nicht wieder im Hintergrund auf, denn das Kind sieht jetzt das Bild anders» (Kuhn 1978, S. 402).

Dieses Entweder-Oder, in dem für eine Zeit des Übergangs kein Platz ist, verhindert erfahrungsgemäß oft, daß Menschen ihre gewohnte Sehweise auch nur probehalber in Frage stellen. Der harte Gegensatz zwischen ihren bisherigen Werten und denen der «anderen Welt» (Kuhn) bringt sie dazu, den anderen «Kandidaten» lieber gar nicht erst so genau kennenlernen zu wollen ...

In dieser Lage kann die folgende Darstellung* hilfreich sein:

* Da dem Autor die ursprüngliche Quelle nicht bekannt ist, wird diese Figur hier aus einem Bericht der Zeitschrift «Congress & Seminar» (Ausgabe 8–9/1985, S. 12–16) über den 4. Regensburger Kongreß «Zukunftsorientierte Bildungspolitik» (vgl. dazu Bartmann 1983) wiedergegeben.

Zur Interpretation: Man kann das Zeichen im Zentrum dieses Kreuzes einfach als geformte Druckerschwärze sehen. Aber sobald man ihm eine Bedeutung verleihen bzw. entnehmen will, hängt alles davon ab, ob man das Zeichen als Teil der senkrechten oder der waagrechten Reihe ansieht. Es gibt einerseits ein hartes Entweder-Oder, andererseits aber ebenso ein klares Sowohl-als-auch: Das Zeichen im Zentrum bedeutet entweder ein B oder eine 13, wenn man sich für einen der beiden möglichen Kontexte («Rahmenbedingungen», «Denkbrillen» usw.) entschieden hat; aber in der Zusammenschau, aus «höherer Warte» betrachtet, ist unbestreitbar, daß es sowohl als B wie als 13 gelesen werden kann.

Wenn man sich nun vorstellt, dieses Zeichen stünde für «das Kind an sich» (ebensogut könnte man sich ein konkretes Kind oder einen schlummernden Säugling vorstellen oder sogar einzeichnen), liegt es nahe, die senkrechte Linie dem Mindermensch-Paradigma zuzuordnen. D. h. für Erwachsene, die das Kind «von oben nach unten» betrachten, es als Objekt, machtlos, unreif usw. ansehen und hauptsächlich die Unterschiede zwischen Erwachsenen und Kindern betonen, für diese Erwachsenen *ist* das Kind «ein Buchstabe». Für Erwachsene dagegen, die das Kind als gleichberechtigtes und ebenbürtiges Subjekt zu sehen gewöhnt sind, die es also in der waagrechten Linie einordnen, weil sie das Kindermensch-Paradigma anerkennen, d. h. der Gleichheit zwischen den Generationen Priorität einräumen, für diese *ist* das Kind «eine Zahl».

Allerdings erlaubt diese Figur außer dem Entweder-Oder auch das Sowohl-als-auch: Es gibt zwischen Erwachsenen und Kindern offensichtlich sowohl Ungleichheiten wie Gleichheiten. Man kann also, solange man sich nicht restlos schlüssig ist, von Fall zu Fall entscheiden. Ebenso kann man nachträglich Situationen, Zusammenhänge usw. differenziert analysieren, ohne sich, wie es bei einem klassischen Paradigmawechsel wäre, auf eine plötzliche, vollständige und unwiderrufliche «Revolution» (Kuhn) einzulassen.

Wenn wir zum Beispiel in der amerikanischen Verfassung lesen, daß dort das «Streben nach Glück» als allgemeines Grundrecht festgeschrieben ist, müßte dadurch eigentlich der «Zahlenstatus» von Kindern höherwertig sein als der «Buchstabenstatus». Denn das «Streben nach Glück» ist ja eine höchst subjektive Kategorie, die sicher keine Ungleichheit zwischen Menschen verschiedenen Alters zu konstruieren erlaubt.

Das gleiche gilt für zahlreiche Formulierungen aus dem Grundgesetz der Bundesrepublik Deutschland. Weniger bekannt scheint zu sein, daß es auch für das aktuelle Grundsatzprogramm der führenden

Regierungspartei gilt (Hrsg. CDU-Bundesgeschäftsstelle, Bonn 1978):

«Seine Würde und sein Recht hat der Mensch vor jeder Leistung» (S. 8). «Gerechtigkeit bedeutet gleiches Recht für alle, auch für die, denen geholfen werden muß, ihr Recht wahrzunehmen. Recht schützt vor Willkür und Machtmißbrauch. Recht macht Freiheit auch für den Schwächeren möglich» (S. 10). «Grundlage der Gerechtigkeit ist die Gleichheit aller Menschen in ihrer Würde und Freiheit ohne Rücksicht auf Macht, Leistung oder Versagen des einzelnen» (S. 10). «Erziehung bedeutet nicht, das Kind den Interessen und der Welt der Erwachsenen anzugleichen» (S. 13). «Bildungspolitik muß von der grundlegenden Rechtsgleichheit aller Menschen ausgehen und zugleich die Unterschiede ihrer Anlagen und Fähigkeiten berücksichtigen» (S. 16).

Das hinter solchen Aussagen stehende Menschen- und auch Kinder-«Bild» bevorzugt die Kategorien Freiheit und Recht so eindeutig vor den Kategorien Macht und Leistung, daß es schwerwiegende Gründe für die tatsächliche (auch rechtliche) Lage der Kinder geben muß. Denn «eigentlich» ...

Auf einen dieser Gründe ist nun hinzuweisen. Er ist psychologischer Natur und vermag zu erklären, warum es vielen Menschen so schwerfällt, schwächere Menschen nicht in erster Linie als Gleiche anzusehen, auch wenn nach allen vernünftigen Maßstäben diese Gleichheit höher gewertet werden müßte als die relativ unbedeutende (und, z. B. durch Unterstützung, leicht auszugleichende) Ungleichheit.

Den hier gemeinten Grund hat der Psychotherapeut Wolfgang Schmidbauer 1977 in seinem Buch «Die hilflosen Helfer – Über die seelische Problematik der helfenden Berufe» namhaft gemacht und mit dem Begriff «Helfer-Syndrom»* gekennzeichnet. Die anschauliche und differenzierte Analyse Schmidbauers kann hier nicht referiert werden. Unter dem Strich ist die Erkenntnis wichtig, daß «HS-Helfer» (d. h. Helfer/innen mit dem Helfer-Syndrom) Patienten, Klienten, Kindern usw. nicht helfen, weil und solange diese Hilfe wollen. Vielmehr benötigen HS-Helfer Hilfsbedürftige, deren (oft künstlich herbeigeführte) Lage sie ausbeuten, um ihr eigenes «seelisches Gleichgewicht» aufrechtzuerhalten. «Seine Hilfe ist von Vergewaltigung oft nicht zu unterscheiden» (Schmidbauer 1977, S. 46). «Vermutlich die sozial wichtigste Äußerungsform des Helfer-Syndroms sind Säuglings- und Kinderheime, Erziehungsanstalten ... In ihnen

* Syndrom: «Auftreten einer Gruppe von Krankheitssymptomen».

wird besonders deutlich, wie durch den Abwehr-Charakter des ‹Helfens› aus Wohltat Plage, aus Vernunft Unsinn werden kann – wie Kinder unter dem Vorwand, für sie zu sorgen, seelisch zerstört werden...» (S. 155). «Der Helfer verkauft nicht ein Produkt oder eine Dienstleistung an einen Kunden, sondern er verkauft den Kunden an die Dienstleistung» (S. 159). – Zum o. g. «Abwehr-Charakter» des Helfens: «Der HS-Helfer hilft anderen, um seine eigenen Gefühle und Bedürfnisse nicht wahrzunehmen. Er bekämpft durch sein Verhalten seine Unfähigkeit, etwas für sich zu tun. Er füllt eine innere Leere aus, die durch die Angst vor spontanen Gefühlen entstanden ist und sich auf die unbewußte, archaische Wut aus dem Bereich des abgelehnten Kindes zurückführen läßt. Die Über-Ich- und Ich-Ideal-Identifizierungen geben seinem Helfen den Charakter des Zwanges» (S. 195).

Aus einer parteilichen Perspektive (zugunsten der Behinderten) hat Ernst Klee in seinem 1980 erschienenen Handbuch «Behindert» Schmidbauers Analyse aufgegriffen. Beispielsweise schreibt er unter der Überschrift «Warum Helfer Hilflose brauchen und hilflos machen»:

«Schmidbauer sieht die Ursache des Helfersyndroms in Enttäuschungen, die die angeblich so Edelmütigen in frühester Kindheit erlebt haben: in der Ablehnung durch die Mutter. Psychoanalytisch gesehen hilft demnach der Helfer, um vom Hilflosen jene Bestätigung zu erhalten, die ihm von der Mutter versagt wurde. Er handelt nicht aus Stärke, sondern aus Schwäche. Und deshalb muß er eigene Schwäche und eigene Hilfsbedürftigkeit auch bei sich selbst leugnen. Er hilft, um nicht mit den negativen Seiten seiner Person konfrontiert zu werden ... So muß dieser Helfer bestrebt sein, sein Objekt, an dem er sich selbst aufbauen will, in Abhängigkeit zu halten ... Der Helfer entmündigt sein Objekt, indem er sich zur unersetzlichen Figur macht. – Schmidbauer meint in seinem Buch die professionellen Helfer wie Ärzte, Psychiater, Krankenschwestern, Lehrer, Sozialarbeiter, Psychologen – aber dieser Typ des Helfers findet sich natürlich auch unter den nichtprofessionellen Helfern der Behinderten-Betreuungsarbeit» (Klee 1980, S. 139f).

Zu ergänzen ist: Er findet sich auch unter ganz normalen Eltern, Politikern, Kinderschützern usw., gerade unter denjenigen, die es besonders gut meinen. (Die Frage ist: mit wem?) Die Wissenschaften liefern allerdings willkommene, scheinbar vernünftige (rationale) Rechtfertigungen: «Medizin, Psychotherapie, Pädagogik und Sozialarbeit sind in weiten Bereichen von Rationalisierungen beherrscht, von einem allen Prinzipien wissenschaftlichen Denkens hohnsprechenden Glauben, der sich als objektive Erkenntnis tarnt. Unter dem Deckmantel des Helfens werden die verschiedensten Motive, von der indirekten Aggression bis zum Ehrgeiz, befriedigt, wird Macht ausgeübt, aber nur das Beste der Schützlinge erwogen» (Schmidbauer 1977, S. 136f). «Auf einer Tagung sagten 1979 zwei Behinderte: ‹Die Nichtbehinderten sind es, die Behinderte unfrei machen, mit ihrer Pädagogisierung unterdrücken›» (Klee 1980, S. 203).

163

Nun gibt es selbstverständlich nicht nur «HS-Helfer». Aber es gibt sie, und sie zeichnen sich durch besondere Aktivität aus, weshalb sie in vielen Bereichen das Sagen haben. Schließlich «machen sie die Arbeit». Daß diese Arbeit vorwiegend ihrer Selbstbefriedigung dient, werden sie natürlich kaum zugeben oder überhaupt bemerken können. Deshalb ist in Hinblick auf den HGV eine deutliche Warnung vor falschen Erwartungen angebracht.

Daß heute von Tierrechten mehr die Rede ist als von Kinderrechten – und von den Menschenrechten von Ungeborenen mehr als von denen geborener Kinder –, ist kein Zufall. Auch der HGV existiert nicht aus Versehen. Kinder (geborene) eignen sich zur emotionalen, psychischen, sexuellen (und später auch ökonomischen) Ausbeutung besser als Tiere. Insider wissen z. B., daß gerade Kinderschützer/innen (auch innerhalb des DKSB) noch immer überwiegend Kinder nicht *schützen* wollen, sonst würden sie sich für die Rechte der Kinder konkret einsetzen. (In der Satzung des DKSB heißt das Hauptziel, «die Gleichberechtigung von Kindern und Jugendlichen zu verwirklichen».) Tatsächlich wurden kinderrechtliche Anträge noch auf dem Kinderschutztag 1985 mit Begründungen abgelehnt wie: «Kinder brauchen keine Rechte. Kinder brauchen Schutz!» *

Daß die Menschenrechte *Schutzrechte* sind, hat z. B. die Redaktion der Zeitschrift «Eltern» (vgl. 8. Kapitel) ansatzweise bemerkt, aber HS-Helfer/innen haben persönliche Gründe, der Ausbeutung von Kindern nicht vorbeugen zu wollen. Man muß dies so klar sehen: *Der HGV hat die Funktion, Erwachsenen geeignete Objekte zur Befriedigung nicht nur ihrer erzieherischen, bildnerischen usw. Bedürfnisse** zur Verfügung zu stellen; auch die karitativen Bedürfnisse brauchen (möglichst noch: dankbare) Opfer. Auf diese Weise kann den Kindern besten Willens und Gewissens nicht nur Leid zugefügt werden, sondern auch dieses eignet sich noch dazu, von erwachsenen «Helfern» ausgebeutet zu werden.*

---

* Deshalb ist die Frage: «Wer schützt die Kinder vor den Kinderschützern?» nicht ganz unberechtigt.

** Der Reutlinger Theologieprofessor Hartwig Weber schreibt dazu in seinem 1979 erschienenen Buch «Mut zur Phantasie – Kinder lernen über Kinder»: «Man sagt, Kinder seien auf Erziehung angewiesen: In Wirklichkeit ist es so, daß Eltern darauf angewiesen sind, erziehen zu dürfen ... Eltern neigen nämlich oft dazu, die Abhängigkeit ihrer Kinder auszubeuten und sie für seelische Schäden bezahlen zu lassen, die andere ihnen zugefügt haben ... Die These der Erziehungsbedürftigkeit des Kindes erweist sich so als Täuschungsmanöver, wobei die Eltern ihre eigene Bedürftigkeit rationalisieren, verdrängen, projizieren. Erziehung hat etwas von Selbstbefriedigung Erwachsener mit Kindern an sich» (Weber 1979, S. 23).

Nicht erst Alice Miller, aber sie besonders erfolgreich, hat aus «antipädagogischer» Sicht nachgewiesen: *«Erzieher – nicht Kinder – brauchen die Pädagogik»* (Miller 1980, S. 117). Inzwischen wird auch von «pädagogischer» Seite eingestanden: «Die Jüngeren ahnen zumindest etwas von dem politischen und pädagogischen Ausbeutungszusammenhang zwischen den Generationen» (Giesecke 1985, S. 68). Es wäre jedoch nicht nur vergeblich, sondern auch unfreundlich, Erwachsene, die schwache Kinder benötigen, um sich selbst stark zu fühlen, mit solchen Erkenntnissen zu erschrecken. Man würde auch manche Kinder in Schwierigkeiten bringen; falls die nämlich bereits den Sinn ihres Daseins darin sehen, ihren Eltern ein halbwegs befriedigendes Leben zu sichern ...

Hinsichtlich um Rat fragender Erwachsener und der Verständigung zwischen Menschen, die es sich psychisch leisten können, auf die Ausbeutung von Kindern zu verzichten (vielleicht weil sie Ersatzbefriedigungen für diese Ersatzbefriedigung finden), sei dieses Kapitel mit dem Hinweis abgeschlossen, daß das dargestellte Hilfsmittel (das Kind als B und/oder 13) besonders dazu geeignet ist, den *Absolutheitsanspruch* ein wenig aufzuweichen, mit dem zur Zeit noch vielfach von «pädagogischer» bzw. «erwachsenenzentrierter» ebenso wie von «antipädagogischer» bzw. «kinderrechtlicher» Seite aufgetreten wird. Denn dieser ist sicherlich ein Hauptgrund für zahlreiche unfruchtbare Konfrontationen und mehr oder weniger absichtliche Mißverständnisse, nicht nur in Veröffentlichungen, sondern auch in persönlichen Gesprächen.

Kapitel 10

«Trick 18» oder: Vom Opfer zum Täter

In diesem Kapitel wird ein Rätsel gelöst, von dem anzunehmen ist, daß die Lösung nicht einmal denjenigen bekannt ist, die es sich ausgedacht haben. Entsprechend kompliziert ist die Situation. Es können also in der gebotenen Kürze nur einige wenige Gedankenlinien verfolgt werden, die einen groben Überblick ermöglichen sollen.

«Der Mensch ist frei.»

Dieser Satz findet sich nicht nur in den Werken berühmter Dichter und Denker, er fand auch Eingang in die aktuelle politische Programmatik. So steht er z. B. in der (eher «fortschrittlichen») Hessischen Verfassung (Art. 2, 1) ebenso wie in dem (eher «konservativen») Grundsatzprogramm der CDU (Abs. 13, 1). Er gehört auch zum «Repertoire» des gewählten höchsten Repräsentanten des westdeutschen Staates, des parteiübergreifend geachteten Bundespräsidenten Richard von Weizsäcker, der ihn z. B. in einer Rede auf dem 21. Deutschen Evangelischen Kirchentag am 8. 6. 1985 in Düsseldorf aussprach (v. Weizsäcker, R. 1985 a, S. 60).

Es ist hier nicht erforderlich, den philosophischen Hintergründen dieses Satzes nachzugehen und z. B. zu klären, inwiefern auch ein Mensch «frei» ist, der im Gefängnis sitzt, also mit «Freiheitsentzug» bestraft wurde. Denn zunächst stellt sich in unserem Zusammenhang nicht das Problem, *was* dieser Satz meint, sondern *wen* er meint. Offenbar ist die Frage berechtigt: Sind Kinder auch frei? Sind Kinder auch Menschen?

Ein Hauptproblem besteht darin, daß die offizielle, besonders die juristische Konstruktion, die den gegenwärtig gültigen Spielregeln zugrunde liegt, eindeutig von dem Mindermensch-Paradigma (mit Absolutheitsanspruch) ausgeht. Bekanntlich verläuft die formale, gesetzliche Trennungslinie zwischen Erwachsenen und Kindern durch den 18. Geburtstag der einzelnen Staatsbürger/innen. An diesem Tag wechselt der minderjährige Mensch die Front(en) und wird zum volljährigen Menschen. Er ist reif und fertig. «Lehrjahre sind keine Herrenjahre», «Wer befehlen will, muß gehorchen lernen»: Jetzt hat der Mensch dies hinter sich, er ist mündig, gleichberechtigt, der Kindheit entronnen. Er ist ein Erwachsener, d. h. ein Subjekt mit Bürgerrechten, Menschenwürde und dergleichen – ganz unabhängig davon, wie unbeholfen und abhängig er tatsächlich sei. Die Solidargemeinschaft der Erwachsenen belohnt das Kind, sofern es seine Kindheit überlebt, indem sie die Kategorien Stärke, Vernunft, Erfahrung usw., in deren Namen sie es zuvor für unmündig erklärte, plötzlich außer Kraft setzt. Auch schwächliche, wenig intelligente usw. Erwachsene, seien sie drogensüchtig oder Gewohnheitsverbrecher, gelten als mündig. Sieht man von den speziellen und seltenen Entmündigungsverfahren ab, erhalten sogar die verantwortungslosesten, körperlich kränksten und geistig-seelisch verkommensten Volljährigen die Privilegien der Erwachsenenklasse. Der 18. Geburtstag macht's möglich. Trick 18.

Dieser offiziellen Konstruktion steht nun nicht nur eine inoffizielle – um nicht zu sagen: heimliche – gegenüber (dazu später mehr), sondern auch die keineswegs inoffizielle oder heimliche, sondern jedermann und jeder Frau bekannte Realität, die Wirklichkeit.

Nach dem Kinder-«Bild», auf dem das Kindermensch-Paradigma basiert, gibt es auf der grundsätzlichen Ebene des Satzes «Der Mensch ist frei» selbstverständlich keinen altersbedingten Unterschied zwischen den Menschen.* Da dieses Kinder-«Bild» jedoch nicht allgemein anerkannt ist, kann man es in Gesprächen über den «Trick 18» nicht einfach voraussetzen. Es gibt aber zwei zusätzliche Möglichkeiten, diesen Trick durchschaubar zu machen. Einmal die Gegenüberstellung der gen. juristischen Konstruktion mit der allgemein zugänglichen Wirklichkeit (unabhängig von jedem Menschen- oder Kinder-«Bild»), zum zweiten die Überprüfung der gen. Konstruktion auf ihre innere Logik (ihre Voraussetzungen also als richtig unterstellt).

Ein Vergleich der gesetzlichen Realität mit der Lebensrealität zeigt unmittelbar, daß es sich bei dem Modell «unmündiges Kind / mündiger Erwachsener» um eine Fiktion handelt, die nicht nur Kinder grundsätzlich unterbewertet, sondern auch Erwachsene grundsätzlich überbewertet (Anwesende immer ausgeschlossen).

An fünf Lebensbereichen soll das letztere jetzt angedeutet werden. Die Frage lautet also: Funktioniert Trick 18 auch in seinem zweiten Teil, der Versprechung, 18 Jahre Einschüchterung, Demütigung, Ohnmacht, kurz: Opferstatus seien dann wirklich vorbei und erledigt? Oder hinterlassen sie doch oft Spuren (immer: bei anderen), die den üblichen Generationenvertrag zum schlichten (wenngleich logischerweise verheimlichungsbedürftigen) Betrug machen?

---

* Schon der Säugling ist ja «menschlich» in dem Sinne, daß er leidens- und glücksfähig ist, ein selbstbestimmtes und selbstverantwortliches Subjekt mit eigenem Lebenssinn. Z. B. bestimmt schon ein Säugling selbst, wann er Hunger hat und müde ist. Und er trägt auch die Folgen selbst, wenn es ihm nicht gelingt, eine Betreuungsperson dazu zu bringen, daß solche Wünsche erfüllt werden.

Um diese Fragen möglichst objektiv zu beantworten, werden im folgenden nicht eigene Beobachtungen des Autors wiedergegeben, sondern Feststellungen anderer Autor/inn/en. Diese wurden selbstverständlich in einem bestimmten Beweisinteresse ausgewählt, jedoch ursprünglich nicht getroffen, um eine bestimmte These im Zusammenhang mit dem HGV oder dem Trick 18 zu untermauern. Die Massierung von Zitaten auf den folgenden Seiten ließ sich darum nicht vermeiden.

1. Bereich: Spätere Generationenprobleme

Die Lebensrealität zeigt, daß 18jährige Menschen mit ihren Eltern keineswegs plötzlich im reinen sind, obwohl sie jetzt dem gleichen «Stand» angehören. Dieses Thema wird seit einigen Jahren in einer Flut von Büchern aufzuarbeiten versucht. Drei neuere Taschenbücher seien hier erwähnt. a) «Sie wollten nur mein Bestes» von Katharina Zimmer. Die Autorin nennt z. B. einen Bericht von Hermann Hesse ein «gespenstisches Dokument einer besten Gewissens begonnenen Zerstörungsarbeit» und folgert: «Diese Angst und Verlogenheit erleben Millionen Kinder heute und überall. Sie erleben wehrlos, wie ihr ‹wahres Selbst›, ihre Persönlichkeit unterdrückt und für die Bedürfnisse der Eltern so zurechtgestutzt wird, daß sie später, wie der alternde Hesse, an schmerzlicher Selbstentfremdung leiden ...» (Zimmer 1985, S. 81). Die Folge ist, daß auch erwachsene Kinder mit ihren Eltern häufig noch schwere Konflikte erleben. Aber selbstverständlich empfiehlt Zimmer «Mitleid» mit den Eltern (S. 60). «Auch sie sind Opfer» (S. 61). – b) «So nah und doch so fern – Die Geschichten mit den Eltern», hrsg. von Herrad Schenk. Dort wird z. B. die «scheinbar selbstlose Kinderaufzucht» betont sowie die Tatsache, «daß die Motive der Eltern von heute weniger selbstsüchtig sind als die der Eltern von früher» (Schenk 1985, S. 235). Auch hier schildern die Kinder, trotz ihrer Mündigkeit, Wut und Haß und tausend Probleme, doch die Empfehlung lautet wieder zu sagen: «Ich bin jetzt ein eigener Mensch mit einem eigenen Leben! ... Wir können anfangen, uns selber zu akzeptieren, wie wir sind, und ohne Schuldzuweisung an die Eltern die Verantwortung für das übernehmen, was aus uns wird» (S. 237f). – c) «In Frieden mit den Eltern» von Harold Bloomfield. Auf der Titelseite ist das Urteil von Elisabeth Kübler-Ross abgedruckt: «Ein ausgezeichnetes und hilfreiches Buch darüber, wie man die vielen emotionalen Verletzungen aus der Zeit des Erwachsenwerdens verarbeiten kann, wie man lernt, zu vergeben und sich von seinen Schuldgefühlen zu befreien.» Der letzte Satz des Buches lautet: «Wir müssen erst mit uns selbst und unseren Eltern Frieden schließen können, wenn es je einen echten Frieden auf der Welt geben soll» (Bloomfield 1985, S. 187).

Kommentar: Schon allein aus diesen Zitaten (erst recht aus den Büchern selbst) ergibt sich eine Fülle von Fragen, die man Erwachsenen stellen kann, die sich nicht vollständig erfolgreich erziehen ließen, also noch über ein

Minimum an Moralempfinden (z. B. Fairneß) verfügen. Im fortgeschrittenen Stadium dieses Buches kann die erforderliche Arbeit der Leserschaft anheimgestellt werden. Deshalb sei hier nur an den sog. «Psycho-Boom» erinnert, d. h. an die zahllosen Bücher und Veranstaltungen, mit denen bestimmte Experten mündigen Menschen beibringen wollen, ihr Schicksal in die eigene Hand zu nehmen* («Die Verantwortung für das eigene Wohlergehen zu übernehmen ist für die meisten von uns eine schwierige Aufgabe», Bloomfield 1985, S. 171), in der Regel allerdings, ohne zu versäumen, den Mündigen zu raten, die Unmündigen weiterhin so zu behandeln, daß sie später ebenfalls zu zahlenden Kunden werden. Eine Schlüsselrolle spielt hierbei der Begriff «Verantwortung». Angeblich haben die Eltern sie über ihre Kinder; aber sobald Kinder versuchen, Eltern real zur Verantwortung zu ziehen, können die sich aus ihr stehlen: Sie brauchen ihren nun erwachsenen Kindern nur solche Versöhnungsbücher in die Hand zu drücken ...

Man könnte es als *peinlich* ansehen, daß solche Bücher zur «Vergangenheitsbewältigung» wirklich nützlich sind; aber als *pervers,* wenn junge Eltern an ihren Kindern genau das tun, was sie ihren alten Eltern im gleichen Augenblick vergeben sollen**; und schließlich als *tragisch,* daß (nach Ansicht von Psychologen) die meisten Eltern das, was ihnen da verziehen wird, nur unbewußt, nicht aber bewußt genossen haben.

2. Bereich: Körperliche, seelische und gesellschaftliche Gesundheit

a) «Selbstbestimmung: Gesundheit, Glück und langes Leben». So kündigt die Zeitschrift «psychologie heute» ein Gespräch mit der amerikanischen Sozialpsychologin Judith Rodin an. Überschrift: «Das Leben selbst in die Hand nehmen». Zusammenfassung: «Ob es um Schlankheit oder um ein erfülltes Alter geht – das Wohlbefinden und die Gesundheit eines Menschen hängen vor allem von dem Gefühl ab, sein Leben selbst in der Hand zu haben. Diese Erkenntnis steht im Mittelpunkt der Verhaltensmedizin, einem neuen Forschungsgebiet, auf dem Psychologen und Mediziner interdisziplinär zusammenarbeiten» (psych. heute Nr. 6/1985, S. 30). Die Bedingung «Mündigkeit» wird nicht genannt.

b) In ihrem Buch «Selbstbestimmung contra Fremdbestimmung» schildert die Psychologin Heidrun Schwesinger den Kern sämtlicher Psychotherapien. Die Überschrift des Hauptkapitels lautet: «Kennzeichen eines psychisch stabilen Menschen: Selbstbestimmung» (Schwesinger 1980, S. 21). Zwei kurze Zitate: «Fremdbestimmung und das Anwachsen von psychischer Krankheit –

---

* Angeblich sollte dies das Ziel der Erziehung (etwa «Erziehung zur Mündigkeit») sein.

** In Wahrheit ist es eine Folge des HGV und insofern nicht «pervers», sondern logisch und völlig «normal».

viele Arztbesuche erfolgen wegen ursächlich nicht organischer Störungen –
sind nicht voneinander zu trennen. Der psychisch kranke Mensch ist fremd-
bestimmt» (S. 83). «Diese Fremdbestimmung gilt es in der Pädagogik zu verhindern und in der Psychotherapie zu überwinden» (S. 90).

c) Der Schweizer Psychologe Arno Gruen schreibt in seinem Buch «Der
Verrat am Selbst»: «Die Non-Autonomie hat schreckliche Konsequenzen für
uns alle. Es ist derjenige Zustand, worin Jagd nach Macht zum Weg wird, das
innere Chaos und die psychotische Auflösung, die einem drohen, abzuwen-
den. Mit der Abweisung des Inneren, des Zugangs zum immer lauernden
Ohnmachtsgefühl, mit dem Streben nach Macht selber die Selbstablehnung
und gleichzeitig die Angst vor der inneren Leere vertiefend, bleibt nichts anderes übrig als die Verstärkung der Jagd nach Macht. Öffentliche Macht wird
dadurch zum Ziel wie auch zur Stütze der persönlichen Einheit. Die Dynamik
einer solchen Entwicklung läßt keine echten Kompromisse mit anderen zu.
Eine Übereinstimmung sehen die betreffenden Menschen nur als Schwäche
im anderen. Für sie gibt es keine Ebenbürtigkeit, man wird entweder beherrscht oder herrscht selbst. Für sie ist die Erfahrung der Kindheit zur Kern-
Lektion ihres Lebens geworden: Der Schmerz ist Herr über den Geist, deswegen zählt nur die Macht» (Gruen 1984, S. 144f).

Kommentar: Nicht wenige offiziell anerkannte «Kinder-Experten» räumen
freimütig ein, daß das, was Kindern angetan wird, nicht den Kindern zuliebe
geschieht. Es sei jedoch nötig, um die Gesellschaft zu erhalten. Oder die Kultur (vgl. das Hentig-Zitat im 6. Kapitel). Die vorstehenden Meinungen legen
dagegen die Frage nahe, ob eine Gesellschaft es wert ist, erhalten zu werden,
die es zu ihrer Erhaltung nötig hat, mit ihren Mitgliedern in der geschilderten
Weise zu verfahren. Selbstverständlich braucht eine kranke Gesellschaft
kranke Mitglieder, um sich krank zu erhalten; andererseits aber ist niemand
verpflichtet, sich im Umgang mit Kindern als Handlanger und Zulieferer dieser Krankheiten zu verstehen und zu betätigen: «Die Gesellschaft ist für den
Menschen da, nicht aber der Mensch für die Gesellschaft» (v. Weizsäcker, R.,
1985 b, S. 116). Und auch hinsichtlich der Kultur kann man anderer Meinung
sein, z. B. der von Wolfgang Schmidbauer (1977, S. 29): «Der Mensch ist nicht
kulturfeindlich, sondern kultursüchtig ... Dieser Antrieb ist in der frühen
Kindheit deutlich zu beobachten.» – Nicht gegenüber «Lusttätern», wohl aber
gegenüber «Pflichttätern» (vgl. 8. Kapitel) bewähren sich die Argumente dieses Abschnitts sehr oft und ist auch die Frage sinnvoll, ob es richtig sei, ausgerechnet solche Leute als «Experten für Kinder» (wie Metzger für Rinder)
anzuerkennen, die so vielfach verdächtig sind, im Grunde nur eigennützige
und betrügerische Interessen zu verfolgen.

3. Bereich: Die Frauenfrage

Ursprünglich sollte dieses Buch ein eigenes Kapitel zu dieser und der Männerfrage enthalten, doch erwies sich schnell, daß das Problem in solcher Kürze nicht angemessen darzustellen ist. Deshalb plant der Autor ein eigenes Buch über den Zusammenhang von Frauen-, Männer- und Kinderfrage; und bittet um Nachsicht für die Verkürzungen dieses kleinen Abschnitts.

Innerhalb der Frauenbewegung gab es eine intensive «Täter/Opfer-Diskussion», die zum Ergebnis hatte, daß frau nicht mehr kausal, sondern funktional argumentierte. Die Schuldfrage trat in den Hintergrund. Als entscheidend erwies sich die Erkenntnis, die Margrit Brückner in ihrem Buch «Die Liebe der Frauen – Über Weiblichkeit und Mißhandlung» so formuliert: «Das Patriarchat ist den Frauen nicht nur aufgezwungen worden, wir Frauen leben es auch und tragen mit oder gegen unseren Willen durch unser Verhalten und unsere Gefühle zur Perpetuierung patriarchalischer Strukturen bei. Diese aktive Beteiligung der Frauen an der Ausformung gesellschaftlicher Strukturen, kollektiver Phantasien und des Bildes von Weiblichkeit nicht zu akzeptieren würde uns Frauen zu passiven Empfängerinnen unserer patriarchalischen Kultur und unserer kapitalistischen Gesellschaft degradieren. Es würde uns zu einem Frauenbild zwingen, das Frauen die Fähigkeit zu intervenierendem Eingreifen in gesellschaftliche und familiale Prozesse abspricht und damit die Selbstbefreiung der Frauen zur Unmöglichkeit erklärt. Die Annahme hingegen, daß allen Frauen (allen Menschen) die Fähigkeit der Gestaltung der Verhältnisse innewohnt, ob sie von der jeweiligen Frau im Augenblick oder überhaupt je gelebt wird oder nicht, ist die Essenz menschlicher Würde» (Brückner 1983, S. 11 f). Das Buch «Die Liebe der Frauen» belegt (wie viele andere) überzeugend, daß Frauen wenig von ihrer Mündigkeit profitieren (es sei denn als Mütter, die sich an ihren Kindern schadlos [?] halten können), sofern sie an Männer geraten, die sich nicht nur an unmündigen Opfern auszutoben belieben. (Brückner berichtet vor allem von Erfahrungen in Frauenhäusern.) «Die geschlagene Frau muß ihr Selbstverständnis ändern, indem sie sich nicht mehr als hilfloses Opfer wahrnimmt, sondern sich zu der schmerzhaften Anerkennung durchringt, daß sie sich zum Opfer hat machen lassen. Aber dieser Schritt ermöglicht die Selbsterkenntnis, daß es jetzt in ihrer Macht liegt, diese unselige Rolle zu beenden und ein neues Leben anzufangen» (S. 36).

Wie wenig der 18. Geburtstag Frauen in der Lebensrealität «bringt», zeigt am wahrscheinlich erfolgreichsten das Buch «Der Cinderella-Komplex – Die heimliche Angst der Frauen vor der Unabhängigkeit» von Colette Dowling (Jan. 1984; 106. bis 120. Tausend April 1986). Auch hier geht es – für z. T. schon seit Jahrzehnten erwachsene Frauen – darum, «sein eigener Herr zu werden», «die Verantwortung für das eigene Leben zu übernehmen, sich ein eigenes Leben zu schaffen» (Dowling 1984, S. 230) – eine Sache, die z. B. der mündige (und männliche) Adolf Eichmann zeit seines Lebens nicht verstanden hat, wie es im «Eichmann-Protokoll» (v. Lang 1982) eindrucksvoll belegt ist. (Vgl. auch das Theaterstück «Bruder Eichmann», Kipphardt 1983.) * Was ihn nicht hinderte, Herr über den Tod von Millionen anderer Menschen zu sein. Mündiger wie Unmündiger ...

An Stelle eines Kommentars hier die (bisher praktisch folgenlos verhallte) Stimme einer Frau: «Es ist an der Zeit, den Ruf nach Solidarität zwischen Frauen und Kindern laut werden zu lassen» (Rochefort 1977, S. 76).

4. Bereich: Erwachsenenbildung

Einige für sich selbst sprechende Zitate aus dem Buch «Erwachsene lernen» des Pädagogen und Theologen Erhard Meueler, eines der führenden Experten der (evangelischen) «Kirchlichen Erwachsenenbildung»:

«Dieses Buch beschreibt eine Erwachsenenbildung, in der Sie aus den klassischen Zuhörern und Teilnehmern zu den Veranstaltern Ihres eigenen Lernens werden und selbst entscheiden, was Sie lernen wollen, mit wem, in welche Richtung, mit welchen Zielen, auf welche Weise, zu welchen Zeiten und an welchem Ort. Selbständig. Selbstorganisiert. Selbstbestimmt» (Meueler 1982, S. 13). «Wären wir nicht alle von klein auf verdummt worden, benötigten wir wahrscheinlich gar keine professionelle Erwachsenenbildung. Aber wir haben es verlernt, uns das jeweils benötigte Wissen von Fall zu Fall zu beschaffen – aus eigener Kraft» (S. 10). «Die Übergänge von den klassischen Schulformen der Informationsvermittlung zur offenen Lerngelegenheit sind oft nicht leicht und nicht allzu schnell zu finden: Zu sehr wirkt ... die Mutter-Kind-Beziehung nach, ... da sie die erste soziale Beziehung war, die wir erlebt haben. Zu stark haben alle Beteiligten Lernen als schulisches, unterrichtliches Lernen verinnerlicht ... Die Aufforderung, das Lernen selbst zu bestimmen und daher auch selbst zu organisieren, selbst ‹das Heft in die Hand zu nehmen›, kann – vom Leiter, aber auch von einzelnen Teilnehmern zu unvermittelt und spontan vorgetragen – Verwirrung und Handlungsunfähigkeit der Gruppe bewirken. Sie sind als Leiter mit einemmal in der Situation, als Seiltänzer ohne Netz arbeiten zu sollen. Als Teilnehmer sollen sie selbst vom Zirkusbesucher zum Seiltänzer werden» (S. 138). «Man kann nicht in bezug auf ihr Lernen bislang unmündig gehaltenen Personen zumuten, auf Grund von Leiterappellen ohne Übergang zu Subjekten ihrer künftigen Lerngeschichte zu werden» (S. 139).

* Siehe auch den Abschnitt «Entscheidungsfreiheit und Handlungsfreiheit» im 12. Kapitel.

5. Bereich: Erfordernisse der Wirtschaft

Die regelmäßig wiederkehrenden Klagen aus Kreisen der Wirtschaft über die Unzulänglichkeiten von Schul- und Hochschulabgängern sind bekannt. Weniger bekannt sind bisher die wirklichen Ursachen. (Häufig hört man ja, es müsse *mehr* – doch in der alten Weise – gelernt werden.) Der 18. Geburtstag spielt zwar in diesem Abschnitt keine entscheidende Rolle, aber da eine der beliebtesten Rechtfertigungen für das entmündigende Zwangserziehungs- und Zwangsschulsystem sich auf die «Erfordernisse der Wirtschaft» beruft, ist es vielleicht interessant, auch die Stimme moderner Wirtschaftsförderer zu hören.

In dem Buch «Führungserfolg durch Selbsterkenntnis» (Schirm u. a. 1985) wird dargestellt, wie persönlicher wirtschaftlicher Erfolg zustande kommt. Es wurden Hunderte von großen Untersuchungen in Amerika und Europa ausgewertet, mit dem Ergebnis, «daß die Wurzeln menschlichen Erfolges über alle kulturellen Unterschiede hinweg offenbar die gleichen sind» (S. 13). Der Anthropologe Rolf Schirm führt dann aus: «Die Untersuchungsergebnisse beweisen eindeutig», daß «weder eine bestimmte Persönlichkeitsstruktur noch eine bestimmte Methode für den Erfolg verantwortlich sind». Aber was ist es sonst? «In der Faktorenanalyse des Untersuchungsmaterials trat immer wieder ein Faktor in den Vordergrund, der offenbar die Erfolgreichen von den weniger Erfolgreichen unterscheidet: Erfolgreiche Menschen wenden Methoden an und zeigen Eigentümlichkeiten ihres Verhaltens, die genau zu ihrer individuellen Persönlichkeitsstruktur passen. Diese ‹Stimmigkeit› ihrer Person wirkt echt und überzeugend und bringt ihnen Erfolg. Weniger erfolgreiche Menschen dagegen versuchen, Rollen zu spielen, in die sie nicht hineinpassen. Sie ahmen fremde Vorbilder nach und verwenden angelernte Techniken, die bei aller Routine nicht überzeugend wirken» (S. 13f).

Das in dem zitierten Buch dargestellte «Struktogramm» macht seit einigen Jahren in Kreisen der deutschen Wirtschaft Furore; man kann damit seine Gehirnstruktur kennenlernen. Der Sinn: «Das Struktogramm soll einem Menschen helfen, mit besserem Gewissen er selbst zu sein. Denn dieses gute Gewissen hat man uns sehr oft ausgetrieben, manchmal durch Leitbilder im Elternhaus, manchmal durch den Ehrgeiz des Ehepartners, manchmal durch die Anforderungen des Vorgesetzten oder des Trainers ...» (S. 27).

Wenn man sich diese Aussagen durch den Kopf gehen läßt, wird man ihn wahrscheinlich schütteln über die Mühe, die Eltern und Lehrer sich noch immer geben, ihre Kinder zur Erfolglosigkeit zu erziehen. Und zum «Gehirn-Muffel»:

«Stroh im Kopf? Oder: Gebrauchsanweisung fürs Gehirn» heißt ein weiteres Buch aus der Schriftenreihe der GABAL*. Auch in ihm finden sich klare Aussagen über die Lage der Kinder und der Volljährigen.** Beispiel:

---

* «Gesellschaft zur Förderung anwendungsorientierter Betriebswirtschaft und aktiver Lehrmethoden in Fachhochschule und Praxis e. V.», Speyer.

** Daß dabei die Lage der Kinder zwar durchschaut, aber wie selbstverständlich hingenommen wird, ist typisch – und ohne die Kenntnis des HGV wohl kaum zu verstehen.

«Denken Sie zurück: Das Kleinkind hat noch keine Lernprobleme. Es ist neu-gierig, von allem fasziniert und will alles kennenlernen, verstehen, begreifen! ... Und jetzt denken Sie an einen Erwachsenen: Er hat seine Neu-gierde weitgehend verloren! Er leidet angeblich an einem schlechten Gedächtnis! Er findet Lernen schwer! ... Was ist passiert? Nun, dieser Mensch wurde durch unser Schul- und Ausbildungs-System geschleust. Dieses aber TÖTET die Lernfähigkeit ab, HEMMT die Kreativität sowie die Fähigkeit, intelligente und interessierte Fragen an die Umwelt zu richten! Das System VERHINDERT LERNEN und schafft somit den normalen Erwachsenen wie wir ihn kennen: den Gehirn-Muffel! Der Gehirn-Muffel aber ist ein OPFER dieser Prozesse! Für die Vergangenheit kann er nichts, aber die Zukunft kann er verändern! Und darum soll es uns in dieser GABAL-Produktion gehen!» (Birkenbihl 1985, S. 5f).

An Stelle eines Kommentars folgt hier ein längerer Auszug aus der Selbstdarstellung des «Freie Schule Wiesbaden e. V.» über seine für Herbst 1986 geplante Schulgründung. Der Text kann zeigen, daß für freies Lernen keineswegs nur unter Hinweis auf den «Spaß», den Schüler/innen haben sollen, geworben werden muß. Viel wichtiger ist doch der *Sinn* des organisierten Lernens, sowohl in der Gegenwart wie für die Zukunft und sowohl individuell (Stichwort: persönlicher Erfolg) wie auch sozial (Stichwort: Leistungsgesellschaft). Der Text kann also dazu anregen, sich *offensiver*, als es heute meist geschieht, für das freie Lernen einzusetzen.

«Ihr Hauptanliegen ist, daß dort Schüler und Lehrer (und interessierte Eltern) demokratisch, d. h. gleichberechtigt *leben* – und natürlich *lernen* können. Lernen wird als Bedürfnis verstanden wie z. B. die Nahrungsaufnahme. So gesehen ist die Freie Schule ein Lebensort, an dem viel Appetit entstehen kann, weil Kinder nicht von vornherein als Suppenkaspars gelten, die zwangsernährt werden müßten. Viel Appetit auch, weil zahlreiche anregende Angebote zur Verfügung stehen – und selbstverständlich auch alle Informationen darüber, welche Nahrungsmittel gegenwärtig offiziell als besonders gesund angesehen werden, was also ein erfolgreicher Schüler alles so ‹gefressen haben muß›. Nur wird das Recht auch junger Menschen auf Selbstbestimmung über ihre eigenen Angelegenheiten (‹Mein Bauch gehört mir!›) nicht angetastet. Im Grunde ist es ganz einfach: Zwangsernährung erzeugt Widerwillen, Bauchweh und vielerlei Erkrankungen. Wer sich seine Speisen prinzipiell selbst wählen kann, und wer beim gemeinsamen Kochen (aus organisatorischen Gründen) mitbestimmen kann, bei dem sind Essens- und Verdauungsstörungen viel seltener als bei dem, der zwangsweise gemästet wird. Nach jahrzehntelangen Erfahrungen im In- und Ausland sind Freie Schulen keine Utopie mehr, sondern bewährte Praxis, ja sogar *Notwendigkeit:* aus Gründen des Kinderschutzes ebenso wie im Interesse einer demokratischen Leistungsgesellschaft, die sich die Produktion von Millionen Schulversagern und Lernverweigerern im Grunde schon längst nicht mehr leisten kann. Getragen wird die Freie Schule Wiesbaden von Eltern, Lehrern und anderen Interessierten, die trotz ihrer Schulzeit noch ein Gespür dafür haben, wie unwürdig es ist, junge Menschen wie Schlachtvieh in Lern- (Tiefkühlkost-)Fabriken zu treiben und ihnen ihre Kindheit – angeblich noch zu ihrem eigenen Besten! – sinnlos zu vergällen und auszutreiben» (Kloos 1985, S. 29).

Dieser kleine Streifzug durch die Welt der mündigen Bürger/innen wäre falsch verstanden, wenn aus ihm abgeleitet würde, die heutigen Erwachsenen seien in Wirklichkeit unmündig oder unfrei. Der Mensch *ist* frei – auch frei dazu, sich anderen Menschen unterzuordnen. Und der Mensch ab 18 *ist* mündig, nämlich im Besitz der Privilegien des Erwachsenenstatus. Worum es hier (aus dem Interesse heraus, den HGV aufzudecken) geht, ist, den Absolutheitsanspruch der geltenden Gesetze ein wenig «anzukratzen».

Obwohl gesetzliche Änderungen nicht in Aussicht stehen (mehr dazu im 13. Kapitel), hat es doch einen Sinn, nicht nur den Realitätsbezug, sondern auch die innere Logik der bestehenden rechtlichen Spielregeln zwischen den Generationen zu überprüfen. Oft zeigen sich sogar ansonsten recht obrigkeitsgläubige Mitmenschen für die folgenden Argumente aufgeschlossen.

Erinnern wir uns an den Satz «Der Mensch ist frei». Seine Aussage gilt «eigentlich» für alle Menschen: «Alle Menschen sind frei und gleich an Würde und Rechten geboren» (1. Satz des 1. Artikels der Allgemeinen Erklärung der Menschenrechte vom 10.12.1948). Allerdings: Dieses «eigentlich» hat es in sich. Denn die Freiheitsbewegungen, die schließlich die Anerkennung des Menschen als Subjekt, Person, «Selbstandsein» erkämpften, hatten keineswegs an die Freiheit der Kinder gedacht!

Auf diese historische Wahrheit macht Barbara Sichtermann in ihrem Buch «Weiblichkeit» aufmerksam. Die Menschenrechte klammerten zunächst nicht einmal nur die Kinder aus: «Als die Menschenrechte formuliert wurden, waren die Frauen nicht mitgemeint. Die Demokratie ist männlich. Frauen konnten nicht mündig werden, weil sie – ja warum eigentlich? … Frauen fallen aus der Begriffsbestimmung (des Rechtssubjekts) heraus, *weil* sie Frauen sind» (Sichtermann 1983, S. 90). Erst im 20. Jahrhundert beginnen Frauen, «Menschenrechte zu Frauenrechten umzuformulieren» (S. 91).

Aus dieser historischen Sichtweise[*] wird verständlich, warum die «eigentlich» wohlbegründeten Forderungen von «kinderrechtlicher» Seite («Menschenrechte für Kinder», «Gleichberechtigung der Generationen») bei Rechtsgelehrten und -politikern auf taube Ohren stoßen mußten. Diese Forderungen wurden umstandslos und unvermittelt (man kann auch sagen: «blauäugig» und «bauernschlau») aus Texten abgeleitet, welche die Kinder keinesfalls mitgemeint hatten. Es erweist sich in Diskussionen immer wieder

[*] Daß der Satz «Der Mensch ist frei» so oft geschrieben und ausgesprochen wird, obwohl er doch nur eine Tatsache feststellen will (wie etwa der Satz «Das Wasser ist

als wichtig, dieses Eingeständnis nicht zu vergessen. Auch das westdeutsche Grundgesetz, das z. B. besagt, «alle Menschen» seien «vor dem Gesetz gleich» (Art. 3 Abs. 1), «jeder» habe «das Recht auf die freie Entfaltung seiner Persönlichkeit» (Art. 2 Abs. 1), «jeder» habe das Recht auf «körperliche Unversehrtheit» und die «Freiheit der Person» sei «unverletzlich» (Art. 2 Abs. 2), hatte offensichtlich mit «alle Menschen», «jeder» und «Person» zwar schon Frauen, nicht aber Kinder mitgemeint. Der vielbeschworene «Geist des Grundgesetzes» kann durch bloßes Wörtlichnehmen nicht für Kinder reklamiert werden. Er hatte sie damals nicht im Blick.

In erster Linie *formale* Argumente (etwa: Kinder, sogar schon die ungeborenen, gelten als «Menschen», also müssen auch die Menschenrechte für sie gelten) haben also in der Kinderfrage wenig Sinn bzw. Erfolgsaussichten. Nützlich kann dagegen der Verweis auf den *Inhalt* des Satzes «Der Mensch ist frei» sein. Denn auf dieser Ebene kann man sich doch auf den «Geist» des Grundgesetzes, nämlich auf sein Menschenbild berufen.

Eine gute Chance, hierbei auch von obrigkeitsfixierten Gesprächspartnern verstanden zu werden, hat man heute dann, wenn man die Interpretationen von Richard von Weizsäcker aufgreift, der ja sowohl Staatsrepräsentant als auch fähig ist, Sachverhalte eingängig zu formulieren, einerseits ohne allzusehr zu vereinfachen, andererseits ohne sich in den Fallstricken («Knoten») philosophischer Verwirrspiele zu verfangen. Weizsäcker sagt z. B., ohne Einschränkung hinsichtlich Alter oder «Mündigkeit»:

«Der Mensch ist der unverwechselbare, einmalige, persönlich von Gott Gerufene. Das macht ihn zur Person. Seine Würde ist unantastbar. Sie gehört zu ihm unabhängig von Erfolg oder Mißerfolg und unberührt vom Urteil der anderen» (v. Weizsäcker, R. 1985 b, S. 107). Und zur Freiheit: «Die Freiheit der Person, Lebenserfüllung, Freude und Glück hängen davon ab, daß der Mensch selbst sich entfalten kann. Dazu gehört der Freiraum zum eigenen Urteil und zur persönlichen Entscheidung, in der freien Zeit und im Beruf. Freiheit dieser Art wird nicht nur von Minderheiten gewürdigt, die über materiellen Besitz verfügen oder sich zu geistig-politischen Eliten zählen; sie wird vielmehr von allen geschätzt. Der freie Mensch braucht die Chance zur Aktivität, zur schöpferischen Phantasie und zur eigenen Gestaltungskraft» (S. 116).

Füllt man den Satz von der Freiheit des Menschen auf diese Weise

naß»), ist überhaupt nur aus historischer Perspektive verständlich. In vordemokratischen Zeiten war diese Tatsache nämlich den meisten Menschen (Ausnahme z. B.: Jesus Christus) nicht bewußt, und von den Herrschern jener Zeit wurde alles getan, damit dies auch so bliebe ...

mit Inhalt, bleibt zwar wahr, daß er Kinder ursprünglich nicht mitgemeint hat; man kann aber sagen (und argumentativ gut vertreten), daß sein konkreter Aussagegehalt, also sein *Sinn* sich auf bestimmte Grundtatsachen des Menschenlebens bezieht, die nicht nur für Männer und nicht nur für Männer und Frauen, sondern in exakt gleicher Weise auch für Kinder Geltung haben: Kinder sind Geschöpfe Gottes oder, für Atheisten, etwa «der Natur», jedenfalls nicht Geschöpfe ihrer Eltern und Erzieher. Auch sie müssen *sich selbst* entfalten können, auch ihnen gebührt der Freiraum zum *eigenen* Urteil und zur *persönlichen* Entscheidung und zur *eigenen* Gestaltungskraft. Diese Interpretation wird vollends unangreifbar, wenn man Weizsäckers Plädoyer für die «Freiheit des Schwachen» einbezieht: «Denn der Starke braucht diesen Schutz nicht. Das Recht dient dem Schwachen» (v. Weizsäcker, R. 1985 b, S. 128).

Die Rechtsgelehrten (oder wer sonst für die betreffenden gesetzlichen Konstruktionen und Formulierungen verantwortlich sei) ficht dies allerdings nicht an. Sie bringen es fertig, in der Kinderfrage das Recht in den Dienst der Stärkeren zu stellen. Ganz offiziell und ohne Heimlichkeit. Man könnte sagen: schamlos. Und erfahrungsgemäß werden nicht wenige Menschen mit einem «Gefühl» für Logik und Fairness doch stutzig, wenn man ihnen vorführt, auf welch abenteuerliche Weise dies geschieht.

In der Wiesbadener Kinderschutz-Broschüre wird das Problem (der 1. Teil des angekündigten Rätsels) so dargestellt:

«Die gegenwärtige Rechtsposition von Kindern folgt eindeutig der Linie: Je älter das Kind, desto mehr Rechte hat es. Im Laufe der Jahre wächst das Kind in immer mehr Rechte hinein. Umgekehrt formuliert bedeutet diese Linie: Je jünger das Kind, desto weniger Rechte hat es. Je jünger das Kind, desto weniger sieht es der Gesetzgeber als eigenständige Person an. Noch anders formuliert: Je jünger das Kind, desto stärker ist es nicht nur faktisch, sondern auch rechtlich der Willkür (oder, freundlicher gesagt: dem Gutdünken) seiner Eltern ausgeliefert. Diese Rechtskonstruktion ist aus unserer Sicht geradezu widersinnig, denn das jüngere Kind bedarf des Schutzes durch das Recht weit mehr als das ältere. Sinnvoll und realitätsgerecht wäre die umgekehrte Konstruktion: Das Kind wächst statt in Rechte – die es von Anfang an hat, einfach weil es ein Mensch ist – in Pflichten hinein, entsprechend seiner zunehmenden Stärke und Leistungsfähigkeit» (Kloos 1985, S. 25).

Wie diese «widersinnige» Rechtskonstruktion offiziell begründet wird, läßt sich am einfachsten der «Kinderfibel» entnehmen, die das Bundesjustizministerium unmittelbar nach der Reform des elterlichen Sorgerechts (gültig ab 1. 1. 1980) herausbrachte. Darin steht

z. B. (Überschrift: «Auch die Jüngsten haben Rechte ...»): «Mit der Geburt wird ein Kind Mitglied unserer Gesellschaft. Schon vorher genießt das werdende Leben den Schutz des Art. 2 des Grundgesetzes. Mit seiner Geburt erhält das Kind die Grundrechte als Geburtstagsgeschenk. So hat es ein Recht auf körperliche Unversehrtheit, ein Recht auf menschenwürdiges Dasein und auf Freiheit. Den ganzen Katalog von Menschenrechten aus unserem Grundgesetz darf es für sich beanspruchen, bevor es zum ersten Mal ‹Mama› oder auch ‹Papa› sagt» (BMJ 1980, S. 6).

So weit, so gut, könnte man meinen. Aber die Hauptsache kommt erst noch: der 2. Teil des Rätsels, der Kern von Trick 18. Wenig später liest man in der «Kinderfibel» nämlich (Überschrift: «Ein Baby hat Rechte, kann sie aber noch nicht ausüben»): «Das Kind hat zwar Rechte, es kann sie aber nicht selber ausüben. Selbst ältere Kinder können ihre Interessen nicht in jedem Fall sinnvoll wahrnehmen. Je nach Alter sind sie deshalb in der Ausübung ihrer Rechte mehr oder weniger eingeschränkt ... Bis zur Vollendung des 7. Lebensjahres ist ein Kind geschäftsunfähig. Es kann daher selbst weder ein Fahrrad kaufen noch eine Wohnung mieten ... Das alles kann der gesetzliche Vertreter tun – normalerweise sind das die Eltern. Sie müssen für das Kind alle Entscheidungen treffen» (S. 9).

Statt nun auf kleinere Ungereimtheiten abzuheben (z. B. wer bei Kindern / Erwachsenen über das «sinnvoll» entscheiden kann), empfiehlt sich unmittelbar die Frage, wie z. B. ein Gefangener in einer Folterkammer seine Menschenrechte «ausüben» soll. Offensichtlich kann er es nicht. Auch das ungeborene Kind kann seine Interessen nicht «sinnvoll wahrnehmen», seine Rechte nicht «ausüben». Es braucht dies auch nicht, denn es «genießt», wie wir gelesen haben, den Schutz des Grundgesetzes. Wenn es aber geboren wurde, ist es mit dem Genießen vorbei. Das ist schwer zu verstehen, besonders für obrigkeitsgläubige Menschen. Sie meinen, wenn hochrangige Politiker, studierte Juristen usw. so etwas sagen, müßte es wenigstens einigermaßen logisch sein.

Doch dies ist es mitnichten. Lösen wir nun das Rätsel auf. Jeder Jurastudent im ersten Semester erfährt, was in einer beliebigen Einführung in diesen Bereich zu lesen ist – hier zitiert aus dem Bändchen «Rechtskunde 1» von Manfred Schnitzerlind, wo bereits im 1. Kapitel («Grundlegung») unter B) die «Schutz- und Ordnungsfunktionen des Rechts» behandelt werden: «Die Gebots- und Verbotsnormen des Rechts sind zweckorientiert. Eine Hauptzweckrichtung zielt auf den *Schutz* des einzelnen, der Allgemeinheit oder beider. Nicht weniger wichtig ist die *Ordnungs*funktion. Oft verkörpert eine Vorschrift beide Grundziele ...» (Schnitzerling 1974, S. 3).

Dies ist nun der Trick: Von der Schutzfunktion des Rechts ist hinsichtlich geborener Kinder weder in der o. g. «Kinderfibel» noch in entsprechenden anderen Publikationen die Rede. Auch nicht in den zahlreichen juristischen Kommentaren, die z. B. das elterliche Züchtigungsrecht als «Gewohnheitsrecht» verfassungs- und rechtswidrig «im Rahmen des durch den Erziehungszweck gebotenen Maßes» als Rechtfertigung für Körperverletzungen an Kindern anerkennen.

Ein Appell des «Komitees für Kinderrechte in der Demokratie» (vgl. Heppner 1985) an die Bundes- und Landesjustizministerien, diesem Zustand abzuhelfen, erbrachte mit fast identischen Formulierungen einhellige Ablehnung. Hier die zentrale Aussage des Hessischen Justizministers lt. Schreiben vom 13. Mai 1985:

«Nach der Rechtsprechung und der ganz überwiegenden Ansicht in der Literatur erfüllt jede körperliche Züchtigung zwar den Tatbestand der Körperverletzung (§ 223 StGB), ist aber im Falle der maßvollen und angemessenen Ausübung gerechtfertigt, wenn sie der erzieherischen Einwirkung dient. Das Erziehungsrecht haben gemäß § 1631 Abs. 1 in Verbindung mit § 1626 BGB die Eltern. Das Recht wird u. a. dadurch abgegrenzt, daß entwürdigende Erziehungsmaßnahmen nicht zulässig sind (§ 1631 Abs. 2 BGB). Dabei ist anerkannt, daß die körperliche Züchtigung nicht schon als solche entwürdigend ist, die sich im Rahmen des durch den Erziehungszweck gebotenen Maßes hält.»

Das Thema Züchtigungsrecht ist zwar für die Kinderfrage besonders «dankbar», doch soll es hier nicht weiter ausgeschlachtet werden, weil es als Spitze eines Eisbergs «naturgemäß» an der Oberfläche bleibt.* Nur eine Bemerkung sei angefügt: Die Verteidiger des Begriffs und Phänomens «Erziehung» können noch so viele Argumente dafür angeben, daß sie – oder auch schon frühere Pädagogen – mit «Erziehung» keine Gewaltakte gegen Kinder, kein Überlisten oder Brechen des kindlichen Willens, kein Kinder «klein und elend» machen usw. meinen; die gesetzlichen, rechtlichen, offiziellen, die wirk-lichen und einflußreichen Tatsachen sprechen eine andere Sprache. Nämlich die des ganz banalen «Und bist du nicht willig, so brauch ich Gewalt» bzw. «Du mußt nur willig sein, dann brauch ich keine Gewalt, keine Maßnahmen usw., dann bin ich befriedigt». Wer dies ernsthaft bestreiten würde, könnte nur entweder geistig oder moralisch recht minderbemittelt sein.

Es bleibt also dabei: Kinder «genießen» den Schutz des Rechts nicht; anders als Erwachsene (z. B. politische Gefangene oder schwächliche Mitbürger/innen inklusive verurteilter Massenmörder) müssen sie

* Dies macht eine Passage aus der Erzählung «Kinderseele» von Hermann Hesse recht anschaulich: «Überhaupt, vielleicht war es besser, einen groben Vater zu haben als so einen feinen und gerechten. Wenn ein Vater, so wie es in Geschichten und Traktätchen vorkam, im Zorn oder in der Betrunkenheit seine Kinder furchtbar prügelte, so war er eben im Unrecht, und wenn die Prügel auch weh taten, so konnte man doch innerlich die Achseln zucken und ihn verachten. Bei meinem Vater ging das nicht, er war zu fein, zu einwandfrei, er war nie im Unrecht. Ihm gegenüber wurde man immer klein und elend» (Hesse 1985, S. 66).

dazu etwas «ausüben» können. Fraglos muß man zum Fahrradkauf und zur Wohnungsanmietung etwas «ausüben»; hier ist die Ordnungsfunktion des Rechts am Platze, um ein Tohuwabohu zu vermeiden. Daß Menschen erst nach Ablegung einer Prüfung den Führerschein oder die Approbation als Arzt erhalten, wird von jedermann als «in Ordnung» empfunden. Aber die Frage, welche Prüfungen ein Kind bestehen, welche Fähigkeiten es auf- oder gar nachweisen muß, bevor es z. B. das Recht auf körperliche Unversehrtheit «ausüben» kann, harrt noch auf eine Antwort ...

Trick 18 besteht im Kern also darin, daß hinsichtlich der Kinderfrage der Unterschied zwischen *bedingten* und *unbedingten* Rechten vertuscht und verheimlicht wird – bzw., um keiner «Verschwörungstheorie» anheimzufallen: übersehen wurde. Die Grund- und Menschenrechte zeichnen sich nach der ihnen innewohnenden Logik dadurch aus, daß sie nicht an Pflichten gebunden sind. Man hat, man *genießt* sie einfach, weil man Mensch ist. *Sind* (geborene) Kinder Menschen? Sind sie frei? Die Vermutung müßte erst widerlegt werden, daß sie es zwar sind, daß sie aber vom erwachsenen Gesetzgeber, in der beispielhaft durch die «Kinderfibel» exerzierten Weise, nicht als solche anerkannt werden, weil, wenn sie ihr Recht und ihre Freiheit genießen könnten, sie den erwachsenen Genießern nicht mehr so willig zu Willen wären.* Weibliche Erwachsene kennen den historischen (und aktuellen) Zusammenhang. «Eigentlich».

Zum Abschluß dieses Kapitels sei noch auf eine «Antwort» auf die Kinderfrage hingewiesen, die insofern sauber und ehrlich ist, als sie den plötzlichen Übergang vom Opferstatus zum Täterstatus auf eine Weise vollzieht, die klare Fronten schafft. Gemeint sind die sog. «Initiationsriten» der sog. «primitiven» Völker, die immerhin dazu führten, daß nicht manche Erwachsene erst im hohen Alter erfuhren, wie ihnen einstmals mitgespielt wurde.

---

* Aus der Sicht des HGV ist diese «Vermutung» freilich eine schlichte Tatsache. Das Problem besteht wieder darin, daß man eben nicht wissen kann, inwieweit den diversen «Tätern» bewußt ist, was sie tun. Man kann wohl kaum jeden Erwachsenen, der vom «Wohl des Kindes» redet, verdächtigen, ihm sei völlig klar, daß dieser Ausdruck immer nur der Vertuschung von Wünschen (bis hin zu Triebbedürfnissen) der Erwachsenen dient. Diese wollen *tatsächlich* das Beste der Kinder – und meist bekommen sie es auch. Denn Kinder wissen genau, was ihnen blüht, wenn sie auf ihrem *eigenen* Wohl, d. h. auf ihrem Wollen, bestehen würden, sich nicht korrumpieren lassen, ja prostituieren (lt. Lexikon: sich preisgeben) würden. Sie wissen, daß Kinder, die Helden zu spielen versuchen, entweder auf dem Friedhof landen oder in Erziehungsheimen, Nervenkliniken, Gefängnissen. Die Kinder wissen also, warum sie den HGV akzeptieren. Unklar ist jedoch, ob die Erwachsenen, gar die «verantwortlichen», das (offene?) Geheimnis des HGV ebenso kennen. Es besteht also immer die Gefahr, ungerechte Beschuldigungen auszusprechen – oder aber naiv zu sein (z. B. an das «Gute» in Politikern zu glauben). Erst wenn der HGV offen diskutiert würde, könnten sich diese Probleme klären.

Als Beispiel wird hier wieder ein Bericht der Zeitschrift «P.M.» [*] gewählt, weil allein die Tatsache, daß eine Kinder- und Jugendzeitschrift derlei publiziert, den anschließenden Kommentar erleichtert. Thema: «Religionen der Indianer». Da wird von den «Hopis im Südwesten der USA» berichtet. Die «nennen ihre kleinen Götter oder Engel ‹Kachinas›»,die als «glückliche Geister» gelten. «In den meisten Hopi-Häusern findet man auch heute noch leuchtend farbig bemalte Puppen, die diese Kachinas darstellen. Besucher, die es nicht genauer wissen, könnten annehmen, die Hopis seien nur primitive Götzenanbeter. Aber dem ist nicht so. In Wirklichkeit dienen diese Puppen einem ausgesprochen praktischen pädagogischen Zweck: Die Puppen sind ein wirksames Mittel, Kindern Respekt vor der Religion und der Gemeinschaft beizubringen. Die Hopis erzählen den Kindern, daß diese Puppen Götter wären, Götter, die für alle guten Dinge verantwortlich seien. Und so wachsen die Kleinen auf in dem Glauben, daß es in ihrem Haus ein Wesen gibt, das alles sieht, was einer tut.»

Dann endet die Kindheit, und die pädagogischen Götzen stehlen sich aus der Verantwortung: «Während der Pubertät, wenn die Kinder in die Erwachsenenwelt des Stammes aufgenommen werden, bildet der Tanz der Kachinas den wichtigsten Teil der Initiationsriten. Sie (Freunde und Verwandte, die Kachina-Kostüme und Masken tragen) tanzen vor den Kindern, die nun Erwachsene werden sollen. Diese jungen Hopis glauben aber noch immer, daß hier ‹echte› Kachinas tanzen. Aber dann kommt die Überraschung: Mitten im Tanz legen die Kachinas die Masken ab, und die Kinder sehen zum ersten Mal in ihrem Leben, wer die Kachinas wirklich sind, daß sie eben keine Götter sind, sondern nur menschliche Wesen, Verwandte und Nachbarn. Es ist schwer, sich vorzustellen, wie groß der Schock für die Jungen ist. Manchmal werden sie sehr wütend, weil sie sich bloßgestellt fühlen. Aber dieser Schock ist die eigentliche Initiation, das Erwachsenwerden. Denn jetzt ist ihre Kindheit vorüber, und sie lernen die wahre Bedeutung ihrer Religion kennen, den Sinn ihres nun entbehrlich gewordenen Kachina-Glaubens. Sie lernen, daß sie von nun an aus eigener Erkenntnis und nicht aus Furcht vor den Kachinas ein anständiges Leben führen müssen.»

Kommentar: Erinnert diese Praxis nicht an unseren Weihnachtsmann (Knecht Ruprecht mit der Rute)? In der Tat. An Weihnachten wurde (wenn man der Bibel glaubt) das Kind Jesus geboren, das von seinem Vater geopfert wurde. «Der zentrale Ritus der im westlichen Kulturkreis vorherrschenden Religion ist eine kannibalistische Feier des Filizid. Wenn wir am Abendmahl teilnehmen, rechtfertigen und feiern wir den Mord Gottes an seinem einzigen Sohn . . .» (Milburn 1982, S. 110).

Mit solchen Ungeheuerlichkeiten darf man natürlich gläubigen Christen nicht kommen! Aber bei den Hopis (wenn man dem P. M.-Bericht glaubt) sind die jeweiligen Rollen jedenfalls eindeutig. Auf unsere Verhältnisse

[*] Heft 9/1985, S. 86–93

übertragen könnte man sagen: Der Mensch ist zwar frei, aber Kindern gegenüber verheimlicht man das besser. Sonst würden sie womöglich nicht die Schulden bezahlen, die ihre Großeltern bei ihren Eltern hinterlassen haben.

Wenn diese Strategie bei uns funktionieren würde wie bei den Hopis, spräche viel dafür, die mit ihr verbundenen Tabus nicht zu verletzen. Sind mit einem gesellschaftlichen Arrangement alle Beteiligten prinzipiell einverstanden und besteht der einzige Nachteil in einem kurzen Schock während der Initiation, ist es kaum zu verantworten, mit «Aufklärung» alles durcheinanderzubringen. Es wäre ja durchaus möglich, daß die Wunden, die vielleicht auch die Hopis aus ihrer Kindheit zurückbehalten, ihnen später als ehrenvolle Narben erscheinen, die sie gerne zeigen. (In der hohen Zeit des Militarismus soll die Frage «Haben Sie gedient?!» nicht an die erlittenen Demütigungen erinnert, sondern bei Schicksalsgenossen Stolz ausgelöst haben.)

Ist also die Hopi-Strategie (an der sich unsere Rechtsgelehrten und -politiker bei ihrer Konstruktion des Trick 18 orientiert haben könnten) doch eine gute Sache oder wenigstens ein kleineres Übel auch für unsere Zeit und Weltgegend? Verdirbt das vorliegende Buch womöglich ein Spiel, bei dem es mehr Gewinner als Verlierer gibt? Sollte der HGV besser ein Geheimnis bleiben?

Diese Frage hat viele Dimensionen. Das für den Autor entscheidende Argument war folgendes: Die Hopi-Strategie enthält zwar ein Geheimnis für die Kinder, jedoch keines für die Erwachsenen. Kein erwachsener Hopi glaubt an die Kachinas, so wie bei uns kein Erwachsener an den Weihnachtsmann glaubt. Der Initiations-«Trick» der Hopis funktioniert. Er ist von anderer Natur als der Trick 18 bei uns. Bei den Hopis (immer: falls der P. M.-Bericht so stimmt) ist die «Mündigkeit» der Menschen nicht nur von formaler, sondern von existentieller Qualität.

Dies auf unsere Verhältnisse zu übertragen würde bedeuten, daß Heranwachsende an ihrem 18. Geburtstag nicht nur bestimmte formale Rechte (z. B. das Wahlrecht) erhalten, sondern auch inhaltlich über das Geheimnis aufgeklärt werden, das sie während ihrer Kindheit in Schranken hielt. Voraussetzung dafür wäre, daß die Erwachsenen selbst das Geheimnis kennen. Offenbar ist das jedoch nicht der Fall, sofern man nicht z. B. sämtliche Äußerungen aus dem «Streifzug» dieses Kapitels als Lügen ansieht. Auch wäre es sonst unsinnig, daß so viele Erwachsene sich als «Opfer» ansehen, statt ihren Täterstatus zu genießen.*

---

* Natürlich könnten solche Erwachsene lügen. Aber das wäre schon bei Gesprächen untereinander unverständlich und vollends pervers bei Gesprächen mit Kindern, denen dadurch ja die Versprechung des HGV, der Reiz des Erwachsenseins, vermiest würde. Zitat aus einem Mädchenbuch: «Ein Beispiel dafür sind jene Lehrer, die ihren Schülern immer dann, wenn die auf ihre Selbstbestimmung pochen wollen, mit traurigen Visagen erklären, auch sie selbst, als Lehrer, könnten nicht tun, was sie wollten. Auch sie seien Unterdrückte, jammern solche fortschrittlichen Pädagogen und fordern nicht selten noch Mitleid» (Wyss/Schaad 1983, S. 36).

Ein anderes Problem. Hopi-Juristen, in unsere Gegend verpflanzt, müßten zur Rettung ihrer Konstruktion unfreies Kind/freier Erwachsener einen Großteil der öffentlichen Kommunikation als jugendgefährdend unterbinden. Jugendzeitschriften wie P. M. (mit dem zitierten verräterischen Artikel; vgl. auch den über die moderne Anthropologie), Kinderbücher wie der «Sausewind» (Heppner 1986)* oder das «Musterkind» (Mariano 1984)**, Buchtitel wie «Das Recht auf Ungezogenheit» (Beck u. a. 1983) und «Jugendgefährdend» (Nykrin 1982), die Hessische Verfassung, das Grundgesetz – vor all diesem müßten Kinder radikal geschützt werden. Auch Reklamesprüche, die ohne jeden Hinweis auf Kachinas behaupten «Nur *Dein* Geschmack entscheidet» (Pepsi-Cola) oder «Nur Du entscheidest, wie Deine Geschichte ausgeht» (Starwars-Figuren) dürften Kindern niemals zu Gesicht kommen, die entsprechenden akustischen Reize niemals zu Gehör (z. B. Songs wie «I am what I am» von Shirley Bassey oder die Reden des Bundespräsidenten). Alles, was Kinder auch nur andeutungsweise auf den Gedanken bringen könnte, sie seien vielleicht schon jetzt Subjekte, hätten Einflußmöglichkeiten, seien nicht ausschließlich zum Vergnügen der Erwachsenen da, müßte ihrem Zugriff konsequent entzogen werden. Denn andernfalls «merken» die Kinder etwas, und es kommt zu Szenen, wie sie eine verzweifelte Lehrerin*** unter der Überschrift «Angst vor den Rüpeln». An rücksichtslosen Schulkindern zerbrechen viele gutwillige Lehrer» schildert: «‹Sabbel mich nicht an!› ist die Antwort auf eine Ermahnung. ‹Ich setz mich hin, wenn's mir paßt›, heißt es zu dem sanften Hinweis, daß die Pause vorüber sei. ‹Ich kann schreiben, wie ich will!› lehnt sich ein Achtjähriger gegen einen Korrekturversuch seiner Lehrerin auf.»

Derartige pädagogische Katastrophen sind die unausweichliche Folge, wenn die Erwachsenen ihr Geheimnis nicht hundertprozentig für sich behalten können. Das Theater, das sie für die Kinder aufführen, kann es sich nicht leisten, sein Publikum hinter die Kulissen blicken zu lassen. Wenn eine der bekanntesten deutschen Kinderbuchautorinnen, Christine Nöstlinger, eine Geschichte («Rüssel und Ringelschwanz») schreibt****, deren erster und letzter Satz folgendermaßen lauten: «Erziehung ist eine wunderliche Angelegenheit, und noch wunderlicher ist, daß die wenigsten Eltern dies merken» – «An den eigenen Kindern für die eigene versaute Kindheit Rache zu nehmen, scheint süßes Elternvergnügen zu sein», dann «merken» die (fixierten) Eltern vielleicht immer noch nichts; aber die (flexibleren) Kinder sind zweifellos immer schwerer in Schach zu halten.

Freilich, unbewältigbar ist dieses Problem nicht. Mit mehr «Mut zur Erziehung», also ausreichender Brutalität, können die Erwachsenen sich ihre

---

   * «Ein Märchen für die Freiheit und Gleichheit von Tieren und Riesenkindern» («ab 8 Jahre»)
   ** «Ab 13 Jahre»; Spruch auf der Titelseite: «Ach wie gut, daß niemand weiß, daß ich auf Erz . . .!»
   *** Heike Lebeck in der Wochenzeitung «Die Zeit» vom 20.5.1983
   **** Hier zitiert aus der Schweizer Zeitung «Die Weltwoche» vom 7.11.1985

Kinder immer zur Verfügung halten, auch ohne Gespenster. Der Preis dafür wäre aber, daß Elternschaft zunehmend nur noch Sadisten Befriedigung verschaffen und gleichzeitig gefährlicher würde.*

Zusammenfassend möchte der Autor feststellen: Der Preis, den Eltern und Kinder für die bestehende offizielle Rechts-Konstruktion zu zahlen haben, ist hoch. Und es ist absehbar, daß er sich weiter erhöhen wird, solange zwar immer mehr Eltern und sonstige Nutzungsberechtigte vor zu offener Brutalität zurückschrecken, nicht aber das «Geheimnis» des HGV gleichzeitig sowohl durchschauen als auch (vor Kindern) peinlichst hüten.

Und schließlich: Wie immer man die Tricks unserer Hopi-Juristen beurteilen mag, es müßte ja zusätzlich geprüft werden, ob eine konsequente Durchführung ihrer Strategie in unserer Zeit und Gegend überhaupt möglich wäre. Wenn man der Meinung ist, daß zu viele rein praktische Gründe dagegen sprechen, dürfte «eigentlich» nur die Schlußfolgerung bleiben, den Kindern das ganze Theater von vornherein zu ersparen. Und sich selbst auch.

Warum «eigentlich» nicht?**

---

* Realistisch betrachtet können ja schon ziemlich junge Kinder mehr «ausüben», z. B. schlafende Sadisten-Eltern mit einem Beil erschlagen, als pazifistischen Gemütern recht sein dürfte.

** Für die Gegenwart beantworten der HGV und Trick 18 diese Frage. Für die Zukunft hat die Juristin Monika Roell in ihrem Buch «Die Geltung der Grundrechte für Minderjährige» (erschienen als Band 468 der «Schriften zum Öffentlichen Recht» in dem renommierten Fachverlag Duncker & Humblot) aus verfassungsrechtlicher (nicht etwa kinderrechtlicher) Sicht den detaillierten Nachweis geführt, daß es entgegen der «herrschenden Meinung» tatsächlich «nicht zu untragbaren Ergebnissen führt» (Roell 1984, S. 67), wenn die juristischen Konstruktionen «Grundrechtsfähigkeit» und «Grundrechtsmündigkeit» ad acta gelegt werden. Roell zeigt, daß alle Grundrechte «auch Minderjährigen zur selbständigen Ausübung zustehen» (S. 12). Wer also mit Rechtskundigen zu tun hat, die keine «Hopi-Juristen» sein wollen, kann sich dieser zukunftsweisenden Arbeit bedienen.

Kapitel 11
Der Weg vom «Kopf» in den «Bauch»

In diesem Kapitel sollen einige Gedanken und Erfahrungen mitgeteilt werden, die in einer bestimmten Situation nützlich sein können. Diese Situation entsteht fast regelmäßig, wenn erwachsene Gesprächspartner/innen der Ansicht sind, die Rolle, die der Heimliche Generationenvertrag den Kindern zuweist, sei zwar (aus welchen Gründen immer) nicht richtig, aber im persönlichen Umgang mit Kindern könnten sie eben nicht «aus ihrer Haut». Sie hätten schon begriffen, worum es ginge, jedoch bestünde die Schwierigkeit darin, solche Erkenntnisse des Verstandes auch konkret, praktisch, gefühlsmäßig «umzusetzen». Nicht selten ist dann vom «Kopf» und vom «Bauch» die Rede (manchmal auch vom «Herzen») in dem Sinne, daß es gelte, bestimmte neue Ideen sich «in Fleisch und Blut übergehen» zu lassen bzw. sie zu «verinnerlichen». Andernfalls würden alte Gewohnheiten (oder auch «das Unbewußte») die besten Absichten des Bewußtseins oft durchkreuzen.

Es handelt sich im Grunde um das gleiche Problem – allerdings in gewisser Weise mit umgekehrtem Vorzeichen –, das im üblichen Rahmen «Erziehung (oder Selbsterziehung) der Erzieher» genannt wird. Geht es dort darum, wie der Erwachsene, kurz gesagt, zu einer vorbildlichen Persönlichkeit, akzeptierten Autorität usw. werden kann, damit er überhaupt in der Lage ist, Kinder richtig zu erziehen, stellt sich in unserem Zusammenhang die Frage, wie und wohin der Erwachsene «sich verändern» muß, um in der Lage zu sein, Kinder ganz anders anzusehen und zu behandeln als zuvor.

Es gibt für dieses Problem verschiedene Lösungsvorschläge, von speziellen Therapiegruppen (z. B. «Erzogene befreien sich», vgl. Bartmann 1983, S. 93 ff) über Wochenendseminare (z. B. das «Selbstverantwortungstraining» des «Freundschaft mit Kindern-Förderkreis e. V.», vgl. v. Schoenebeck 1985 b) bis zur ausgewachsenen Psychoanalyse (vgl. Miller 1980 und 1981).

Mit solchen praktischen Angeboten kann dieses Kapitel natürlich nicht konkurrieren. Es kann auch diese Veranstaltungen nicht bewerten. Wenn man jedoch über längere Zeiträume beobachtet hat, wie Menschen mit der erwähnten Situation umgehen, lassen sich relativ erfolgreichere und relativ erfolglosere «Methoden» unterscheiden; wobei das Kriterium für «Erfolg» jeweils die subjektive Zufriedenheit aller Beziehungspartner ist.

Daß sich manche Menschen sehr schwer tun, wenn ihnen plötzlich zu Bewußtsein kommt, was ihnen während ihrer Kindheit angetan wurde und was sie vielleicht schon Kindern angetan haben, ist nur zu gut verständlich. Wenn andere Menschen aber diese Probleme leichter bewältigen, muß das nicht an ihren unvergleichbaren Ausgangspositionen liegen; es kann auch durch die verschiedenen Wege erklärbar sein, die sie gegangen sind.

In fünf Ansätzen werden nun einige Aspekte der Frage diskutiert, welche Wege im allgemeinen erfolgversprechend sein können und auf welchen Wegen (obwohl sie teilweise von «Experten» empfohlen werden) eventuell mit falschen Weichenstellungen, Fallgruben und dergleichen zu rechnen ist. Auch hier geht es nicht um die Formulierung von Patentrezepten, sondern in erster Linie darum, der Leserschaft Material für eigene Überlegungen zur Verfügung zu stellen.

Das «Positive Denken» und das «New Age»

Seit einigen Jahren erreichen Dutzende von Büchern weltweit Millionenauflagen, in denen Erwachsenen «Positives Denken» gelehrt wird. Dabei geht es darum, daß das Individuum sein durch Erziehung/Dressur und den minderwertigen Status von Kindheit beschädigtes oder zerstörtes Selbstvertrauen und Selbstbewußtsein wiedergewinnt.

Praktisch geschieht das auf dem Wege der Selbstsuggestion, also dadurch, daß sich die Menschen intensiv und wiederholt *einreden,* buchstäblich alles, was es auf der Welt gibt, sei positiv zu bewerten, ganz besonders sie selbst. «Ich bin liebenswert.» – «Dankbar erlebe ich jeden Augenblick.» – «Ich bestimme mein Leben selbst.» – «Ich entspanne mich und vertraue dem Leben.» Dies sind einige «Affirmationen» (Bejahungen), die «täglich auf bestimmte Art angewendet, gesagt, geschrieben, von Kassetten abgehört» werden sollen, «bis die positiven Gedanken vom Unbewußten angenommen worden sind» (Sieczka 1983, ohne Seitenzahlen).

Die Basis des Positiven Denkens ist ein – gelegentlich einseitig individualistisches (vgl. den «Gesang an Puh, den asozialen» am Schluß dieses Buches) – Menschenbild, das dem «neuen» Kinder-«Bild» und dem Menschenbild des Grundgesetzes entspricht und deshalb das «alte» Kinder-«Bild» aus den Köpfen der Erwachsenen vertreiben will.* Dabei kommt es jedoch zu, gelinde gesagt, Übertreibungen, die

* «Die Mutter, der Vater, die Oma, der Bruder, die Schwester, der Pfarrer, der Nachbar, der Politiker, alle spielen auf deinem ‹Lebensklavier›, alle wissen es scheinbar bes-

nicht selten Zweifel an der Seriosität des ganzen Unternehmens wekken müssen.*

Als Beispiel kann der Bestseller «Kraftzentrale Unterbewußtsein – Der Weg zum positiven Denken» von Erhard F. Freitag dienen. Dort heißt es (noch ohne Übertreibung) z. B.: «Jedes Bedrängen, jede Einschnürung der eigenen Sehnsüchte hat nur so lange Macht über uns, wie wir sie ihr zuteilen ... Nach einer Wandlung zu Positivem Denken will es uns oft absurd erscheinen, mit welch engstirnigen Vorstellungen wir uns lange Zeit selbst einengten oder – meistens im Eltern-Kind-Verhältnis – einengen ließen» (Freitag 1982, S. 177). Laut Freitag können die «negativen Programmierungen» (S. 44) der Kindheit** in Form von Selbstsuggestionen Macht über das ganze Leben gewinnen.

Dann aber beginnt die «Übertreibung». Denn sich diesen Mechanismus bewußt zu machen und ihn zu durchbrechen, indem man negative Selbstsuggestionen zu vermeiden lernt, ist *eine* Sache; und zwar gewiß eine positive, weil sie negative Erwartungshaltungen außer Kraft setzt. Aber eine *andere* Sache sind Versprechungen etwa der folgenden Art: «Wenn Ihnen in Ihrem Alltag etwas nicht gefällt, müssen Sie nur Ihr Denken ändern! So einfach ist es, glücklich zu sein» (S. 26).

Weitere Beispiele für fragwürdige direkt-positive Versprechungen aus Freitags Buch: «Denken Sie nie mehr einen negativen Gedanken zu Ende. Wandeln Sie Ihre bisherige Denkweise positiv mit der Suggestionsrichtung um: ‹Liebe und Harmonie sind in meinem Herzen. Gott denkt, spricht und handelt durch mich. Ich vertraue der unerschöpflichen Quelle meiner Lebenskraft, die mein Leben bestimmt und alles zu meinem Besten regelt› (S. 189). «Streichen Sie Zorn, Ärger, Neid und Eifersucht aus dem Gefühlsregister ... Wer einen beruflichen Sprung nach vorne vorhat, sehe sich bereits in der Position, die er ausfüllen will ... Es gibt nichts, was dieser aufbauenden, suggestiven Kraft Widerstand leisten könnte» (S. 190).

---

ser, welches ‹Lied› für dich gut ist. Und dir ist gesagt worden, daß du nicht Klavier spielen kannst. Jeder kann sich leicht vorstellen, daß in dir ein Chaos sein muß, wenn so viele Menschen auf deinem ‹Klavier› spielen, sich in dein Leben einmischen. Fang an, dein ‹Klavier› alleine zu spielen – DEIN Lied, und so, daß es dir gefällt. Nimm dein Leben selbst in die Hand. Und hab keine Angst, die falschen Töne anzuschlagen, wir alle machen Fehler. Über DEIN Leben darf und soll nur einer entscheiden: DU» (Sieczka 1983, o. S.). – Schluß folgt.

   * Als erste Andeutung hier der Rest des eben zitierten Textes: «Wenn du dein ‹Lied› nach deinen Bedürfnissen und Wünschen spielst, wird deine ‹Melodie› eine Melodie der Freude, Liebe und Harmonie» (Sieczka 1983, o. S.).

   ** Dies sind alle negativen Urteile der Erziehungspersonen über den Zögling, sowohl die offen ausgesprochenen wie auch die, welche sich aus dem allgemeinen Mißtrauen gegenüber der Eigenaktivität des Kindes ergeben, aus der Geringschätzung seiner Ansichten, Wünsche, Gefühle usw.

Es liegt auf der Hand, daß man mit derlei «Sprüchen» bei vielen Menschen, z. B. solchen, die auch in politischen Kategorien zu denken gewöhnt sind, nicht «ankommt». Sie nennen das «Gesundbeterei», «Flucht in die Innerlichkeit», «Konfliktscheu» und dergleichen. Auch ist die Vermutung, daß hier der einfachen Verdrängung von Gefühlen das Wort geredet wird, nicht von der Hand zu weisen. Und schlichter Unfug ist offenbar das Versprechen bzgl. der beruflichen Position: Denn was würde geschehen, wenn viele Anwärter auf eine einzige Position das Positive Denken für ihre Zwecke einsetzten?

Solche Übertreibungen bzw. Vereinfachungen sind wohl nur zu verstehen als ein «Fallen ins andere Extrem». Sie sind jedoch nicht nur unrealistisch, sondern sie laufen der zentralen und nützlichen Idee direkt zuwider, die Freitag auch formuliert: «Die Energie, die Sie einsetzen, um das Ziel zu erreichen, ist das Hindernis auf dem Wege zum Ziel. Sie müssen also nicht *wollen,* Sie sollen *geschehen lassen*» (S. 140). «Positives Denken ist schließlich nichts anderes als ein Aufkeimenlassen des Urvertrauens zum Leben, das in jedem Menschen steckt» (S. 204).

So gesehen ist der erwähnte Schritt vom (eher «passiven») Aufhören mit negativen Selbstsuggestionen zum (zielstrebig aktiven) Einsatz positiver Selbstsuggestionen nicht nur eine Übertreibung, sondern eine Inkonsequenz. Die gleiche Inkonsequenz etwa, die aus der Erkenntnis der zerstörerischen Wirkung des Mißtrauens nicht nur dieses zu vermeiden empfiehlt, sondern zum manipulativen Einsatz von Vertrauen rät – womit man in der Dimension des *Wollens* und *Machens* verbleibt, statt in die des Geschehenlassens zu wechseln, die dem *Wachsen* und *Werden* eine Chance gibt.

Weil für dieses Problem m. W. eine befriedigende theoretische Lösung noch nicht erarbeitet wurde, ist es auch praktisch schwer (weil die «richtigen» Begriffe fehlen), den o. g. Schritt als «Fehltritt» plausibel zu machen. Im Ergebnis scheint es so zu sein, daß die Beschränkung auf eine Negation des Negativen das Vertrauen in die eigenen inneren Kräfte des Menschen schon voraussetzt, die das Positive Denken erst ermöglichen will. Wenn es stimmt, daß dieses Vertrauen bei vielen Erwachsenen gestört ist, so daß sie Hilfe von außen erwarten, muß sich daraus logisch und psychologisch ein «Knoten» ergeben. Diesen wiederum machen sich manche Experten zunutze, die dazu neigen, normale Menschen doch irgendwie als bevormundungsbedürftig anzusehen, indem sie ihr Fachwissen nicht einfach zur Verfügung stellen, sondern es in Form von Vorschriften präsentieren. «Sie müssen nicht», schrieb Erhard Freitag, aber «Sie sollen ...» – eine Haltung, die mit dem Inhalt der «Botschaft» in Widerspruch steht.

Auf der anderen Seite scheint dieser Widerspruch viele mündige, aber an Gehorsam gewöhnte Menschen wenig zu stören. Man könnte sagen, daß der *Stolz* des Subjekts in der gegenwärtigen «Expertokratie» bzw. «Demagokratie» nicht hoch im Kurs steht. Und sei es der patzige Stolz, mit dem einige dem Autor bekannte Kindermenschen im Zweifelsfalle (z. B. gegenüber aufdringlichen Besserwisser/inne/n) erklären: «Ich bin ich, und du bist doof.»

Der Schweizer Ex-Manager Hans A. Pestalozzi hat in einer Rede vor dem Zürcher «New Age-Symposium 1984» diesen Zusammenhang angeprangert; nachzulesen in seinem Buch «Die sanfte Verblödung – Gegen falsche New Age-Heilslehren und ihre Überbringer»: «Die Bereitschaft und Fähigkeit, unser eigenes Leben in der selbstgestalteten Gemeinschaft mit unseren Mitmenschen leben zu können, ist uns gründlich ausgetrieben worden. Man nennt es Erziehung. Und nun wartet man nun eben wieder auf den Experten, den Guru, den Erlöser, den Führer, der uns sagt, wie wir uns zu verhalten haben» (Pestalozzi 1985, S. 18).

Hans Pestalozzi, kritischer Sympathisant der New Age-Bewegung, sprach bei dieser Gelegenheit auch über die Kinderfrage. «Jedes Kind lernt mit Begeisterung. Jedes Kind will nachmachen, nachahmen. (Mit Heinrich Jacoby wäre zu ergänzen/korrigieren: mitmachen; EvB.) Jedes Kind lernt das, was es braucht zum Leben, völlig freiwillig ... Es lernt freiwillig und mit Begeisterung, bis es in die Schule kommt, dann ist es aus ... Jedes Kind ist unglaublich kreativ ... Jedes Kind ist fähig, seinen Gefühlen Ausdruck zu geben, es ist emotional, es lebt aus dem Bauch heraus ... Jedes Kind lebt ganzheitlich ... Hat die Schule denn keinen anderen Auftrag, als all das aus uns auszutreiben, was uns als Menschen ausmachen würde, was uns als Individuen ausmachen würde? ... Angst ist nötig, um ‹freiwillig› zu gehorchen. Angst ist Voraussetzung der ‹freiwilligen› Unterordnung. Schuldgefühle bringen mir bei, daß Eltern und Lehrer mich erziehen müssen ... Ferguson (Autorin von «Die sanfte Verschwörung», worauf sich Pestalozzis Titel bezieht; EvB) hat völlig recht, wenn sie schreibt: ‹Unsere natürliche Kraft wurde von Angst geschwächt.› Klar! Aber diese Angst ist doch nicht das Ergebnis kosmischer Einflüsse. Angst ist *bewußt* geschaffen. Angst vor den Mächtigen ist die Basis unseres Systems» (S. 42 ff). «New Age verdrängt die Machtfrage» (S. 51).

«Flucht in die Innerlichkeit» oder «unpolitisches Denken» ist Pestalozzi sicher nicht vorzuwerfen. Eher im Gegenteil. Wenn man es nämlich mit Eltern zu tun hat, die Kritik an «den Mächtigen» und dem «System» nicht gerne hören, besteht die Gefahr, daß sie aus (partei-)politischen Gründen «abschalten», obwohl doch auch ihre Kinder «unglaublich kreativ» usw. sind. Um derentwillen wäre es wohl wünschenswert, solchen Eltern bestimmte Ideen nicht von vornherein zu vergällen. Ein nachdenklich stimmendes Argument ihnen gegenüber könnte lauten: *Wenn* bzw. *damit* die o. g. Meinung falsch ist, *muß* aufgehört werden, Kinder durch Zwang, Drohung und Demütigung in Angst zu versetzen oder sie insgesamt (als minderwertige «Altersklasse») einzuschüchtern.

Offenbar kann man aber nicht nur das Positive Denken, sondern auch den Stolz des Individuums übertreiben. Ein Beispiel:

«Das ‹Heil› kann nicht von oben kommen. Die guten Leute sind unten (alles Gute kommt von unten!). Nein, es sind nicht die Experten, die Wissenschaftler, die Manager, die Führer. Nein, das neue Zeitalter, das sind wir selber, das neue Zeitalter, das ist der autonome Mensch, das ist der selbstbewußte und selbstbestimmte Mensch ...» (Pestalozzi 1985, S. 58).

Angesichts solcher Aussagen stellt sich die Frage, ob die Menschen des «alten» Zeitalters *nicht* «autonome» usw. sind. Der o. g. «Knoten» scheint sehr hartnäckig zu sein. Er dürfte kaum gelöst werden können ohne eine Antwort auf die Frage, ob nicht auch schüchterne, ängstliche, autoritätsgläubige Menschen «autonom» sind, nämlich all diese *Eigen*schaften auf Grund eigener Entscheidungen entwickelt haben. Sicher nicht immer bewußt (oder gar «frei»), aber dennoch *selbst* bestimmt, nach eigenen subjektiven Kriterien, so gut es jeweils – angesichts der «objektiven» Gegebenheiten – möglich war. So gesehen würde sich jede *Aufforderung,* nun doch bitte endlich selbstbestimmt und selbstverantwortlich zu leben, argumentativ selbst entkräften; nämlich außer acht lassen, daß auch gehorsame Menschen (jeden Alters) sich selbst – und zwar aus meist höchst plausiblen Gründen – dazu entschieden haben, gehorsam zu sein, und daß sie schließlich auch die Folgen für diese Entscheidung tragen, ob man dies «Verantwortung» nennt oder nicht. (Ausführlicher dazu im nächsten Kapitel.)

In dem wohl informativsten (und übertreibungsärmsten) Buch über das Neue Zeitalter, «Die erwachende Erde» (Heyne-Tb), schreibt der amerikanische Physiker und Psychologe Peter Russell: «Das reine, universale Selbst ist stets da, aber die meisten Menschen sind ihm gegenüber blind oder, genauer, noch nicht erwacht» (Russell 1984, S. 157). Der Autor nennt das «Selbst» des erzogenen/dressierten Menschen ein «derivates», d. h. «durch Ableitung entstandenes». «Wenn wir lediglich ein solches vom Äußeren hergeleitetes Identitätsgefühl haben, wird es zum kostbarsten Besitz ... Hand in Hand damit geht eine große emotionale Verletzlichkeit; das derivate Selbst* ist höchst fragil» (S. 130 f).

Wie schwierig es im Einzelfall sein mag, Erwachsenen mit einer

---

* Da Russell den Begriff «Selbst» mehrdeutig verwendet, wird seine Formulierung «derivates Selbst» im folgenden in «abgeleitete Identität»** übersetzt. Dieser entspricht ein weniger von innen gewachsenes als von außen «abgeleitetes», «entliehenes» Identitäts*gefühl* und «Selbst»*verständnis,* Selbstbild usw., wobei «Selbst» nichts anderes bedeutet als in «Selbstgespräch».

** Wer den Begriff «Identität» nicht genau (eindeutig) versteht, teilt diese Schwäche mit dem Rest der Welt, mindestens mit dem Autor (EvB). Es gibt halt so Wörter ...

«abgeleiteten Identität» den Nutzen des Positiven Denkens und/oder die Ideen des New Age nahezubringen: Es scheint psycho-logisch unmöglich zu sein, daß Menschen ohne Selbstvertrauen und Selbst-Bewußtsein Kinder als Subjekte respektieren können. Wer an das prinzipielle Außengeleitetsein des Menschen glaubt, verfügt nicht über die wichtigste Voraussetzung dafür, Kinder als innengeleitet zu akzeptieren, ihnen also ein nicht-abgeleitetes, sondern von innen wachsendes Selbstbild (realitätsgerecht paradox:) *zuzutrauen*.

Ob der Verlag Erich E. Weißmann aus Böblingen («Ariston», einer der führenden Verlage in Sachen Positives Denken) ihnen helfen kann, bleibe dahingestellt. Jedenfalls bietet er Aufkleber an, die etwas in Erinnerung halten sollen, was offenbar sonst leicht wieder in Vergessenheit gerät, z. B. (für den Spiegel) den Text: «Dieser Mensch entscheidet täglich neu über mein Leben!» Oder (für Terminkalender, Schreibtisch, Küche, Auto usw. – «Kinderzimmer» wird in der Werbung nicht erwähnt): «Ich bin die Summe meiner Entscheidungen!» Oder schlicht: «Ich bin der Meister meines Lebens!»

Thema: Gefühle

In diesem Abschnitt wird eine nicht falsche, aber auch nicht vollständige, also eine ergänzungsbedürftige Theorie über die emotionale Bewältigung des eigenen Kindheitsschicksals diskutiert. Sie basiert (z. B.) auf Alice Millers (1980, S. 318) These: «Die Tragik der gut erzogenen Menschen besteht darin, daß sie als Erwachsene nicht merken können, was ihnen angetan wurde und was sie selber tun, wenn sie es als Kinder nicht haben merken dürfen.»

Ein Teil des Problems ist schon in der Bezeichnung «Tragik» verborgen, denn dieser Begriff bedeutet (ausweglosem) Leiden, was dem «nicht merken können» widerspricht. Den «gut erzogenen Menschen» kann es ja subjektiv «gutgehen»; man könnte ihr Nichtmerken dann einen sinnvollen Schutzmechanismus nennen. – Ein anderer Teil des Problems liegt in dem Wort «merken», welches sowohl emotionale wie intellektuelle Vorgänge beschreibt. – Das Hauptproblem aber liegt in der Einseitigkeit der Perspektive. Das Kind wird ausschließlich als Objekt bzw. Opfer gesehen. Folgerichtig müsse der erwachsene Mensch unbedingt «die alten verdrängten, weil verbotenen, Rachephantasien in sich entdecken und erleben können. Erst diese führen ihn zu seiner echten kindlichen Empörung und Wut, die einer Trauer und Versöhnung Platz machen können» (Miller 1980, S. 305).

Es ist heute schon fast ein Gemeinplatz, zu sagen, die «Aufarbeitung» der eigenen Kindheit sei mit äußerst schmerzlichen Gefühlen verbunden, aber ohne einen langwierigen Prozeß, in dem Gefühle wie Zorn, Haß, Wut und schließlich Trauer «zugelassen» werden müßten, sei eine «Selbstbefreiung» unmöglich.

Zur Vorbereitung der angesagten Ergänzung dieser Theorie hier einige Sätze aus dem «Musterkind», in dem das Buch «Am Anfang war Erziehung» eine wichtige Rolle spielt. Dazu lesen wir u. a.:
«‹Vergiß doch mal die Alice Miller. Bei der sind Kinder doch auch Objekte. Nicht von Erziehung, okay, aber von Mitleid. Sie überschätzt die Gefahr der Erziehung. Sie glaubt, man würde in der Kindheit fürs ganze Leben geprägt. Wenn das aber wahr wäre, wären längst alle Menschen Verbrecher.› ... Robert behauptet, es gäbe überhaupt keine Erziehung, wenn die Zöglinge nicht mitmachen würden. ‹Jedes Objekt ist auch Subjekt, jedes Opfer ist auch Täter.› Mit besonderer Betonung verkündete er: ‹Auch Re-Agieren ist Agieren!›» (Mariano 1984, S. 107f).

Man wird sagen dürfen, daß der o. g. «Gemeinplatz» keine sonderlich attraktive Empfehlung bzw. Behauptung bzw. Forderung sei. Aber ist er deshalb falsch?

Zumindest soll die Überlegung anheimgestellt werden, ob das «positive» (erfreuliche) Denken des vorigen Abschnitts und das «negative» (leidvolle) Fühlen des jetzigen in dem bisherigen Widerspruch verbleiben müssen. Die Frage ist also, ob in diesem Fall nicht eine gute und wichtige Sache künstlich unattraktiv gemacht und damit erschwert wurde (möglicherweise zum Nachteil sehr vieler Kinder); mit anderen Worten: ob eine ehrliche Analyse der Situation wirklich nur leidvolle Gefühle zuläßt. Und da liegt es nahe, sich an die freudvollen Gefühle des vorigen Abschnitts zu erinnern. – Von den Übertreibungen (pro «Liebe und Harmonie», contra «Zorn, Ärger, Neid und Eifersucht») natürlich abgesehen.

Da war vom «Aufkeimenlassen des Urvertrauens zum Leben» die Rede, von «der unerschöpflichen Quelle meiner Lebenskraft», vom «Stolz des Individuums». Erinnert sei auch an die Sätze «Ich bin ich, und du bist doof!» sowie «Ich bin der Meister meines Lebens!». Ist das alles nur Unfug, übersteigerter Subjektivismus oder gar Zynismus?

Es gibt eine Überlegung, die es erlaubt, Gefühlen der Wut, Trauer und auch Scham (s. u.) solche der Freude und des Stolzes beizugesellen.

Von «Scham» wird in diesem Zusammenhang selten gesprochen. (Gemeint ist die Scham vor sich selbst, im Unterschied zu *Schuld*gefühlen im Hinblick z. B. auf elterliche Gebote.) Aus der Anerkennung des Kindes als Subjekt, als «Zentrum seiner Aktivität» (Miller 1981, S. 375), ergibt sich aber zwingend, nicht nur negative Gefühle gegenüber den Eltern (als Tätern), sondern auch sich selbst gegenüber (als williges Opfer und insofern Mittäter) anzunehmen. Wenn etwa Miller (z. B. 1981, S. 29) einseitig das «Gebot der Schonung der Eltern» anprangert, müßte auch dies ergänzt werden durch die – psychoanalytisch bzw. -logisch ohnehin *näherliegende* – Tendenz des Subjekts zur Schonung seiner selbst. Dann wäre nicht so sehr die Elternschonung, sondern die Scham über das, was man als Kind sich alles gefallen ließ, besonders über das, was man (durchaus «korrupt») alles selbst tat (das, lt. Mariano, «Mitmachen» der «Zöglinge»; aus Feigheit, Bequemlichkeit, Opportunismus, Liebebedürftigkeit, Schwäche usw.), der tiefste Grund, warum so viele Menschen Schwierigkeiten haben, zu «merken» (Miller), was gespielt wurde und wird. Es ist natürlich und wohl unausweichlich, daß ein Mensch sich schämt, wenn er sich unwürdig behandeln läßt, gute Miene zu demütigenden Vorfällen macht usw. Es ist bekannt, daß in der Politik wie im Privatleben Rechthaberei ebenso wie Ignoranz häufig dadurch zustande kommen, daß die Betreffenden «ihr Gesicht wahren» wollen. Diese Überlegungen könnten dafür sprechen, das Tabu der Kinderfrage (d. h. des HGV) nicht allein aus der Abwehr gegen z. T. ohnehin nicht mehr aktuelle Gefühle der Wut und Trauer zu erklären, sondern noch tiefer dahinter die Abwehr von höchst aktuellen Gefühlen der Scham zu vermuten.

Denken wir an das banale Beispiel des halbvollen oder halbleeren Glases. Man kann es so oder so sehen. Wie immer meine Kindheit gewesen sein mag, ich kann Wut über meine Eltern empfinden, insofern sie mich unterdrückten, aber ebenso Dankbarkeit, insofern sie mir Gutes taten. Ich kann über Trauriges trauern, aber ebenso kann ich mich über Schönes freuen. Und besonders: Ich kann mich schämen über das, was ich tat bzw. an mir tun ließ, ich kann aber auch stolz darauf sein, jeweils das Beste aus meiner Situation gemacht zu haben.

Für Gespräche über die Kinderfrage ergibt sich daraus die Empfehlung, Menschen in der eingangs (des Kapitels) geschilderten Situation nicht einreden zu wollen, sie müßten nun erst einmal ungeheuer viele schmerzhafte Gefühle «zulassen» oder «wiedererleben» oder «abarbeiten». Damit ist nichts gegen das Empfinden von unangenehmen Gefühlen gesagt, die tatsächlich da sind. Es geht aber darum, niemanden zu einem Ritual zu verpflichten, welches einseitig die Opferperspektive kult-iviert. Es geht um das Einerseits *und* Andererseits, das Sowohl-als-auch. Und es geht um das Wissen, daß man seine *Aufmerksamkeit* in bewußter Entscheidung auf die eine oder die andere Hälfte des Glases richten kann, und zwar schadlos, sofern man die Existenz der je anderen Hälfte (oder Sehweise, oder «Wahrheit») nicht verleugnet.

Hinsichtlich der Scham kann man im übrigen auf eine Fülle entlastender Umstände hinweisen (Angst, das Fehlen anderer Möglichkeiten oder Kenntnisse etc.); hinsichtlich des Stolzes ist wichtig zu sehen, daß dieser die Verbindung zum Positiven Denken schlägt: Je schlimmer meine Kindheit war, desto mehr Grund habe ich, stolz auf meine eigene innere Kraft zu sein, mit der ich dies alles jeweils bis hierher «gemanagt» habe. Und wenn Gesprächspartner/innen (angeblich?) noch so unzufrieden mit sich sind: Spricht diese Unzufriedenheit nicht für ihre Fähigkeit zur Selbstkritik? Und ist diese nicht viel wichtiger – und positiver (also ein Grund zu Stolz und Selbstvertrauen) – als viele andere Fähigkeiten (deren Fehlen die Menschen bedauern)?

Aus dieser Sicht ist also die eingangs gebrauchte Formulierung nicht treffend, der Erwachsene müsse «sich verändern», um Kinder «ganz anders anzusehen und zu behandeln». Diese Idee führt logisch dazu, daß der Mensch gegen sich selbst angeht und seine Kräfte verschleißt (sogar sinnlos, falls er seiner Lage «Tragik» zuschreiben läßt), die er einfacher und besser (nach dem Jiu-Jitsu-Prinzip) umlenken und anders nutzen könnte. Man kann ihn also dahingehend beraten, daß er nichts Falsches tut, wenn er sich samt aller Schwächen und Vorzüge so *annimmt* und *anerkennt,* wie er ist und (im Sinne von *Wachsen,* nicht im Sinne von *Machen*) wird.

Dagegen erscheint die übliche Empfehlung, man müsse sich erst auf «Die Suche nach dem wahren Selbst» (A. Miller und viele andere) begeben, bevor man etwas taugt, als wenig überzeugend. Diese Theorie müßte sich erst an der Frage bewähren, wer sich denn da auf die Suche machen sollte/könnte: ein falsches, «unwahres» Selbst? Woher könnte dieses aber den Maßstab nehmen, um zu beurteilen, wo es das «wahre Selbst» zu suchen und wann es dies gefunden hätte? Viele Erfahrungen (z. B. aus der «Psycho-Szene») sprechen dafür, daß hier Menschen auf eine «Suche» geschickt werden, die schon rein theoretisch nicht durch ein Finden, sondern nur durch Ermüdung (oder finanzielle Erschöpfung?) enden kann, weil die Leute, soweit die Logik trägt, hinter sich selbst herlaufen. (Zur Freude der Experten?)

Immer wieder ergeben sich Mißverständnisse, wenn man, wie auch in diesem Abschnitt geschehen, die «Einseitigkeit der Perspektive» (Kind – oder auch Frau – als Objekt/Opfer) anspricht. Deshalb folgt hier eine kurze differenzierende Erläuterung. Die «Perspektive» hängt einfach von der jeweiligen «Position» ab. Zitat (Hervorhebungen von EvB): «Nach meiner Erfahrung mit Lesern hat Alice Miller nicht nur ‹puren Seelenkitsch› (Marlis Gerhardt) produziert, sondern sehr wesentliche und wahre Erkenntnisse erstmals ‹breitenwirksam» formuliert. Was mit diesen Erkenntnissen passiert, entscheidet sich im Kopf des Lesers. Wir sind ja nicht verpflichtet, eine einseitige Perspektive zu übernehmen. Ich schlage vor, sie nur gelten zu lassen, solange man in einer *Beobachterposition* ist, also verstehen will, was mit anderen Menschen geschieht (und mit einem selbst in der Vergangenheit geschehen ist). Aus dieser Sicht wäre es zynisch, würde man die Opfer bestreiten, die die Erziehungsideologie noch fordert. Für das *eigene aktuelle Selbstverständnis* aber und für die Position eines Menschen, der sich konkret einmischen will*, müßte man Alice Millers Perspektive überschreiten und aufmerksam werden/machen auf die subjektive Chance, jeweils hier und jetzt die Opferrolle abzulegen und sein Schicksal in die eigene Hand zu nehmen» (Bartmann 1983, S. 91).

Noch ein Hinweis: Was in diesem Abschnitt «Stolz» genannt wurde, klingt manchen Menschen unter dem Namen «Aufrechter Gang» sympathischer. Auch den gewinnt man nur, indem man «es tut», indem man *sich aufrichtet.* Vielleicht sogar bestimmten modischen Theorien *zum Trotz.*

Von «außen» nach «innen»?

Der «klassische» Weg bei Neuorientierungen erwachsener Menschen im Bereich von Ideen, Werten, Zielvorstellungen entspricht dem der traditionellen Theorie der «Gewissensbildung»: Die Kinder *verinnerlichen* – nach dieser Theorie – die Ge- und Verbotsnormen der Eltern aus Angst vor Strafe und machen sie sich so «zu eigen». Den Kindern wird also ein bestimmtes Denken, Fühlen und Handeln andressiert (oder: angewöhnt, antrainiert; manche sagen: reingewürgt), und was dann als «innere Stimme» erscheint, ist – nach dieser Theorie – das «persönliche» Gewissen; obwohl in diesem Bild der Mensch eher als Puppe gilt, die einem oder mehreren Bauchredner/inne/n (Erzieher/inne/n) als Medium dient.

Es versteht sich von selbst, daß das Kindermensch-Paradigma eine andere Theorie der Gewissensbildung enthält. Nach dieser ist das Kind von Anfang an ein aktives Subjekt, das Erfahrungen macht, diese – zunächst instinktiv – bewertet, sein Verhalten (und seine Erwartungen) an der Realität modifiziert. Auf diese Weise entwickelt es – zunehmend auch bewußt und reflektierend – Gewohnheiten und Wertkategorien, die schließlich auch die gesellschaftlichen Wertvorstellungen berücksichtigen.

Es kann hier nicht der Beweis geführt werden, daß in Wirklichkeit erzogene/dressierte Kinder ebenfalls in dieser (nur grob skizzierten) Art lernen und Gewissensinhalte ausbilden, daß also die «klassische» Theorie lediglich die Wunschträume pädagogisch-missionarischer Erwachsener widerspiegelt. Worauf es ankommt, ist, zu sehen, daß vielen Theorien, so falsch sie sein mö-

---

* Analog zur Unterscheidung zwischen einer Wahrnehmungs- und einer Handlungs-«kategorie» aus dem 2. Kapitel («Umweltverschmutzung – Umweltschutz») ließe sich hier von der Wahrnehmungs- und der Handlungs*position* sprechen.

gen, allein dadurch, daß Menschen sie für richtig halten (an sie glauben), eine «sekundäre Wahrheit» zuwächst, die so viel Kraft entfalten kann, daß es schließlich (fast) gleichgültig ist, ob die Theorie stimmt. Entscheidend ist, daß sie wirkt.

Die Frage ist allerdings, ob Theorien, die der Realität besser entsprechen, in der Realität nicht auch besser, d. h. erfolgreicher wirken. Es könnte z. B. sein, daß der o. g. «klassische» Weg bei Neuorientierungen in vielen Fällen ein Umweg oder sogar Irrweg ist, insbesondere dann, wenn die neuen Inhalte mit den «alten Bahnen», auf denen sie transportiert werden sollen, in direktem Widerspruch stehen.

Zunächst ist einzuräumen, daß man viele Verhaltensweisen tatsächlich «ein»übt, sich antrainieren kann, nämlich solche, bei denen es um ein *Machen* und das entsprechende Können geht. Läßt sich aber auch so etwas wie «eine neue Einstellung» machen, trainieren? Ist in diesem Bereich die Vorstellung richtig, man müßte bestimmte Erkenntnisse des Verstandes «verinnerlichen», um sie «in die Praxis umzusetzen», wie es die Kapitelüberschrift «Der Weg vom ‹Kopf› in den ‹Bauch›» formulierte?

Ein Beispiel wäre, daß man sich zu mehr Toleranz gegenüber Kindern entschließt. Man produziert jede Menge gute Vorsätze, stellt aber vielleicht fest, daß man sich über das Benehmen der Gören noch genauso ärgert wie zuvor, daß einem vielleicht sogar gelegentlich «die Hand ausrutscht», und fragt nun, was da zu tun sei. Kann man Toleranz trainieren oder verinnerlichen?

Gewiß, man kann sich «zusammennehmen»; und manche Kinder würden noch leben, wenn ihre Eltern sich nicht hätten «gehenlassen». Aber Eltern, die ständig «an sich halten», ihren Ärger «herunterschlucken» usw., sind auch für Kinder im allgemeinen nicht die erfreulichsten Mitmenschen. Genau dies aber ist das Ergebnis, wenn die Eltern die Idee verfolgen, sich neues Verhalten von «außen» nach «innen» anzugewöhnen. Man kann Erwachsene, die neue Erkenntnisse auf diesem Wege in die Praxis umzusetzen versuchen, noch nach vielen Jahren in unveränderter Lage antreffen: wie unter Dampf stehend, zwar heldenhaft ihre inneren Impulse stauend, aber dann und wann unweigerlich «explodierend».

Der traditionelle Weg «von außen nach innen» dürfte nicht ganz unabhängig von dem ebenso traditionellen politischen «von oben nach unten» in einer psychologischen Variation sein. Das heißt, der Verstand wurde «oben» gesehen, das Gefühl «unten». Auf die Problematik dieser Hierarchie wurde schon in der Einleitung dieses Buches hingewiesen. Eine ihrer Folgen könnte sein, daß üblicherweise empfohlen wurde, beim «Transport» erwünschter Inhalte aus den Sphären der Ideen und Werte in die Niederungen der Realität und

Praxis «Willenskraft», «Anstrengung», «Sich-Zusammenreißen», «Selbst-überwindung» (die «inneren Meister» des Jesus Christus mußten sich ja nicht selten «innerer Schweinehund» nennen lassen) einzusetzen, als ginge es um die Ausführung militärischer Befehle.

Andere Menschen, die den umgekehrten «Weg» gewählt bzw. zuge-lassen haben, wissen oft schon nach kurzer Zeit nicht mehr, worüber sie sich früher überhaupt erregten. Es scheint, als würde ihrer Ent-wicklung – oft unbewußt – eine andere «Leitidee» zugrunde liegen.

Den Gegensatz zwischen den Leitideen *Verinnerlichung* und *Wachstum* (aus den Dimensionen des «Machens» bzw. des «Werden-lassens») macht die Psychologin Anne-Marie Tausch mit folgenden Worten deutlich:

«Meine Erfahrung in meiner Krankheit ist es, daß die Tür zum wirklichen Leben nicht nach außen aufgeht, sondern nach innen ... Das, was uns irgendwo das Leben bereichernd und wertvoll machen kann, haben wir in uns. Das brauchen wir nicht von außen an uns heranzuführen ... Ich habe eben gemerkt, die Tür geht nicht nach außen auf, wie ich es jahrelang gedacht habe, sie geht nach innen auf» (Tausch/Tausch 1985, S. 31).

Verfolgt man diesen Gedanken weiter, kann die Vorstellung entste-hen, der Mensch lebe von vornherein (ob er es weiß oder nicht) aus seinem Zentrum heraus. Der bewußte Blick, der relativ zum Zentrum ja von «außen» kommt, würde sich dann zwar *nach* innen richten, doch eine «Tür», soweit vorhanden, würde, relativ zum Zentrum, *von* innen aufgehen. Damit würde das Bild von *Wachstum* möglich, die «Bewegung nach außen hin», die Arno Stern (1978, S. 14) in sei-nem Buch «Die Expression» ausführlich darstellt. Die oftmals etwas a-sozial, jedenfalls a-politisch wirkende Richtung *in die Innerlichkeit* würde gegenstandslos.

Die praktischen Konsequenzen aus dieser umgekehrten Vorstel-lung sind von großer Tragweite. Mit Willens- und anderen Gewalt-akten ist dann nichts mehr zu bewirken, das nicht gleichzeitig gegen die eigene Natur (Tausch: das «wirkliche Leben») verstieße. Die Überprüfung von Einzelheiten würde dann aufweisen können, daß Wachstum (vielleicht mit Ruhepausen; «Winterschlaf») immer statt-findet. Wie man aber etwa das Wachstum von Pflanzen durch die Her-stellung von ihrer jeweiligen Eigenart ungünstigen Bedingungen mani-pulieren kann (doch nicht muß), kann auch das menschliche Wachstum vielfältig gestört und pervertiert werden (z. B. indem Kindern ab-struse Selbstbilder – Tausch: «wie ich es jahrelang gedacht habe» – nahegelegt/aufgezwungen werden). Das Wachstums-Prinzip bleibt aber erhalten. Das heißt, wie verkümmert und sonstwie beschädigt ein menschliches «Pflänzchen» auch sei, Appelle an seinen Willen usw. wären sinnlos; sinnvoll wäre lediglich, Bedingungen herzustellen (auch im Umgang mit sich selbst; dies wäre die Aufgabe des Verstandes), die es ermöglichen, daß die vorhandenen Verkrüppelungen usw. «sich auswachsen» können – ohne daß es doch vernünftig wäre, perfektionistisch eine ideale Pflanze anzustreben («als wäre nichts gewesen»). Im menschlich-körperlichen Bild: Man kann für das Heilen von Wunden bessere und schlechtere Bedingungen schaffen (die schlechteste ist: ungeduldig in ihr herumzustochern). Heilen aber tut die Wunde «von innen». Und oft bleiben Narben. Aber Besseres als die Selbstheilungskräfte von Organismen gibt es nicht. Andernfalls wären es keine Organismen, sondern Maschinen.

Da Menschen jedoch keine Maschinen *sind*, müßte es sich lohnen, zu überprüfen, ob in den wesentlichen Bereichen «Erfolge», die z. B. von Elterntrainings-Leitern gerne auf das Konto ihrer speziellen Manipulationsmethoden gebucht werden, in Wirklichkeit durch gute *Nebenwirkungen* schlechter Theorien/Methoden zustande kamen. Das Training von Toleranz beispielsweise könnte eventuelle Erfolge dem Umstand verdanken, daß per Nebenwirkungen Bedingungen für persönliches Wachstum hergestellt wurden, etwa für mehr Akzeptanz und Gelassenheit sich selbst gegenüber, woraus mehr Toleranz für andere nahezu zwangsläufig folgt. – Die logische Konsequenz wäre, diese «indirekten» Versuche des «direkten» *Machens* aufzugeben und sich auf den «direkten» Weg des «indirekten» *Ermöglichens* zu konzentrieren. (So schwierig, wie dies hier klingt, ist es in der Praxis auch; jedenfalls für ungeduldige Leute.)

Und wenn einem Organismus doch wieder die Hand «ausrutscht»?

Es zeigt nur, daß die Wunden noch nicht geheilt sind. Durch Vorwürfe (auch: Selbstvorwürfe) läßt sich dieser Prozeß nicht beschleunigen. So ungewohnt es klingen mag: Trost ist da nützlicher – und vertretbar, sofern im Sinne dieses Abschnitts «die Richtung stimmt». Die Erfahrung zeigt, daß Erwachsene, die ihre eigenen Wunden und Narben allmählich zu akzeptieren lernen, ebenso allmählich darauf verzichten können, Kindern Wunden beizubringen.

Im Bild von Elias Canetti aus dem 3. Kapitel: Die «alten Befehlslasten», welche die «unzerstörbaren» Stacheln zurückgelassen haben, *muß* man nicht «weitergeben», wie Canetti sagte, *wenn* man sie sich nicht (wie in der klassischen Gewissenserziehung) «zu eigen» macht (bzw. dies glaubt). Denn:

«Für jeden Befehl, den der Täter ausgeführt hat, ist ein Stachel in ihm zurückgeblieben. Aber dieser ist so fremd, wie der Befehl selber war, als er erteilt wurde. Wie lange auch der Stachel im Menschen haftet, er assimiliert sich nie, er bleibt ein Fremdkörper ... Der Stachel ist ein Eindringling, er bürgert sich niemals ein. Er ist unerwünscht, man will ihn los sein» (Canetti 1984, S. 381).

Man will ihn loswerden, aber man muß es nicht. Schon gar nicht muß man ihn an Kinder loswerden, die man mag. Vielmehr kann man diese Fremdkörper behandeln wie die Muschel das Sandkorn und daraus Perlen der Liebe und des Stolzes bilden. Oder ist es kein Grund zum Stolz, die Kette der Gewalt zwischen den Generationen zerbrochen zu haben, wenn nicht aus moralischen oder politischen Gründen, dann einfach aus Liebe?

Beziehungen sind Beziehungen

Eine Ohrfeige, ein drohender Blick oder eine als Dressurakt gemeinte Belohnung ist zwar die Handlung eines Individuums, kann aber der Sache nach nicht von diesem allein aus beurteilt werden. Viele Gespräche werden erleichtert, wenn man dies berücksichtigt, statt über richtig und falsch, das berühmte Gutmeinen und Dasbestewollen zu verhandeln. «Individualpsychologische» Argumente werden oft überhaupt erst verständlich, nachdem die «sozialpsychologischen» Zusammenhänge in den Blick getreten sind, weil der Mensch nicht nur autonomes Individuum ist, sondern auch Teil von Beziehungssystemen.

Der Rat an Erwachsene, sich Kindern zuliebe neue Verhaltensweisen anzutrainieren, eine neue Einstellung zu verinnerlichen, kurz: *sich zu verändern*, verkennt die im 3. Kapitel («Dialog» Canetti / Willi) schon erwähnte, man könnte fast sagen: «eigenständige» Rolle, die in zwischenmenschlichen Beziehungen das Phänomen *Beziehung* selbst spielt. Die Frage, ob z. B. ein drohender Blick einem Kind «schadet» oder «nützen kann», ist aus dieser Sicht falsch gestellt. Sinnvoller wäre die Frage, was ein solcher Blick (oder eine Ohrfeige oder ein erzieherisches Lob) über die Beziehung aussagt, die zwischen Erwachsenen und Kindern besteht bzw. nach dem Willen der Erwachsenen bestehen soll. Denn entsprechend ihrer größeren Macht haben die Erwachsenen auch einen größeren Teil der sog. «Definitionsmacht» hinsichtlich der Qualität der Beziehung zwischen sich und den Kindern.

Berücksichtigt man diesen Aspekt, dann geht es in diesem Kapitel primär nicht darum, daß die Erwachsenen «sich verändern»; was sie aus oft berechtigtem Stolz selten gerne tun – und noch seltener (abgesehen von schweren Krisen, die aber keinen Bestand haben) «wirklich wollen». Es geht nicht um die Veränderung, Verbesserung usw. von Menschen, sondern von Beziehungen.

Erfahrungsgemäß erweist es sich häufig als hilfreich, in Gesprächen diesen Aspekt mit einiger Sturheit im Vordergrund zu halten, d. h. ihn immer wieder «ins Spiel» zu bringen, an ihn zu erinnern. Sicher nicht, um die Gesprächspartner/innen «in die Enge zu treiben»; dies kann allenfalls in wissenschaftlichen oder politischen Diskussionen vertretbar sein, in denen es um Informationen für Dritte geht. Ansonsten würde man durch solches «Vorgehen» selber den Beziehungsaspekt außer acht lassen, nämlich die Beziehung mit den Gegenübern verschlechtern und das Gespräch gefährden.

Fallbeispiel: Ein Vater erklärt, er würde viel zu viel an seinen Kindern herummeckern, aber obwohl er sich das schon seit langem abzugewöhnen versuche, geschehe es immer wieder; die Kinder täten aber auch ständig dies oder jenes ...

Diesen Mann entsprechend dem vorigen Abschnitt zu trösten und ihm zu Geduld mit sich selbst zu raten ist «individual-psychologisch» sicher nicht falsch. Unter dem jetzigen Aspekt kann man ihn aber zusätzlich darauf aufmerksam machen, daß sein Meckern nicht nur den Kindern gilt, sondern ebenso seine Beziehung mit ihnen trifft. Das Phänomen Beziehung hat den Vorteil, keine Schulranzen in Wohnzimmern herumliegen zu lassen. Wenn man ihm wohlwill, gibt es nur eins: es wohlwollend zu behandeln. Wenn man eine Beziehung nicht belasten will, gibt es nur eins: sie nicht zu belasten. Sobald dies klar ist, sind an Konflikten nicht mehr nur zwei Partner beteiligt, sondern drei. Der o. g. Vater könnte nun, gemeinsam mit den Kindern, erforschen, was deren Untaten und sein eigenes Meckern für diese dritte Größe bedeuten. Meist nehmen streitende Parteien alles, was geschieht, nur «persönlich» ...

Der Unterschied zwischen der Einsicht, daß in einer Beziehung «etwas nicht stimmt», und der, daß bei einem Menschen (womöglich bei mir!) «etwas nicht stimmt», ist offensichtlich. Das Abstraktum «Beziehung» hat keine Tendenz, sich zu rechtfertigen, es besitzt keine Machtansprüche usw., die Gesetze, die für es gelten, sind nicht hochkompliziert wie menschliche Individuen, sondern sehr einfach. Eine Beziehung ist gut, wenn es den Beziehungspartner/inne/n gutgeht. Sie ist gestört, wenn es anders ist. Auch wenn nur der oder die eine leidet, tragen doch beide die Verantwortung hinsichtlich ihrer Beziehung. Also ist Dialog und Kompromiß erforderlich. Beides setzt gleichberechtigte Verhandlungspartner/innen voraus. (Daß heftiger Streit zwischen Menschen erstaunlich oft zu einer Verbesserung ihrer Beziehung führt, könnte mit daran liegen, daß diese Streitregel, wenn auch unbewußt, beachtet wird, also im Streit selbst schon Gleichberechtigung hergestellt wird – und sei es aus Verzweiflung –, die sonst aus vielerlei Gründen nicht akzeptiert wurde.)

Selbstverständlich gibt es auch ausbeuterische Beziehungen, in denen es den Beteiligten subjektiv gutgeht; etwa wenn die Ausgebeuteten keine Alternative kennen, ihr Schicksal für normal halten. Außenstehende erkennen dann oft massive Ungerechtigkeiten und sind zum Eingreifen geneigt; ob sie damit immer nur Segen stiften, ist eine andere Frage. Wir brauchen ihr hier aber nicht nachzugehen, weil wir vorausgesetzt haben, daß Erwachsene zu beraten sind, die sich *nicht* wohl fühlen. (Wenn vor der Gefahr gewarnt wird, Kinder gegen ihre Eltern «aufzuhetzen», kann vernünftigerweise nur an Fälle gedacht werden, in denen sich auch die – evtl. ausgebeuteten – Kinder wohl fühlen. Daß dies für Kinder insgesamt gelte, wird jedoch nur jemand behaupten können, der ihre vielfältigen Proteste, Klagen und Hilferufe nicht sonderlich ernst nimmt.)

Wer der Auffassung ist, daß nur gleichberechtigte Beziehungen gute Beziehungen zwischen Menschen sind, und daß dies auch für Beziehungen gilt, in denen starke Gefühle eine Rolle spielen, verkennt allerdings leicht, wie wenig selbstverständlich diese Auffassung heute ist. Man denke nur an die Partnerschaftsprobleme unter Erwachsenen. Aus der «Beobachterposition» (s. o.) sprechen Kritiker dann z. B. von Rollen«zwängen» (vgl. auch den Begriff Konsum«terror»), obwohl die Vermutung naheliegt, daß sie damit die Macht dieser Erscheinung eher noch stärken, nämlich das Selbstverständnis der Menschen in Richtung auf eigene Machtlosigkeit beeinflussen: gegen Zwang (und Terror) ist man ja hilflos. Und wenn man das glaubt ...

Psycho-logischer wäre es also wohl, kritisierte gesellschaftliche Vorgaben (Rollen etc.) und Vorhaben (z. B. Werbung) als Versuche zu charakterisieren, die gänzlich von der Akzeptanz der Gesellschaftsmitglieder abhängen und nur dann so etwas wie «zwingende» Kraft haben können, wenn sie nicht durchschaut werden.

Ähnlich steht es mit den statistischen Angaben, nach denen Eltern, die als Kinder geschlagen wurden, nahezu zwangsläufig ihre Kinder ebenfalls schlagen würden. Und der gleiche Mechanismus wirkt sicher auch allgemein in Hinblick auf die Gestaltung von Beziehungen mit Kindern: Wer glaubt (oder «glauben macht»), Erwachsene könnten nur gleichberechtigte Beziehungen mit Kindern leben, wenn sie selbst als Kinder in solchen Beziehungen gelebt hätten, verhindert geradezu (falls ihnen geglaubt wird), daß ausbeuterische Beziehungen verändert werden können.

Aus diesem Grunde ist die Beachtung des Beziehungsaspektes zwar in vielen Einzelfällen hilfreich, kann aber grundsätzlich individualpsychologische Überlegungen nicht überflüssig machen. Sie sind mit sozialpsychologischen eng verflochten, wie z. B. das Rollenkonzept zeigt: Jeder Mensch spielt jederzeit eine Reihe von sozialen Rollen, nach denen er etikettiert werden kann. Und zwar unausweichlich: Wenn er dagegen protestiert, kann man ihn mit dem Etikett «Protestierer» versehen. Aber diese Beobachter«wahrheit» setzt die Akteur«wahrheit» nicht außer Kraft, daß ich meistens zwischen sehr verschiedenen Rollen wählen kann, wenn ich mich nicht selbst für «festgenagelt» halte.

Beziehungen verändern zu wollen – und das Nötige zu tun, um es zu können – setzt nicht nur eine individuelle Entscheidung voraus, sondern auch die Erwartung/Vorstellung, daß diese Entscheidung zu praktischen Konsequenzen führen kann/wird. Deshalb sollen im folgenden Abschnitt, in sehr gedrängter Form, noch einige individualpsychologische Hinweise gegeben werden. Der Vorteil von *Beziehungen* – z. B. daß man an ihnen gemeinsam ohne Schuldvorwürfe, Trotz und sonstigen menschlichen Schwächen arbeiten kann – ist zugleich ihr Nachteil: Man kann als Außenstehende/r nicht mit ihnen verhandeln, ihnen z. B. keine Fragen beantworten. Sie führen ein Eigenleben (systemtheoretisch: das Ganze ist mehr als die Summe seiner Teile), aber ein Herz, einen Bauch und einen Kopf haben sie nicht. (Und wenn man sich «einmischt», wird es ein anderes «Wesen» mit einem anderen Eigenleben: z. B. eine Dreierbeziehung statt einer Zweierbeziehung.) Nur sollte der nachdrückliche und beständige Hinweis auf die Existenz dieses Wesens nicht vergessen werden: Er bringt erfahrungsgemäß in vielen Fällen wahre Wunder zustande.

Die Gedanken sind frei – und mächtig

Zunächst: Gefühle sind in der Regel mächtiger als Gedanken, sofern es zwischen beiden zum Streit kommt. Das Gefühl sitzt, zumindest bezüglich seiner eigenen Angelegenheiten, am längeren Hebel. In den Angelegenheiten des Verstandes, z. B. bei Rechenaufgaben, braucht dieser sich vom Gefühl allerdings nicht dominieren zu lassen (etwa: die Zahl «8» sei viel hübscher und sympathischer als die Zahl «4»). Insgesamt wird in diesem Abschnitt die dienende Funktion des Verstandes nicht angetastet. Es geht also nur um die Freiheit und Macht des Dieners in seinen eigenen Angelegenheiten, insbesondere hinsichtlich seiner Leistungen in der Vergangenheit, die zur Bildung von Gewohnheiten, Erfahrungen usw. beitrugen.

Im Begriff «Erfahrung» sind Verstandes- und Gefühlsanteile enthalten.

Bezüglich der Gefühle ist klar, daß diese nur einfach zu respektieren sind. *Ist* es klar? Der Satz «Hör auf zu weinen, es hat doch gar nicht weh getan!» läßt solchen Respekt offensichtlich vermissen. Im Prinzip gilt das gleiche jedoch für (z. B.) Psychoanalytiker/innen, die sinngemäß sagen: «Hör auf zu lachen, es hat doch schrecklich weh getan!» Gefühle sind so subjektiv, daß es außerordentlich problematisch ist, sie als richtig oder falsch, gut oder besser usw. beurteilen zu wollen. Die Gefühle anderer Menschen unbedingt zu akzeptieren müßte eigentlich eine Selbstverständlichkeit sein – die jedoch nicht selten gerade von solchen Expert/inn/en, die eben dies in bezug auf Kinder fordern, in bezug auf Erwachsene unterlaufen wird.

Ebenso selbstverständlich ist, daß man Gedanken anderer Menschen (auch: eigene) *nicht* unbedingt zu akzeptieren braucht. Gedanken können richtig oder falsch sein, es lohnt sich, sie zu überprüfen, im Gespräch auszutauschen usw.

Wenn wir diese Abgrenzung beachten und mitteilen, lassen sich viele Gespräche fruchtbarer machen, in denen sich unsere Gesprächspartner/innen auf ihre Erfahrungen berufen (z. B. als Kind und mit Kindern) und daraus schließen, daß Veränderungen nicht möglich seien. Immer dann lohnt der Hinweis, daß die gedanklichen Anteile von Erfahrungen prinzipiell jederzeit zur Disposition stehen. Denn alle Erfahrungen (also tatsächlichen Erlebnisse) lassen unterschiedliche, ja oft gegensätzliche Interpretationen zu (vgl. im 6. Kapitel die Diskussion der «Entwicklungstatsache»). Man kann zwar die Vergangenheit nicht ändern, aber man kann sie im Lichte neuer Erkenntnisse oder z. B. im Rahmen eines neuen Paradigmas (oder etwa mit Hilfe des B/13-Zeichens aus dem 9. Kapitel) anders interpretieren, deuten, verstehen. Eine der wichtigsten Neuinterpretationen im Bereich der Kinderfrage wäre z. B. die: Viele angebliche Erziehungs/Dressur-Erfolge sind nicht wegen, sondern trotz der Erziehungs/Dressur-Maßnahmen zustande gekommen.*

Was bedeuten geänderte Interpretationen der Vergangenheit, also der eigenen Erfahrungen, für die Zukunft, also den Wunsch, andere, bessere Erfahrungen zu machen? Um diese Frage zu beantworten, muß man den Zusammenhang zwischen Erwartungen (bzw. Vorstellungen), Erfahrungen und Interpretationen ansprechen, der im

* Einfachstes Beispiel: Nicht alle intensiv zum richtigen Essen erzogenen Kinder werden magersüchtig (einige allerdings doch, vgl. bes. Valère 1980); sie essen trotz aller Erziehungsbemühungen. Weil sie Hunger haben.

Grunde sehr einfach ist, aber doch von vielen Menschen nicht beachtet wird. Andernfalls würden sie sich nicht so oft in «Teufelskreisen» bewegen und fruchtlose Wiederholungsrituale exerzieren: «Ich habe dir doch schon hundertmal gesagt ...»

«Der Kreislauf aus Erwartung und Erfahrung wäre ein Zirkel, würde nicht mit jeder Erfahrung auch die Erwartung verändert und umgekehrt» (Riedl 1979, S. 177). Das «und umgekehrt» besagt: Veränderte Erwartungen verändern auch die Erfahrungen.

Der Kürze halber (und um rasch zu dem Stichwort «Gegenverrechnung» zu gelangen) hier noch einige Formulierungen aus dem Buch «Biologie der Erkenntnis» (Riedl 1979), z. B. über die «Doppelschleife von Erwartung und Erfahrung»: «Den zeitlich zurückliegenden Teil der Schleife, der den Zusammenhang von Wahrnehmung und Deutung umschließt, erleben wir als Erfahrung, den vorausgreifenden als Erwartung» (S. 105). Nicht originell, aber immer bedenkenswert ist, «daß ... jede Entscheidung von einer Erwartung getragen sein muß, die bewußt oder unbewußt von einer völlig subjektiven Wahrscheinlichkeit ausgeht» (S. 55). «Der Weg nun, der von der subjektiven zur objektiven und vernünftigen Wahrscheinlichkeit zurückgelegt werden kann, entspricht dem Erkenntnisgewinn ... aus der steten Gegenverrechnung von Erwartung und Erfahrung» (S. 74).

Die «Gegenverrechnung» findet im Gehirn statt und betrifft nicht nur bewußte, sondern auch unbewußte Vorgänge, und nicht nur den Verstand, sondern auch das Gefühl. Der bei weitem größte Teil der «Rechenarbeit» des Gehirns wird uns nicht bewußt. Wenn uns aber z. B. ein Wunsch bewußt wird, etwa der: Ich will nicht mehr an meinen Kindern herummeckern, ist es Aufgabe des Verstandes, also des Denkens, die Bedingungen zu erkunden, die geschaffen – oder: beseitigt – werden müssen, damit dieser Wunsch mit möglichst großer Wahrscheinlichkeit in Erfüllung gehen kann.

Wer den HGV kennt, weiß, daß dafür «nur» ein Paradigmawechsel nötig ist. Wenn der genannte Vater z. B. abhängig Beschäftigter ist und nicht die Gewohnheit hat, an seinen Vorgesetzten herumzumeckern, braucht er «nur» seine Kinder nach dem Muster «Vorgesetzte» statt nach dem Muster «Zöglinge» anzusehen (wahrzunehmen) und zu behandeln.

Diese Sache ist so einfach, wie einem Bergsteiger auf der Landkarte den Weg zum Mount Everest zu zeigen. Das Klettern ist dann schon schwieriger. Aber wer den falschen Weg wählt, dem nützen alle Anstrengungen nichts. Wer nicht weiß, wie das Gehirn funktioniert, kann es auch nicht optimal gebrauchen. Deshalb ist es so wichtig, die Freiheit und die Macht der Gedanken zu kennen.

Für den Philosophen Hans Jonas ist «das Gehirn ein Organ der Freiheit, aber eben unter der Bedingung, daß es ein Organ der Subjektivität ist» (Jonas 1981, S. 80). Ebenso der Hirnforscher Roger Sperry (Nobelpreis 1981) aus naturwissenschaftlicher Sicht: «Das vorliegende Gehirnmodell ... sieht einen hohen Grad an Unabhängigkeit von äußeren Kräften sowie an Beherrschung der inneren molekularen und atomaren Kräfte des Körpers vor. Mit anderen Worten, es verschafft uns jede Menge freien Willen, vorausgesetzt, wir verstehen freien Willen als Selbstbestimmung» (Sperry 1985, S. 57f). Der Autor spricht z. B. von «der Macht, die jede Ganzheit über ihre Teile ausübt. Der Geist bewegt die Materie im Gehirn in ganz ähnlicher Weise wie ein Organismus die Organe und Zellen bewegt, aus denen er besteht, oder ein Molekül bei einer chemischen Reaktion den Weg seiner eigenen Atome, Elektronen und Elementarteilchen lenkt» (S. 92).

Solche Zitate können uns und unsere Gesprächspartner/inne/n immerhin erahnen lassen, daß heutige Erwachsene während ihrer Schulzeit in den wichtigsten Bereichen der praktischen Lebenskunst, gemessen an dem jetzigen Kenntnisstand moderner Philosophen und Naturwissenschaftler, höchstwahrscheinlich puren Unfug gelernt haben. Das macht Gespräche über diese Fragen so schwierig.

Damit man leidvolle Erfahrungen nicht wiederholt, muß man bekanntlich «aus ihnen lernen». Um aus ihnen aber effektiv lernen zu können, muß man wissen, daß 1. Erfahrungen von den ihnen vorhergehenden Erwartungen mitbestimmt werden, 2. Erfahrungen aus Wahrnehmungen und Interpretationen bestehen, wobei die letzteren nachträglich subjektiv und frei gewählt, d. h. selbstbestimmt verändert werden können, 3. die Wahrscheinlichkeit gewünschter Erfahrungen zu erhöhen ist, indem man seine Erwartungen – an sich und andere – entsprechend korrigiert, 4. der Mensch die Freiheit besitzt, sich als unfrei zu denken (dann stiehlt er uns bei solchen Gesprächen allerdings nur unsere Zeit), 5. die Macht der Gedanken, Erwartungen, Vorstellungen (s. u.) viel größer ist als aller «guter Wille», 6. die Macht der Gedanken, also auch dessen, was man «im Innersten glaubt» *, nicht durch leidvolle Gefühle gebrochen werden kann, weil deren Wahrnehmung nach den Regeln der Erwartungen interpretiert, «verrechnet» wird, 7. demzufolge nur neue Gedanken, z. B. Interpretationen, die Chance bieten, aus ansonsten ewig zirkulierenden Teufelskreisen auszubrechen.

Bei einem Handballspiel darf der Ball nicht den Fuß berühren, bei einem Fußballspiel nicht die Hand. Wer das durcheinanderbringt, wird bestraft. Es gelten verschiedene Spielregeln. Wer beide Spiele gleichzeitig spielen will, ist

* «Unser Leben ist immer der Widerschein dessen, was wir im tiefsten Herzen glauben» (Sieczka 1983, o. S.).

kein Fall von Tragik, sondern lächerlich. Wer sie nacheinander spielt, kann sich bei Fehlern nicht auf «Gewohnheit» herausreden, er muß «umschalten» (ein hochabstrakter Vorgang). Und erfahrungsgemäß geht das auch. Die Alternativen sind klar.

Ebenso klar müssen sie in der Kinderfrage sein. Man kann nicht an Kindern herummeckern und gleichzeitig gute Beziehungen zu ihnen «wollen». Allerdings erklären bestimmte den HGV rechtfertigende Theorien genau dies für möglich. Sie erzeugen die Erwartung/Vorstellung, Beziehungen mit Kindern könnten oder dürften nicht gleichberechtigte, erziehungsfreie Beziehungen sein, sondern Kinder dürften/müßten als Dressurobjekte angesehen werden. Wer dies glaubt, spielt ein Spiel, bei dem er immer weiter meckern und dafür bestraft werden wird. Denn wenn er «gegen seinen Willen» meckert, tut er dies (trifft er unbewußt diese Entscheidung), weil er von der «subjektiven Wahrscheinlichkeit» (Riedl) ausgeht, d. h. erwartet, daß das Kinderanmeckern für irgend etwas gut sei. Erst wenn damit Schluß ist – durch den entsprechenden «Erkenntnisgewinn» (Riedl), der «die Materie im Gehirn bewegt» (Sperry) –, kann sich diese Gewohnheit verwachsen, wie eine Wunde schließen. Sofern man sich auf Denkakte beschränkt, sie nicht durch Willensakte offenhält.

In einem sehr persönlich geschriebenen Buch («Für eine Ich-kann-Schule!») hat der Lehrer Franz-Josef Neffe dargestellt, worauf es ankommt. Ein Zitat des französischen Apothekers Emile Coué*: «Im Widerstreit zwischen Willen und Vorstellungskraft siegt letztere ausnahmslos» (Neffe 1985, S. 26). Mit «Vorstellung» ist das gemeint, was der Mensch sich vorstellt, was er tatsächlich glaubt und erwartet. «Was wir glauben geschieht, nicht was wir wollen» (S. 23). Wenn wir «im Innersten» glauben, etwas nicht zu können, nützt alles Wollen und Machen nichts. Aber man ist seinen Vorstellungen (Selbstsuggestionen, auch: «Einbildungen») nicht hilflos ausgeliefert: «Von Vorstellungen kann man sich bestimmen lassen oder man ändert sie» (S. 92). Emile Coué: «Die Vorstellungskraft ist lenkbar» (S. 27).

Neffes Buch ist zwar auch nicht ganz frei von den üblichen «Übertreibungen», doch zeigt es die Kraft von positiven wie negativen Gedanken aus der Praxis eines Lehrers besonders anschaulich. Ohne den Verstand zu verabsolutieren, kann man sagen, daß innerhalb seines Zuständigkeitsbereiches und Tätigkeitsfeldes hinsichtlich von Wunscherfüllungen förderliche und hinderliche Gedanken möglich sind. Förderlich sind Gedanken, die nicht das Wollen betreffen, sondern die Vorstellungen so gestalten, daß sie dem gewünschten Ziel entsprechen, es «antizipieren» (vorwegnehmen). Oder, um nicht in die Falle

---

* «Emile Coué (1857–1926) war nicht der erste, der den Vorrang der Selbstbeeinflussung vor fremdem Einfluß erkannt hatte, aber er setzte die Idee als erster und bisher konsequentester in die Tat um ... Da er nur Apotheker war, ist bis auf den heutigen Tag in der Wissenschaft von ihm ein voreingenommenes Bild verbreitet» (Neffe 1985, S. 70).

von Versprechung und Selbstbetrug zu geraten: daß sie dem gewünschten Ziel nicht widersprechen. Nichts ist hinderlicher als die Vorstellung, man selbst sei durch seine Vergangenheit fixiert. Wissenschaftlich ausgedrückt: «Bei jeder Handlungsentscheidung schieben sich die bewußten geistigen Phänomene über die sich bildenden physiologischen und biochemischen Determinanten und lösen sie ab. Sogar subjektive Empfindungen zu geplanten Ergebnissen, von denen man vorausahnt, daß sie erst in fünfundzwanzig oder hundert Jahren aus einer bestimmten Entscheidung folgen werden, können vorwirkend als Kausaldeterminanten in die Hirnprozesse eingefügt werden, die zu dieser Entscheidung führen» (Sperry 1985, S. 95).

Schlußbemerkungen

Nicht berücksichtigt wurde in diesem Kapitel die Tatsache, daß Veränderungen in Beziehungen natürlich am leichtesten gelingen, wenn jeweils beide Partner/innen mitmachen. Oft genügt es, wenn Erwachsene bei ihrem gewohnten Verhalten nur ein wenig zögern, und schon haben die Kinder die Chance zu zeigen, daß das, was da befürchtet worden war, überhaupt nicht eintritt. Von solchen Ansatzpunkten aus sind dann unbegrenzte Entwicklungen möglich, weil die Beteiligten tatsächlich neue Erfahrungen machen.

Wer *neue* Erfahrungen wirklich «machen» will – auf Grund neuer Erkenntnisse, wie eingangs dieses Kapitels angenommen –, nimmt es nur selten übel, wenn man ihm sagt, daß er vernünftigerweise (mag seine «Identität» noch so «abgeleitet» sein) nicht darauf warten kann, bis andere Menschen sie ihm liefern. Er/sie hat auch etwas damit/dafür zu *tun*. Die Macht der Gedanken kann (muß aber nicht) dafür eingesetzt werden, sich selbst – und andere – für ohnmächtig zu erklären. Darauf aufmerksam zu machen ist dem Autor vor allem deswegen wichtig, weil gerade auch von «antipädagogischer» Seite Behauptungen aufgestellt wurden, die (sei es irrtümlich, sei es auf Grund einer bestimmten elitären Experten-Mentalität) allseits als wünschenswert angesehene Entwicklungen eher behindern als fördern.

Gemeint ist die häufige Unterstellung, «gut erzogene» Erwachsene hätten ohne langwierige Psychotherapie keine Chance, im Sinne von Alice Miller zu «merken» (vgl. den Abschnitt «Thema Gefühle»). Nimmt man dies ernst, stellt sich die Frage, wie «gut erzogene» Erwachsene, wenn sie durch die Vernachlässigung der Gedankenfreiheit und -macht als perfekt und endgültig programmierte Roboter angesehen werden, auf den Gedanken kommen sollten, sich in Psychotherapie zu begeben («merken» sollten, daß sie sie «benötigen»).

Pauschalurteile wie das, aus angepaßten Kindern würden notwendigerweise «arrogante und blinde Erwachsene» (Miller 1985, S. 33), sind schon aus der Beobachterposition heraus selbst vielleicht arrogant und blind. Für die Position von Handelnden stellen sie, wenn sie übernommen werden, eine Verdammung dar, die zur Selbstfesselung wird.

Daß eine Betonung der Möglichkeiten des Denkens nicht die Gefühle vernachlässigen muß, kann ein einfacher Gedanke zeigen. Alice Miller schreibt: «In Wahrheit neigt jedes Kind dazu, sich selber für die Grausamkeit der Eltern zu beschuldigen und den Eltern, die es immer liebt, die Verantwortung abzunehmen» (Miller 1985, S. 177).

Wenn dies so ist, wenn Kinder also, wie man sagen könnte, aus *Gutmütigkeit* so vieles ertragen und mitmachen, und wenn man das (anders als Miller) den Erwachsenen auch mitteilt, werden sie gewiß mit weniger Schuldgefühlen zurückblicken. Die gedankliche Uminterpretation: nicht aus Schwäche, Feigheit usw. habe ich damals gehorcht, sondern aus (evtl. übertriebener) Gutmütigkeit, kann kaum ohne emotionale Auswirkungen bleiben. Mit diesem besseren Gefühl sich selbst gegenüber kann es auch nur leichter werden, den heutigen Kindern positive Motive zu unterstellen und vertrauensvolle Beziehungen mit ihnen zu gestalten.

Wahrscheinlich (und erfahrungsgemäß) lohnt es sich mehr, in dieser erfreulichen Richtung zu denken, als sich und andere nur auf schmerzliche Gefühle festzulegen.

Kapitel 12
Argumentationsbeispiele

Um den Heimlichen Generationenvertrag verständlich machen zu können und um zu verstehen, warum er trotz aller Kritik noch in Kraft ist (auf politischer Ebene, aber auch in vielen Familien), ist es erforderlich, neben allen Unzulänglichkeiten «der Menschen», «der Gesellschaft» oder auch nur der «gut erzogenen» Erwachsenen nicht die der Kritiker/innen und ihrer Argumente zu übersehen.

Ein Hauptproblem von Menschen, die sich für Ideen einsetzen, welche ihnen selbst noch recht neu sind, ist altbekannt: Sie neigen zu Übertreibungen, Rechthaberei und Ungeduld. Ein wesentlicher Grund für die Ungeduld scheint darin zu bestehen, daß sie die Schwierigkeiten «vergessen», die sie selbst hatten, bis bei ihnen «der Groschen fiel». Es ist wie bei einem schwer zu erratenden Vexierbild: Sobald man die Figur erkannt hat, drängt sie sich «von selbst» auf, und die übrigen Linien sind völlig belanglos. Wie sehr sie einen «vorher» irritierten, ist «nachher» kaum noch einfühlbar. Es bedarf deshalb der bewußten Reflexion dieses Zusammenhangs, wenn man vermeiden will, ungerecht zu Menschen zu sein, welche die Figuren noch nicht erkannt haben. Und falls schon dieses «noch nicht» von Andersdenkenden als Arroganz ausgelegt zu werden droht, kann die Orientierung an dem B/13-Zeichen helfen, das ein «Alles oder Nichts» entbehrlich macht, d. h. unterschiedliche Ansichten, Prioritäten und Wertentscheidungen erlaubt, statt die jeweils andere völlig auszuschließen.

Nicht selten zu beobachten ist im Falle der Kinderfrage auch, daß Leute sich nachträglich beschweren, «es» sei ihnen «falsch», «viel zu umständlich», «teilweise irreführend» u. ä. erklärt worden – und dies trifft sicherlich oft zu (gewiß auch für dieses Buch), doch kann eben vorher niemand genau beurteilen, was sich im nachhinein jeweils als besonders wichtig und gut oder als problematisch und überflüssig herausgestellt haben wird.

In diesem Kapitel sollen Argumente diskutiert werden. Für das Verständnis des HGV sind diese Erwägungen nicht nötig. Da man aber nicht immer Gelegenheit hat, in Gesprächen dieses komplizierte Thema ausführlich genug zu behandeln, erscheint es sinnvoll, einige Einzelargumente herauszugreifen, die in Diskussionen erfahrungsgemäß eine große Rolle spielen. Damit soll nicht die Illusion genährt werden, es sei möglich, das Phänomen HGV durch eine einzige Argumentationslinie plausibel zu machen. Wenn man jedoch den Eindruck hat, daß manche geöffnete Tür durch ungünstige oder gar falsche Argumente unnötigerweise zugeschlagen wird, kann es nur nützlich sein, einige bessere Erfahrungen weiterzugeben.

Sind Kinder Sklaven?

Die Gleichsetzung von Kindern mit den früheren Sklaven ist weit verbreitet. Im «Kindesmord» heißt es z. B.: «Die einzigen echten Spiegel, die wir Erwachsenen haben, die Kinder, bleiben, was sie seit Anbeginn der Geschichte immer gewesen sind – die wahre Sklavenklasse» (Milburn 1982, S. 22).

Zwei weitere Zitate aus «kinderrechtlichen» Standardwerken: «Offensichtlich führt die Aufrechterhaltung von Abhängigkeit zu immer größerer Abhängigkeit, was man jederzeit bestätigt sieht. Auch die Sklaven ‹konnten› seinerzeit ‹nicht selbständig leben›. Bis sie befreit wurden» (Rochefort 1977, S. 46). «Tatsache ist, daß Kinder von ihren Eltern und vom Gesetz aus sämtlichen Gründen bestraft werden können und in der Regel auch bestraft werden, aus denen früher Sklaven bestraft wurden – wegen Widerworten, wegen ‹Unhöflichkeit›, wegen Ungehorsams, wegen Fernbleibens ohne Erlaubnis, wegen Ausreißens, mit einem Wort: wegen allem, was darauf schließen lassen könnte, daß sie überhaupt irgendwelche Rechte oder Freiheiten zu haben glauben» (Holt 1978, S. 178).
    Im Jahre 1978 erschien sogar eine Broschüre des Europarats, «Botschaft an die Jugend Europas: Du bist ein Mensch», in der es heißt: «Wenn Du jemandem gestattest, Dir Dein Wahlrecht zu nehmen, so bist Du kein freier Mensch, sondern ein Sklave» (S. 55).

So eindrucksvoll solche Aussagen zunächst wirken mögen, sie übersehen eine Tatsache, die uns schon im 5. Kapitel eine Einschränkung abnötigte. Die Kindheit endet. Sklaven bleiben in der Regel ein Leben lang Sklaven, Kinder aber werden zu Erwachsenen und können sich dann selbst Kinder «anschaffen».
    Elias Canetti hat dies gesehen. Er bestätigt zunächst die Parallele: «Ein Herr befiehlt seinem Sklaven, eine Mutter befiehlt ihrem Kind ... Der Herr gibt seinem Hund oder Sklaven zu essen, die Mutter nährt ihr Kind» (Canetti 1984, S. 352).
    Dann macht er jedoch auf den Unterschied aufmerksam: «Nahrung und Befehl haben also für den Hund wie für den Sklaven *eine* Quelle, den Herrn, und insofern ist der Vergleich ihres Status mit dem der Kinder nicht ganz unangebracht. Was sie aber von diesen wesentlich

unterscheidet, hängt mit dem Verwandlungshaushalt zusammen. Das Kind übt sich in allen Verwandlungen, die es später brauchen könnte. Bei seinen Übungen gehen ihm die Eltern an die Hand und regen es mit neuem Requisit zu immer neuen Spielen an. Das Kind wächst in viele Richtungen, und wenn es seine Verwandlungen gemeistert hat, wird es zum Lohn in einen höheren Stand aufgenommen. Beim Sklaven geschieht das Umgekehrte ...» (S. 440).

Canettis Begriff «Verwandlungshaushalt» kann in Kurzform nicht verständlich gemacht werden; trotzdem seien drei Sätze zitiert, die eine wesentliche Aussage bringen: «Aus der Verwandlung wird ein langwieriger und gefährlicher Weg. Man hat alle möglichen Prüfungen und Schrecken zu bestehen, es wird dem Kandidaten nichts geschenkt. Aber alles, was er jung erlitten hat, kann er später, wenn er der höheren Klasse angehört, den Novizen wieder antun, die *er* dann prüft» (S. 437).

Die Gleichsetzung von Kindern und Sklaven verkennt also nicht nur, daß Sklaven in einen lebenslänglichen Unterwerfungsvertrag, Kinder aber in einen «Zeitvertrag» eingebunden sind. Darüber hinaus haben Sklaven nicht die Chance, selbst Sklavenbesitzer zu werden.

Wenn man sich fragt, warum der Vergleich Kind/Sklave wahrscheinlich noch niemals einem einzigen Erwachsenen «einleuchten» konnte, der nicht ohnehin «kinderrechtlich» orientiert war, ist es sicher zu billig, stets nur auf die Böswilligkeit oder Unfähigkeit der Erwachsenen abzuheben. Gerade weil sie selbst Kinder waren (anders als Sklavenbesitzer, die keine Erfahrungen als Sklaven haben), können sie die Untauglichkeit des Vergleichs *merken:* Als sie Kinder waren, haben sie sich vielleicht oft unterdrückt, aber doch nicht wie ein Sklave gefühlt; sie hatten eine völlig andere Lebensperspektive: *Das ist ja das Wesen des HGV, daß seine Versprechung Kinder so wirksam korrumpiert.* Wenn sie den «Seelenmord» (Miller) oder psychischen «Kindesmord» (Milburn) über sich ergehen lassen, erhalten sie dafür später die Möglichkeit, Gleiches mit Gleichem zu vergelten – und zwar wiederum an Ungleichen, von denen keine Gefahr droht. Je übler Kindern mitgespielt wird, desto klarer merken sie, welche Chancen (zur Ausbeutung Unterworfener) Erwachsene haben. Wenn man in diese Richtung denkt, stärkt sich der Verdacht, der Vergleich Kind/Sklave habe keinerlei aufklärerische Kraft, sondern stelle selbst eine Verschleierung dar und schütze ein viel strenger gehütetes Tabu (den HGV).

Wer mit Menschen spricht, die selbst schon Kinder «haben» (oder z. B. Lehrer/innen sind), also nicht mehr Opfer, sondern schon Nutznießer des HGV sind, braucht sich nicht zu wundern, daß diese Leute Probleme haben, auf ihren Lohn zu verzichten. Das Prinzip ist das gleiche wie beim Renten-Generationenvertrag. Soll alles, was sie durchgemacht und geleistet haben, umsonst gewesen sein?

Gewiß, man mag einwenden, es handele sich hier um weitgehend unbewußte Empfindungen. Doch kann in diesem Fall ein solcher Vergleich erst recht nichts bewirken. Die Chance, den HGV verständlich zu machen, wird durch ihn schon deshalb nicht größer, weil Erwachsene sich auf der bewußten Ebene kaum gern als Sklavenhalter abstempeln lassen, wo sie sich in Wirklichkeit doch ständig um ihre Kinder sorgen, wie sich kein Sklavenhalter je um Sklaven sorgte.

Ein erfahrungsgemäß erfolgreicheres Argument berücksichtigt die zeitliche Begrenztheit der ungleichen Machtverhältnisse realistisch, indem es die Frage stellt, ob zum Objekt degradierte Kinder sich später wirklich nur an neuen Kindern, nicht auch an alten Eltern rächen (ent-schädigen). Bekanntlich machen große Kinder ihren Eltern oft große Sorgen. Die Klage über die «Undankbarkeit» von Kindern ist weit verbreitet. Wenn man Eltern nicht als Sklavenhalter diffamiert, sondern an das unausweichliche Ende ihrer Übermacht erinnert, sind viele von ihnen eher geneigt, sich auf neue Gedanken in Richtung auf (künstlichen) Machtausgleich einzulassen. Auch z. B. Lehrer/innen können an guten Beziehungen mit Schüler/inne/n interessiert sein (nicht unbedingt nur wegen der Nachrichten aus den USA über die vielen von älteren Zöglingen mit der Todesstrafe belegten Pädagog/inn/en).

Auch die Vorwürfe der alten Leute, artikuliert besonders durch den Seniorenschutzbund «Graue Panther», kommen nicht von ungefähr. «Diese rebellischen Alten haben der gesellschaftlichen Zwangsvergreisung den Kampf angesagt» (Meier/Seemann 1982, S. 10). Sie fordern «Freiheit von bevormundender Hilfe» (S. 50) und beklagen, «daß nicht nur die etablierte Wissenschaft die alten Menschen viel zu oft zu Objekten der Forschung macht: ‹Die Jungen wollen eine neue, andere Macht aufbauen. Es hilft uns Älteren gar nichts, wenn wir die Wohlfahrtsmafia abwehren und uns einer anderen Mafia unterordnen. Was sich da an Jungwissenschaftlern und Pflegepersonal alternativ nennt, hat im Grunde genommen die Schnauze voll von uns. Sie können die Alten als Versuchskaninchen, aber nicht als Freundschaftsanwärter ertragen!›» (S. 83). Von Sklavenbesitzern hat noch niemand gehört, daß sie im Alter in eigener Sache dies nötig haben: «Sie kämpfen gegen Entmündigung, Entrechtung, Apathie und Unwissen» (S. 86).

Wie sich die Bilder gleichen! Das Sklaven-«Bild» aber kann dies nicht ausdrücken. Es erweist sich nicht nur als falsch und den wirklichen Zusammenhang verschleiernd, sondern wirkt auch einer Verbesserung der Situation, d. h. der intergenerationellen Beziehungen, direkt entgegen. Vernünftiger ist es da, die Aufmerksamkeit auf die Tatsache zu lenken, daß dauerhaft gute Beziehungen einen hohen Wert *in sich* haben. Für alle Beteiligten. Gerade auch in Hinblick auf die Zukunft.

Sind Kinder unfehlbar?

Hartnäckig hält sich in «kinderrechtlichen» Argumentationen eine Unklarheit hinsichtlich des Begriffs «Selbstbestimmung». Daß Kinder – wie alle Lebewesen – existentiell selbstbestimmt (mit Betonung auf «selbst») leben, ist kein Streitpunkt, sondern eine Tatsache. In bezug auf «jeder lebende Organismus» heißt es z. B. in «Rotstrumpf» Band 5 («Das Buch für Mädchen», Benziger Verlag): «Er selbst entscheidet, was ihm Freude macht, was für ihn Sinn ergibt und was er meidet, solange er lebt. Jeder ist sein eigener Steuermann, ganz gleichgültig, wie hoch die Wellen und wie nah die Klippen sein mögen» (Wyss/Schaad 1983, S. 37).

Daß nicht alle Menschen sich dieser Tatsache bei allen ihren Aktivitäten bewußt sein können und daß es Menschen und Theorien gibt, die deshalb diese Tatsache auch aus der Beobachterposition rundweg bestreiten, ist ein anderes Thema. (Das man «argumentativ» auf der Grundsatzebene leicht erledigen kann, indem man solchen Leuten anheimstellt, einmal kräftig mit dem Schienbein gegen einen Türpfosten zu treten und sich dann zu überlegen, wessen Schmerz sie fühlen und wem sie den letztendlich zu verdanken haben.)

Das hier gemeinte Problem liegt in dem Satz, der in dem Rotstrumpf-Band direkt vor den beiden zitierten steht. Er lautet: «Niemand anders weiß besser als er, was für ihn gut ist.» Der Satz betrifft also nicht das «wer», sondern das «wie/was» von Entscheidungen. Wäre er absolut gültig, d. h. ein Gesetz, und nicht nur eine Regel (mit Ausnahmen) oder Wahrscheinlichkeitsaussage, würde er Kinder für unfehlbar halten und Irrtümer, Rechenfehler, auch Unkenntnisse und mangelnden Überblick sowie fehlende oder fehlerhafte Vorausschau bestreiten.

In manchen «kinderrechtlichen» bzw. «antipädagogischen» Büchern und Schriften geschieht tatsächlich das letztere. Ebenso in Diskussionen. Gegen diese Übertreibung können «Gegner/innen» natürlich leicht ankommen. Insbesondere aber werden Interessierte («Aufgeschlossene») durch sie oft abgeschreckt. Deshalb sei hier eine Formulierung des amerikanischen Psychotherapeuten Bruno Bettelheim empfohlen:

«Gleichgültig, was ein Mensch in einer bestimmten Lebenssituation auch tut, für ihn ist es das Beste, was er sich denken kann. Es mag unangemessen sein, und es mag anderen sehr dumm erscheinen, aber für den Menschen selbst ist es die beste Problemlösung, die er finden kann» (Bettelheim/Karlin 1983, S. 106).

Auf Kinder bezogen, präzisiert Bettelheim, «daß die Tatsache, daß wir bestimmte Verhaltensweisen akzeptieren, nicht bedeutet, daß wir der Meinung sind, diese Verhaltensweisen seien gut für sie. Wir akzeptieren diese Verhaltensweisen, weil wir denken, daß sie das Beste sind, was das Kind in diesem Augenblick tun kann, und weil sie die logische Folge daraus sind, wie das Kind die Welt sieht. Wir sagen den Kindern jedoch nicht, daß ihre Art, die Welt zu sehen, unbedingt die beste sei» (S. 56).

Es läßt sich schwer bestreiten, daß schon der Säugling am besten selbst «bestimmen» kann (so wie man Pilze «bestimmt»), wann er Hunger hat und müde ist, wie er sich wohl fühlt usw., und auf diese Tatsache hinzuweisen ist gegen die noch nicht überwundene Meinung von Erwachsenen, die Säuglingsfütterung würde am besten von einer Maschine (der Uhr) bestimmt und Kinder «müßten» zu bestimmten (von anderen festgelegten, erzwungenen) Zeiten schlafen usw., berechtigt und nützlich. (Von all der anderen *Fremdbestimmung* im Rahmen des HGV abgesehen.) Man fördert aber die Überwindung des Mindermensch-Paradigmas kaum, indem man Kinder gegen jede Evidenz («Irren ist menschlich») zu *Übermenschen* erklärt.

Entscheidungsfreiheit und Handlungsfreiheit

Ein anderer Punkt, der oft zu Mißverständnissen führt, ist der Unterschied zwischen der existentiellen Selbstbestimmung (Entscheidungsfreiheit) und einem, man könnte sagen: «politischen» Freiheitsbegriff, der sich auf den zur Verfügung stehenden Handlungsspielraum bezieht. D. h., wenn jemand mich fesselt, nimmt er mir (falls ich noch z. B. blinzeln kann: weitgehend) die Bewegungsfreiheit. Unter allen mir objektiv verbliebenen und subjektiv bewußten Möglichkeiten, zu fühlen, zu denken und zu handeln, wähle ich aber weiterhin selbstbestimmt; auch meine unbewußten, z. B. die rein organischen, Aktivitäten sind weiterhin selbstbestimmt, von meinem Gehirn gesteuert. Diese «existentielle» Selbstbestimmung, Wahl- oder Entscheidungsfreiheit ist faktisch gegeben, wie klein der Spielraum auch sei. «Der Mensch ist frei.»

Man brauchte dies überhaupt nicht zu erwähnen, wenn es nicht bestritten würde (z. B. durch das sog. «mechanistische Menschenbild» und die – unter Erziehungswissenschaftlern z. T. bis heute favorisierte – «behavioristische» Psychologie), weil viele Philosophen und Psychologen die Beobachterposition verabsolutierten und Subjektivität zur Illusion erklärten. (Mit ihrer eigenen gingen sie jedoch fröhlich hausieren.)

Dies muß geklärt sein, damit zugleich klarwird, daß der Begriff «Fremdbestimmung» logisch nicht gegen den der faktischen Selbstbestimmung gesetzt sein kann. Diese ist keine stör- oder gar zerstörbare «Fähigkeit», wie manchmal verwirrenderweise gesagt und geschrieben wird, sondern eben eine Tatsache. Fremdbestimmung bezieht sich auf die Handlungsfreiheit, den subjektiv *und* objektiv gegebenen Spielraum. Wenn z. B. Adolf Eichmann erklärte: «Ich konnte ja nicht machen, was ich wollte» (v. Lang 1982, S. 96 und 151) oder: «Ist befohlen, wird gemacht» (Kipphardt 1983, S. 73), so ist klar, daß er eben doch machte, was er selbst wollte: er wollte gehorchen. Er schränkte selbst seinen (subjektiven und z. T. objektiven) Handlungsspielraum ein, indem er Ungehorsamshandlungen für sich ausschloß.

Beim Begriff «Selbstbestimmungsrecht der Völker» ist eindeutig, daß er die Abwesenheit von militärischer Fremdbestimmung meint. Er betrifft z. B. nicht kulturelle und wirtschaftliche Einflußnahme. Im zwischenmenschlichen Bereich wird dagegen vielfach schon ein harmlosester Versuch der Einflußnahme als «Fremdbestimmung» bezeichnet. Während es bei der Forderung nach «mehr Selbstbestimmung» eindeutig um eine Vergrößerung der Handlungsspielräume der einzelnen geht, meint die Klage über «zunehmende Fremdbestimmung» keineswegs immer nur die handfeste (quasi militärische) Einschränkung der Handlungsspielräume. Von Fremdbestimmung wird oft auch gesprochen, wenn die Individuen durchaus selbstbestimmt einen Teil ihrer Handlungsfreiheit an andere abtreten: sei es, daß sie in eine Armee eintreten, sei es, daß sie heiraten und dergleichen. Von der Beobachterposition aus wären zahlreiche Entscheidungsalternativen zu erkennen; subjektiv erscheint jedoch vieles als unausweichlich und daher «unfrei», wodurch das sprachliche Durcheinander komplett ist, nämlich die Begriffe «frei» und «selbstbestimmt» in Gegensatz geraten sind.

Viele Entscheidungen, die besonders hoch motiviert, also aus vielen Gründen zugleich getroffen werden, erscheinen ob dieser Eindeutigkeit als quasi alternativlos, werden als «ich muß» empfunden und vertreten, nicht selten sogar als «unfrei» bezeichnet, obwohl ihre Selbstbestimmtheit besonders evident ist. Wenn z. B. Luther behauptete: «Hier stehe ich, ich kann nicht anders», so war dies subjektiv zwar keine Lüge, aber unbezweifelbar *wollte* er nicht anders. Auch er schränkte (wie Eichmann) nach Abwägung aller Umstände seinen Handlungsspielraum selbst ein, indem er (gegenüber dem Papst) bestimmte Gehorsamshandlungen für sich ausschloß.

Diese (hier nur angedeuteten, in Wirklichkeit noch viel komplizierteren) aus sprachlicher, philosophischer usw. Tradition stammenden Probleme sind wohl kaum lösbar. Was bedeutet etwa die offizielle Rede von der «freien Selbstbestimmung» (des deutschen Volkes z. B.)? Oder man denke an die gänzliche Uneinigkeit bei der Verwendung des Wortes «freiwillig». Da gibt es sogar die offensichtlich «erzwungene Freiwilligkeit» (Beck/Preuß 1985, S. 139ff) für Schüler/innen in der schulpsychologischen Praxis; Zwangsinstitutionen pflegen Begriffe gerne zu verwirren, um ihren Charakter zu verschleiern oder wenigstens den Schein zu wahren. Ganz offen dagegen der (wohl aus der Theologie stammende) Begriff «Vorauseilender Gehorsam». Ist da nun Fremdbestimmung im Spiel? Oder nicht? Oder doch?

Es fällt nicht leicht, bei diesem Durcheinander einen klaren Kopf zu behalten (oder zu gewinnen). Aber jedenfalls empfiehlt es sich, in Gesprächen jeweils zu klären, worüber man redet. Sonst spricht die eine womöglich davon, daß sie für die Anerkennung des Selbstbestimmungsrechts der Kinder sei, und der andere hört, er solle nun alle Entscheidungen der Kinder anerkennen – die ihm vielleicht kurz vorher sagten, sie würden ihn, «wenn es nach uns ginge», zum Teufel jagen oder auf den Mond schießen.

Eine teilweise parallele Konfusion gibt es bei Menschen, die den Unterschied zwischen Gefühlen (inkl. Wünschen) und Handlungen nicht immer beachten und deshalb bei sich und ihren Kindern eine Art Gesinnungsschnüffelei (oder sogar -terror) ausüben. Nicht selten kommt es vor, daß Leute, denen man sagt, daß sie selbstverständlich «machen, was sie wollen» (dies wird zunächst erstaunlich oft auch von Erwachsenen bestritten), etwa antworten: «Dann könnte ich Sie ja aus dem Fenster werfen!» Fragt man zurück, ob sie dies denn nach Abwägung aller Umstände wirklich tun wollten (nicht nur wünschten), kann man regelmäßig einen Groschen fallen sehen.

Selbst-Bewußtsein

Weil psychologische Begriffe wie Selbstwertgefühl, Selbstvertrauen, Selbstbewußtsein und ähnliche recht wahllos verwendet werden, ist manchmal der Hinweis angebracht, daß man zumindest unterscheiden sollte zwischen einem das Selbst betreffenden *Gefühl* (das z. B. bei gesunden Tieren normalerweise stets positiv sein dürfte) und einem spezifisch menschlichen auf sich selbst zurückbezogenen *Bewußtsein* als Leistung des Verstandes (Geistes). Das erste bedarf einer nicht-hinderlichen Umgebung, doch wächst auch unter dieser Bedingung das zweite nicht automatisch aus ihm hervor. Vielmehr ist Selbst-Bewußtsein als geistige Kategorie anzusehen, als *Wissen* von sich selbst als Subjekt, Akteur, Individuum und Teil sozialer Systeme. Dieses Wissen kann direkt verbal vermittelt werden. Ob es dann im Bewußtsein bleibt oder sich wieder verliert, und ob dies generell geschieht, also auf alle Lebensbereiche bezogen und dauerhaft, oder ob es in einzelnen Rollen (z. B. Mutter/Vater) präsent bleibt, in anderen aber (z. B. mißhandelte Frau/blindgehorsamer Soldat) wieder verschwindet (vielleicht nur teil- und zeitweise), ist Sache des Individuums.

Dieser Hinweis wäre überflüssig, wenn es nicht zahlreiche Bücher, Therapieformen usw. gäbe, in denen das Wachstum von Selbstvertrauen, Selbstwertgefühl usw. gefördert werden soll, die schlichte verstandesmäßige Einsicht «Ich bin ich» aber aus irgendwelchen Gründen nicht vorgesehen ist. So sehr man allen netten Subjekten wünschen mag, daß sie sich wohl *fühlen*, so wenig kann man für wahrscheinlich halten, daß Erwachsene, die sich nicht auch als Subjekte *wissen*, ihren Kindern den Subjektstatus uneingeschränkt zubilligen können.

Umgekehrt gibt es Erwachsene, deren Gefühlsleben durchaus problematisch ist (nach ihrer eigenen Ansicht), die ihren Kindern aber trotzdem ein starkes Selbst-Bewußtsein (einfach durch Aufklärung, Information) zuspiegeln können. Viele Eltern äußern die Angst, sie würden ihre Kinder – unbewußt natürlich – mit ihren Neurosen «anstecken». Ihnen gegenüber wäre es ein schwerer «Kunstfehler», würde man es versäumen, sie darauf aufmerksam zu machen, daß kaum jemand neurotisch genug ist, seinen Kindern die Chance zu echtem Selbst-Bewußtsein nicht direkt eröffnen zu können. Selbst-bewußte Kinder *identifizieren* sich weit weniger mit ihren Eltern, und entsprechend weniger *infizieren* sie sich auch an ihnen.

Oft werden Eltern aufgefordert, sie sollten das Selbstbestimmungsrecht ihrer Kinder achten, damit diese ein positives Selbst-Gefühl behalten könnten. Dies ist richtig. Doch genügen erfahrungsgemäß achtungsvolle Beziehungen allein nicht, damit die Kinder sicher sind, in späteren nicht achtungsvollen Beziehungen ihr Selbstgefühl aufrechterhalten zu können. Viele sind dann von den gewohnten emotionalen Streicheleinheiten unbedingt *abhängig*. Schon aus diesem Grund müßte man das Argument ergänzen – falls man den menschlichen Verstand nicht für vom Teufel hält.

Das gleiche gilt für die umgekehrte Sorge vieler Eltern (gelegentlich sind es auch dieselben), ihre Kinder würden später «scheitern», wenn sie sie zur Vorbereitung nicht genügend gequält hätten. Sinnvoller als eine Analyse der Perversität dieser Sorge (die offenbar nicht selten ehrlich so empfunden wird) wäre dann eine gute Antwort. Die könnte etwa lauten: Nicht kleingemachte, schwache Kinder bestehen die Stürme des späteren Lebens besser, sondern starke Kinder, die nicht nur gefühlsmäßig über eine nicht-abgeleitete Identität (Russell) verfügen (die nicht «fragil», zerbrechlich ist), sondern auch verstandesmäßig über echtes Selbst-Bewußtsein, das praktisch unverlierbar ist.

Die «schöpferische Pause»

Ebenfalls einen «Kunstfehler» kann man darin sehen, auf die existentielle Selbstbestimmtheit des Subjekts hinzuweisen (falls sie ihm nicht bewußt war), damit aber sogleich einen Appell zu verbinden. Z. B.: Nun tu also endlich, was du selber willst! Befreie dich! Nimm dein Schicksal in die eigene Hand, los, los!

Der Kurzschluß im Gehirn («Ist befohlen, wird gemacht») wird dadurch jedoch eher bestätigt als beseitigt. Ein Mensch, für den die faktische Selbstbestimmung eine neue Einsicht darstellt, bedarf einer Zeit der inneren Neuorientierung. Intellektuell ist der Übergang vom Selbstverständnis als Objekt zum Selbstverständnis als Subjekt zwar die Sache eines Augenblicks; aber eine Pflanze, auf der lange Zeit ein schwerer Stein gelegen hat, steht nicht von jetzt bis gleich in ihrer ursprünglich gemeinten Gestalt da. Eiliges Wollen und Tun bilden dann womöglich einen neuen Stein . . .

Paulus nennt den Menschen «zur Freiheit berufen», Sartre nennt den Menschen «zur Freiheit verurteilt». Beide Akzente verfälschen die Botschaft. Der Mensch *ist* frei (lebt existentiell selbstbestimmt, eigenaktiv etc.), und potentiell ist er (mehr oder weniger, hier oder da, dann oder wann) sich dessen bewußt. (Offenbar kann das sogar von Aufklebern an Spiegeln abhängen . . .)

Einen Menschen auf diese Tatsachen aufmerksam zu machen und sofort zu Konsequenzen aufzufordern raubt ihm (falls er nicht abwehrt) die in gewissem Sinne «selbstschöpferische» Pause und gefährdet darüber hinaus den ganzen Erfolg seines Aufklärungsaktes. Erfahrungsgemäß begeben sich viele so «befreite» Leute stracks in neue Abhängigkeitsverhältnisse.

Deshalb empfiehlt sich in solchen Fällen die Mahnung zur Geduld. Sein Schicksal erstmalig bewußt «in die eigene Hand zu nehmen» kann man sich bildhaft vorstellen durch eine geöffnete unbewegte Handfläche, auf der «das Schicksal» nun erst einmal ruht.

Wer Probleme hat, so etwas wie eine «Mahnung» auszusprechen, kann ebensogut die schlichte Information geben, daß hektischer Tatendrang, womöglich um sich oder anderen «etwas zu beweisen», das gerade erst theoretisch ermöglichte innere Wachstum sofort praktisch wieder ersticken würde. Die «Nachricht», wann die Zeit für Entscheidungen gereift ist, kommt von innen, durch das (emotional) angstfreie und (intellektuell) sichere Wissen, wie es weitergehen soll.

Handlungsfreiheit und Lebensgefahr

«Kinder sind Subjekte, in Ordnung. Selbstbestimmung, gut und schön. Aber Kinder können vieles noch nicht überblicken; viele Gefahren kennen sie einfach nicht. Muß man sich dann nicht über ihre Selbstbestimmung, ihren Willen hinwegsetzen? Wenden Sie nicht auch Gewalt an, wenn ein Kind sich ernsthaft gefährdet?»

Mit solchen Fragen wird man oft konfrontiert. Viele Menschen haben Probleme, den normalen Alltag nicht von vornherein so zu gestalten, daß sein Klima mitgeprägt wird von der Angst vor extremen Notfällen. Offenbar mißtrauen sie ihrer Fähigkeit, in Extremfällen einfach zu tun, was zu tun ist, ohne «ideologische» Absicherung.

Obwohl dies schon eine Art Antwort auf die gestellte Frage wäre, braucht man es nicht bei ihr bewenden zu lassen. Sofern solche Fragen von echtem Interesse zeugen, können befriedigendere Antworten immerhin das Gespräch in Gang halten.

Aus kinderrechtlicher Sicht wird normalerweise argumentiert, daß man auch ältere Menschen «mit Gewalt» retten würde, wenn sie in Lebensgefahr sind und man diese abwehren kann, ohne sie deshalb insgesamt als Zöglinge anzusehen. Problematisch wird diese Antwort jedoch, wenn es darum geht, daß kleine Kinder z. B. Schnaps trinken oder rauchen wollen. Dann könnte ihr Status auf dem Spiel stehen. Deshalb gehen einige Kinderrechtler/innen so weit, aus erkennbar ideologischen Gründen zu behaupten, daß sie nicht eingreifen würden. Andere begründen ihren Eingriff mit der Entscheidung, etwas gegen ihre eigene Angst zu tun. Sie sagen also, sie würden den Willen des Kindes nicht dem Kind zuliebe (aus «erzieherischen» Gründen) mißachten, sondern sich selbst zuliebe. Es ist klar, daß damit im Prinzip der erwachsenen Willkür Tür und Tor geöffnet wird. Es soll ja (z. B.) Eltern geben, die Angst haben, ihre Erstkläßler, die spielen wollen, würden damit das Abitur gefährden ...

Eine zugleich realitätsgerechtere wie theoretisch «saubere» Lösung dieses Problems könnte so aussehen: Angenommen, ein Krabbelkind findet eine Zigarre, die es essen will. Weiter angenommen, es würde an diesem Vorgang mit großer Wahrscheinlichkeit sterben. Ist es dann, wie «schlaue» Dressurideologen gerne sagen, nötig, die Selbstbestimmung des Kindes zu mißachten?

Dies ist offensichtlich nicht der Fall. Der Erwachsene, der diese Zigarre in Sicherheit bringt, kann damit gegen die existentielle Selbstbestimmung des Kindes schon deshalb nichts tun, weil das ohnehin unmöglich ist. Er schränkt lediglich seinen Handlungsspielraum ein. Aber er setzt sich auch nicht pauschal über «den Willen» des Kindes hinweg oder will diesen ändern, wie es bei einem erzieherischen Verbot geschähe. Die Situation ist vielmehr die, daß das Kind (selbstbestimmt) sowohl die Zigarre essen als auch am Leben bleiben will. (Dies darf man in der Regel wohl problemlos unterstellen, tut es auch, wenn man Erwachsene rettet.) Das Kind weiß nicht, daß die Zigarre tödlich wäre, und der Erwachsene kann es ihm auch nicht erklären. (Dafür ist das Kind zu klein.) Der Erwachsene muß sich nun entscheiden, ob er die eine (selbstbestimmte) Absicht des Kindes unterstützt oder eben die andere (ebenso selbstbestimmte). Wenn er dem Kind (dessen Leben) wohlwollend gegenübersteht, wird ihm die Entscheidung nicht schwerfallen. Er tut nicht etwas gegen «das Kind» oder gegen «den Willen» des Kindes, sondern er trifft eine vollkommen unvermeidbare Entscheidung zwischen zwei gleichzeitigen, doch unvereinbaren Wünschen des Kindes.

Diese Interpretation schließt natürlich Mißbrauch ebensowenig aus wie jede andere. Aber es gibt Abgrenzungskriterien. Das Kind will *jetzt* sowohl leben als auch die Zigarre essen. Diese Vermutung kann eine hohe Plausibilität für sich beanspruchen. Die Behauptung, ein Kind wolle gleichermaßen *jetzt* sowohl die Schularbeiten «vergessen» als auch Abitur machen, ist entscheidend weniger stichhaltig zu begründen. Wenn also jeder Dressurakt u. a. bedeutet, daß ein Stück Gegenwart des Kindes der Vorstellung Erwachsener von seiner Zukunft aufgeopfert wird, kann die obige Interpretation dies nicht ändern. Wer Kinder dressieren will, wird dies tun, mit oder ohne Ausreden. Wer es aber nicht will, braucht sich nicht vorhalten zu lassen, er würde in Extremsituationen eine Ausnahme machen.

«Man kann nicht nicht erziehen»

Aus dem Artikel «Im Klassenzimmer kann immer alles passieren –
Unter den Lehrern sind die Selbstzweifel gestiegen» (Frankfurter
Rundschau, 24. 10. 1985):

«‹Man kann nicht nicht erziehen.› Mit diesem Satz begrüßte Stu-
dienleiter Karl Ermert die über 120 Gäste, überwiegend Lehrer ver-
schiedenster Schulformen, in Loccum. ‹Wer nicht beeinflussen will,
ist nicht liberal, sondern dankt ab›, zitierte Ermert . . .»

Obwohl das vorliegende Buch die Absicht hat, den Streit zwischen
«Pädagogik» und «Antipädagogik» ebenso wie manche Wortklaube-
reien und Definitionskunststückchen («Was ist Erziehung?», «Was ist
Beeinflussung?») überflüssig zu machen, muß man damit rechnen,
noch lange mit dem zitierten Satz konfrontiert zu werden. Er scheint
auf viele Menschen eine starke Faszination auszuüben (sonst würde er
nicht so oft geschrieben und ausgesprochen) – im Kern wahrscheinlich
deshalb, weil er offenbar die Mühe spart, sich mit «antipädagogischen» Auffassungen überhaupt zu beschäftigen.

Es empfiehlt sich jedoch nicht, solchen Motivationsfragen allzu eif-
rig nachzuspüren, wenn man nicht an unproduktiven Konfrontationen
interessiert ist. Es gibt intelligentere, aber vor allem auch freundlichere
Argumente als z. B. den Vergleich mit dem Mörder, der sich damit
rechtfertigt, daß sein Opfer ohnehin nicht nicht sterben kann.

An sich würde der Hinweis des Soziologen Otmar Preuß genügen,
daß «der Kritik an der Antipädagogik, es gäbe nicht Nicht-Erziehung,
entgegenzuhalten ist, daß sich sehr wohl erzieherisches von nichter-
zieherischem Verhalten unterscheiden läßt.» * Doch gibt es eben
Menschen (vgl. im 7. Kapitel den Pädagogen Hans Dieter Zimmermann), die es eine «pädagogische Bemühung» nennen, wenn sich
jemand nicht um Kinder kümmert. Die Begründung war: «da jedes
Verhalten auf sie wirkt».

Zu beachten ist: «Widerlegen» kann man diese Sichtweise nicht. Sie funktioniert ebenso wie die Rollentheorie, nämlich immer. Trotzdem ist es wenig
nett, Menschen mit dieser «Denkbrille» (Thomas Kuhn) zu attestieren, sie
hätten «so etwas wie eine Geschwulst im Hirn, durch die alle ihre Gedanken
an Kinder pädagogisiert werden», und ihnen zeigen zu wollen, «wie man diese
pädagogische Geschwulst austrocknen, absterben lassen kann» (Bartmann
1983, S. 18). Da dürfte sogar der schwierige Begriff «Paradigmawechsel» von
den Betroffenen bereitwilliger erwogen werden.

* «betrifft: erziehung», Heft 6/1985, S. 6

Würde der Satz «Man kann nicht nicht erziehen» nur Menschen faszinieren, die der «Erziehungssucht», dem «Erziehungswahn», dem «Erziehungslaster» oder der «Erziehungsseuche» restlos verfallen sind, könnte man ihn wie ein Krankheitssymptom respektieren. Er hat jedoch eine «ansteckende» Wirkung – genauer: lähmende Funktion – gerade in bezug auf Menschen, die Kinder durchaus um ihrer selbst willen achten und sogar lieben könnten, die, wenn sie mehr Informationen erhielten, auch verstehen könnten, «daß Erziehung und Frieden, Erziehung und Toleranz, Erziehung und Vertrauen, Erziehung und Liebe nicht, durch nichts, miteinander zu vereinbaren sind» (Bartmann 1983, S. 15). Ein Beispiel dafür, wie dieser Satz ähnlich wie eine Waffe (zur Einschüchterung Andersdenkender?) verwendet wird, gab der Zeitungsbericht aus der Akademie Loccum.

Ein zweites Beispiel. Der Satz «Man kann nicht nicht erziehen» fiel auch in einer Fernsehdiskussion («Moment mal», ARD, 27.9.1985), deren Thema eigentlich lautete: «Sollen wir noch erziehen?» Doch begann der Gesprächsleiter (Udo Reiter vom Bayerischen Rundfunk) sofort mit einem antipädagogischen Zitat (dessen Quelle er verschwieg), stellte es als völlig absurd hin und gab die Devise aus, es solle darüber geredet werden, «wie Erziehung aussehen könnte, aussehen sollte». Das Thema der Sendung war vergessen. Niemand wagte daran zu erinnern und den Nicht-nicht-Satz anzuzweifeln. Folgerichtig wurde in der Diskussion zwar (mit Argumenten von vor 15 Jahren) ein wenig die sog. antiautoritäre Erziehung verteidigt, aber umgekehrt auch der unbegrenzten Brachialgewalt zur Kinderdressur das Wort geredet (allerdings, bezeichnenderweise, nur gegenüber jüngeren Kindern). Die Taktik des Moderators und der gen. Satz waren erfolgreich, das Tabu der Kinderfrage wurde aufrecht erhalten und an der Wirklichkeit vorbeigeredet.

Die Wirklichkeit ist, daß Kinder Subjekte sind, aber sie ist auch (wie hier nur beispielhaft angedeutet werden sollte), daß sie als solche nicht anerkannt wurden (traditionell) und offenbar auch nicht anerkannt werden sollen. Daß also bestimmte Erwachsene ein Interesse daran haben (aus welchen Gründen immer), anderen Erwachsenen wesentliche Informationen vorzuenthalten und am allgemeinen Objektstatus von Kindern nicht rütteln zu lassen.

Hinsichtlich dieses Status ist ein Vergleich zwischen der Lage der Frauen und der der Kinder statthaft. Frauen klagen ja oft über ihren Status als Sexualobjekte. Dazu können Männer zwar sagen, es sei für sie unvermeidlich, handele sich um einen natürlichen (biologischen) Vorgang, an dem letztlich die Frauen «selbst schuld» seien, weil sie sie erregten, doch ist klar, daß Männer deshalb noch lange nicht das Recht haben, nun Frauen, von denen sie erregt werden, auch wirklich sexuell zu belästigen (schon gar nicht mit der Begründung, man könne nicht nichtsexuell reagieren – oder der Erklärung, der Verzicht auf sexuelle «Beeinflussung» sei eine Abdankung).

Der Vergleich zwischen Kindern und Frauen führt noch einen Schritt weiter, und zwar zu einer sowohl theoretisch wie praktisch und auch argumentativ bedeutsamen Problemlösung. Sie wurde von Barbara Sichtermann in einem Aufsatz ihres Buches «Weiblichkeit» vorgezeichnet.

Die Autorin spricht vom «Ende des Objektstatus» der Frau, das jedoch eine neue Schwierigkeit nach sich zog. «Das alte Subjekt-Objekt-Verhältnis war zerstört», aber es trat an seine Stelle «keine erkennbare neue Konstellation». Deshalb wird den Frauen vorgeschlagen, zu lernen, «selbst Objekte zu bilden». Dies «muß nicht gleich ein Bezwingen sein ... Es heißt zunächst nur: sich selbst in ein aktives Verhältnis zur Welt setzen. Jedes neugierige Kind macht die Welt zum Objekt seiner Erkenntnis, seiner Experimentierlust ...» (Sichtermann 1983, S. 71). Frauen, die nicht ganz auf Männer verzichten wollen, empfiehlt Sichtermann eine neue Art der Beziehung, in der weder Männer noch Frauen «als Objektivierende» den Fehler begehen, «die Rollen einseitig festzuschreiben» (S. 79). Männer, meint die Autorin, könnten lernen, sich auch selbst begehren zu lassen, sich auch selbst als Sexualobjekt betrachten zu lassen. Wenn dies in Zukunft gelänge, sei Gleichberechtigung auch in diesem Bereich möglich, und zwar ohne Verzicht auf Lust. (Im Gegenteil! EvB.) «Diese Zukunft müßte um die Nähe wissen, die die Objektivierung zur *Herrschaft* hat, und müßte eine Balance jenseits von Herrschaft durch Verflüssigung der Positionen herstellen. Lust setzt dann Objektivierung ebenso voraus wie Objekt-Sein, also Passivität» (S. 79f).

Diese einfache Idee löst nicht nur ein hartnäckiges theoretisches Problem der Frauenfrage. Die Parallele zur Kinderfrage hat Barbara Sichtermann selbst schon angedeutet. Jedes neugierige Kind macht die Welt zum Objekt seiner Erkenntnis, seiner Experimentierlust. Im Grunde macht es selbstverständlich auch die Erwachsenen, z. B. seine Eltern, zum Objekt seiner Erkenntnis und Experimentierlust. Nur wird ihm beides häufig schnell verleidet, weil die Eltern nicht gewöhnt sind, sich selbst (außer vielleicht in Belanglosigkeiten) als Objekte des Kindes zu verstehen. Ihnen wird ja immer eingeredet, sie seien die «Erziehungssubjekte». Die «Positionen» gelten als starr, es wird «Herrschaft» etabliert. Man kann nicht nicht erziehen, heißt es, weil alles, was man tut, auf Kinder wirkt.

Aber: Auch alles, was Kinder tun, wirkt auf Erwachsene. Jedenfalls kann man das so sehen und argumentativ gut vertreten. Wenn zugestanden wird, daß das, was Kinder tun, auch auf Erwachsene wirkt, sprechen diese dann davon, daß auch jene nicht nicht erziehen können? Ist dann auch alles, was Kinder tun, eine pädagogische Bemühung? Tragen dann auch Kinder, Babies in den Windeln, pädagogische Verantwortung, falls gegen alle erzieherischen Vorsätze der Eltern das Weinen oder Lächeln der Kinder doch auf sie wirkt?

Zur Erklärung: H. D. Zimmermann hatte seinen im 7. Kapitel zitierten Satz «Kindern gegenüber können wir uns nicht ‹nicht-pädagogisch› verhalten, da jedes Verhalten auf sie wirkt» – wie, sinngemäß, alle Vertreter/innen dieser Sichtweise – so fortgesetzt: «Wir können uns also nicht aus der Verantwortung den Kindern gegenüber stehlen» (Börsenblatt S. 2490).

Nicht selten heißt es dann allerdings (mit einem Nazi-Zitat), jeder erziehe jeden jederzeit. Denn Beeinflussung finde überall und immerdar statt. Warum also nicht «auch» von Erwachsenen in Richtung auf Kinder? So wird der «Machtaspekt der Erziehung» (C. R. Rogers, vgl. 13. Kapitel) verschleiert. Oder sind Kinder denkbar, die sagen: «Wer nicht beeinflussen will, ist nicht liberal, sondern dankt ab?» Sind es nicht immer nur Herrscher, die «abdanken»? Oder richtiger: die sich mit allen Mitteln, auch den unseriösesten, dagegen wehren?

Freilich, wer es nicht lassen will, kann nicht gehindert werden. Ich gestehe auch keinem vegetarischen Tierschützer das Recht zu, mein Schnitzel vor mir zu «retten». Nur daß die Propaganda der Kinderbenutzer/innen (der «Pädagogenmafia» und der milliardenschweren «Erziehungsindustrie») in einer freiheitlichen Gesellschaft nicht einmal argumentativ wenigstens relativiert wird, ist ein Zustand, der nicht unbedingt so bleiben muß.

Als Gegenbeispiel hier ein Zitat aus der Zeitschrift «Menschenskinder»*: «Kinder nicht zu erziehen/dressieren bedeutet nicht, daß man sie antiautoritär erzieht oder sie im Stich läßt. Man hilft ihnen, wenn sie das wollen (das macht man auch bei Erwachsenen), man sagt ihnen die Meinung usw., bloß das richtig Erzieherische (z. B. Gehorsam verlangen, Angst einjagen) läßt man bleiben. Umgekehrt läßt man sich auch nicht auf der Nase herumtanzen: Es geht ja um *Gleich*-Berechtigung. Und auf dieser Basis kann man seinen Kindern *Freund* sein. Das ist nicht nur für Kinder, sondern auch für die Erwachsenen tausendmal schöner als der ewige Erziehungskampf, bei dem letztlich niemand gewinnt.»

* «Die Zeitschrift von Kindern und Jugendlichen», Themenheft «Erziehung», Nr. 4/ 1985, S. 18

Stichwort: Liebesentzug

Wer sich gegen das elterliche Züchtigungsrecht engagiert, hört immer wieder, daß «dann» die Eltern eben mit Liebesentzug erziehen würden, und das könne sogar noch schlimmer sein.

Dieses Argument ist nicht zu widerlegen. Man kann ihm aber leicht den Boden entziehen. Dafür ist zuerst erforderlich, das Eingeständnis zu erlangen, daß Liebe, die nur unter bestimmten Bedingungen «gewährt», also als Disziplinierungsinstrument eingesetzt wird, diesen Namen nicht verdient. Die meisten Erwachsenen geben heute zu, daß wirkliche Liebe bedingungslos sein muß, um überhaupt zu sein. Liebe, die Kinder sich verdienen müssen, ist nicht Liebe, sondern Bezahlung – wie sie z. B. Prostituierte erhalten.

Das «Erziehungsmittel Liebesentzug» gibt es also nicht. Was man nicht hat, kann einem nicht entzogen werden. Was da entzogen wird, ist nicht Liebe, sondern Liebeslohn. Die Rede vom Liebesentzug ist als Bluff zur Verschleierung des HGV leicht zu durchschauen – und durchschaubar zu machen. Nicht Kinder «erhalten» Liebe von ihren Eltern, sondern Eltern erpressen Liebe (oder sonstige Dienstleistungen bzw. allgemeine Gefügigkeit) von ihren Kindern.

Daß Eltern dies tun können, ist unbestreitbar. Daß sie zu ihrer natürlichen Übermacht auch noch das rechtliche Privileg zur Gewaltanwendung besitzen, muß irgendwie gerechtfertigt werden. Der Bluff mit dem Liebesentzug war hierfür lange Zeit erfolgreich.

Gesprächspartner/innen, die gutgläubig auf diesen Betrug hereingefallen sind, zeigen selten spontan Dankbarkeit, wenn sie das Spiel durchschauen. Aber häufig ist diese Aufklärung für sie der Beginn, sich ernsthaft mit der Kinderfrage, dem Mindermensch-Paradigma usw. zu beschäftigen.

Die «Natur» des Menschen

Manche Leute gefallen sich darin, alle möglichen Schandtaten, die Menschen begehen, standhaft zu kommentieren, sie glaubten dennoch «an das Gute im Menschen».

Andere Leute glauben ebenso fest, «der Mensch» sei ursprünglich so etwas wie eine Bestie, die nur durch strenge Zucht, oder durch Liebe, oder durch sonst etwas (meist ist es das, was diese Leute gerade «an den Mann» bringen wollen), zum Guten veredelt werden könne.

In Wirklichkeit ist der Mensch aber ein soziales Wesen, besitzt also «von Natur aus» keine statischen Eigenschaften, die nach gut oder böse beurteilt werden könnten. Ein Streit über dieses Thema ist sinnlos.

Eine vernünftige sozialwissenschaftliche Aussage ist nur in Form eines Konditionalsatzes möglich. *Wenn* Kinder von ihrer wichtigen Umgebung positiv wahrgenommen werden (natürlich: wie sie sind; nicht, wie sie sein sollen), *dann* ist die Wahrscheinlichkeit groß, daß sie ein entsprechendes Selbstbild (die Umgebung ist der Spiegel) entwickeln und so bleiben und werden, wie sie glauben (fühlen, denken, sich vorstellen), daß sie sind. Und umgekehrt.

Dies meinen die meisten eingangs erwähnten Leute im Kern. Sie wissen, daß man für das Gute (was immer es sei) nichts Besseres tun kann, als an es zu glauben. Der gen. Konditionalsatz ist unbestritten ein *anthropologisches Gesetz*.

Wie stellt sich dieses Gesetz aus der «Sicht» von Neugeborenen dar? Wenn man Jean Liedloff glaubt (und etwas Besseres kann man nach dem o. g. Gesetz für gesunde, glückliche, «gute» Kinder nicht tun), kommen sie mit der angeborenen Erwartung zur Welt, sie würden entsprechend ihren eigenen Bedürfnissen behandelt, nicht aber entsprechend den Bedürfnissen anderer. Sie erwarten ein «Kontinuum». Um dies verständlich machen zu können, muß man allerdings das Buch «Auf der Suche nach dem verlorenen Glück – Gegen die Zerstörung unserer Glücksfähigkeit in der frühen Kindheit» (Liedloff 1980) gelesen haben. (Über eine praktische Konsequenz – das Kinder-nicht-«Weglegen» – berichtet Regina Hilsberg, 1985.) Hier ist nur eine Konsequenz in bezug auf die «Natur» des Menschen zu ziehen, die schon am Schluß des 11. Kapitels angedeutet wurde.

Ohne Zweifel sind neugeborene Kinder «von Hause aus» weder «gut» noch «böse», sehr wohl aber, wenn ihre Grundbedürfnisse nur einigermaßen zuverlässig befriedigt werden, außerordentlich *gutgläubig* und *gutmütig*. Es ist oft nützlich, diesen Gedanken mitzuteilen. Denn er erklärt, zumindest individualpsychologisch, den Ursprung des Bösen. Nichts kann Menschen böser machen, als wenn ihre Gutgläubigkeit und Gutmütigkeit (und sei es guten Glaubens) ausgenutzt wird ...

Dieser Gedanke hat den Vorteil, den Teufelskreis des Bösen (Stichwort: Erbsünde) gleich doppelt zu durchbrechen. Auf der Seite der «Täter/innen» entlastet er von verinnerlichten Schuld- und gewachsenen Schamgefühlen (man war ja damals nur «zu» gutmütig), und bezüglich der Kinder macht er alle «Erziehung zum Guten» usw. überflüssig.

(Dieser Abschnitt ist noch stärker als alle anderen nur als Anregung gedacht; allein auf seiner Basis zu «diskutieren» oder etwas «beweisen» zu wollen sei nicht angeraten.)

Wie gefährlich ist Erziehung?

Wer etwas gegen die Aufopferung von Kindern für die Interessen von Erwachsenen tun will und sich dabei an die Täterseite wendet, wird versucht sein, ihre Untaten als besonders gefährlich und schlimm darzustellen. Er will ja erreichen, daß sie damit aufhören. Er wird die Möglichkeiten der Kinder, trotz Erziehung/Dressur' und anderer Ausbeutung oder Vernachlässigung auch seelisch zu überleben (evtl.: sich zur Wehr zu setzen), nicht sonderlich hervorheben. (Sie haben sie ja auch nur, wenn sie wissen, daß sie sie haben.)

Wer sich jedoch an die Opferseite wendet, an Kinder/Jugendliche selbst oder an Erwachsene, die mit solchen direkten Kontakt haben und den Opfern wirklich – also nach deren Regie – beistehen wollen, tut besser daran, die Gefährlichkeit der Täter/innen tendenziell nicht zu überzeichnen, sondern herunterzuspielen. Im Zweifelsfalle kann man die Täterseite sehr wirkungsvoll *lächerlich* machen, z.B. ihre armseligen Vertuschungsmanöver und gespreizten Rechtfertigungsversuche. Man kann jungen Menschen gut durchschaubar machen, daß erziehungswütige Eltern sich in Wirklichkeit sehr weitgehend in die Hand der Kinder geben. Diese brauchen sich nur vor Zeugen ein bißchen «schlecht zu benehmen», und schon sind die Erzieher bis auf die Knochen blamiert. Ausgebeutete und sonstwie mißhandelte Kinder können plaudern ...

Eltern und Erzieher/innen, die den Ehrgeiz haben, gute Eltern und Erzieher/innen zu sein (und oft ja nur deshalb Gewalt anwenden: um zu beweisen, daß sie mit den Kindern fertig werden), sind in vielen Fällen zu fast allen Zugeständnissen zu erpressen, um ihr Ansehen nach außen zu wahren. Die abgeleitete Identität ist äußerst fragil. Jedenfalls wäre es falsch, gegenüber der Opferseite die Macht und Gefährlichkeit der Täterseite zu überzeichnen. Man würde sie dadurch erhöhen.

Die Argumentenschlange

Zum Schluß dieses Kapitels soll ein «strategisches» Problem angesprochen werden, das bei intensiven und ausführlichen Gesprächen oft auftaucht.

Wer mit Kindern in guten, also gleichberechtigten Beziehungen lebt und über die entsprechenden Erfahrungen verfügt, steht immer in der Gefahr, anderen Menschen davon zu erzählen, um ihnen «den

Mund wäßrig zu machen». Kurz gesagt, sie wecken Hoffnung, geben vielleicht sogar Versprechungen und «Garantien» ab. Sie mögen bei ihrem Bericht zwar Argumente bringen, die die *Voraussetzungen* guter Beziehungen betreffen, doch die Gegenüber «verstehen» solche Argumente entsprechend ihrem Interesse, ihren *Zielvorstellungen*.

Da gute Beziehungen immer auch produktive Beziehungen sind, also die günstigsten Bedingungen für Entfaltung, Entwicklung, Wachstum und Leistung darstellen, wenden sich solche Gespräche gern in völlig unrealistische Zukunftsdimensionen. Die Gegenüber haben nun mal andere Voraussetzungen. Sie können zwar vieles ändern, nichts aber rückgängig machen, und besonders: solange sie *zielfixiert* bleiben, haben sie die entscheidende Voraussetzung gerade nicht verändert. (Außerdem hängt alles ja auch von den Kindern ab ...)

Häufig geschieht nun folgendes. Die Berichtenden lassen sich zu immer weiter reichenden Versprechungen verführen, bis das Gespräch in Regionen gelangt, in denen seriöserweise niemand mehr für irgend etwas «garantieren» kann. War man sich über die anfänglichen Argumente noch so sehr einig, weil eine Reihe von Grundbestandteilen des HGV gemeinsam als «absolut unvertretbar» eingestuft wurden (dies der Kopf der Argumentenschlange), erreichen die Spekulationen über vermutete Konsequenzen (erhoffte oder gefürchtete) irgendwann einen Punkt (das Schwanzende), an dem man sich nicht mehr einigen kann. (Wer weiß schon, wie die Welt in dreißig Jahren aussieht.) Und die Erfahrung zeigt (deshalb wird sie hier mitgeteilt), daß in einem sehr hohen Prozentsatz solcher Fälle die Gegenüber dann nicht die Zukunft offenlassen (und auf der Basis der neuen Einsichten vom Schlangenkopf mit den Kindern einen neuen Anfang suchen), sondern die gesamte Schlange für wertlos, «zu unsicher», einen «Irrweg» usw. erklären. Die Leute packen die Schlange am Schwanz und schleudern sie als Ganzes weit von sich. Was zuvor noch absolut unvertretbar war, erscheint plötzlich wieder als selbstverständliche und – vielleicht «leider» – unveränderbare Realität.

   Konsequenzen aus dieser Erfahrung werden hier nicht gezogen. Das Kapitel ist zu Ende. Aber wer unbedingt nach einem Schwanz zum Anfassen sucht, wird ihn sicher im jetzt folgenden Schlußkapitel noch finden ...

Kapitel 13
Die Kinderfrage als Politikum?

Eine regelmäßige Erfahrung: Wer zum erstenmal mit der Idee in Berührung kommt, daß es möglich ist, Kinder von Anfang an als gleichberechtigte Mitmenschen anzusehen, stellt unweigerlich zu irgendeinem Zeitpunkt die Frage, warum sie/ihn diese Informationen erst jetzt erreichen. Wenn die Argumente und Erfahrungen, die man da vorgetragen habe, wirklich so gut wären wie behauptet, müßten sie doch von «höheren Stellen» (Medien, Wissenschaft, Politik) längst aufgegriffen worden sein.

Es ist außerordentlich schwierig, auf diese Frage eine Antwort zu finden, ohne gegen diverse sog. «Verantwortliche» Vorwürfe zu erheben. Besonders wenn Eltern/Lehrer/Erzieher/innen aus der gegen Ende des 1. Teils angesprochenen Gruppe der «Überzeugungs- oder Pflichttäter» sich darüber klarwerden, was sie vielleicht viele Jahre lang taten, anrichteten, versäumten, wieviel Lebensglück sie anderen und sich entgehen ließen, nur weil bestimmte Informationen und Anregungen sie nicht erreichten, bleibt es selten aus, daß sie nach «Sündenböcken» suchen. Oft trifft man sogar auf Empörung, vor allem wenn diese Leute erfahren, wie lange und intensiv sich besser informierte Menschen schon bemühen, daß diese Gedanken mehr Betroffenen zugänglich werden.

Es gäbe in diesem Zusammenhang tatsächlich manches zu klagen, doch soll hier darauf verzichtet werden. Ebenfalls verzichtet wird auf den Versuch, in diesem Schlußkapitel eine Zusammenfassung zu geben oder Konsequenzen zu formulieren. Vielmehr soll ein bisher vernachlässigter Aspekt diskutiert werden, der die eingangs geschilderte Erfahrung berücksichtigt. Ist es sinnvoll, den Heimlichen Generationenvertrag als Politikum anzusehen und auf gesellschaftlicher Ebene Reformen oder Aktivitäten anzustreben, um den Status der Kinder aufzuwerten? Denn dies ist es, was die erwähnten Erwachsenen fast durchgängig für richtig halten. Die unwürdige Situation der Kinder, sagen sie, könne ja nicht aufgehoben werden ohne weitreichende Gesetzesänderungen. Und während der Diskussion über diese würde die Bevölkerung mit all den Erkenntnissen und Ideen vertraut werden, denen sie selbst nur durch Zufall begegneten. Bisweilen heißt es noch, gerade Eltern, die durch Fachliteratur kaum erreicht würden, hätten solche Anregungen «besonders nötig», damit auch sie und ihre Kinder von dem neuen Wissen profitieren könnten.

Zunächst wirkt dieser Gedanke plausibel. Wenn Millionen von Kindern einem Aberglauben, einem widerlegten Fehlurteil aufgeopfert werden, zu ihrem eigenen Schaden und zum Schaden der Gesellschaft (man denke z. B. ganz banal an die Kosten des Bildungs- und Gesundheitswesens), dann könnte es als Aufgabe der Politik erscheinen, diesem Zustand abzuhelfen. Erfahrungsgemäß stellt sich in Gesprächen über dieses Thema auch recht schnell Einigkeit in diesem Sinne her.

Es gibt jedoch Überlegungen, die dagegen sprechen, sich auf diesem Wege zu bemühen – ganz abgesehen davon, daß solche Bemühungen in absehbarer Zeit nicht auf Erfolge rechnen können. So verständlich die Trauer und sogar Wut von Menschen ist, die den HGV durchschauen und nun meinen, (wie manche sagen:) «da müßte man dazwischenschlagen», so dringend ist doch eine sorgfältige Abwägung der Chancen und Risiken geboten. Nicht selten in der Geschichte haben Erkenntnisse und Ideen, die eigentlich mehr Freiheit, Frieden, Geschwisterlichkeit usw. bringen sollten, durch Ungeduld, Fanatismus und andere Übertreibungen zum Gegenteil des Beabsichtigten geführt.

Schon auf der Ebene der rein persönlichen Motivation spricht gegen die Vorstellung, die Kinderfrage «in großem Stil» lösen zu wollen/sollen/müssen, besonders eine Erfahrung: Immer wieder gibt es z. B. Bücher, deren Inhalt wichtige und dringliche Konsequenzen nahelegt. Sie klären vielleicht einige Probleme, mit denen man sich lange vergeblich befaßte, oder sie formulieren Erkenntnisse, die man schon lange ahnte. Die Tendenz, dann nach Wegen zu suchen, möglichst schnell möglichst allen Menschen dieses neue Wissen zur Verfügung zu stellen, damit auch sie es nutzen können, ist naheliegend. Viele Leute versuchen dann einiges in dieser Richtung, müssen jedoch erfahren, daß das, was ihnen so wichtig und richtig erschien, von anderen Menschen, insbesondere den sog. «Verantwortlichen», keineswegs mit Freuden aufgenommen und weitergegeben wird. Sie lernen die Bedeutung des Wortes «Ignoranz» kennen und den Wert von Sonntagsreden.

Vielfach erkennt man aber auch ohne solche Versuche durch einfaches Nachdenken, daß die eigene Begeisterung von anderen Leuten wohl kaum geteilt werden dürfte. Die Folge: Man stellt solche Bücher mit etwas Wehmut im Herzen ins Regal, Abteilung Utopie. Der erste Eindruck war, daß man ungeheuer viel tun müsse; das Ergebnis ist, daß man überhaupt nichts tut.

Übertreibende Reaktionen auf das «Ergriffensein» von neuen Gedanken, Werten usw. (und die entsprechende Resignation) orientieren sich an der Leitidee *Weltverbesserei*, die sich als Parallele sehen läßt zur klassischen Theorie der Gewissensbildung, diesmal bezogen auf die Menschheit insgesamt, oder wenigstens auf den betroffenen

Teil einer Bevölkerung. Drastisch formuliert: Man halluziniert sich in die Position (und vielleicht sogar «Verantwortung»), wie sie früher Könige und Fürsten innehatten, die über die Religion ihrer Untertanen bestimmten, und möchte von dort aus die Botschaften des Weltgeistes verbreiten, so daß sie gewissermaßen «in die Bevölkerung eindringen».

Wenn politisch ambitionierte Intellektuelle von dieser halluzinierten Position aus ausgerechnet demokratische Ideale verkünden, kann die Bitterkeit nicht verwundern, mit der sie gelegentlich über das «einfache Volk» oder die «Arbeiterschaft» räsonnieren. Sie fordern mehr Bildungsanstrengungen für das Objekt Volk, damit es ihnen endlich folgen «kann». Manche sagen zwar, die unwilligen Bürger/innen seien zu autoritätsabhängig, doch darf man vermuten, daß sie hauptsächlich beleidigt sind, weil die Leute sich andere Autoritäten gewählt haben als die ihre – die natürlich jeweils besser zu wissen meint, was dem Volke frommt, als dieses selbst. Es gibt offenbar nicht nur sprachlich eine enge Verwandtschaft zwischen «Päd»agogen und «Dem»agogen, Knaben- bzw. Kinder(ver)führern und (Möchtegern-)Volks(ver)führern.

Die umgekehrte Leitidee wäre wieder das *Wachstum*. Es läßt sich nicht forcieren. Man kann aber dazu beitragen, daß es mehr förderliche und weniger hinderliche Bedingungen antrifft. Diese Leitidee kann vor Eiferertum schützen. Sie rät zu Zurückhaltung gerade dort, wo man «eigentlich» besonders viel Energie einzusetzen versucht ist.

Manche Menschen haben Schwierigkeiten, diese Empfehlung zu verstehen. Ihnen mag es nützen, wenn sie sich klarmachen, daß die Kinderfrage ein sehr spezielles Problem ist. Vereinfacht gesagt ist es möglich, daß Antikapitalisten, wenn sie genug an Zahl und Waffen sind, den reichen Leuten das Geld mit Gewalt wegnehmen. Ebenso können, im Prinzip, Antifaschisten mit Gewalt Bevölkerungsgruppen retten bzw. befreien, die von Vernichtung bedroht sind. Auch Frauen könnten, wenn sie wollten (und einig wären), die gesellschaftliche und gegebenenfalls private Dominanz der Männer gewaltsam beenden. Reste solcher Gewaltstrategien spielen in Demokratien eine Rolle, wenn durch Streiks, Demonstrationen, Unterschriftensammlungen u. ä. versucht wird, die Regierenden «unter Druck zu setzen». In fast allen politischen Feldern ist es möglich, um Macht zu kämpfen (z. B. in Wahlkämpfen), weil dort Macht, zumindest theoretisch, zur Disposition steht. Wenn Machtunterworfene sich die Macht (blutig oder unblutig) erkämpfen, nennt man dies «Revolution». Es gibt in diesen politischen Feldern etwas zu *erzwingen*.

In der Kinderfrage ist das offensichtlich nicht der Fall. Die «pädagogische Geschwulst», das Bedürfnis Erwachsener, Kinder seelisch, geistig und körperlich für ihre Zwecke zu benutzen, die tatsächliche

Übermacht, die Erwachsene über Kinder haben, dies alles kann durch Gewalt, politischen Druck oder sonstigen Zwang nicht beseitigt werden. Erwachsene können sich nur selbst und freiwillig dafür entscheiden, auf den Gebrauch von Kindern zu verzichten, ein künstliches Machtgleichgewicht zuzulassen, das Mindermensch-Paradigma durch das Kindermensch-Paradigma zu ersetzen.

«Wie bei politischen Revolutionen gibt es auch bei der Wahl eines Paradigmas keine höhere Norm als die Billigung durch die jeweilige Gemeinschaft» (Kuhn 1976, S. 106). Selbstverständlich kann man der Meinung sein, daß die Zeit kommen wird, in der die Gemeinschaft der Erwachsenen den «Trick 18» nicht mehr billigt und nicht mehr anwendet. Doch sprechen alle Erfahrungen dafür, daß sie dies um so eher tut, je weniger sie, bzw. sogar ihre Regierenden, dazu gezwungen oder *erpreßt* werden soll(en).

Von dem sog. «Kinder-Doppelbeschluß» war schon kurz die Rede. Einige Auszüge können das Gemeinte anschaulich machen. Unter Punkt III. «Aktuelle Problemlage» heißt es u. a.:

«Immer mehr Menschen verstehen und verarbeiten auch emotional die Erkenntnis, daß sie zwar selbst als Kinder noch mit der alten Tradition belastet wurden, daß sie aber nicht *wegen*, sondern *trotz* dieser Kindheitserfahrungen ein lebenswertes Leben führen und deshalb ihren heutigen Kindern die entsprechenden Erfahrungen getrost ersparen können. Auf der einen Seite gibt es in der Bundesrepublik immer mehr Kinder, die in ihren Familien von Anfang an – oder nach einer Umstellungsperiode – mit den Erwachsenen gleichberechtigt leben ... Auf der anderen Seite gibt es ... aber noch zahlreiche Kinder, in deren Familien nicht viel andere Erziehungsvorstellungen herrschen als bei Hitlers und Eichmanns. Die beiden Menschenbilder (inkl. zahlloser Zwischenformen und – oft je nach Situation wechselnder – Mischungsverhältnisse) existieren also gegenwärtig in der Gesellschaft nebeneinander und sind sogar in vielen Individuen gleichzeitig präsent: bei Erwachsenen aus ihren Kindheits-, bei Kindern z. B. durch ihre Schulerfahrungen. Der alte Konsens des Aberglaubens an das Heil jeweils von oben und außen ist aufgelöst, ein neuer Konsens existentiell selbstbewußter und positiv (aus innerer Kraft) denkender und fühlender Menschen aber noch Zukunftsmusik. Aus kinderrechtlicher Sicht kann diese Zeit des Übergangs jedoch nicht einfach unter der Rubrik «Pluralistische Gesellschaft» abgelegt werden ... Denn bzgl. der Kinderfrage gibt es die erwähnte «Pluralistische Gesellschaft» nicht. Vielmehr werden alle geltenden Gesetze, die Kinder betreffen, von der Tradition des alten Menschenbildes geprägt, sind objektiv kinderfeindlich (auch: widernatürlich, unvernünftig, gotteslästerlich) und verletzen eklatant die Elternrechte solcher Erwachsener, die ihren Kindern ein Leben in Freiheit und Menschenwürde ermöglichen wollen, anstatt hoffärtig ihrem Schöpfer ins Handwerk zu pfuschen. Dieser Zustand ist unerträglich und durch nichts zu rechtfertigen. Der Kinderrechtsbewegung fehlte allerdings eine wirksame

Strategie, den Gesetzgeber (der auf ihre bisherigen Initiativen mit Ignoranz, nicht selten sogar mit unverhohlenem Zynismus reagierte) wenigstens zur Kenntnisnahme ihrer Argumente zu veranlassen. Durch den Kinder-Doppelbeschluß wird die *Kinderfrage* zum *Politikum*. Die breite Diskussion, die er einleitet, wird die größere Kraft der besseren Argumente erweisen. Wir sind der sicheren Überzeugung, daß diese Diskussion die Zeit des Übergangs abkürzen und viele Opfer, die er andernfalls noch kosten würde, retten kann» (Kloos 1984, S. 3f).

Es ist bekannt, daß der Kinder-Doppelbeschluß keine «breite Diskussion» einleitete. (Es haben zwar zahlreiche Politiker/innen die vorgetragenen Argumente zur Kenntnis genommen und den Initiatoren geantwortet, doch wäre es ein unfreundlicher Akt, etwas über diese Reaktionen mitzuteilen.)

Ein gewisses Verständnis für die Ungeduld von politisch denkenden/fordernden Kinderschützer/inne/n mag man gewinnen, wenn man weiß, daß bereits im Jahre 1976 alle Abgeordneten des Deutschen Bundestages das (inzwischen vergriffene) Buch «Die Gleichberechtigung des Kindes – Programm zur Beendigung des Erziehungskrieges zwischen den Generationen – Reformvorschläge für Familie, Gesetzgebung und Institutionen» erhalten hatten. Sie waren jedoch ausnahmslos nicht bereit, den Objekt- und Opferstatus der Kinder wenigstens zu diskutieren.

In der Kinderfrage gibt es eine Fülle «eigentlich» unabweisbarer Argumente. Etwa dies, daß sich nach demokratischem Selbstverständnis Minderheiten den Gesetzen der Mehrheit deshalb zu beugen haben, weil und insofern sie die theoretische Chance haben, selbst Mehrheit zu sein oder zu werden. So gesehen können Kinder und Jugendliche, da sie nicht wahlberechtigt sind, an keinerlei Gesetz gebunden sein.

Besonders unabweislich ist die Mitverantwortung, die Politiker (und Wissenschaftler/innen) an allen «überdosierten» Erziehungsakten, also Kindesmißhandlungen und -tötungen im Rahmen von Erziehungsverhältnissen tragen (müßten), insofern sie eine «Erziehungspflicht» bestehen lassen und propagieren, die sie (als «Erziehungs-Dealer») durchaus mit den Drogen-Dealern vergleichbar macht. Diese werden überall offiziell als «Mörder» bezeichnet und schwer bestraft, obgleich sie ihren Kunden schon im eigenen Interesse nicht zum Mißbrauch der Droge raten, sondern lediglich das «im Rahmen des Berauschungszwecks gebotene Maß» empfehlen.

Nimmt man das demokratische (und christliche) Menschenbild des Grundgesetzes ernst und reinigt es von dem traditionellen Kinder-«Bild», fällt auch der Nachweis leicht, daß die Grundsatzprogramme aller relevanten Parteien (einige Sätze aus dem der CDU wurden im 9. Kap. zitiert) sie zu wesentlichen Gesetzesreformen geradezu zwingen. Müßten. Eigentlich. Denn solange Regierungen und Rechtsprechung das Dressieren von Kindern mittels Körperverletzungen rechtfertigen, ja für «geboten» erklären, kann kaum erwartet werden, daß sich gesetzes- und staatstreue Bürger/innen für anderslautende Informationen interessieren lassen.

Der übliche Rechtfertigungsversuch von Regierungsvertreter/inne/n und Abgeordneten, der Gesetzgeber könne so etwas wie «persönliche Einstellungen» nicht vorschreiben und wolle überhaupt nicht in die Familie «hineinregieren», wird im «Kinder-Doppelbeschluß» (Punkt IV. «Die Rolle des Gesetzgebers») ausführlich diskutiert, mit dem Ergebnis, daß das genannte Argument «den Gesetzgeber in Wirklichkeit zum Handeln *zwingt*. Wenn der Staat nämlich nicht in die Familien hineinregieren darf, dann muß er es lassen. Er muß also Gesetze aufheben oder reformieren, mit denen er genau das tut, wozu ihn das genannte Argument für inkompetent erklärt ... Ein Beispiel für viele: Seit Jahrzehnten erprobte und bewährte freie Lebens- und Lernformen von Kindern können bei uns nicht realisiert werden, solange im Bildungsbereich die Polizei das letzte Wort hat, indem sie das lernbehindernde Zwangslernen auch dort durchsetzen muß, wo sinnvollere Lernbedingungen zur Verfügung stehen» (Kloos 1984, S. 4).

Wie der Staat tatsächlich in die Familien hineinregiert, zeigen beispielsweise auch die zahlreichen in Presse und Statistiken nicht als Kindesmorde, sondern als «Familientragödien» bezeichneten Vorkommnisse, bei denen die Eltern dem Leben keinen Sinn mehr abgewinnen können und sich töten, jedoch ihre Kinder (wie man annehmen darf: ohne sie zu fragen) gleich mit umbringen. Da das Gesetz den Eltern sagt, sie hätten die Rechte ihrer Kinder für diese auszuüben, sie hätten für die Kinder zu entscheiden, erscheint es nur folgerichtig, daß solche Eltern auf den Gedanken nicht kommen, die Kinder würden trotz allem vielleicht ganz gerne am Leben bleiben. Nach dem Gesetz (§ 105 BGB) sind ja die «Willenserklärungen» junger Kinder «nichtig».

Aus solcher Nichtigkeit wird im Falle des Falles dann leicht Vernichtung. Da das Gesetz Kinder in weiten Teilen wie Sachen behandelt, also wie Besitztümer der Eltern, ist es nur logisch, wenn Eltern*liebe* dann zu jeder Art von Terror führt. Ebenso wie kinderschänderische Väter, wie zitiert, denken *müssen*, die Kinder seien ihr Eigentum, ist nicht vernünftig bestreitbar der Zusammenhang zwischen der Gesetzeslage und dem (ebenfalls nicht etwa seltenen) Verhalten dieses Vaters*: «Stadtallendorf. Zu einer vierjährigen Haftstrafe wegen Totschlags in einem minderschweren Fall ist ein Mann aus Stadtallendorf (Kreis Marburg-Biedenkopf) verurteilt worden, der im September 1984 seinen zwölfjährigen Sohn erdrosselt hatte. Die große Strafkammer des Marburger Landgerichts folgte bei der Urteilsfindung dem Gutachten eines Sachverständigen, der dem Mann verminderte Schuldfähigkeit infolge seelischer Störungen und einer starken Alkoholabhängigkeit attestierte. Der 46jährige Arbeitslose hatte zugegeben, seinen Sohn am 24. September 1984 aus Angst, das Sorgerecht für ihn zu verlieren, mit einem Kälberstrick erdrosselt zu haben.»

Diese Mentalität, Kinder lieber zu töten als auf ihren Genuß zu verzichten,

---

* dpa-Meldung aus der Frankfurter Rundschau, Hessenseite, vom 18. 12. 1985

schlummert wahrscheinlich in mehr Eltern, als man sich so denkt. Wer immer sich für die Freiheit der Kinder einsetzt, muß sich gründlich überlegen, ob die o. g. «Angst» der liebenden Eltern dann nicht zu einem Massenmorden führt. («Angst» hatte ja auch der alte König Herodes.)

Die Kinderfrage als Politikum? Die Situation ist wieder einmal kompliziert. Auf der einen Seite wird niemand die im weitesten Sinne politische Bedeutung der Kinderfrage bezweifeln. Im Gegenteil: Zahlreiche Argumentationsfiguren, die das bestehende Generationenverhältnis rechtfertigen sollen, gehen nicht, wie dieses Buch bisher hauptsächlich, von der Frage aus, auf welche Weise Kinder und Erwachsene in möglichst gelingenden, erfreulichen und konstruktiven Beziehungen leben können, was also im wesentlichen den einzelnen Menschen wohltut und gefällt, sondern sie sehen in erster Linie das Interesse «der Gesellschaft», «des Staates» oder auch «der Wirtschaft», «der Kultur», eventuell noch «des Friedens», «des Fortschritts», «der Ökologie» und dergleichen.

Wer solchermaßen «von oben», «vom Ganzen her» denkt, denkt nicht ohne weiteres «obrigkeitlich», also gegen die Interessen der einzelnen. Es besteht zwar immer die Gefahr, daß das Denken vom System her die Teile des Systems als bloßes Material ansieht, das zu funktionieren hat, doch kann auch der extremste Individualismus nicht an der Tatsache vorbeigehen, daß sich soziales Leben in einer Hierarchie von Systemen abspielt, in der unausweichlich Spielregeln gelten: Ob sie von oben verordnet, von unten aufgebaut wurden oder sich «in der Mitte» ungeplant eingespielt haben, ist hier nicht von Belang; ebensowenig, wer ihre Einhaltung kontrolliert und welche Methoden dabei zur Anwendung kommen. Auch die radikalste Selbstorganisation ist eine Ordnungsform. Und wenn der Gedanke einmal aufgetaucht ist, daß es bessere und schlechtere Ordnungen gibt, sind Überlegungen auf dieser Ebene bzw. aus dieser Perspektive die logische Folge. Daß gesetzliche Spielregeln für die privaten Beziehungen und insbesondere den *Status* von Menschen (hier: Kindern), also für die Rolle und Funktion, die ihnen im allgemeinen zugewiesen, zugebilligt oder aufgezwungen wird, von großer Bedeutung sind, steht außer Frage. Wie Richard von Weizsäcker (1985b, S. 92) sagt: «Es gibt nicht nur die normative Kraft des Faktischen, sondern auch die faktische Kraft des Normativen. Mit anderen Worten: Das Recht hat verhaltensbestimmende Kraft.»

Auf der anderen Seite können die besten Argumente und Erfahrungen nicht an der Tatsache vorbei, daß sich die Kinderfrage am Ende, d. h. nach Abzug der politischen und wissenschaftlichen Absonderlichkeiten, die den Gebrauchswert der Kinder für die Erwachsenen gegen alle aufklärerischen Tendenzen aufrechterhalten sollen, wieder auf die reine Machtfrage reduziert. Hier ist es wichtig, sich keinen Illusionen hinzugeben. Viele kinderrechtliche Argumente und Forderungen verkennen einfach das *Interesse* Erwachsener (nicht nur der «milliardenschweren Erziehungsindustrie») am Fortbestand des gültigen Generationenvertrages. Dessen offizielle Begründungen kann man getrost für nebensächlich halten. Es mag sein, daß sie argumentativ leicht zu widerlegen sind. Wenn es sich jedoch ohnehin nur um vorgeschobene Rechtfertigungen handelte, um eine Hülle, die einen äußerst gefährlichen Kern nicht nur beschönigend verschleiert, sondern auch besänftigend umschließt?

Es fällt nicht leicht, diesen Gedanken zu denken; aber es könnte durchaus sein, daß in den bestehenden Gesetzen eine tiefe Weisheit liegt. Es könnte sein, daß die pädagogische Kultur und Zivilisation ursprüngliche Instinkte vielfach so weitgehend zerstört hat, daß die Rechtlosigkeit von Kindern tatsächlich ihrem Schutze dient. Es könnte sein (jetzt immer von der Beobachterposition aus gesehen), daß Erwachsene ohne ihre rechtlichen Privilegien nicht weniger, sondern entscheidend mehr (öfter und stärker) ihre faktische Übermacht gegen Kinder einsetzen würden. Es könnte sein, daß die Spielregel, nach der Eltern befehlen dürfen und Kinder glauben, gehorchen zu müssen, zahllose zusätzliche Gewaltakte gegen Kinder entbehrlich macht – und also zwar einigen hundert Kindern pro Jahr das Leben kostet, aber andererseits vielleicht Tausenden das Leben rettet.

Es fällt, wie gesagt, nicht leicht, diesen Gedanken zu denken. Doch wer wollte ernstlich seine Hand dafür ins Feuer legen, daß Mütter, die in ihren Kindern den einzigen Lebenssinn sehen, sie überhaupt noch aus den Augen ließen, und daß blutschänderische Väter ihre Töchter nicht in den Betten anketten würden, wenn sie nicht sicher sein könnten, daß die Polizei sie ihnen wieder zur Verfügung stellt, falls sie zu entfliehen versuchen? Vielleicht weiß der Gesetzgeber über die Bedürfnisse und die Gefährlichkeit der Mündigen besser Bescheid, als man ihm oft zutraut, und hat bewußt das kleinere Übel gewählt, indem er die Kinder als Eigentum der Eltern gelten läßt. Denn dadurch erhalten die Machtunterworfenen für die Mächtigen einen Wert – und das heißt auch: die Chance zu überleben.

Gewiß, dies sind Spekulationen, zumal mit unbewußten (Ersatz-)Strebungen. Und man soll den Teufel nicht an die Wand malen. Aber von feministischer Seite wird ja nicht zu Unrecht darauf verwiesen, daß die Männer unserer Gegend vor längerer Zeit ca. sechs Millionen Hexen umbrachten, und vor kürzerer Zeit ca. sechs Millionen Juden. Für ein kraftvoll von innen gewachsenes Selbst-Bewußtsein sprechen solche Taten sicher nicht. Wenn sich heute immer mehr Frauen weigern, die (freilich nicht zuletzt von ihnen selbst) verkrüppelten Männerseelen durch ihre Unterwürfigkeit zu besänftigen/stützen (man übersehe nicht die entsprechende Funktion der Prostituierten, die ebenfalls eine «eigentlich» unmögliche rechtliche Sonderstellung innehaben, um Schlimmeres zu verhüten), muß man schon recht naiv sein, um mit dem Gedanken zu spielen, ihnen auch noch die diversen Freuden der Vaterschaft streitig machen zu wollen. Irgendwie müssen diese armen Seelen ihre Besitz-, Macht- und sonstigen Gelüste ja befriedigen. (Die modernen Waffen machen nicht einmal mehr Kriege zu Gelegenheiten, sich abzureagieren; womit auch die Chance entfällt, wenigstens ihre Zahl zu dezimieren.) Und die Suche nach Ersatzobjekten ist schwierig. Den Plan etwa, jeden deutschen Mann mit einem deutschen Schäferhund bzw. einer Schäferhündin auszustatten, damit er seine Herrchenbedürfnisse nicht an Kindern befriedigen «muß», würden die Tierschutzverbände mit Sicherheit durchkreuzen.

Wenn man also berücksichtigt, wie extrem das natürliche «Kontinuum» (Liedloff) im Leben der meisten Erwachsenen gestört wurde, kann man sich kaum mehr auf die Mechanismen («Kindchenschema», Appellcharakter der kindlichen Ausstrahlung an elterliches Pflege- und Schutzverhalten) verlassen, die ursprünglich das Überleben der Kinder gesichert haben dürften. So gesehen ersetzt heute das Recht als «verhaltensbestimmende Kraft» natürliche Automatismen: Die rechtliche Ohnmacht der Kinder gibt Eltern rechtliche Macht, Sicherheit, Bedeutung, Wichtigkeit. Dies ist zwar ungerecht gegenüber den Kindern, erhöht jedoch ihre Überlebenschance.

Wie immer man sich zu solchen Gedanken stellt, sie sollten nicht ungedacht bleiben. Es wäre kaum ein Fortschritt, wenn es gelänge, mit an der Oberfläche bleibenden Argumenten den Status von Kindern als «Nutzungsobjekte» der Erwachsenen gesetzlich zu ändern, und im Ergebnis würden dadurch viele (wer weiß, wie viele?) Erwachsene den Spaß an Kindern verlieren. Es ist ja bekannt, wie leicht Kinder «verunglücken», wenn sie beginnen, sich selbständig zu machen. Kluge Kinder beherzigen das Gebot, Vater und Mutter zu ehren und zu befriedigen, koste es, was es wolle. Die Eltern haben die Macht. Die Erwachsenen haben die Macht.

Die «Erwachsenenfrage»

Vorstehende Spekulationen wären mißverstanden, wenn sie als Behauptungen oder gar Vorwürfe aufgefaßt würden. Sie sollten zur Vorsicht raten bei einer Thematik, bei der von einigen eine «große Lösung» angestrebt wird, also gesetzliche Neuregelungen des Generationenverhältnisses, weil sie für sich persönlich wissen, daß sie dadurch nicht in Schwierigkeiten kämen. Aber Gesetze gelten für alle, und deshalb darf man in diesem Bereich nicht einfach von sich auf andere schließen.

Bisher wurde in diesem Buch die Auswirkung, die eine Veränderung des Status von Kindheit auf den Status von Erwachsenheit unausweichlich haben müßte, vernachlässigt. Der Zusammenhang, so wurde unterstellt, versteht sich von selbst. Adultistische* Erwachsene können an einer Neudefinition von «Kindheit» und «Erwachsenheit» kein Interesse haben. Würde sie per Gesetz vollzogen, würden sie womöglich Amok laufen.

Nun gibt es aber seit vielen Jahren eine – offenbar weltweite – Entwicklung unter Erwachsenen, die man als «Wiedergewinnung der Lernfähigkeit» bezeichnen kann. Es wird zwar oft gesagt, die Relativierung z. B. des starren Patriarchalismus in den Köpfen von immer mehr Männern sei durch die Frauenbewegung «erzwungen» worden; doch wenn man das Argument umkehrt, also fragt, warum immer mehr Frauen sich gegen ihre traditionelle Rolle wehren, wird klar, daß dies von niemandem erzwungen wurde: «Zwingende» Gründe zur Rebellion hätten die Frauen in früheren Zeiten sicher mehr gehabt. Man muß schon davon ausgehen, daß es neben allen materiellen Veränderungen und «Sachzwängen» auch Entwicklungen des Bewußtseins gibt, die durch nichts «erzwungen», sondern lediglich *ermöglicht* wurden.

Als Beispiel hier die Zusammenfassung eines Interviews, das der Autor vor vielen Jahren für eine Rundfunksendung mit einer Mutter zweier Kinder führte. Die Frau hatte eine traditionelle Ehe begonnen, d. h. sich «über den Mann definiert» und sich im wesentlichen als seine Dienerin gefühlt (in aller Selbstverständlichkeit). Dann kamen die Kinder, und sie hatte «irgendwie das Gefühl», diese neuen Menschen weitgehend frei aufwachsen lassen zu wollen. Im Laufe einiger Jahre machte sie die Erfahrung, daß die Kinder, wenn sie sie z. B. zum Spaziergang rief, nicht sofort «herbeisprangen», sondern antworteten, sie wollten ihre augenblickliche Beschäftigung erst noch zu Ende bringen. Sie selbst aber gehorchte ihrem Mann noch aufs Wort. Bis ihr allmählich der Unterschied auffiel. Erst «dämmerte» ihr etwas, später wollte sie «nicht mehr einsehen», warum sie nicht auch bei ihren Angelegenheiten bleiben sollte, nur weil der Mann etwas von ihr wollte. Man kann zwar sagen, daß sie ihren Mann daraufhin «zwang», mehr Rücksicht auf sie zu nehmen, doch ihr eigenes Umdenken entstand nicht durch Zwang, sondern durch die Entdeckung eines attraktiven Beispiels.

---

* Das Wort «Adultismus» (von lat. adultus = erwachsen) wird von manchen Kinderrechtlern gleichbedeutend mit dem – ähnlich unschönen – Wort «Erwachsenenzentriertheit» verwendet.

Offenbar kann Lernen sowohl *erzwungen* als auch *ermöglicht* werden. Anders als Frauen gegenüber Männern (und Erwachsene gegenüber Kindern) haben kleine Kinder nicht die Möglichkeit (die konkrete Macht), Erwachsene zum Lernen zu zwingen. Sie können es zwar ermöglichen (siehe das obige Beispiel der Mutter), aber diese Möglichkeit muß man ihnen – und sich selbst – selber erst ermöglichen. (Daß viele Kinder ihre Eltern doch zum Lernen zu zwingen versuchen – z. B. durch «Trotzanfälle», «Verhaltensstörungen» usw. –, ist einzuräumen. Sie haben jedoch nicht die Macht, dieses Lernen in die von ihnen gewünschte Richtung zu lenken. Viele büßen ihre «Lehrversuche» mit Verkrüppelung und Tod.)

Wenn Lernen, was kaum zu bestreiten ist, auch durch attraktive Beispiele und Erkenntnisse angeregt werden kann, besteht in der «Erwachsenenfrage» die Möglichkeit, daß Erwachsene sich ihres «Adultismus» bewußt werden und sich, wenn sie das wollen, in eine Richtung entwickeln, der ihn, den Adultismus (und alles, was damit zusammenhängt), vermindert und schließlich überflüssig macht.

Die «große» Lösung der Kinderfrage würde jedoch Zwang bedeuten. Sie setzt voraus, daß über das *Ziel* allgemeiner Spielregeln für den zwischenmenschlichen Umgang Einigkeit herrscht. Wenn es aber so ist, daß das wirkliche Ziel adultistischer Erwachsener nicht in guten, sondern in ausbeuterischen Beziehungen mit Kindern besteht, kann nicht erzwungenes, sondern nur ermöglichtes Lernen der Erwachsenen den Kindern etwas nützen (nämlich dieses Ziel allmählich unattraktiv werden lassen). Die große Lösung wäre, wenn nicht (wie oben spekuliert wurde) gefährlich, so doch untauglich.

Dies ist nun kein Aufruf zur Resignation. Es bietet sich eine «kleine Lösung» an, die risikolos vorangetrieben werden könnte. Sie würde allerdings darauf verzichten müssen, die gesamte Kinderfrage auf einen Streich als «Politikum» etablieren zu wollen. Jedenfalls solange es noch adultistische Erwachsene gibt.

Aber was heißt adultistisch? Sicherlich hat der Mann mit dem Kälberstrick seinen Sohn lieber getötet, als ihn jemand anderem zu «überlassen». Wer will jedoch beurteilen, ob er nicht hätte lernen können (wenn er rechtzeitig dieser Idee begegnet wäre), daß ein Vater seinen Stolz auch anders orientieren kann, z. B. am bewußten Verzicht? Gegenwärtig läßt sich einfach nicht entscheiden, in wie vielen Erwachsenenköpfen und -herzen der Adultismus wirklich tief verankert ist (Stichwort: Lusttäter) und in wie vielen er nur auf Grund bestimmter gesetzlicher, wissenschaftlicher oder großelterlicher Verrücktheiten am Leben erhalten wird (Stichwort: Pflichttäter). Die Erfahrung zeigt, daß nicht wenige Erwachsene den Wechsel vom Mindermensch- zum Kindermensch-Paradigma in Minutenschnelle vollziehen können.

Wenn bei ihnen auf hochabstrakter Ebene der Groschen gefallen ist, brauchen sie sich nur eine Stunde ans Bett ihres schlafenden Kindes zu setzen und ihr gesamtes Gehirn (also Verstand, Gefühl, Vorstellungskraft usw.) meditativ «durchspülen» zu lassen von dem Wissen, dem Erfahren, dem Merken, dem Verstehen, dem Wollen, dem Wunder, dem Vertrauen, dem Lieben, dem Achten (Respektieren) wenigstens: da ist ein Mensch, ein eigenständiger Mensch, Subjekt und so – eben ein Kindermensch, kein Dressurobjekt oder Lebenssinn für mich; und am nächsten Tag sprechen sie mit dem Kind alles durch und gemeinsam beginnt eine neue Beziehung.

Wenn das so funktioniert (es funktioniert erstaunlich oft), rutscht den Erwachsenen tatsächlich nie mehr die Hand aus, und wenn sich «pädagogische» Sorgen bzw. Hintergedanken melden (das pflegen sie noch für eine Weile zu tun), dann besprechen sie sie mit anderen Erwachsenen oder mit dem Kind, «vollstrecken» sie aber nicht mehr.

(Dieser Abschnitt ist keine Versprechung, nur ein Erfahrungsbericht über große praktische Wirkungen, die durch kleine abstrakte Ursachen ermöglicht werden können.)

Man darf annehmen, daß die Millionen mündige Menschen, die inzwischen gemerkt haben, wie sehr ihnen die Erziehung geschadet hat (Stichworte: Psycho-Boom, Positives Denken, New Age, aber auch: Friedensforschung, Umweltzerstörung, Geschlechterproblematik und dergleichen), meist ohne große Schwierigkeiten den «Trick 18» durchschauen und ihre Beziehungen mit Kindern neu gestalten können. Hans A. Pestalozzi sagte: «New Age verdrängt die Machtfrage.» Zu ergänzen wäre: New Age «verdrängt» die Kinderfrage. Aber wer will wissen, ob von diesen Menschen – z. B. auch gläubigen Christen, echten Liberalen, gewaltfreien Grünen und solidarischen Demokraten – die Kinderfrage wirklich «verdrängt» wird? Vielleicht wurde sie einfach noch nicht entdeckt? Vielleicht ist der Heimliche Generationenvertrag bei vielen Erwachsenen keine Heimlichkeit, die sie verbergen wollen, sondern eine, die ihnen verborgen geblieben ist (warum auch immer). Es ist doch möglich, daß der o. g. Groschen bei viel mehr Erwachsenen fallen kann und bei viel weniger «klemmen» wird, als man vermuten mag, solange bestimmte Informationen und Anregungen ein Schattendasein als «Geheimtip» fristen.

Angesichts dieser Unwägbarkeiten sind Vorhersagen und Versprechungen nicht am Platze. Es sind sicher viele «kleine Lösungen» denkbar, privat, öffentlich, politisch, falls man mit den eingangs dieses Kapitels erwähnten Leuten der Meinung ist, daß möglichst viele

Erwachsene die Chance erhalten sollten, bestimmten Informationen und Gedanken früher zu begegnen, als es der Fall wäre, wenn sie darauf warten müßten, bis die «höheren Stellen» sich dazu durchgerungen haben, ihnen ihren Segen zu erteilen.

Um einem Mißverständnis vorzubeugen: Die Gefahr, über die oben spekuliert wurde, besteht nur für den Fall, daß offiziell ein radikal neuer Generationenvertrag etabliert würde. Da dies in absehbarer Zeit sowieso nicht möglich ist, würde die Idee, den Gesetzgeber mit dem «Gesamtpaket» der theoretisch optimalen gesetzlichen Lösung der Kinderfrage zu konfrontieren, wenig Realitätssinn verraten. Keinerlei Gefahr dürfte drohen, wenn der HGV insgesamt öffentlich diskutiert wird, sofern klar ist, daß das Nutzungsrecht der Erwachsenen an ihren Kindern nicht gesetzlich abgeschafft werden soll. Dann brauchen die betreffenden Eltern keine Angst zu haben. Schließlich können auch Vegetarier öffentlich für ihre Ansichten eintreten; solange sie niemandem den Braten vom Teller rauben, erzeugen sie keine Angst. Das gleiche gilt z. B. für Nichtraucher und Tierschützer. Allerdings: Die «militanten» Nichtraucher, die mit dem Passivrauchen argumentieren, und ebenso die «Tierbefreier» wären für die Kinderfrage schlechte Vorbilder. Sie bedrohen den «Besitzstand» ihrer Gegner. Dabei spielt es keine Rolle, ob sie recht haben oder nicht: Würde man in der Kinderfrage so vorgehen, hätten es die Kinder «auszubaden». Wenn jedoch völlig klargestellt ist, daß den ausbeuterischen Eltern ihre konkrete Macht nicht genommen wird (sofern sie sich im Rahmen der bestehenden Gesetze an ihren Kindern verlustieren), ist nicht einmal undenkbar, daß einige von ihnen, nach und nach, sogar den Gedanken an sich heranlassen, Kinder könnten möglicherweise für etwas anderes da sein usw.

Wieviel Geduld und Bescheidenheit anzuraten ist, falls jemand in Sachen Kinderfrage (HGV) tätig werden will, zeigt ein Vergleich mit der historischen Entwicklung der Frauenfrage. Man braucht nur an den Widerstand vieler Männer (insbesondere männlicher Politiker) gegen die banalsten Forderungen der Frauen zu denken, um zu erkennen, wie es in ihnen aussehen muß. Und man wird sich auf lange Zeiträume gefaßt machen. Solange die Erwachsenen mit ihrem Geschlechterproblem so schlecht zu Rande kommen, kann man in der Kinderfrage auf politisch/gesellschaftlicher Ebene keine schnellen Fortschritte erwarten.

Allerdings gibt es auch den umgekehrten Ansatz. Kinder können, sofern man sie läßt, ein bedeutendes «therapeutisches Potential» für Erwachsene darstellen. Das «sofern man sie läßt» schließt selbstverständlich aus, sie nunmehr statt als Dressurobjekte als Therapeuten in Dienst zu nehmen. (Dies wäre ein Widerspruch in sich und kann nicht funktionieren.)

Es sieht so aus, als würde die Frauenbewegung langsam den Gedanken fallenlassen, es sei die Aufgabe der Mütter, «die neue Frau» und «den neuen Mann» heranzuziehen. Auch dies kann nicht funktionieren, war, wie alle Erziehungsideen, eine Wahnidee. Stellt frau sich der Wirklichkeit, wie es z. B. die Juristin Marianne Grabrucker in ihrem Tagebuch über die ersten drei Lebensjahre ihrer Tochter getan hat («Typisch Mädchen ...»), wird der «Fehlschluß» sichtbar, «der allerdings Grundlage jeder Pädagogik ist, nämlich daß sich Verhaltensweisen durch die dazu führende Erziehung erreichen ließen» (Grabrucker 1985, S. 236). «Denken wir so, dann gehen wir von dem Automaten Mensch aus, der von der Erziehungsprogrammiererin Mutter mit dem entsprechenden Programm gefüttert wird und nach einigen Jahren das entsprechende Ergebnis ausspuckt» (S. 236).

Die Konsequenz, die Grabrucker zieht, muß ja nicht als Weisheit allerletzter Schluß gelten. Sie will nämlich «zur Offensive in der Bubenerziehung» übergehen: «Ohne die Buben zu fordern, zu verunsichern, sie in Gegensatz zur patriarchalischen Kultur zu setzen, bleibt es nämlich wieder nur bei der Anpassungsleistung der Mädchen» (S. 248). «Den kleinen Buben soll der kalte Wind um die Nase blasen, sie haben den kleinen Mädchen Platz zu machen» (S. 249).

Die Idee, Buben «in Gegensatz zur patriarchalischen Kultur zu setzen», hält offensichtlich die Mutter in der Rolle der Programmiererin fest (und übersieht den pädagogischen «Gegenteileffekt», den Grabrucker [S. 236] doch kennt und erwähnt). Demgegenüber läßt sich die Meinung vertreten, der Adultismus sei mit dem Patriarchalismus enger verwandt als der Sexismus. Im Klartext: Wenn Mütter ihre Macht gegen kleine Buben einsetzen, um sie gegenüber dem weiblichen Geschlecht zu verunsichern, tun sie genau das, was Mütter von Sexualverbrechern (und patriarchalischen Politikern usw.) seit jeher taten. Wenn frau jedoch den HGV durchschaut, wird sie kaum den Versuch machen, das Patriarchat auf Kosten von Kindern überwinden zu wollen. Der Schlußsatz des gen. Buches lautet (und müßte ja nicht einseitig nur auf «Mädchenerziehung» bezogen werden):

«Gehen wir zur Aktivität in eigener Sache über, und wir können uns viele Gedanken zur ‹richtigen› Mädchenerziehung sparen; dann werden Mädchen und Buben sich von selbst an unseren neuen Verhaltensmustern orientieren» (S. 250).

Zahllose Erwachsene pflegen auf schwierige Erwachsenenprobleme, statt sie auszuhalten oder zu lösen, dadurch zu reagieren, daß sie sie den Kindern aufhalsen. Sie verfolgen z. B. das *Ziel*, den «neuen Menschen» zu schaffen, der dann (entsprechend dieser Wahnidee) die betreffenden Probleme nicht mehr haben soll. In Wirklichkeit *ist* jedes neugeborene Kind unbezweifelbar ein neuer Mensch, und dies zu erkennen und anzuerkennen wäre die *Voraussetzung* dafür, daß es dieser – weiblich oder männlich – auch bleiben kann. Frauen, die es ernst meinen mit der Gleichberechtigung der Geschlechter (und nicht in Wirklichkeit männerfeindliche Rachephantasien gegenüber kleinen Buben ausleben wollen), müßten sich (gemeint ist hier immer: wenn sie den Gesamtzusammenhang des HGV durchschauen) ebenso für die Gleichberechtigung der Generationen einsetzen bzw. sie, unabhängig von der Gesetzeslage, konkret realisieren. Oder sie müßten erklären, was sie glauben macht, feministischer Adultismus sei besser als sexistischer Adultismus.

Wer sensibel ist für die Auswirkungen von zwischenmenschlicher Übermacht, hat die Wahl zwischen *Gegenmacht* und *Machtverzicht*. Mag Gegenmacht (und sei es die des Sich-Verweigerns) nach «oben» angezeigt sein, kann nach «unten» nur Machtverzicht den Teufelskreis brechen. Ohne diesen Machtverzicht bleibt alles beim alten. Wer ihn als «bedrohlich» (s. u.) empfindet, hat offenbar nicht verstanden, daß der Verzicht auf Machtausübung kein Vakuum hinterläßt, sondern sowohl dem Verzichtenden wie den von diesem Verzicht betroffenen anderen die Chance zu innerem Wachstum gibt, d. h. alle Beteiligten *bereichert*.

Allerdings kann dies nur begreifen, wer den Verführungen der Erziehungsideologie konsequent widersteht. Dies ist – keineswegs nur aus «tiefenpsychologischen» Gründen, sondern oft vorrangig wegen der verantwortungs- oder ahnungslosen offiziellen Propaganda – nicht immer leicht, aber ebensowenig unmöglich. Und es ist ja das Ziel dieses Buches, die Zusammenhänge besser durchschaubar zu machen.

Wie lange es sogar für einen anerkannten Spezialisten, der sich seit jeher gegen jede Fremdbestimmung im Umgang zwischen den Menschen einsetzt, dauern kann, bis er den Kern der Erziehungsideologie durchschaut, läßt sich an Carl Rogers zeigen. Er schreibt über den «Machtaspekt der Erziehung»:

«Ich habe lange gebraucht, um diesen Aspekt zu erkennen. Es dauerte viele Jahre, bevor mir klar wurde, warum meine Schriften und meine Art der therapeutischen Beratung und des Unterrichtens so umstritten waren. Erst in den letzten Jahren habe ich begriffen, wie bedrohlich meine Auffassungen für viele sein mußten. Wenn man sie akzeptierte, wurde dadurch die politische Macht von Therapeuten oder Lehrern drastisch eingeschränkt: Sie hatten keine ‹Macht über› andere Menschen mehr» (Rogers 1983, S. 137).

Noch immer ist es so, daß mündige Leute, die ihren eigenen Problemen ausweichen wollen, indem sie «Macht über andere Menschen» ausüben, z. B. in die Lehrer/Erzieher-Berufe drängen. Tragischerweise wird jedoch gerade durch diese Machtausübung das «therapeutische Potential» der Kinder an seiner Entfaltung/Wirkung gehindert. Es wäre schon ein «Politikum» hohen Ranges, wenn sich herumspräche, daß die Erwartungen, die mit dem bezahlten Kinderdressieren-dürfen verbunden sind, «moralisch» gesehen *ausbeuterischer* und «existentiell» gesehen *illusionärer Natur* sind.

Von den Chancen für Erwachsene, von Kindern wieder Phantasie, Flexibilität, Lebenskunst usw. zu lernen, war schon die Rede. Daß nur mit Hilfe solcher Fähigkeiten die heutigen gesellschaftlichen Probleme bewältigt werden können, ist ein Gemeinplatz. Von hier aus läßt sich noch in vielen Richtungen weiterdenken, doch soll hier der weiteren Entwicklung (und der Phantasie der Leserschaft) nicht vorgegriffen werden.

Moral oder Emotion?

In der Praxis der Auseinandersetzungen über die Kinderfrage treffen sachliche Argumente häufig nicht auf Gegenargumente, sondern auf Mutmaßungen hinsichtlich der Motivation derjenigen, die für die Freiheit und Menschenwürde von Kindern plädieren. Dies geschieht besonders dann, wenn dieses Plädoyer als Forderung gehalten wird und Vorwürfe einschließt (und natürlich, wenn den so Angegriffenen keine inhaltlichen Argumente mehr zur Verfügung stehen).

Solche Reaktionen sind teilweise vermeidbar, indem man grundsätzlich auf jede Art von Druck, Forderung etc. verzichtet und lediglich (auch gegenüber Politiker/inne/n) Anregungen gibt oder Fragen stellt. Wer eine/n andere/n fragt, ob sie/er diese oder jene Idee für nützlich hält, läuft selten Gefahr, als Angreifer erlebt zu werden. Ebenso lassen sich unnötig provokative Begriffe in vielen Fällen vermeiden.

Im Falle der «Antipädagogik» (v. Braunmühl 1975) etwa hat der Pädagogikprofessor Wolfgang Hinte (1980) mit seinem Buch «Non-direktive Pädagogik» einen weitaus gefälligeren Begriff geprägt, der die wissenschaftliche und politische Auseinandersetzung «atmosphärisch» erleichtern kann. (Daß man sich dabei nicht begrifflich «über den Tisch ziehen» lassen darf, also klarstellen muß, von welchem Paradigma aus man argumentiert, ist zwar wichtig, versteht sich aber wohl von selbst.)

Solche «taktischen» Überlegungen machen jedoch die Frage nach der Motivation nicht überflüssig. Es gibt ja auch interessierte Erwachsene, die sich für die Freiheit von Kindern aus ähnlichen Gründen einsetzen wie Wilddiebe oder Jäger für die Öffnung von Wildgehegen. Hauptsächlich jedoch kann eine Klärung der jeweiligen Motivation zur besseren Verständigung beitragen und manche Konflikte, wie sie etwa in der Kinderschutz- und Kinderrechts-«Szene» zu beobachten sind, lösen helfen.

Der Einfachheit halber sei zur Erläuterung ein Artikel der Zeitschrift «psychologie heute» von Eva Fogelmann und Valerie Lewis Wiener herangezogen.* Titel: «Gegen den Strom». Vorspann: «Nur wenige Menschen halfen den Verfolgten des Nazi-Regimes. Sie riskierten ihr Leben, weil sie den Gehorsam verweigerten. Was brachte sie dazu, gegen den Strom zu schwimmen, während andere sich mitreißen ließen?»

Die (in den USA forschenden) Autorinnen fanden zunächst an den sog. «Rettern» ein übereinstimmendes Merkmal: «Obgleich von unterschiedlicher Persönlichkeit, teilen sie eine Charakteristik: Sie betrachten sich nicht als Helden oder Heldinnen. Sie sagten uns, ihr Verhalten zur Nazizeit sei nur natürlich gewesen.»

Dann ging es um die Motivation. «Wir fanden heraus, daß sich die Retter in zwei Gruppen teilen ließen: diejenigen, die besonders durch tiefverwurzelte moralische Werte motiviert waren, und jene, deren Motivation hauptsächlich emotional war und auf persönlichen Bindungen oder einer Identifikation mit dem Opfer beruhte.»

Zur Verdeutlichung weitere Ausschnitte: «Retter des ersten Typs fühlten sich ethisch genötigt, Juden zu retten; Retter des zweiten Typs übertrugen die Situation der Hilfsbedürftigen auf sich selbst; sie hatten weniger damit zu tun, abstrakte moralische Verpflichtungen zu erfüllen, als zu versuchen, Menschen vor Leid zu bewahren. Diese Unterscheidung zwischen moralischer und emotionaler Motivation steht auch in Einklang mit den Ergebnissen der Sozialpsychologin Carol Gilligan von der Harvard University, die feststellte, daß es zwei Arten moralischen Urteilens gibt – eine beruht auf Gerechtigkeit, die andere auf Verantwortung und Fürsorge ... Wir fanden heraus, daß moralisch motivierte Retter Menschen unabhängig davon halfen, ob sie diese mochten oder nicht. Häufig halfen sie Menschen, die sie überhaupt nicht kannten. Im Gegensatz dazu entsprang das Verhalten emotional motivierter Retter häufig einer starken persönlichen Bindung. Die Intensität solcher Bindungen ist in den Worten Gitta Bauers übermittelt, einer deutschen Journalistin, die Ilse Moslé, die siebzehnjährige Tochter jüdischer Freunde, versteckt hatte: ‹Ich brauchte neun Monate, um ihr die Freiheit zu verschaffen, also betrachte ich sie als mein Baby.›» Über die Rettungsaktivitäten des «Engels von Lvov» heißt es: «Während des Krieges diente ihr Sohn als Pilot, und sie sorgte sich um seine Sicherheit. Als sie über ihre Bemühungen, den Juden zu helfen, sprach, sagte sie: ‹Vielleicht hilft ihm auch jemand.›»

* Heft 11/1985, S. 28–31

Die «Unterscheidung zwischen moralischer und emotionaler Motivation», die dieser Bericht wohl hinreichend plausibel macht, wurde in der Kinderfrage bisher vernachlässigt. Dadurch, so darf man vermuten, kommt es, daß Erwachsene, die als Kinder liebevoll erzogen wurden und nun selbst ihre Kinder liebevoll erziehen (und – «wenn es um des Kindes willen nötig ist» – möglicherweise unter eigenen Qualen auch: quälen), alles Reden vom «Recht» des Kindes als Prinzipienreiterei empfinden. Die Erfahrung zeigt jedenfalls, daß Menschen mit vorwiegend «emotionaler Motivation» (wie z. B. viele aktiv im Kinderschutz Tätige) kein Organ für primär politische Argumentationen zu haben scheinen. Für sie ist die Kinderfrage kein Politikum, sondern, kurz gesagt, «Herzenssache». Gesetzesreformen, die (risikolos) den Status und die Lage der Kinder verbessern könnten (es gibt da eine große Zahl von «kleinen Schritten», die hier aber nicht erörtert werden sollen), zielen für sie «am Wesentlichen vorbei».

Auf der anderen Seite fühlen sich Menschen, die für logische Zusammenhänge, moralische Werte und abstrakte Prinzipien ansonsten das höchste Interesse besitzen, von der Kinderfrage als «Kinderkram» abgestoßen. Probleme, die Kinder betreffen, sind ihnen vermutlich geistig nicht anspruchsvoll genug. Sie empfinden es als Gefühlsduselei (ein Erziehungswissenschaftler benutzt den Ausdruck «Fetischisierung der Gefühlswelt»), wenn ihnen angetragen wird, sich wegen ein paar geohrfeigter Kinder mit richtigen erwachsenen Gesetzesreformen befassen zu sollen ...

Wenn der hier dargestellte Sachverhalt einigermaßen richtig gesehen wäre, würde er das ansonsten kaum verständliche Phänomen zumindest teilweise erklären, daß innerhalb der o. g. «Szene» sich seit Jahren erhebliche Energien gegenseitig blockieren, statt wirklich den Kindern zugute zu kommen. Der Vorgang wäre folgender: Eher emotional motivierte Menschen «verstehen» emotionale Argumente zwar, sehen aber nicht deren moralische Qualität. Moralische Argumente halten sie für unpassend. Eher moralisch motivierte Menschen «verstehen» zwar moralische Argumente, halten sie in bezug auf Kinder aber für «weit hergeholt». Emotionale Argumente halten sie für sentimental. Die Kinderfrage, die ja ohnehin mit vielfältigen psychologischen Problemen belastet ist, hätte es also zusätzlich mit Kommunikationsschwierigkeiten zu tun, mit einem «Knoten», in dem sich Erfahrungen, Informationen, Interpretationen, Motivationen und Emotionen verfangen, verflechten und gegenseitig lahmlegen.

Wenn dieses Bild nicht völlig verfehlt ist, legt es eine Schlußfolgerung nahe. Es müßte das Risiko vermindert werden, daß Argumente, die hinsichtlich der Kinderfrage «ausgesendet» werden (sei es in den öffentlichen Raum der Gesellschaft, der Medien, der Politik, sei es gegenüber einzelnen Gesprächspartnern), bei den «Empfängern» unter falschen Vorzeichen ankommen. Es müßte versucht werden, jeweils vorab gegenüber eher an Werten und Prinzipien interessierten Menschen klarzustellen, daß beispielsweise die Menschenrechte (und alle anderen *Werte* wie Frieden, Gerechtigkeit, Freiheit usw.) ja kein Selbstzweck sind, sondern aus der jahrtausendelangen Erfahrung konkreten menschlichen Leidens und konkreter menschlicher Freude unter ungeheuren Blutopfern erkämpft wurden, um Leid zu vermindern und Freude und Glück wahrscheinlicher zu machen.

Umgekehrt müßte versucht werden, jeweils vorab gegenüber den eher emotional motivierten Menschen klarzustellen, daß es nicht um Prinzipienreiterei geht, sondern daß der Heimliche Generationenvertrag ausschließlich deshalb zur Diskussion gestellt wird, weil die gründliche Untersuchung der Frage, welche Ursachen das konkrete Leiden vieler Kinder (und Erwachsener), die konkret versäumte Freude, der konkret versagte Sinn, die jedermann erkennbare massenhafte «Zerstörung unserer Glücksfähigkeit» (Liedloff) letzten Endes hat, zu ihm (dem HGV) führte.

Die genannte Unterscheidung macht also eine «Übersetzung» möglich, die einen vermeintlichen Gegensatz überbrücken kann. Denn die Wirkung des o. g. «Knotens» ist nicht zu unterschätzen. Die zitierte Untersuchung (z. B.: «sie hatten weniger damit zu tun, abstrakte moralische Verpflichtungen zu erfüllen, als zu versuchen, Menschen vor Leid zu bewahren») zeigt, daß er auch in den Köpfen psychologischer Fachleute am Werk sein kann. Jedenfalls hätten «Moralisten» heute einige Schwierigkeiten, wenn sie erklären müßten, welchen Sinn «moralische Verpflichtungen» denn sonst haben sollen, wenn nicht den, «Menschen vor Leid zu bewahren».

Der Versuch, Menschen vor Leid zu bewahren, das ihnen nur deshalb zugefügt wird, weil sie jung an Jahren sind, braucht sich nicht als «moralistisch» abqualifizieren zu lassen. Umgekehrt wird das gen. Verständigungsproblem nicht selten dadurch heraufbeschworen, daß diejenigen, die etwas Besseres zu wissen meinen, den Schritt zur Besserwisserei tun und es anderen Menschen durch eiferndes Auftreten erschweren, die wirkliche Motivation und den wirklichen Sinn ihres Einsatzes zu erkennen.

Nicht nur im Umgang mit anderen Menschen, sondern auch im «Umgang» mit sich selbst ist besseres Wissen noch lange keine

Weisheit. Die freilich kann man nicht «machen» oder «erwerben», man kann sie nur wachsen lassen. Im Zweifelsfalle durch Nichtstun.

«Im *Tao Te King* und anderen Büchern der Weisheit heißt es: ‹Kehre zum Anfang zurück; werde wieder wie ein Kind.› – Genau das ist gemeint. Warum wirken die *Erleuchteten* so hell und glückselig wie Kinder? Warum sehen sie manchmal sogar aus wie Kinder und reden auch so? Weil sie so sind. Die Weisen sind wissende Kinder. Ihr Geist ist leer geworden von den unzähligen Nichtigkeiten törichter Gelehrsamkeit und angefüllt mit der Weisheit des Großen Nichts, des all-durchdringenden *Sinnes*» («Tao Te Puh», Hoff 1984, S. 137).

«Nimm einfach den Weg zum Nichts und geh nach Nirgendwo, bis du ankommst. Denn der verzauberte Ort ist genau da, wo du gerade bist, und wenn du mit Bären gut Freund bist, kannst du ihn leicht finden» (S. 138).

«Die Meister des Lebens kennen den Weg, denn sie hören auf ihre innere Stimme, die Stimme der Weisheit und Einfalt, die Stimme der Vernunft jenseits aller Klugheit, die Stimme der Gewißheit jenseits allen Wissens. Diese Stimme ist nicht etwa Privileg und Besitz weniger, sondern jedem Menschen gegeben ... In jedem von uns steckt eine Eule, ein Kaninchen, ein I-Ah und ein Puh. Nur haben wir allzulange den Weg von Eule und Kaninchen eingeschlagen. Und jetzt beklagen wir uns wie I-Ah über die Folgen. Aber das bringt nichts. Wenn wir gescheit sind, nehmen wir den Puh-Weg. Wie aus weiter Ferne ruft er uns mit der Stimme der kindlichen Einfalt» (S. 40).

(Gesang von Puh:)
«Ich bin ich, und du bist du, das siehst du sicherlich, doch wenn du ganz bewußt nur noch das Deine tust, dann ist der Weg nicht schwer: Er läuft dir hinterher» (S. 143).***

«‹... – also es ist kein Freitag.›
‹Was dann?› erkundigte sich Eule.
‹Heute!› quiekte Ferkel.
‹Mein Lieblingstag›, sagte Puh.» (S. 36).

***(Gesang an Puh, den asozialen:)
Ich bin ich, und du bist du, zusammen gibt das drei: *Wir sind wir*, das kommt dazu. Sonst hau ich dich zu Brei.

Literatur

ALT, FRANZ: Liebe ist möglich. München (R. Piper Verlag) 1985

amnesty international: Der internationale Menschenrechtsschutz. Frankfurt (Fischer Taschenbuch Verlag) 1981

–: «Wer der Folter erlag . . .» Frankfurt (Fischer Tb Verlag) 1985

ARMSTRONG, LOUISE: Kiss Daddy Goodnight. Frankfurt (Suhrkamp Tb Verl.) 1985

BARTMANN, BERNHARD (HRSG.): Dokumentation 2. Regensburger Kongress. Regensburg (St.-Niklas-Str. 7) 1983

BECK, JOHANNES, u. a.: Das Recht auf Ungezogenheit. Reinbek (Rowohlt Taschenbuch Verlag) 1983

– und Preuß, Otmar: diskurs 9 – Schule, Erziehung und Gewalt. Bremen (Universität; ISBN 3-88722-100-1) 1985

BERNFELD, SIEGFRIED: Sisyphos oder die Grenzen der Erziehung. Frankfurt (Suhrkamp Verlag) 1967

BETTELHEIM, BRUNO, und KARLIN, DANIEL: Liebe als Therapie. München (R. Piper Verlag) 1983

BIRKENBIHL, VERA F.: Stroh im Kopf? Speyer (GABAL e. V.) 3. Aufl. 1985

BLOOMFIELD, HAROLD H.: In Frieden mit den Eltern. Reinbek (Rowohlt Tb) 1985

BORGIUS, WALTHER: Die Schule, ein Frevel an der Jugend. Freiburg (Verlag der Mackay-Gesellschaft) 1981

v. BRAUNMÜHL, EKKEHARD: Antipädagogik. Weinheim u. Basel (Beltz Verlag) 1975

–: Zeit für Kinder. Frankfurt (Fischer Taschenbuch Verlag) 1978

BRENNER, GERD: Subjekt sein in der Schule. München (Juventa Verlag) 1981

BRÜCK, HORST: Die Angst des Lehrers vor seinem Schüler. Reinbek (Rowohlt Verlag) 1978

BRÜCKNER, MARGRIT: Die Liebe der Frauen. Frankfurt (Verl. Neue Kritik) 1983

Bundesminister der Justiz (Hrsg.): Kinderfibel. Bonn 1980

Bundesministerium für Jugend, Familie und Gesundheit (Hrsg.): Mißhandlung von Säuglingen und Kleinkindern. Bonn 1979

–: Kindesmißhandlung – Kinderschutz. Bonn 1980

CANETTI, ELIAS: Masse und Macht. Hamburg (Claassen Verlag) Sonderausg. 1984

DESSAI, ELISABETH: Erziehung ohne Elternstreß. München (Kindler Verl.) 1981

DOEHLEMANN, MARTIN: Von Kindern lernen. München (Juventa Verlag) 1979

–: Die Phantasie der Kinder und was Erwachsene daraus lernen können. Frankfurt (Fischer Taschenbuch Verlag) 1985

DOWLING, COLETTE: Der Cinderella-Komplex. Frankfurt (Fischer Tb Verl.) 1984

ECCLES, JOHN C., und ROBINSON, DANIEL N.: Das Wunder des Menschseins – Gehirn und Geist. München (R. Piper Verlag) 1985

FARSON, RICHARD: Menschenrechte für Kinder. München (Ehem. Verl. Kurt Desch) 1975

FRANKE, KLAUS (HRSG.): Mehr Recht für Tiere. Reinbek (Rowohlt Tb Verl.) 1985

FREITAG, ERHARD F.: Kraftzentrale Unterbewußtsein. München (Wilhelm Goldmann Verlag) 1982

GIESECKE, HERMANN: Das Ende der Erziehung. Stuttgart (Klett-Cotta) 1985

GRABRUCKER, MARIANNE: «Typisch Mädchen ...» Frankfurt (Fischer Tb Verl.) 1985

GRUEN, ARNO: Der Verrat am Selbst. München (Causa Verlag) 1984

HÄNDEL, URSULA M.: Tierschutz, Testfall unserer Menschlichkeit. Frankfurt (Fischer Taschenbuch Verlag) 1984

HARTMANN, WILFRIED: Der Mensch in unseren Bildungsplänen. München (Kösel-Verlag) 1965

HECKENSCHÜTZ, DIETER: Nimm Dir Dein Recht! Frankfurt (Eichborn) 1985

HENSCHEID, ECKHARD: Dummdeutsch. Frankfurt (Fischer Tb Verlag) 1985

HEPPNER, KARLO: KID-Info Nr. 3. Wiesbaden (Komitee für Kinderrechte in der Demokratie, Kleiststr. 10) 1985

–: Der kleine Sausewind. Wiesbaden (Thorsten Knabbe Verl.) 2. Aufl. 1986

HESSE, HERMANN: Kinderseele. Frankfurt (Suhrkamp Tb Verlag) 1985

HILSBERG, REGINA: Körpergefühl. Reinbek (Rowohlt Tb Verlag) 1985

HINTE, WOLFGANG: Non-direktive Pädagogik. Opladen (Westdeutscher Verl.) 1980

HOFF, BENJAMIN: Tao Te Puh. Essen (Synthesis Verlag) 1984

HOLT, JOHN: Zum Teufel mit der Kindheit. Wetzlar (Verl. Büchse d. Pandora) 1978

ILLICH, IVAN: Fortschrittsmythen. Reinbek (Rowohlt Verlag) 1978

JACOBY, HEINRICH: Jenseits von «Begabt» und «Unbegabt». Hamburg (Hans Christians Verlag) 2. Auflage 1983

JONAS, HANS: Macht oder Ohnmacht der Subjektivität? Frankfurt (Insel Verl.) 1981

KELLER, GUSTAV: amnesty international; Die Psychologie der Folter. Frankfurt (Fischer Taschenbuch Verlag) 1981

KIPPHARDT, HEINAR: Bruder Eichmann. Reinbek (Rowohlt Verlag) 1983

KLEE, ERNST: Behindert. Frankfurt (S. Fischer Verlag) 1980

KLOOS, HANS A.: Kinder-Doppelbeschluß. Frankfurt (Publik-Forum-Sonderdruck) 1984

–: Freiheit, Gleichheit, Brüderlichkeit ohne Altersgrenzen. Wiesbaden (DKSB-OV Wiesbaden e. V., Postfach 2171) 1985

KOHLHAMMER, MICHAEL, und MAI, MANFRED (HRSG.): Das Land der Kinder mit der Seele suchen. Stuttgart (Kreuz-Verlag) 1984

KRAUSSLACH, JÖRG: Aggressionen im Jugendhaus. Wuppertal (Jugenddienst-Verl.) 1981

KUHN, THOMAS S.: Die Struktur wissenschaftlicher Revolutionen. Frankfurt (Suhrkamp Taschenbuch Verlag) 2. revidierte Auflage 1976

–: Die Entstehung des Neuen. Frankfurt (Suhrkamp Tb Verlag) 1978

V. LANG, JOCHEN: Das Eichmann-Protokoll. Berlin (Severin und Siedler) 1982

LENZEN, DIETER (HRSG.): Enzyklopädie Erziehungswissenschaft, Band 6. Stuttgart (Klett-Cotta) 1985

LIEDLOFF, JEAN: Auf der Suche nach dem verlorenen Glück. München (Verlag C. H. Beck) 1980

MANN, IRIS: Die Kraft geht von den Kindern aus. Lollar (Verlag Andreas Achenbach) 1978

Mariano, Hans-Joachim: Musterkind. Reinbek (Rowohlt Tb Verlag) 1984

deMause, Lloyd (Hrsg.): Hört ihr die Kinder weinen. Frankfurt (Suhrkamp V.) 1977

Meier, Rainer, und Seemann, Hans-Jürgen: Die Grauen Panther. Weinheim und Basel (Beltz Verlag) 1982

Meueler, Erhard: Erwachsene lernen. Stuttgart (Klett-Cotta) 1982

Milburn, Douglas: Kindesmord. Berlin u. Schlechtenwegen (März Verl.) 1982

Miller, Alice: Am Anfang war Erziehung. Frankfurt (Suhrkamp Verlag) 1980

–: Du sollst nicht merken. Frankfurt (Suhrkamp Verlag) 1981

–: Bilder einer Kindheit. Frankfurt (Suhrkamp Tb Verlag) 1985

Moggach, Deborah: Rot vor Scham. Reinbek (Rowohlt Tb Verlag) 1985

Montagu, Ashley: Zum Kind reifen. Stuttgart (Klett-Cotta) 1984

Neffe, Franz-Josef: Für eine Ich-kann-Schule! Eggenfelden (Selbstverlag; ISBN 3-925419-00-4) 1985

v. Nell-Breuning, Oswald: Gerechtigkeit und Freiheit. München (Günter Olzog Verlag) 2. Auflage 1985

Nykrin, Rudolf (Hrsg.): Jugendgefährdend. Reinbek (Rowohlt Tb Verl.) 1982

Pestalozzi, Hans A.: Die sanfte Verblödung. Düsseldorf (Hermes Verl.) 1985

Prior, Bertram: Selbst-Sein und Selbst-Werden in Beziehung. Frankfurt (Haag + Herchen Verlag) 1984

Rathgeber, Richard, und Rummel, Carsten: Was heißt hier minderjährig? Niedernhausen (Falken-Verlag) 1985

Rauter, E. A.: Brief an meine Erzieher. München (Weismann Verlag) 1979

Rexilius, Günter, und Grubitzsch, Siegfried: Handbuch psychologischer Grundbegriffe. Reinbek (Rowohlt Taschenbuch Verlag) 1981

Riedl, Rupert: Biologie der Erkenntnis. Berlin u. Hamburg (Verl. Paul Parey) 1979

Rochefort, Christiane: Kinder. München (Trikont Verlag) 1977

Roell, Monika: Die Geltung der Grundrechte für Minderjährige. Berlin (Duncker & Humblot) 1984

Rogers, Carl R.: Die Kraft des Guten. München (Kindler Verlag) 1978

–: Der neue Mensch. Stuttgart (Klett-Cotta) 2. Auflage 1983

Rousseau, J. J.: Der Gesellschaftsvertrag. Stuttgart (Ph. Reclam jun.) 1968

Rush, Florence: Das bestgehütete Geheimnis. Berlin (sub rosa Frauenverl.) 1982

Russell, Peter: Die erwachende Erde. München (Wilhelm Heyne Verlag) 1984

Schenk, Herrad (Hrsg.): So nah und doch so fern. Reinbek (Rowohlt Taschenbuch Verlag) 1985

Scherf, Dagmar (Hrsg.): Der liebe Gott sieht alles. Frankfurt (Fischer Taschenbuch Verlag) 1984

Schirm, Rolf W., und andere: Führungserfolg durch Selbsterkenntnis. Speyer (GABAL e. V.) 3. Auflage 1985

Schmerl, Christiane: Frauenfeindliche Werbung. Reinbek (Rowohlt Tb Verl.) 1983

Schmidbauer, Wolfgang: Die hilflosen Helfer. Reinbek (Rowohlt Verlag) 1977

Schnitzerling, Manfred: Rechtskunde 1. Neuwied und Berlin (Hermann Luchterhand Verlag) 3. Auflage 1974

v. Schoenebeck, Hubertus: Unterstützen statt erziehen. München (Kösel-Verl.) 1982

–: Antipädagogik im Dialog. Weinheim und Basel (Beltz Verlag) 1985 (a)

–: Selbst-Verantwortungs-Training. Münster (Freundschaft mit Kindern-Förderkreis e. V.; ISBN 3-88739-007-5) 1985 (b)

SCHUÉ, DIETER: Verdammtes Herzklopfen. Reinbek (Rowohlt Tb Verlag) 1984

–: Wie ich garantiert mein Taschengeld verdopple. Hamburg (Ernst Kabel Verlag) 1985

SCHWESINGER, HEIDRUN: Selbstbestimmung contra Fremdbestimmung. München, Basel (Ernst Reinhardt Verlag) 1980

SEBBAR, LEÏLA: Gewalt an kleinen Mädchen. Naumburg/Elbenberg (Feministischer Buchverlag Marion Hagemann) 1980

SICHTERMANN, BARBARA: Leben mit einem Neugeborenen. Frankfurt (Fischer Taschenbuch Verlag) 1981

–: Weiblichkeit. Berlin (Verlag Klaus Wagenbach) 1983

SIECZKA, HELMUT G.: Ich mag mich selbst. Essen (Synthesis Verlag) 1983

SPERRY, ROGER: Naturwissenschaft und Wertentscheidung. München (R. Piper Verlag) 1985

STERN, ARNO: Die Expression. Zürich u. Stuttgart (Werner Classen Verl.) 1978

STERN, CAROLA (HRSG.): amnesty international; Wer schweigt, wird mitschuldig. Frankfurt (Fischer Taschenbuch Verlag) 1981

TAUSCH, ANNE-MARIE u. REINHARD: Sanftes Sterben. Reinbek (Rowohlt Verl.) 1985

THIEMANN, FRIEDRICH: Schulszenen. Frankfurt (edition suhrkamp) 1985

VALÈRE, VALÉRIE: Das Haus der verrückten Kinder. Tübingen (Rainer Wunderlich Verlag) 1980

WATZLAWICK, PAUL: Wie wirklich ist die Wirklichkeit? München (R. Piper Verl.) 1976

WEBER, HANS RUEDI: Jesus und die Kinder. Hamburg (Lutherisches Verlagshaus) 1980

WEBER, HARTWIG: Mut zur Phantasie. Reinbek (Rowohlt Taschenbuch Verlag) 1979

v. WEIZSÄCKER, CARL FRIEDRICH: Wahrnehmung der Neuzeit. München (Deutscher Taschenbuch Verlag) 1985

v. WEIZSÄCKER, RICHARD: Von Deutschland aus. Berlin (Corso bei Siedler) 1985 (a)

–: Die deutsche Geschichte geht weiter. München (Deutscher Tb Verlag) 1985 (b)

WITTGENSTEIN, LUDWIG: Philosophische Bemerkungen. Frankfurt (Suhrkamp Taschenbuch Verlag) 1981

WYSS, HEDI, und SCHAAD, ISOLDE (HRSG.): Mut ist, auch mal nein zu sagen. Zürich, Köln (Benziger Verlag) 1983

ZIMMER, KATHARINA: Sie wollten nur mein Bestes. München (Deutscher Taschenbuch Verlag) 1985

ZINNECKER, JÜRGEN (HRSG.): Der heimliche Lehrplan. Weinheim und Basel (Beltz Verlag) 1975

Mit Kindern leben

Mit
Kindern
leben
rororo

C 2181/2d

Mit
Kindern
leben

roro
roro
roro

C 2181/2e